KB178323

정당화의 철학

니체 『비극의 탄생』

학술총서 58

정당화의 철학

니체 『비극의 탄생』

박찬일

PHILOSOPHIE DER RECHTFERTIGUNG

Nietzsche: Die Geburt der Tragödie

정당화의 철학으로서 『비극의 탄생』

1) 『비극의 탄생』을 큰 구조로 말할 때 우선 ① **아폴론적 꿈 예술과 디오니소스적 도취 예술의 계보학적 상호 침투로서의 그리스비극, 형이상학적 그리스비극의 탄생(니체의 '정당화의 철학'의 탄생)이다.** 올림포스를 매개로 '아폴론'과 호메로스의 고고학적 상관관계가 밝혀지고, 그리고 '디오니소스'를 매개로 서정시인 아르킬로코스의 객관성의 승전가가 울려 퍼진다. ② 미학적 소크라테스주의의 대변자 에우리피데스에 의한 그리스비극의 몰락이다. 소크라테스 변증술의 영향으로 '아폴론 무대'가 점차 주인공의 대사로 한정되기에 이르렀고, 그리고 이에 따른 것으로 디오니소스적 음악의 쇠퇴(11장 이하)가 두드러졌다. 비극의 몰락 또한 소크라테스-알렉산드리아 문화에 의한 것으로서, '기적'-이적(異蹟)으로 표상되는 신화의 부정됨으로써 '완성'된다('신화의 장' 23장). [아폴론 무대의 신화 이야기, 즉 비극적 신화가 부정됨으로써 비극의 몰락은 완성된다] ③ 니체에 의한 것으로서, 독일 정신과 그리스 정신의 합치에 의한 (그리스) 비극의 재탄생에 대한 기대이다. 혹은 독일 음악과 독일 철학의 합치로서 '비극의 재탄생'에 대한 기대이다.

니체는 루터, 그리고 바흐–베토벤–바그너로 이어지는 독일 음악의 탄생을 말한다. 특히 바그너의 '음악극'[〈트리스탄과 이졸데〉(21장, 22장), 〈로엔그린〉(22장), '트리스탄 코드'로 표상되는 "음악적 불협화음"(24장), 〈니벨룽의 반지〉의 '지크프리트'(24장)]을 실명으로 거론한다. 바그너의 음악극을 그리스비극 부활의 신호탄으로 간주했다. 독일 음악과 독일 철학의 행복한 일치를 말할 때(궁극적으로 독일 비극의 부활을 말할 때) 주목되는 것이 철학자 칸트와 쇼펜하우어의 역할이다.

쇼펜하우어에 의해 음악 형이상학이 정립된 것을 말해야 한다(음악에 관한 한 니체에게 쇼펜하우어의 영향은 절대적이다). 칸트(와 쇼펜하우어)는–니체에 의할 때–공간 시간 인과성이, 특히 인과성에 주목해서, 인과성Causalität이 현상만 말할 수 있게 하지 '사물 자체'[Ding an sich, 물자체]를 알 수 없게 한 것으로 보고, 이것으로 인해 소크라테스의 인과율[문답술]에 의한 '진리에의 도달'이 파국에 이르렀다고 보았다(17장–19장, 특히 18장). 니체의 논리이다. 학문에 의한 구제가 아닌 예술(특히 디오니소스적 음악 예술)에 의한 구제가 가능하게 되었다.

무엇보다 니체는 그의 쇼펜하우어 장(章)인 16장에서 쇼펜하우어의 음악 형이상학에 대한 상세히 서술함으로써, 즉 의지 자체의 직접적 발현으로서 음악, 이념[진리]의 표상으로서의 음악, 그럼으로써 물자체인 음악을 말함으로써, 니체의 디오니소스적 형이상학적 음악론을 확고하게 뒷받침했다. 디오니소스적 음악이 구원이다. 물자체로서, 이념으로서, 의지 자체의 직접적 모상으로서, 디오니소스적 음악이 구원인 것은 디오니소스적 음악이 근원적 일자에 대한 통찰을 포함하고, 근원적 고통 및 근원적 모순에 대한 통찰을 포함하기 때문이다. 근원적 고통 및 근원적 모순을 정당화하기 때문이다. 인생을 견딜 만한 것으로 만들기 때문이다.

물론 니체는 '아폴론'을 강화시키는 것으로서 '2가지' 아폴론을 말하는 것을 잊지 않는다. 물론 둘 다 '디오니소스적 지혜'의 작용이다. '아폴론적

(주인공의) 미화(美化)'가 하나이고, 디오니소스적 합창단 불협화음에 합세하는 것으로서, 아폴론적 주인공의 파멸이 하나이다. 아폴론적 주인공의 파멸은 파멸의 세계사—파멸의 인간사에 대한 응답으로서, 디오니소스적 불협화음이 파멸의 세계사—파멸의 인간사(혹은 근원적 모순과 근원적 고통)에 대한 응답인 것과 상호 유비이다. 이 부분이 정당화의 철학의 정점이다.

근원적 고통과 근원적 모순을 미학적 보편적 진리로 드러내면서, 미적[예술적] 진리로 드러내면서, '인생은 오로지 미적 현상으로만 정당화된다'는 격률을 정당화한다. 진리는 신과 같은 것으로서 반박 불가능이 특징이다. 올림포스 신들이 인간의 희-로-애-락을 살면서, 혹은 생-로-병-사의 삶을 살면서 인간의 희-로-애-락과 생-로-병-사를 정당화할 수 있는 것도 그 올림포스가 가상의 예술이기 때문이고, 올림포스의 신들이 말 그대로 신(神)이기 때문이다. 신은 진리와 마찬가지로 믿을 만하다. 진리와 마찬가지로 반박 불가능이 특징이다. 자연이 우리의 고통에 관심이 없을 때 우리는 '비자연적 방법'을 써서, '인공 건조물'을 만들어서, 그 고통을 돌파하는 수밖에 없다.

『비극의 탄생』의 열쇠어는 디오니소스이고, 아폴론이고, 무엇보다 '정당화'이다. 정당화의 철학이 니체 철학의 개시이고, 또한 니체 철학의 본류인 점을 말해야 한다. 21장에서부터 니체는 두 예술가 신, 아폴론과 디오니소스의 '형제 동맹'을 말한다. 25장 대미에서 니체는 영원한 정의의 법칙에 따른 아폴론과 디오니소스의 '엄격한 상호 균형'을 말한다.

2) 실러에서 정당화의 예술을 말할 때 이것은 예술의 자율성에 관해서이고, 니체에서 정당화의 예술을 말할 때 주목되는 것은 이것은[정당화의 예술은] 예술의 자율성을 포함하면서, 자연주의 예술을 실러와 마찬가지로 거부하면서, 예술의 미적 자유를 실러와 마찬가지로 수용하면서, 한편으로 예술의 미적 자율성을 넘어, 요컨대 니체가 정당화의 예술을 넘어 정

당화의 철학을 말하는 점이다. '인생[세계 현존]은 오로지 미적 현상에 의해서만 정당화된다'는 『비극의 탄생』의 격률은 그 자체 미적 자유로서의 정당화의 예술을 포함하고, 아울러 예술이 정당화의 예술로서, 세계를, 인간의 삶을, −간단히 말하면−인생을, 정당화하는 것을 포함한다. 정당화의 예술이 정당화의 철학이 되었다. 정치 사회적 의미의 '정당화의 미학'—정당화의 철학이 아니라. 존재론적 의미의 정당화의 미학—정당화의 철학이다. 목적 미학–목적 철학을 말할 수 있다면 그것은 존재의 정당화라는 점에서 목적 미학—'목적 철학'이다.

인생의 정당화가 정당화 철학의 핵심 내용이다. 니체의, 미적 자유로서의 정당화 예술은 '올림포스 신(神)들로 하여금 인간의 삶을 살게 하면서 인간의 삶을 정당화한다'는 격률에서 확인되듯, 정당화의 예술에서 정당화의 철학으로 전진한다. 호메로스 서사시의 올림포스 신들이, 그리스 '전성기 비극'의 올림포스 신들이, 비극의 '아폴론 무대[비극적 신화]'의 주인공들이, 인간의 삶을 살면서 인간의 삶을 정당화시킨다. 오이디푸스의 고난이 인간의 삶을 정당화시키고, 프로메테우스의 고통이 인간의 삶을 정당화시키고, '아트레우스[아가멤논–오레스테스] 가문의 저주'가 인간의 삶을 정당화시키고, 아드메토스의 여정이 인간의 삶을 정당화시킨다.

신들의 삶이 인간을 정당화시킨다는 것은 진리가 인간을 정당화시키는 것과 같다. '신은 믿을 만하다.' 신은 진리와 유비로서 반박 불가능성이 특징이다. 진리도 반박 불가능성이 특징이다. 신들의 고난이 인간의 삶을 정당화시키는 것을 말할 때 중요한 전제가 '반박 불가능성으로서의 신(神)'이다.

북두칠성은 알레고리이다. 소멸의 알레고리이다. 거대한 천체 각각이 거대한 천체 그 자체로서 진리를 말하나, 거대한 질량–나이 등에서 '뛰어넘기 힘든 진리'를 말하나, 역시 (거대한 천체라고 해도) 소멸이 운명이고, 따라서 (거대한 천체가) 인간의 삶을 정당화시키는 것을 말할 수 있다. 천체들의 모임인 알레고리 구조 역시 천체들의 숙명인 몰락으로 해서, 천체들의 모임인 알레고리 구조 역시 소멸이 진리(에이도스ĕidos)로서 인간의 삶을 '크게' 정당화시키는 것을 포함한한다. 북두칠성 알레고리 구조는—천체 하나가 붕괴하면 깨져야 하는—소멸이 운명인 점에서, 북두칠성 알레고리는 소멸의 알레고리이다. 요컨대 북두칠성이라는 거대한 별자리 구조는 소멸이 운명인 '소멸의 알레고리'에 합세하면서 소멸을 진리로 시인시킨다. 소멸을 진리로 정당화시킨다.

진리는 반박 불가능성이 특징으로서 인간의 소멸을 시인(是認)시킨다. 인간의 생로병사를 정당화시킨다 거대한 천체들의 모임 별자리를 만들어 (인간은) 별자리, 그 거대한 구조로 하여금 인간의 삶을 살게 하면서, 인간의 삶을 정당화시킨다. 별자리까지 가지 않더라도 (인간은) 별 그 거대한 천체가 인간의 삶, 생-로-병-사의 삶을 똑같이 사는 것을 보면서 인간은 자신들의 생-로-병-사의 삶을 정당화시킨다.

인간은 별자리들을 만들어 그 '많음Vielheit'을 전부 소멸의 알레고리로 만들어 자신들의 소멸을 정당화시킨다. 자신들의 생-로-병-사를 시인시킨다. 북두칠성 백조자리 큰곰자리 작은곰자리 등—헤아릴 수 없이 많은 별들을 헤아릴 수 있는 별들로 만들어, 전체를 포획하지는 못하지만, 별자리로 포획하여, '많음으로서 별자리들'로 포획하여, 간단히, 하늘의 수많은 별들을 '많음'으로서 포획하여, '그들이 사는 법'을 말하게 한다. 그들의 삶을 스스로 말하게 한다. 많음은 전체에 육박하는 것으로서, 많음은 전체가 내는 목소리인 진리에 육박하는 목소리를 낸다. **진리 내용은 소멸의 우주사, 소멸의 자연사, 소멸의 인류사, 무엇보다 소멸의 인생사이다.**

3) ① 프로메테우스-오이디푸스가 '인간적 고통'을 살면서 인간의 고통 일반을 정당화시킨다. (미적 가상으로서) 예술이 인간의 삶을 정당화시킨다.

'이게 너희들의 실상이닷!' 줄거리로서 아폴론적 '무대'를 부인하기 힘들다. ② 줄거리와 관계없다. 장면의 힘(무대 및 의상), 음악적 목소리[언어]가 중요하다. 관객은 '이것'으로 관극한다. ③ ②를 강화시키는 것으로서 아폴론적 변용='아폴론적 기만'(아폴론적인 것의 기능에 의한 관객의 착각)을 말할 때 이것은 디오니소스 합창단에 의한 것이다. 아른바 '디오니소스'가 아폴론 무대를 덮어쓴 그 '황홀경'이다; '아폴롤적 꿈 예술'이–합창단 무대에 의한–아폴론적 변용이고, 아폴론적 착각이다. 있는 것인가 없는 것인가? 생시인가 꿈인가? 자립적 아폴론적 변용[착각]을 부분 부정한다.[1)]

④ 아폴론 무대를 디오니소스 무대와 동일시하는 것이다. ①의 강화로서 고통을 겪는, 파멸하는 ABC 형식의 인간 유형[주인공]을 디오니소스 보편적 근원적 일자가 통찰한 근원적 모순 및 근원적 고통의 표상으로서, 디오니소스 음악 합창단의 '불협화음'과 동일시하는 것이다. 디오니소스 불협화음 고통을 일반적인 고통으로 정당화시키고, 이와 함께 아폴론 무대의 주인공의 고통과 주인공의 파멸이 고통과 파멸을 보편적 진리로 정당화시킨다. 신의 몰락이 인간의 '자발적 몰락에의 의지'로 정당화되듯, 고통이 '미적 현상'[예술적 현상]으로서 일반적 고통을 정당화시킨다. A의 A에 의한 정당화이다. 정당화의 철학은 A=A의 공식으로 표상된다.

4) 『정당화의 철학』의 성립사를 말할 때 ①은 대학원 과정 때의 고(故) 김병옥 교수와 함께 한 『비극의 탄생』 독해이다. '아름다운' 니체 독일어를 잊지 못한다. 성립사 ②는 그후 『차라투스트라는 이렇게 말했다』에 빠져

---

1 자립적 아폴론이 없다. 그리고, 독립적, 자기만의 디오니소스도 없는 셈이다. 무대 전면(오케스트라 무대)과 무대 후면 주인공의 무대를 구분하고, 그 합(合)으로서 넓은 의미의 무대를 말할 수 있으나, (넓은) 무대를 휩쓸고 지나는 것은 무대 전면의 오케스트라 합창이다.

있었던 때이다. 자발적 몰락에의 의지가 '장자'보다 신선했다. 청춘에 약간의 힘이 있었다면 여기가 발원지이다. 『차라투스트라』와 『비극의 탄생』이 발원지였다. 성립사 ③은 그후 대학원 수업과 학부 수업 때의 『비극의 탄생』 독해이다. 그때 그 시절이 벌써 그립다. '그들'의 열정은 대단했다. 지난 1년 동안 대학원 수업 과정에서 다시 『비극의 탄생』을 읽었다. 독일어로 같이 읽지 못했지만 『비극의 탄생』으로부터 듣도 보도 못한 이야기가 다시 들려왔다.

읽으면 읽을수록 새로운 게 나오는 게 고전인가 보다. 『비극의 탄생』이 그러했다. 묘한 책이다. 니체가 비판했으나, 소크라테스적 '지식욕'을 만족시켰고, 무엇보다 니체의 구제 형이상학에 대한 윤곽이 확고하게 그려지게 되었다. **니체 철학은 정당화의 철학, '시인(是認)의 철학'이었다. '모든 것은 부당하고, 그리고 정당하다.'**

지난 학기의 서기주 선생님, 최형일 선생님, 유재봉 선생님, 박광희 선생님, 노은희 선생님, 김서하 선생님, 이지희 선생님, 김경민 선생님이 그립습니다. 지지난 학기의 김미월 선생님, 정기하 선생님, 장선영 선생님, 이상태 선생님이 그립습니다. 이 자리를 빌려 안부 전합니다. 학부 3학년 학생들 정말 그립습니다. 4학년 학생들 모두 그립습니다. '대기쁨'으로 살아가기를 기원합니다. 한봉숙 대표를 비롯한 푸른사상사에 깊은 감사를 전합니다. 정든 추계예술대에 감사드립니다.

2022년 2월

박찬일

차례

정당화의 철학

니체 『비극의 탄생』

일러두기

1 이 책에서의 니체 인용은 Giorgio Colli와 Mazzino Montinari가 '편집'한 비평판 니체 전집 Nietzsches Werke. Kritische Gesamtausgabe, Berlin–New York 1967ff. (KGA)에서이다. 로마자가 권수이고, 아라비아숫자가 쪽수이다;

2 『비극의 탄생』(Ⅲ–1)에서의 인용은 본문과 각주 모두에서 괄호 속에 (권수와) 쪽수를 명기하는 것을 원칙으로 한다; 곳에 따라 장(章)을 명기한다. 곳에 따라 『비극의 탄생』을 명기한다.

3 『차라투스트라는 이렇게 말했다』(이하 『차라투스트라』)에서의 인용 방식은 『비극의 탄생』의 경우와 같다. 니체의 다른 저작들 및 유고에서의 인용도 같은 원칙을 따랐다. 본문 1장에 나열된 '작은 괄호 숫자'가 모토를 가리킨다.

4 『비극의 탄생』 우리말 번역본으로는 책세상에서 나온 이진우 번역본과 〈아카넷〉에서 나온 박찬국 번역본을 참고했고, 『차라투스트라는 이렇게 말했다』(이하 『차라투스트라』)의 우리말 번역본으로는 문예출판사에서 나온 황문수 번역본과 책세상에서 나온 정동호 번역본을 참조했다.

5 『비극의 탄생』(1872) 초판본 원래 제목이 『음악의 정신으로부터 비극의 탄생』이었다. 「리하르트 바그너에 바치는 서문」이 포함되어 있다. 1886 재판본 『비극의 탄생』 제목은 『비극의 탄생 혹은 그리스 문명과 염세주의 Griechentum und Pessimismus』였다. 「리하르트 바그너에 바치는 서문」이 빠지고 새로운 서문 「자기비판의 시도」가 추가되었다. 이 책에서는 간단히 『비극의 탄생 Die Geburt der Tragödie』으로 명기했다.

6 원서에서의 여러 가지의 강조 표시 및 인용 표시는 '옮김'에서 전부 작은따옴표(' ')로 통일하였다.

1장
들어가기 전: 모토들

(1) "이 민족이 그렇게 아름답게 될 수 있기 위해 얼마나 많이 고통을 겪어야 했겠는가!"(『비극의 탄생』, Ⅲ-1, 25장, 152)

(2) "생성하는 모든 것이 고통에 찬 몰락을 준비할 것을 요청한다."(17장, 105)

(3) "그럴 것이 인간이 비자연적인 방법을 써서 자연에 저항해서 승리하지 않는 것 말고, 인간이 자연으로 하여금 그 비밀을 털어놓도록 강요할 방법이 달리 있겠는가?"(9장, 63)

(4) "학문을 예술가의 광학으로 보고, 예술을 삶의 광학(光學, Optik, 관점)으로 본다."(「자기비판의 시도」, 8)[1]: 학문을 예술가의 광학으로 본다는 것은 학문을 예술이 덮어써야 한다는 것, '소크라테스주의로 표상되는 학문'

1 1886년 『비극의 탄생』에 새로 단 서문 「자기비판의 시도」에 나오는 말이다. 『이 사람을 보라』(1888)에서 니체는 『비극의 탄생』의 두 가지 새로움으로서 "소크라테스주의 이해"와 "디오니소스 상황 이해"를 말한다.(Ⅵ-3, 308)

으로부터 예술로 방향을 전환해야 한다는 것. 니체는 「자기비판의 시도」(1886)에서도 '예술가-형이상학'을 명시적으로 드러냈지만 1872년의 『비극의 탄생』은 그 자체 예술 형이상학에 관해서이다. 디오니소스적 음악 형이상학이 중요한 역할을 한다.

11장 이후 계속적으로 소크라테스주의, 소크라테스에 의한 에우리피데스의 득세, 디오니소스적 비극의 몰락, (학문의 한계), 알렉산드리아 문화, 소크라테스-알렉산드리아 문화에 의한 '아폴론적 그리스비극의 몰락'(신화의 몰락) 등이 숨가쁘게 전개된다. 최종적으로, '학문에 구원이 없고 예술에 구원이 있다'는 메시지, 그리고 '비극의 재탄생'에 대한 기대가 토출된다. 『비극의 탄생』의 주요 열쇠어 중의 하나가 소크라테스, 그리고 소크라테스의 학문지상주의이다.

'예술을 삶의 광학으로 본다'에는 예술을 삶이 덮어써야 한다는 요청이 들어 있다. 예술은 삶에 대한 대답이 되어야 한다. 결론은 예술에 의한 삶의 구원이다. 니체 용어 "예술가-형이상학"(11)의 탄생이다. '예술(가) 형이상학'을 니체 철학 전반에 관련시켜 말하면 니체 형이상학의 탄생이다. 초인간 사상과 영원회귀 사상 등이 주요 내용인 '차라투스트라-형이상학' 이전 '예술가-형이상학'이 있었다. 다음은 『비극의 탄생』의 '주제문' '인생은 오로지 미적 현상에 의해 정당화된다'의 다양한 변주들이다.

① "오로지 미적 현상으로서만 세계 현존 Dasein der Welt이 '정당화된다'는 것."(Ⅲ-1, 「자기비판의 시도」, 11). ② "그럴 것이 오로지 '미적 현상'으로서만 현존과 세계 das Dasein und die Welt가 영원히 '정당화되기' 때문이다."(5장, 43) ③ "오로지 미적 현상으로서만 존재와 세계는 정당화되어 나타난다."(24장, 148) ④ "음악만이 […] 미적 현상으로서의 세계의 정당화에 대한 하나의 개념[대답]을 줄 수 있다."(24장, 148). 이외 '정당화'라는 격률이 여러 곳에서 명시적으로 출현한다; '미적 현상 ästhetisches Phänomen'은 (미적) 가상 Erscheinung-Schein이 포함된다. '칸트'에서 현상이 물자체

가 아닌 것이라고 할 때, 현상은 가상이 된다. 칸트가 가상을 강조하지 않았더라도 – 칸트는 현상론Phänomenalismus의 철학을 했다 – 그가 인식론적 고찰에서 현상만 지각할 수 있지, 물자체는 알 수 없는 것으로 한 점에서 현상은 가상이다.

(5) 목적 없는 정신 예술이 없다. 유희 충동(혹은 미적 유희, 혹은 미적 쾌락)에 목적이 있고, 디오니소스적 충동에 목적이 있다. 아폴론적 충동에 목적이 있다; 아폴론적 충동에 목적이 있고, 디오니소스적 충동에 목적이 있다. 아폴론적 충동을 '디오니소스적 지혜'가 감싸고 있다. '디오니소스'는 파멸의 충동에 관해서이다. 비극 무대 후면의 아폴론적 무대에서 '아름다운' 무대 주인공이 '망하는' 무대 주인공으로 바뀐다. 비통–고통, 그리고 파멸이 그의 이름이 된다. 파멸이 '진리로서 파멸'에 의해 정당화된다. 비극 무대 전면의 디오니소스적 오케스트라 무대에서는 '불협화음'이 그 자체 파멸로서, '진리로서 파멸'에 의해 정당화된다. 불협화음은 무대 후면(後面)의 '아폴론적 무대 주인공의 파멸'을 정당화하는 '파열음'이기도 하다.

—아폴론적 충동과 디오니소스적 충동은 형이상학적 충동이다. 파멸을 파멸로 정당화시키는 형이상학적 충동이다. 미학적 관객(혹은 미학적 청중)은 파멸에 안도한다. 파멸이 '진리'로 드러나는 것에, 파멸을 진리로 느끼는 것에, '안도'한다. '파멸'을 수용한다. 진리는 반박 불가능이 속성이다. 신(神)들이 반박 불가능이 속성인 것과 같다. 아폴론적 무대는 신화 이야기이다. 아폴론적 무대의 다른 이름이 '비극적 신화'이다. 신화를 내용으로 하는 비극이다; '신들'도 고통받고, 신들도 죽기까지 한다. 관객은 신들의 고통과 신들의 죽음에 안도한다. 신들의 고통과 죽음이 인간의 고통과 죽음을 정당화한다. 신들(의 고통과 죽음)은 반박 불가능이 특징이다. 진리가 반박 불가능이 특징인 것과 같다. —파멸의 멜로디가 흐르니까 '형

이상학적 위로'가 그 뒤를 따른다.

(6) 두 가지 방식이 있다. 첫째, 슈타이거Emil Staiger의 구분, 서정 양식-서사 양식-드라마 양식과 마찬가지로 아폴론적 꿈의 예술과 디오니소스적 도취의 예술은 고전적 장르 구분 해체를 포함한다. 둘째, 아폴론적 꿈 예술과 디오니소스적 도취 예술은 서정 양식-서사 양식-드라마 양식을 매개하는 '장르'이다; 생리학적physiologisch으로 말할 때, 아폴론적 꿈 예술이 시각예술로서 서사양식 일반을 포함하고, 디오니소스적 도취 예술이 시각예술-청각예술-동작예술 등 모든 감관 예술을 포함한다. 디오니소스적 도취 예술이 노래-악기-댄스의 '합창단' 예술에 관해서이다. 디오니소스적 도취 예술이 종합예술이다.

디티람보스Dithyrambus가 광란의 주신 찬가로서, 디오니소스적 도취 예술의 표상이므로 예술 전반에 관해 말한다; 강조하면 '비극적 신화'는 신화를 내용으로 하는 비극이라는 뜻으로, 아폴론적 주인공 무대를 지시한다. ['드라마Drama'는 『비극의 탄생』에서 특히 '에우리피데스' 이후, 그러니까 '디오니소스 오케스트라'의 몰락, 즉 '디오니소스 음악'의 몰락, 즉 '디오니소스 합창단'의 몰락 이후, 특히 아폴론적 무대를 지시한다] 비극은 『비극의 탄생』에서 종합예술작품으로서, 아폴론적 꿈 예술과 디오니소스적 도취 예술 둘 다를 포섭한다. 무대 후면 등장인물의 대사[대화]-의상-동작들이 아폴론적 꿈 예술의 반영이고, 무대 전면 오케스트라석 가무합창단이 디오니소스적 도취 예술의 반영이다.

(7) "실러는 극예술-거장Theater-Maestro이었다: 우리에게 그런데 극예술이 무슨 상관이란 말이냐!"(니체, 『유고 단편들. 1887년 가을-1888년. 3월』, Ⅷ-2, 141); 예술과 예술 사이에 예술이 있다. 이 예술은 선형적-연속적 시간을 벗어난 초시간적 예술이다. 소멸과 무상성의 반영이 특징이다. 비극

예술, 이를테면 그리스 비극예술, 바로크 비애극Trauerspiel, 실러 비극예술 등이 그렇다; 인류와 인류 사이에 인류가 있다. 이 인류는 선형적-연속적 시간을 벗어난 초시간적 인류이다. 이 인류는 몰락과 무상성의 숙고를 특징으로 한다.[2)]

실러에 의할 때, '음악적 분위기가 먼저 오고, 시적(詩的) 이념이 그 뒤를 따른다.' 음악적 분위기 역시 보편성-객관성의 음악적 분위기로서, 근원적 일자 Ur-Eins와 관계한다. 주지하다시피 쇼펜하우어에게 음악은 '의지의 직접적 발현'이다. 세계 의지는 맹목적 의지를 포함하고, 따라서 잔혹성과 변덕성을 이미 포함한다.

'(세계) 의지의 직접적 발현'으로서 서정시, 음악 및 비극의 합창단이 '세계 현존을, 곧 삶 자체'를 정당화시킨다. 세계 의지도 잔혹성과 변덕성이 그 표상이고, 세계 현존도 잔혹성과 변덕성이 그 표상이다. 잔혹성과 변덕성이 잔혹성과 변덕성에 의해 정당화된다. 인생의 잔혹성과 변덕성이 음악예술(서정시 및 비극예술)에 의해 정당화[시인(是認)]된다. '세계 존재가 오로지 미적 현상에 의해서만 정당화된다(「자기비판의 시도」). '그럴 것이 오직 미적 현상으로만 현존과 세계가 영원히 정당화되기 때문이다.'(5장)[3)] —정당화의 철학을 강조한다.

---

2 초시간적 예술이나 초시간적 인류는 지금(혹은 당대)의 관점에서 보는, 정지된 어느 한 지점의 예술이나 인류를 지시하는 말이지, 그 초시간적 예술이나 그 초시간적 인류가 그렇다고 어느날 하늘에서 뚝 떨어진 예술과 인류라는 말은 절대 아니다. '인류'와 '예술'은 거기까지 도달하느라 늘 많은 과정을 거친다. 변증법적, 혹은 역사철학적 과정을 거친다. 그 인류, 그 예술에 대한 역사철학적 고찰, 혹은 변증법적 고찰, 혹은 고고학적 고찰은 별개이다.

3 '인생은 오로지 미적 현상에 의해서만 정당화된다. 그럴 것이 인생은 오로지 미적 현상에 의해서만 정당화되기 때문이다': 항진명제tautology이다. '항상 참인 명제'로서 분석명제(칸트), 동일성의 명제(Identitätssatz, 하이데거), 동일률 동이 발하는 것과 같다. '인생은 오로지 미적 현상에 의해서만 정당화된다'는 『비극의 탄생』의 주제문 중의 주제문이다. 미적 현상은 디오니소스적 미적 현상이고 아폴론적 미적 현상이다. 니체의 초기 철학에서 항진명제의 위상을 갖는다.

(8) 인생은 오로지 미적 현상에 의해 정당화된다. 미적 현상은 아폴론적 미적 현상이고, 디오니소스적 미적 현상이다. 미적 현상에 의한 정당화는, 가상으로서의 예술에 의한, 가상으로서의 개별자[인간]의 정당화이다. 예술은, 인간을 기준으로 할 때, 가상의 가상이다. 인간은, 예술을 기준으로 할 때, 역시 가상의 가상이다. 인간과 예술이 가상이고, 또한 인간과 예술이 가상의 가상이다. 가상을 칸트(『순수이성비판』, 1781, 1787)에서 말할 때, 경험적 실재가 가상을 가리킨다. 가상을 쇼펜하우어에서 말할 때 개별화의 원리가 가상을 가리킨다. 쇼펜하우어가 그의 『의지와 표상으로서의 세계』(1818)에서 개별화의 원리에 관해 상세히 기술했다. 쇼펜하우어의 개별화의 원리를 칸트의 인식론을 통해 설명 가능한 것으로 볼 때, 쇼펜하우어의 박사학위 논문이 칸트의 『순수이성비판』과 많이 겹치는 것을 감안할 때, 사실 개별화의 원리 또한 칸트의 말로 설명 가능하다. 경험적 실재가 가리키는 것과 개별화의 원리가 가리키는 것이 같은 가상에 관해서이다. 개별자들은 현상으로서 시인된다. 물자체가 아니므로 현상은 가상이다.

현상은 가상이더라도, 현상은 또한 경험적 실재이기도 하다. 생-로-병-사 — 희-로-애-락의 그 잔혹성 및 변덕성은 (가상이지만) 개별자들이 실제로 겪는 일이다. 고통을 부인할 수 없고, 필멸을 부인할 수 없다. 개별화의 원리는 합리주의에 의한 것이고, 경험적 실재는 경험주의에 의한 것이다.

(9) 1차적 가상과 1차적 가상의 가상을 디오니소스적 가상과 아폴론적 가상으로 명명할 수 있다. 니체는 『비극의 탄생』 4장에서 유명한 라파엘의 회화 〈(그리스도의) 변용Transfiguration〉을 예로 들며 1차적 가상을 설명하고, '1차적 가상의 가상'인 2차적 가상을 설명한다.(Ⅲ-1, 35 참조); 1차적 가상은 근원적 고통-모순의 반영인 디오니소스적 가상에 관해서이고, 1

차적 가상의 가상인 2차적 가상은 근원적 고통-모순의 변용(혹은 해소)인 아폴론적 가상에 관해서이다. 강조하면 아폴론적 꿈(예술)에 관해서이다. 가상의 가상은 디오니소스적 가상의 아폴론적 가상이다.

디오니소스적 가상은 실체-실상(實相)으로서의 가상에 관해서이고 (디오니소스 합창단이 인생의 적나라한 실체-실상과 관계하지만, 무대와 관객 사이의 '합창단 성벽'이 말하는 바, '디오니소스'가 미적 가상인 것이 계속 강조되어야 한다), 아폴론적 가상은 '실체-실상(實相)으로서의 가상'의 '(아름다운) 변용 Verklärung'이다. 니체는 양대 가상의 필연적 관계에 관해 말한다. 아폴론적 아름다운 세계와 디오니소스적 "실레노스의 가공할 만한 지혜 schreckliche Weisheit des Silen"의 "필연적 상호관계"를 직관적으로 파악할 것을 요구한다(35 참조). [1차적 가상은 디오니소스적 도취 예술이고—무대 전면의 합창단이 주역이고, 2차적 가상은 디오니소스적 도취 예술의 가상으로서, 아폴론적 꿈 예술이고—무대 후면의 무대 배우가 주역이다] '현존은 오로지 미적 현상[디오니소스적 도취 예술과 아폴론적 꿈 예술]으로만 정당화된다.'

(10) 『비극의 탄생』의 큰 부분이 11장 이후부터 출현한 소크라테스에 관해서이다. 소크라테스주의, 미학적 소크라테스주의, 소크라테스-알렉산드리아 문화에 관해서이다. 소크라테스의 변증술이 그리스비극을 압도한 것이 그 시작(始作)이다. 소크라테스, 그리고 소크라테스주의의 구체화로서 에우리피데스의 드라마에 의해 그리스비극은 가시적으로 종말을 맞이했다. '그리스비극의 종말이다.' 니체의 거시적 '해석', '역사적 해석'이다. 먼저 디오니소스적 (불협화음의) 음악이 부인되었고, 에우리피데스 '신 아티카 희극'(희극 드라마)에서 합창단의 위상이 위축되었고, 다음 아폴론적 신화 무대가 부인되었다. '비극적 신화'의 기적-이적 장면이 부인되었

다. 소크라테스-플라톤 예술관의 반영이다. 불협화음이라니? 기적 행위라니? 도덕적 교훈적 교육적 및 논리주의적 예술관에 의해 디오니소스와 아폴론으로 대변되는 그리스비극은 몰락하였다.

소크라테스-알렉산드리아 문화의 전가의 보도가 논리적 도식주의로서 인과율이었다. 인과율이 '진리'에 도달하게 한다. [진리란 무엇인가? 무엇이 진리인가?] '무지의 지'에 도달하게 하는 수단이 인과율이었다. 다음은 니체의 말이다. 인과율에 대한 부인이고, 소크라테스주의에 대한 부인이고, 그리고 '칸트'의 등장이다.

> […] 칸트는 도대체 공간 시간 인과율이 마야의 작품인 단순한 현상들을 유일한 최고의 실재성으로 높여 그것을 사물의 가장 내적이고 진정한 본질 자리에 놓고는, 이를 통해 본질에 대한 사실적 인식을 불가능하게 만드는 데 기여할 뿐이라고 알렸다. 쇼펜하우어의 말에 의하면 공간 시간 인과율은 꿈꾸는 자를 더 깊이 잠들게 하는 데 기여할 뿐이었다(『의지와 표상으로서의 세계』 1권 498면).(Ⅲ-1, 18장, 114)

뒤의 쇼펜하우어 '인용'(Die Welt als Wille und Vorstellung, 1, Anhang: Kritik der Kantischen Philosophie)은 칸트 인식론의 되풀이이다. "꿈꾸는 자"의 '꿈'은 가상이다. 인생은 가상이다. 이것을 보증하는 것이 공간 시간 인과율이라는 선험적 제한조건이다. 공간 시간 인과율을 꿈의 몸통, 즉 '꿈꾸는 자'라고 할 수 있다. '선험적 제한조건'은 쇼펜하우어 용어로는 '근거율'(이유율, Grundsätze)이다. 니체는 『비극의 탄생』을 서술하면서 명시적으로 인용 출처를 밝힌 것은-그것도 여러 번-쇼펜하우어의 '『의지와 표상으로서의 세계』'가 거의 유일하다. 16장 그 유명한 '음악 형이상학의 장'이 쇼펜하우어의 장으로서 여기에서는 두 번 『의지와 표상으로서의 세계』를 구체적으로 명시했다. 『의지와 표상으로서의 세계』를 길게 인용했다.

칸트(1724~1804)의 『순수이성비판』(1781, 1787) 인식론에 의할 때 인과율은 진리에 도달하게 하는 것이 아니라, 공간-시간과 함께 '이미' 선험적apriori 제한조건인 것으로서(공간과 시간과 함께 인간에 의한 것이 아닌 선험적으로 주어진 것으로서) 물자체를 조건적[제한적]으로 인식하게 하는 것이다.[4] 조건적 인식에 의한 것이 물자체에 대한 인식일 리 없다. 칸트대로라면 '우리는 물자체를 알 수 없고, 우리는 현상만 인식할 수 있다.' 니체가 『비극의 탄생』 18장에서의 인용문이 말하는바 소크라테스주의의 인과율에 칸트의 인과율을 갖다 댔다. [칸트에 의할 때 인과율은 인간 주체에 의한 것이 아니다. 선험적으로 주어진 것으로, 사물을 조건적으로 인식하게 하는 점에서, 즉 물자체에 도달하지 못하게 하는 것이었다]

인간 주체에 의한 전가의 보도로서, 즉 인과율에 의해 물자체(혹은 진리)에 도달할 수 있다는, '소크라테스'의 인과율은 부정됐다. 소크라테스는 부정됐다. 칸트가 '진리[물자체]의 산파역'로서의 인과율을 부정한 것이 사실이나, 이를 '소크라테스'에 넣어 소크라테스를 부정하게 한 것은 니체이다. 진리의 산파로서 소크라테스와 진리의 산파술로서 인과율을 함께 부정하게 한 것은 니체이다. **니체에 의할 때, 인과율로 표상되는 학문에 구원이 없고, 인과율을 위반하는 '신화'에 구원이 있다.**

니체는 신화에 의한 구원은 물론 이야기에 의한 구원이지만 강조되는 것은 무한한 상상력으로서의 신화이다. '기적'과 이적이 넘쳐나는, 인과율

---

4 칸트의 인식론에 의거할 때 이른바 공간-시간이 감성적 직관형식이고, 인과율 등이 지성적 범주형식이다. 이들은 선험적apriori 제한조건으로서 '인식'에 기여하나(감성은 수용적으로 기여하고, 지성은 자발적으로 기여하나), 역설적 결론이, 그 자체 제한적 인식에 관해서이므로, 물자체의 인식 불가능이다. '우리가 느끼는 것은 현상이지, 물자체는 아니다.' 제한적 인식인 한 우리는 물자체에 도달할 수 없다. 『순수이성비판』이 말하는 '칸트 위기'로서, '칸트'의 혁명성 중의 하나이다.

위반이 홍수처럼 넘쳐나는, 그 신화이다. 신화의 부활과 함께 (디오니소스) 음악의 부활이 왔다. 루터의 합창곡에서 시작하여, 바흐, 베토벤을 거쳐 바그너의 음악적 비극(혹은 음악 드라마)에 도달했다. 니체는 독일 철학(칸트-쇼펜하우어)과 독일 음악의 (행복한) 합치를 말한다. 『비극의 탄생』은 그리스비극의 재탄생에 대한 기대가 '바그너'에 대한 기대에 투영되면서 끝난다. 아폴론으로 표상되는 '비극적 신화'와 디오니소스로 표상되는 불협화음의 음악을 다시 강조하며 끝난다.

니체는 독일 음악천재들과 독일 철학의 일치를 "신비"로 말한다. 사실 니체의 희망 섞인 기대일 것이다. "독일 음악과 독일 철학의 일치"는 ① 음악에서의 '바흐 베토벤 바그너', ② 철학에서의 '칸트 쇼펜하우어'의 일치이다. ①은 디오니소스적 음악가들로서 그리스비극, 그리스음악의 재탄생을 기대하게 했다. ②의 철학자들은 인과성을 전가의 보도로 사용한 소크라테스주의'를, 즉 모든 것을 인과성으로 설명 가능하다는 인식의 낙천주의를 붕괴시켰다. 에우리피데스 이후 강조되고, 만연하게 된 아폴론 무대 주인공의 '언변'[변증술-문답술]을 붕괴시켰다. 신화와 예술에 대한 기대를 갖게 했다.

[칸트는 주지하다시피 (인식의) 선험적apriori 제한조건으로 공간/시간(직관형식), 인과성(범주형식)을 말했다. 우리는 제한적으로 현상(사물)을 인식할 수 있다. 제한조건 없는 사물(현상)은 없다. 우리는 모두 같은 안경을 쓰고 있다. 우리의 인식은 조건 형식에 의한 인식이므로 사물 자체에 대한 인식이라고 볼 수 없다. 우리는 현상으로만 인식할 수 있지 물자체는 알 수 없다]

강조하면, 인과율은 인식의 전가의 보도(소크라테스)였으나. (칸트-쇼펜하우어에 의해) 인과성은 오히려 진리(혹은 물자체)를 인식하게 하는 것이 아니라, 인식을 제한하는 것으로 판명났다. 소크라테스주의의 극복, 소크라테스 인과율의 극복이다. 물론 니체에 의해서이다. 니체의 역사철학적 고찰에 의해서이다. 칸트-쇼펜하우어와 소크라테스의 상호 모순적 연결고리를 찾아낸 니체, 니체의 하이 콘셉 High-Concept이라고 할 만하다. 니체의 최종 의중은 물론 소크라테스주의의 극복으로서 알렉산드리아 문화를 거슬러 올라가 본래적인 그리스비극 정신에, 본래적인 그리스비극 예술과 윤리에 도달하고자 하는 것이다. 예술에 의한 구원을 말하는 그 윤리 정신 말이다. 니체의 말이다.

> [⋯] 같은 원천에서 흘러나온 '독일 철학'의 정신이 칸트와 쇼펜하우어를 통해 학문적 소크라테스주의의 한계를 증명함으로써 그 소크라테스주의의 자기만족적 생존욕의 파괴가 가능해졌다. 이러한 증명을 통해 윤리적 문제 및 예술에 대한 무한히 깊고 진지한 고찰이 시작되었다. 이러한 고찰을, 개념적으로 파악된 '디오니소스적 지혜'라고 명명할 수 있을 것이다. 독일 음악과 독일 철학의 일치라는 이러한 신비는 우리에게 하나의 새로운 존재 방식을 가리킨다 [⋯] (Ⅲ-1, 19장, 124).

니체는 "독일 음악과 독일 철학"의 신비스러운 일치를 통해 "디오니소스적 지혜"가 다시 탄력을 받게 되었다고 말한다. 칸트-쇼펜하우어에 의한 소크라테스주의의 "자기 만족적 생존력"의 극복이 개시되었고, 진정한 "예술에 대한 무한히 깊고 진지한 고찰"이 시작되었다고 말한다. 독일 음악과 독일 철학의 이러한 일치가 해주는 것이 많다. "새로운 존재 방식"의 개시이다. 디오니소스 지혜에 의한 새로운 예술의 개시이다. 물러나 있었던, 디오니소스 도취 예술을 불러온다. 디오니소스 음악 예술을 불러온다. 디오니소스 지혜에 의해 다시 아폴론적 꿈 예술을 불러온다.

디오니소스적 지혜가 가리키는 것은 그리고 디오니소스 근원적 일자이고, 근원적 일자가 표상하는 '형이상학적 구원'이다, 근원적 고통과 근원적 모순이 정당하다. **모든 고통과 모순은 부당하나, 또한 모든 고통과 모순은 정당하다. 디오니소스 지혜가 비극 예술의 새로운 개시로 인해 불**

러들이는 것은 그러므로 정당화의 철학이다. 그리스비극의 재탄생이 정당화의 철학의 재탄생이다.

⑾ 니체의 『비극의 탄생』, 그리스비극의 목표와 목적

『비극의 탄생』에 의할 때, 그리스비극의 목표와 목적은 다음과 같다. ① 목표: 첫째. 아폴론적 꿈 예술과 디오니소스적 도취 예술의 생산이다. 둘째, 첫째와 불가분의 관계에 있는 것으로서, 아폴론적 미적 유희에 의한 미적 쾌락 생산이고, 디오니소스적 미적 유희에 의한 미적 쾌락 생산이다. 미적 유희는 '비자연주의적' 미적 유희이다. ② 목적: 미적 유희 및 미적 쾌락에 의한 세계 현존의 정당화이다—실존의 정당화이다—인간 삶의 정당화이다: 아폴론적 미적 정당화는 '1차적으로' 고통을 아름다움으로 보여주는(혹은 덮는) 식의 미적 정당화('그렇게 힘든 것만은 아니야!')이다. 디오니소스적 미적 정당화는 고통을 고통으로 대답하는 식의 미적 정당화('**힘든 것은 보편적이야!**')이다. ③ 최종목적을 말할 수 있을 때 그것은 인생을 "살 만하게lebenswerth"(25장, 151) 하는 것이다. 아폴론적 구원을 따로 말할 때 인생을 '찬양할 만한 가치가 있는 것'으로 느끼게 하는 것이다.('신들이 인간의 삶을 살면서 인간의 삶을 정당화시킨다.')

● 아리스토텔레스의 『시학』, 비극의 목표와 목적

아리스토텔레스의 『시학』에 의할 때, (그리스) 비극의 목표와 목적은 다음과 같다. ① 목표: 연민과 공포의 야기[연민과 공포의 모방]이고, 연민과 공포의 배설[카타르시스]이다. ② 목적: 인생을—격정(연민과 공포)에 시달리지 않고—평상심을 갖고 제대로 영위하게 하는 것이다. 연민과 공포는 '격정 중의 격정'이다.—연민을 2,400년 전쯤에 일상을 제대로 영위하게 하지 못하는 격정 중의 하나로 지정한 것이 놀랍다. [(인류에 대

한) 연민이 붓다와 예수로 하여금 '공생애'를 살게 했다[5] [6]

아리스토텔레스에서 공포와 연민을 넘어서는 '평정의 형이상학'을 말하고, 니체에서 — '자연'의 난폭성 — 잔혹성을 꿰뚫어 본 그리스인에 의한 '비자연적 방법'으로서의 올림포스 건설 및 비극 예술 창조를 강조하는 것으로서 — 비극예술을 통한 자연의 잔혹성을 돌파하는 '실질적' 구제 형이상학을 말한다; 아리스토텔레스와 니체의 차이를 '평정의 형이상학'과 '구제 형이상학'의 차이로 말한다: 모방에 한정시켜 말할 때 아리스토텔레스의 모방은 연민과 공포의 모방이고, 니체의 모방은 아폴론적 꿈 예술과 디오니소스적 도취 예술에 의한 것으로서, 광포한 자연에 대한 모방이다. 자연의 잔혹성에 대한 모방이다. 아폴론과 디오니소스를 신화 발생적으로 구별해서, 아폴론적 (자연에 대한) 잔잔한 모방을 말할 수 있고, 디오니소스적 (자연에 대한) 광포한 모방을 말할 수 있다.

● 자연주의 연극

19세기 후반부에 있었던 자연주의 연극은 아리스토텔레스적 환상극이

---

5 『비극의 탄생』 2장에서 니체가 '모방자Nachahmer'(26)를 말할 때 이것은 아리스토텔레스 『시학 On the Art Poetry』으로부터이다. 예술가는 여러 장르(서사시, 비극, 희극 등)에서 여러 수단(운율, 서사적 언어 등)을 통해 '자연'을 모방한다. '아리스토텔레스 비극'에서의 모방은 그러나 행동의 모방이다; 니체는 아리스토텔레스의 "자연의 모방 Nachahmung der Natur"(27)을 말하면서 '자연의 모방'을 강조하나, 단서를 달아야 할 것은, 아리스토텔레스의 모방은 주어진 자연의 모방이 아닌, 개연성 및 가능성으로서의 모방인 점이고, 니체의 모방은 잔혹성이 조건인 자연의 모방인 점이다. 미적 가상으로의 모방이 강조된다. 아름다운 자연이란 없다. 자연은 우리에게 일말의 관심도 없다.

6 '자연'에 대한 공포와 경악을 제거하는 것으로서 비극을 말할 때, 아리스토텔레스와 니체의 수평적 유비 관계를 말할 수 있다. [연민과 공포의 배설이 아리스토텔레스에게 카타르시스 기쁨이고, '자연'에 대한 공포와 경악의 배설이 니체에게 '카타르시스' 기쁨이다] 물론 니체에서 (일상생활을 — 평상심을 갖고 — 영위하는 데 방해가 되는) 격정으로서 '공포와 연민의 야기'(혹은 연민과 공포의 모방)를 '비극의 제1 효과'[비극의 제1 목표]로 말할 수 없다.

별칭이다. 무대 위에서 일어나는 일들이 실제 일어나는 일처럼 보이는 게 자연주의적 환상극의 목표이다. 온전한 감정이입이 목표이다. 아리스토텔레스 경우에서처럼 감정이입에 의한 '감정'의 배설 또한 목표라고 할 수 있다. 이른바 카타르시스 효과이다. 자연주의 연극을 작 설명하는 용어로 '열쇠구멍관점'이 있다. 관객은 제4의 벽[무대 전면]에 뚫린 열쇠구멍을 통해 드라마를 감상하는 것과 같다. 드라마를 실제 일어나는 일처럼 보게 해서, 관객들로 하여금 눈물 콧물 흘리게 한다. 일방적인 전달 및 무비판적 수용이 특징이다. 멜로드라마로 발전했다.[7]

역사적 자연주의 운동의 공(功)은 따로 있다. 제4계급의 생활 양식을 주요 대상으로 했으며, 따라서 리얼리즘의 영역을 넓혔다. 사회주변부 인생, 알코올중독자, 창부들의 생활 모습, 그리고 '추하고 역겨운 것'(혹은 고통)을 드러내어 '추의 미학'의 실제로 구현했다; 극사실주의로서 '예술=자연−X'가 말하는 바 극사실주의를 정립시키는 데 기여했다. 총체적인 삶이 아닌, 단편적인 삶밖에 보여주지 못했다는 비난을 받았으나, '신분제한조항Ständeklausel'을 확실히 파괴시킨 점에서 현대문학의 시작을 가시적으로 알렸다.

---

7 아리스토텔레스적 관객은 열쇠구멍을 통해 무대에서 일어나는 일을 '현실'로서 본다. [19세기 후반에 융기했던 문예운동 '자연주의'의 용어 '열쇠구멍관점 Schlüssellochperspektive'에 관해서이다] 배경−소품−의상−동작−대사 등 모든 것이 '현실'을 판박이 재현한다. 관객은 '실제' 일어나는 '사건−줄거리'로 보고 이해한다. [자연주의 드라마가 환상극의 범례이다] 관객들은 극중 환상에 빠져 있다. 극중 환상에 빠진 관객은 아리스토텔레스적 의미의 연민과 공포를 '가장 잘' 느낀다. 연민과 공포, 그리고 연민과 공포의 배설, 여기에 형이상학이 없다고 할 수 없다. 배설을 통해 일상생활에서 연민과 공포에 덜 시달리게 된다. 사티로스 합창단과 비교해서 말할 때, 연민과 공포의 배설인 형이상학과 '생−로−병−사의 잔혹성이 세탁되는, 자기 자신(自身)이 세탁되는 형이상학'의 차이이다.(졸고「사티로스합창단—구원과 치료의 형이상학」,『현대시학』, 2013. 10, 각주 16 참조)

['격정으로서 연민-공포'의 배설[정화작용]을 통해 인생살이를 단단하게 해주는, 평상심을 유지하게 해주는, 특히 이후의 스토아Stoa나 쇼펜하우어의 용어로서 '마음의 평정'[아파테이아]을 유지하게 하는 것을 말한 아리스토텔레스적 비극 이해에서, 다시 말하지만 구제 형이상학을 못 말할 이유가 없다. 연민을 액면가와 별 차이 없는 동고(同苦, Mitleid)로 이해하여 비극에 의한 동고 연습이 '이웃에 대한 동고'로 이어지는 것을 말한 18세기 레싱의 계몽주의적 비극 이해에서 '도덕 형이상학으로서 구제 형이상학'을 못 말할 이유가 없다. '구제 형이상학으로서 도덕 형이상학'은 이후 주지하다시피 칸트의 『순수이성비판』, 특히 『순수이성비판』의 '초월적 방법론'에서, 그리고 이어지는 『윤리형이상학정초』-『실천이성비판』에서 확고하게 자리잡는다]

●브레히트의 서사극[변증법적 연극]

브레히트의 서사극[변증법적 연극]의 목표와 목적은 다음과 같다. ① 목표: 픽션은 픽션이다. 픽션을 픽션으로 느끼게 하는 게 서사극의 목표이다. 이른바 아리스토텔레스적 환상극의 '반대'이다. '열쇠구멍관점'으로 표상되는 자연주의적 환상극에 대한 거부이다. 요컨대 비판적 거리에 의한 비판적 인식이 목표이다. '사회적 인과관계의 복합체'(브레히트)를 알게 하는 것이다. '사건 뒤의 사건'을 알게 하는 것이다. ②목적: 존재론적 부조리가 아닌, 사회적 부조리의 인식이다. 사회적 부조리의 인식에 의한 것으로서, 세계의 변혁Veränderung이다. 사르트르를 원용하면, 브레히트의 변증법적 연극은 가장 혜택받지 못한 자들의 입장에서, 가장 혜택받지 못한 자들을 위한 연극이다. (사르트르, 『지식인을 위한 변명』, Gallimard: 1965, 1972)

⑿ 다음 두 가지는 같은 말이다. 두 가지는 앞의 모토 (5)의 건설적 파

괴이다. 아폴론적 꿈 예술을 ① 디오니소스 도취 예술의 미적 변용으로 볼 수 있다. 디오니소스적 광포한 삶의 미적 변용! 인간은 디오니소스적 광포성의 미적 변용으로 (잠시) 삶을 살 만하다고 견딜 만하다고 느낀다. 아폴론적 꿈 예술을 ② '가상(혹은 미적 현상)으로서 디오니소스 가무합창단'이 덮어써서 아폴론적 꿈 예술의 미적 변용 효과를 강화시킨다. 아폴론적 꿈 예술–아폴론적 무대예술을 '환영(幻影, Vision)'으로 만든다. '마야의 베일' 효과를 강화시킨다. 삶인가 죽음인가? 생시인가 꿈인가?—그리스비극이 '예술의 형이상학'이 아닐 리 없다.[8]; 아폴론적 꿈 예술과 디오니소스적 도취 예술에서, 디오니소스 도취 예술이 먼저 가고, 아폴론적 꿈 예술이 그 뒤를 따르는 것을 부인할 수 없다.

상반되는 해석 또한 가능하다. 이른바 개별화의 원리와 개별화 원리의 파열이다. 개별화의 원리는 아폴론적 개별화의 원리이고, 개별화 원리의

---

8 '아름다운 주인공' 무대를 강조할 때(투쟁하는 아름다운 오이디푸스를 보라! 투쟁하는 아름다운 프로메테우스를 보라!) 이렇게 말할 수 있다. 모토 (5)에서 얘기한 대로, 그러나 아름다운 주인공이 변하여 망한 주인공이 된다. 아름다운 주인공과 망한 주인공은 바울과 사울의 거리만큼 크다. 그러나–바울과 사울이 말하는 것과는 다른–아름다운 주인공에도 형이상학적 구제가 있고, 망한 주인공에도 형이상학적 구제가 있다. 아름다운 주인공이 '인생은 아직 살 만해!'라고 말하게 하고, 망한 주인공이 '거봐 인생은 그런 것!'이라고 말하게 한다. 후자의 경우가 '정당화의 철학'을 말하게 한다. A를 A로 정당화하는 것으로서, 요컨대 필멸의 인생을 필멸의 인생으로 정당화하는 것이기 때문이다. 둘 다 아폴론적 무대의 아름다운 주인공과 망한 주인공이지만 둘 다 디오니소스 음악이 그것을 강화시키는 점에서, 아니 디오니소스 음악이 없으면 그 '형이상학'이 왜소해질 수밖에 없는 까닭에서, 둘의 '관계'(아폴론과 디오니소스의 관계)가 중요하다. 둘의 관계가–니체도 말했지만–"힘든 관계"이다(『비극의 탄생』, 21장, 135–136: "비극에서의 아폴론적인 것과 디오니소스적인 것의 힘든 관계 das schwierige Verhältniss des Apollinischen und Dionysischen in der Tragödie"). 『비극의 탄생』 뒷부분에서(21장–24장) 니체는 '고육지책'으로 두 예술 신(神) '아폴론'과 '디오니소스'의 관계를 상호 "형제 동맹 Bruderbund" 관계라고 했다. 그러나 디오니소스 제례에서 출발한 그리스비극을 강조할 때, 디오니소스 음악을 상대적으로 더 많이 강조해야 한다. '질주하는 광란의 말발굽 소리'로서 비극 합창단을 더 많이 강조해야 한다. '그 소리'에 묻히지 않을 것이 없다.

파열은 디오니소스적 파열음에 의한 개별화 원리의 파열이다. 개별화의 원리는 가상으로서의 개별자에 관해서이고, 그러므로 아폴론적 형상예술-아폴론적 꿈 예술의 개별자에 관해서이다. 꿈이 가상이다. 개별자는 가상이므로 꿈속 개별자와 같다. 가상으로서의 개별자가 정당화된다; '아폴론적 꿈 예술'에 의해 가상으로서의 개별자가 정당화된다. 개별화 원리의 파열은 디오니소스 음악에 의한 것이다. 개별화 원리의 꿈 같은 가상은, 꿈으로 정당화된 가상은 디오니소스적 파열음에 속수무책이다. 디오니소스적 불협화음이 결정적이다. 아폴론적 꿈 예술을 디오니소스적 도취 예술이 깨뜨리는 것을 말할 수 있다.—'인생은 오로지 미적 현상에 의해서만 정당화된다.' 디오니소스 미적 현상에 의해 정당화된다! 디오니소스 미적 현상을 강조할 수 있다.

이른바 디오니소스 형이상학으로서, 디오니소스적 근원적 존재와의 합일을 말할 때, 이것은 근원적 고통과 근원적 모순에 관해서이다. **니체의 '비극 형이상학' 전반(全般)에 의할 때 디오니소스적 근원적 존재와의 합일, 즉 근원적 일자로서 근원적 고통과 근원적 모순과의 합일이 먼저이다. 고통과 모순의 정당화가 먼저이다.** [근원적 일자가 디오니소스이고, 실레노스이고, 사티로스이고, 미학적 청중이고, 예술가들이다]

아폴론과 디오니소스 두 예술가 신(神)을 나란히 두었을 때 '아폴론적 꿈 같은 가상(혹은 미적 현상)'이 먼저 가는 것을 말하기가 쉽지 않다. 디오니소스적 구원은 근원적 고통과 근원적 모순이 말하는 바 자연의 잔혹성-잔인성-난폭성에 대해서이다. 디오니소스의 시종장 실레노스가 말하는바, 즉 '태어나지 않는 것이 최선이고(태어났으니 어쩔 수 없고), 바로 죽는 것이 차선책이다'가 함축하는바 인생의 잔혹성-잔인성-난폭성에 대(對)해서이다.

그렇더라도 니체가 아폴론적 미적 현상(혹은 개별화의 원리)에 의한 구원을 말한 것을 부인할 수 없다. 꿈인가 생시인가? 삶인가 죽음인가? 있는 건가 없는 건가? 묻게 하는, 이른바 '마야의 베일'이 지시하는 분별 불가능성의 형이상학, 꿈의 형이상학을 말한 것을 부인할 수 없다. 개별화의 원리와 개별화 원리의 파열이 동시적(同時的)이라고 말할 수 있다. **개별화의 원리는 아폴론적 무대 주인공에 의해서이고, 개별화 원리의 파열은 합창단 무대에 의해서이다.** 합창단의 간가(間歌, Standlied)에 의해서이다. 니체가 디오니소스적 미적 현상(개별화의 원리의 파열)에 의한 구원을 말하는 것 또한 사실로서 사실이다.

⒀『비극의 탄생』을 정당화의 철학으로 말한다. 우선 올림포스 신들에 의한 인간 삶의 정당화이다. 다음『비극의 탄생』의 주요 관심인 비극예술에 관한 것으로서, '미적 현상'에 의한 인간 삶의 정당화이다.

① **올림포스산의 神(신)들이 인간의 삶을 살면서 인간의 삶을 정당화시킨다. 이것이 '놀라운' 정당화 철학의 시작이다.** 호메로스 서사시에 의해 먼저 구현되었다. 호메로스로 표상되는 정당화의 철학은 이후 (그리스 비극의) '아폴론적 꿈 예술이 인간의 삶을 정당화시킨다'와 연결고리가 된다. 호메로스 서사시와 아이스킬로스–소포클레스 비극예술의 '주인공 무대'(합창단 오케스트라가 아닌)가 넓은 의미의 아폴론적 꿈 예술이다. 아폴론적 꿈 장면을 서로 공유한다. 아폴론적 미적 현상이 인간의 삶을 정당화시킨다.『일리아스』의 아킬레우스를 보라,

『오디세이아』에 등장하는 수많은 신들을 보라, '신 같은 영웅'–'영웅 같은 신' 오디세우스를 보라. 아테네 신과 오디세우스의 부하 에우리로코스의 살진 암소를 둘러싼 탐욕과 욕망의 겨루기를 보라. '가장 처참한 죽음이 굶어죽는 것'이 아닌가!? 올림피아 신들의 삶이 인간의 삶을 정당화시킨다.—인간의 탐욕과 욕망을 정당화시킨다.—인생을 살 만하고 견딜 만하게 한다.

② 디오니소스 신(神), 특히 반인반수의 디오니소스 시종 사티로스들이, 사티로스에 의한 사티로스 합창단이, 인간의 삶을 살면서 인간의 삶을 정당화시킨다. 사티로스 합창단의 거대한 노래-기악-댄스, 그 거대한 불협화음은 근원적 일자(=디오니소스=사티로스=그리스인=예술가)에 의한 근원적 고통 및 근원적 모순의 반영으로서 근원적 고통 및 근원적 모순을 정당화시킨다. 경악과 공포의 세계사를 정당화시킨다. 사티로스 합창단의 다른 말이 '디오니소스 도취 예술'이고, '디오니소스 송가'이고, 디티람보스[Dithyrambus, 광란의 주신찬가]이다. 크게 요약하면, 디오니소스적 미적 현상이 인간의 삶을 정당화시킨다.

③ 니체는 "윤리적 신" 아폴론의 관점을 다음과 같이 기술했다. 사실 니체의 관점이다. '아폴론이 무엇인가?'를 역설적으로 묻게 하고 역설적으로 대답할 수 있게 한다. "이에 반해 자만심Selbstüberhebung 및 과도(過渡)는 비아폴론적 영역에 속하는 도대체 적대적인 악령들로서, 아폴론적 이전 시대인 거인 시대의 속성들, 아폴론적 세계 밖의 야만적 세계의 속성들로 취급되었다. 인간에 대한 거인적 사랑 때문에 프로메테우스는 독수리에 의해서 찢어져야만 했고, 스핑크스의 수수께끼를 해독한 과도한 지혜 때문에 오이디푸스는 범법(犯法)의 어지러운 나락에 휘말려야만 했다. 델포이의 신은 그리스의 과거를 이렇게 해석했다."(Ⅲ-1, 36); 인용에 대해—『비극의 탄생』 전반(全般)을 고려할 때, 즉 니체의 고유한 관점을 고려할 때 델포이 신(=아폴론)의 해석이 아닌, 다른 해석이 가능하다. '다른 해석'이 정당성을 얻는다. 프로메테우스의 등장 및 고통은-인용문 그대로-인간에 대한 거인적 사랑에 의한 것이다. 그러나 그리스적 예술의 형이상학에 의할 때, **프로메테우스의 자만심, 그리고 프로메테우스의 고통이 인간의 삶을 정당화시킨다.** 오이디푸스의 고통은 스핑크스 수수께끼 해독에서 이어지는 일련의 부지불식(不知不識)의 범행들-아버지 라이오스 왕 살해 및 어머니 이오카스테 왕비와의 결혼-에 의한 것이다. 그

러나 그리스적 예술의 형이상학에 의할 때, 오이디푸스의 과도한 지혜, 그리고 그의 고통(혹은 범행)이 인간의 삶을 정당화시킨다. **'정당화의 철학'이—이후의 니체 철학을 고려할 때—다름 아닌 삶에 대한 전면적 긍정의 철학, 곧 대지 철학이다. 『비극의 탄생』에서의 철학은 정당화의 철학이다. '정당화의 형이상학'의 탄생이다. 정당화의 철학을 대지 철학을 말할 때 벌써 『차라투스트라』(1883~1885) 철학이다.**

(14) "디오니소스적 인간은 햄릿과 유사하다"로 시작하는 다음 단락 인용문이 니체의 '죽음학thanatology'을, 즉 거기에 포함된 "제때의 죽음"(『차라투스트라』, Ⅵ-1, 90)을 모범적으로 현시한다. '디오니소적 인간은 햄릿과 유사하다'는 문장 하나가 니체를 구원으로서의 예술 형이상학을 모범적으로 견인(牽引)한 철학자로 간주하게 했다. 죽음학을 근대적으로 견인한 철학자로 간주하게 했다. 아래 단락 인용문은 『비극의 탄생』의 빛나는 부분 중의 하나이다. 잔혹성-잔인성-난폭성을 인식한 햄릿과 햄릿의 연인, 오필리아는 '실레노스 지혜'를 수용한 자로서, 죽음의 명수에 등극한다. 더이상 우유부단의 대변자가 아닌 자발적 몰락 의지의 표상! 햄릿의 탄생이다. 더이상 '오필리아 모티브'의 오필리아가 아닌, 자발적 몰락 의지의 표상! 오필리아의 탄생이다.[9] 인용문에서 "반성"이 우유부단성에 관해서

---

9 호메로스를 헬레니즘 인간형의 전형이라고 할 때(Ⅲ-1, 2장), 셰익스피어의 햄릿은 근대적 인간형의 전형이다: 이 둘이 정당화의 철학을 매개로 서로 만난다. 호메로스 서사시가 말하는 것은 '올림포스 신들이 인간의 삶을 살며 인간의 삶을 정당화시킨다'이고, 『햄릿』의 햄릿과 오필리아의 죽음이 말하는 것은 '보편적' 죽음으로서, 진리로서의 죽음으로서, 정당한 죽음에 관해서이다. 그들의 선택은 정당하다. 햄릿이 레어티스의 가느다란 칼에 찔리는 '자발적' 죽음이 정당하고, 오필리아의 자살이 정당하다. 근원적 부조리로서 죽음과 삶의 모순을 들여다본 결과로써 그들의 죽음은 정당하다. 햄릿과 오필리아는 죽음의 명수들로서 죽음을 스스로 정당화했다. [햄릿과 오필리아의 죽음은 정당하다]
햄릿과 오필리아의 죽음은 난해한 죽음으로 보이나, 죽음을 결단함으로써 죽음을 난해하지 않게 했다. 무상한 삶이 아니라, 무상한 죽음이다. 삶이 아니라, 죽

이고, "인식"이 삶의 "무서운 진리에 대한 통찰"로서 부왕(父王)을 위한 복수를 '한낱 복수'로 평가절하하게 하는 것. 죽음에 대한 갈망이 "세계"를 넘는다고 한 것이 인상적이다. "신들"을 넘는다고 한 것이 인상적이다. 죽음의 광포성(狂暴性), 그리고 광폭성(廣幅性)에 여태까지 살아온 세계는 아무것도 아닌 게 된다. 여태까지 믿어온 신은 아무것도 아닌 게 된다. "불멸의 피안"은 아무것도 아닌 게 된다. 죽음의 그 광폭 타이어에 뭉개지지 않을 것이 없다; 부조리 철학의 선취를 말할 수 있다. 연장하려고 해도 연장이 안 되는 목숨을 말할 때 이것이 부조리에 관해서이다. 부조리를 목도한 자들이 "구역질"을 일으키고, "구토"를 한다. 이오네스코-베케트-

---

음을 무상하게 했기 때문이다. 오필리아와 햄릿이 (가장) 어려운 선택을 한 것은 분명하다. (가장) 큰 타자인 죽음을 어렵지 않게 한 것도 분명하다. '가장 큰 타자'가 죽음으로서, 정당화를 말할 때 제1의 정당화가 '죽음의 정당화'이다: **정당화의 철학은 최종적으로 죽음의 정당화에 관해서이다.** '최선은 태어나지 않는 것이나, 태어났으니 어쩔 수 없고 차선이 있으니 바로 죽어라.'(31) 다시 '실레노스의 지혜'를 강조하자. 니체는 이것을 인용함으로써(3장), 디오니소스적 충동을 정당화했다. 니체는 이것을 '패러디함으로써'(3장) 차라투스트라 철학을 준비했다: 최악은 죽는 것이나 태어난 이상 어쩔 수 없고, 차악이 있으니 긍정하라. 대지를 전면적으로 긍정하라. 니체의 철학은 삶과 죽음을 전면적으로 긍정하는 대지의 철학이다.

패러디 문장은, 혹은 니체의 말로는 "실레노스 지혜의 전도"는 다음과 같다: "그리스인들에게 가장 나쁜 일은 곧 죽는 것, 그다음 나쁜 일은 누구나 언젠가 죽는 것이다."(32): 죽음의 확실성과 '죽음의 확실성'이 조건인 '죽음 시간의 불확실성'에 관해서이다. 제일 나쁜 것은 죽는 것, 두 번째 나쁜 것은 언제인지 모른다는 것; 언제인지 모른다. 멀지 않은 것은 확실하다; 문제는 나쁜 것으로서의 죽음이다. 실레노스의 지혜의 패러디인 것이 제일 좋은 것과 그다음 좋은 것 대신 가장 나쁜 것과 그다음 나쁜 것을 말했기 때문이다. '제일 좋은 일로서 태어나지 않는 것'을 대신해서 '제일 나쁜 일로서 반드시 죽는 것'을 말했고, '두 번째 좋은 일로서 지금 당장 죽는 것'을 대신해서 '두 번째 나쁜 일로서 언젠가 죽는 것'을 말했다.

다시 강조하면, 문제는 나쁜 것을 '반드시 죽는 것'으로, 그리고 '언젠가 죽는 것'으로 말한 점이다. 존재[인생]에 대한 적극적 긍정이 포함되어 있는 것을 부인하기 어렵다. 대지에 대한 전면적 긍정의 철학이 아니라고, 차라투스트라의 철학이 아니라고 부인하기 어렵다. 그렇지 않은가?

카뮈–사르트르에 앞서, 무엇보다도 사르트르(『구토』, 1938)에 의한 로캉탱의 '구토'에 앞서 니체(『비극의 탄생』, 1872)에 의해 구역질–구토에 대한 형이상학적 통찰이 있었다. 니체에 의한 햄릿과 오필리아의 구역질이 있었다.

> [⋯] 디오니소스적 인간은 햄릿과 유사하다. 둘은 우선 사물의 본질을 바로 들여다보았다. 둘은 '인식했다.' 인식 뒤의 행동은 그들에게 구토를 불러일으킨다. 그럴 것이 그들의 행동은 사물의 영원한 본질을 아무것도 바꿀 수 없기 때문이다 [⋯] 인식은 행동을 죽인다 [⋯] 반성이 아니라! 참된 인식이, 잔혹한 진실에 대한 통찰이, 햄릿뿐만이 아닌, 디오니소스적 인간에게 행동을 추동시키는 모든 동기를 압도한다. 이제 위로는 더이상 쓸모없다. 동경은 세계를 넘어, 신들 자체까지도 넘어서, 죽음 쪽을 향해 간다. 현존[Dasein, 삶]은 그것을 눈부시게 되비치는 신들과 함께, 불멸의 피안과 함께 부정된다. 인간은 한 번 목도(目睹)한 진실을 의식하며, 온갖 곳에서 오로지 존재의 공포, 혹은 존재의 부조리만을 보게 된다. 이제 그는 오필리아의 운명이 상징하는 것을 알고, 이제 그는 숲의 신 실레노스의 지혜를 인식한다. 이것은 그에게 구역질을 일으킨다⋯⋯ 여기, 의지의 이러한 최고 위험 상황에서 '예술'이 구원과 치료의 마술사로서 접근한다. 예술만이 오로지 현존[삶]의 경악과 부조리의 대한 저 구토의 사상을 인생을 살 만하게 하는 여러 표상들로 바꿀 수 있다. 이 표상들이 경악을 예술적으로 제어할 때 '숭고'에 관해서이고, 이 표상들이 부조리의 구역질을 예술적으로 폭발Entladung시킬 때 '희극'에 관해서이다.(Ⅲ–1, 7장, 52–53)

인용문 뒤쪽의 예술 형이상학을 먼저 말하자. "인생을 살 만하게 하는" 여러 표상들로 변화시키는 예술 형이상학, 그 '정당화의 철학'을 먼저 말하자. 표상이 숭고(崇高)를 지시할 때 이것은 누구나! 느꼈듯이 거대한 것—'많은 것 Vielheit' 앞에서의 숭고이다. '숭고 das Erhabene'는 도덕적 감성을 일깨우고(에드먼드 버크, 칸트), 삶에 대한 의지를 일깨운다. 숭고는 분노를 일깨워서 죽음(의식)을 가볍게 넘어가게 한다. **죽음 앞에 장사가 없는 게 아니라, 싸늘한 분노 앞에 장사가 없다. 분노는 깨달음을 포함한다.**

디오니소스의 시종, (반인반수의 "디오니소스적 인간") 사티로스는 강조하면, 근원적 일자 das Ur-Eine로서, 근원적 고통 및 근원적 모순을 인식한 자로서, 사티로스 합창단을 살면서, 미적 가상[미적 현상]을 살면서, 인간의 삶을 정당화시킨다. 니체에 의하면 "햄릿"은 더이상 우유부단의 표상이 아니라, '사느냐 죽느냐 그것이 문제로다'를 액면 그대로 표상하는 '실레노스의 잔혹한 지혜'를 깨달은 자, '죽음의 명수'이다. 아버지의 죽음에 매달리는 자가 아니라, "존재의 부조리"를 깊숙이 깨달은 자, 죽음의 명수이다. 햄릿의 죽음은 자발적 죽음이다. 오필리아도 실레노스 지혜의 잔혹성을 깨달은 자, 죽음의 명수이다. 아버지와 오빠의 죽음에 대한 슬픔에 처해 있는 자가 아니라, 사느냐 죽느냐가 문제인, 문제적 인물이다. 역시 죽음의 명수로서 죽음을 스스로 감행했다. 여성-강물-죽음으로 표상되는 그동안의 '오필리아 모티브'는 니체에 의해 부정된다. 죽음의 명수, 죽음의 천재로서 보편적 오필리아와 보편적 햄릿이 강조되었다.

'햄릿과 오필리아'는 '부조리'로 표상되는 인간의 삶을 살았고, 그것을 끝까지 밀고 나갔다. 존재의 부조리는 다시 말하면 유한한 인생에 관해서이고, 특히 죽음을 조금도 늦출 수 없는 것을 깨달은, 당사자가 아무리 원망(願望)해도 안 되는 것을 깨달은, 말 그대로 부조리에 관해서이다. 문제는 니체에 의한 '디오니스소적 인간' 햄릿과 오필리아의 새로운 발견이고, 문제는 니체에 의한 "구원과 치료의 마술사"로서 예술 형이상학의 발견이다. 니체식으로 말할 때, "예술만"이 "경악과 부조리"를 정당화할 수 있다. 인용 후반에서 '경악과 부조리에 대한 구토의 사상을 살 만하게 하는 여러 표상들로 바꿀 수 있다'고 한 것은 (삶의) 경악과 부조리의 예술적 정당화에 관해서이다. 인생을 살 만하게, 무엇보다 견딜 만하게 해주는 예술 형이상학에 관해서이다. 구원이 없는 '죽음학'을 감행한 (셰익스피어의) 햄릿과 오필리아를 나중에 니체가 그의 고유한 죽음학, 예술 형이상학이 포함된 죽음학을 통해 구원하려고 했다(?).

⒂ 『차라투스트라』의 「머리말」은 『차라투스트라』의 압축파일이다. 특히 초인간을 말할 때 그렇다. 다음은 「머리말」 3절(節)에서이다. 신의 죽음이 명확하게 선고되었다.

> '나는 그대들에게 초인간을 가르친다!' 인간은 초극되어야 할 어떤 것이다 […] 그대는 이 거대한 밀물의 썰물이 되고자 하는가. 인간을 초극하기보다 짐승으로 되돌아가고자 하는가?……원숭이는 인간에게 무엇인가? 웃음거리 아니면 비통한 수치 아닌가. **인간이 초인간에게 마찬가지로 웃음거리 아니면 비통한 수치일 것이다 […] 초인간은 대지의 의미이다. 그대들의 의지가 말하게 하라, 초인간이 대지의 의미 '라고'! […] 한때는 신에 대한 모독이 가장 큰 모독이었다. 그러나 신은 죽었다. 모독자들도 따라도 죽었다. 지금은 대지에 대한 모독이 가장 무서운 것이다** […](Ⅵ-1, 8-9) [강조는 필자]

「머리말」, 그리고 그 이후의 여러 논의(『차라투스트라』에서의 니체의 논의)를 참조할 때, '당대 진화론'의 영향과 무관하지 않은 것으로서, 인간은 분명 초인간에 이르는 다리로 보이지만 '초월적 존재'를 부정하고 "대지의 의미 Sinn der Erde"를 깨달은 자를 이미 초인간이라고 못 말할 까닭이 없다. '지상[대지]의 의미'를 존중하는 자가 초인간이다. '신의 죽음'에 이은 인간의 영원한 죽음에 마주하여 그것을 감당할 수 있는 자가 초인간이기 때문이다. 초인간은 몰락에의 의지를 포함하며 현세를 전면적으로 긍정하는 자이다. 자발적 몰락 의지가 초인간을 아주 많이 '표현'한다. 이것이 이른바 '완전한 죽음'으로서 죽음을 감당할 수 있는 것을 직접적으로 발언하기 때문이다. 이제 문제는 “신에 대한 모독”이 아니라, “대지에 대한 모독 An der Erde zu freveln”이다. 신은 죽었고, 따라서 죽은 신에 대한 모독은 더이상 모독이 아닌 게 되었다. **“신은 죽었다. 모독자들도 따라도 죽었다. 지금은 대지에 대한 모독이 가장 무서운 것이다.”** 신이 죽었으므로 신성‘모독자’ 또한 없다. 신성모독자 또한 죽었다. 이제 신에 대한 모독이 아닌, 대지에 대한 모독이 ‘신성모독’이 된다. 대지는 모독의 대상이 아니라, 전면적으로 긍정해야 할 대상이기 때문이다. 몰락을 포함한, ‘대지’[지상]에 대한 전면적 긍정이 인생을 살 만한 것으로 만들어준다.

‘기꺼이 몰락해주리라’—자발적 몰락 의지가 그 내용인, 혹은 죽음을 포함한 삶[대지]에 대한 전면적 긍정이 그 내용인 초인간 사상이 ‘神이 죽은 지역[신이 죽은 시대]’의 유일한 수(數), 혹은 유일한 수순(手順)이다. 神의 죽음은 인간의 영원한 죽음을 초래했다. 이러한 절대적 니힐리즘에 대(對)한 유일한 數가 ‘기꺼이 몰락해주리라’를 포함한 ‘차안(此岸) 세계에 대한 전면적 긍정’이다.[10] [니체 이후 존재-신(神)-론이 아닌 진정한 의미에서의 존재론이 개시된 것을 말해야 한다. 신에 대한 사망 선고가 개시된 이후 ‘진정한 존재론이 똑같이 개시된 것’을 말해야 한다. 이전의 존재론은 神-존재론이었다. 이른바 **‘존재-신-론Onto-Theo-Logie’이었다. 존재-인간-론이 개시가 니체에 의해 선도되었다. 『비극의 탄생』에서 인간 존재론이 벌써 개시되었다. [『비극의 탄생』의 정당화의 철학이 인간 존재론의 개시이고, 벌써 인간 존재론의 본령이다] 차라투스트라에 의한 초인**

10 니체는『차라투스트라』「자유로운 죽음에 관하여」 장(章)에서 완성을 가져오는 죽음, 즉 ‘완전한 죽음’을 말한다. 자발적 몰락 의지를 포함한 대지[삶]에 대한 전면적 긍정이 완전한 죽음과 관계한다. 같은 章에서 니체는 다음처럼 말한다. “제때에 살지 못했던 자가 어찌 제때에 죽을 수 있을까?”(89) 제때에 사는 사람이 또한 완전한 죽음의 전제가 된다. 제때에 사는 자는 ‘제대로 사는 자’이다. 제대로 사는 자가 ‘자유로운 죽음’을 맞이할 수 있다. 제대로 사는 자가 초인간 사상을 체득한 자이다. ‘초인간’을 살고 있는 자이다.

간 사상과 영원회귀 사상이 존재-인간-론Onto-Anthropo-Logie의 절정이다. 최고존재자에 의한 일반존재자가 아닌, 일반존재자 자체, 일반존재자 일반을 묻게 되었다. '인간이란 무엇이냐?'[11]

문제는 초인간 자체가 아니라 초인간 사상이다. 「산에 있는 나무에 관하여」 章이 무엇보다 의미 있는 것이 바로 이 부분 때문이다. 초인간에 관한 사유에 의해 그는 벌써 자기를 초극한 자, 초인간이 된다. "최초의 번개"가 말하는 것이 그것이었다. '최초의 번개'는 번개처럼 들이닥친 '초인간 사상'을 말한다. 초인간 사상이 종래의 인간을 덮어쓰면 벌써 그는 초인간이다.

차라투스트라가 초인간 사상을 가진 자로서 벌써 초인간이다. 「산에 있는 나무에 관하여」에서 '나무'의 비유를 들어 "그대가 내가 기다리는 번개입니다!"(48)라고 했을 때 여기서 '그대'가 초인간 사상, 그리고 '초인간으로서 차라투스트라'를 직접 지시한다. 초인간은 초인간에 대한 "사랑과 희망"을 가진 자를 포함한다. 「산에 있는 나무에 관하여」에서의 "아직 그대는 자유롭지 못하다"(49)는 『차라투스트라』 「머리말」에서의 다음과 같은 말을 상기시킨다. 여기에서 니체는 '원숭이와 인간과의 거리만큼 인간과 초인간의 거리는 크다'며 인간과 초인간의 '엄청난 거리'를 획정시킨 듯했다.

> **그대들은 벌레로부터 인간이 되는 길을 걸었다. 많은 점에 있어서 그대들 안에 아직 벌레가 있다. 한때 그대들은 원숭이였고, 지금도 인간은 어떤 원숭이보다 더 원숭이이다.**(Ⅵ-1, 8) [강조는 필자]

---

11 니체에 의한 '진정한 존재론의 개시'에 관해 졸고 「'진정한' 존재론의 개시로서 니체 철학—『차라투스트라』를 중심으로 B」, 예술가, 2014, 가을(통권 18호) 참조.

「산에 있는 나무에 관하여」는「머리말」에서의 이러한 '획정'을 넘어 초인간의 외연을 넓히고 있다. '초인간 사상'으로 자신을 점유한 자를 "고귀한 자"로 말하는 것은 그가 벌써 초인간이기 때문이다. 초인간에 대한 "사랑과 희망"을 가진 자는 고귀한 자로서 인생을 살 만한 것으로 느낀다. ('중력의 영'이 표상하는) 기독교 형이상학 없이도 인생을 살 만한 것으로 느낀다. **초인간이 고귀한 자인 것은 "새로운 덕"(49)을 창조했고, 또한 새로운 덕을 선포하기 때문이다. 새로운 덕은 물론 대지에 대한 전면적 긍정으로서 대지 철학이고, 그리고 자발적 몰락 의지이다.**

강조하자. 초인간에 대한 기대와 희망을 가진 자가 벌써 초인간인 것을 또한 말해야 한다.[12] 초인간 사상을 습득한 자, 즉 초인간 사상을 깨달은 자가 초인간이다. 神의 죽음에 따른 '인간의 영원한 죽음'에 봉착해서, 즉 절대적 니힐리즘 상황에 봉착해서 이에 대응하는 유일한 수가 '기꺼이 죽어주리라 Ich gehe gern unter'인 것을 깨닫는 일이, 요컨대 절대적 니

---

12 초인간에 대한 '사랑과 희망'은「자유로운 죽음에 관하여」章(장)에서 '초인간에 대한 기대와 희망'으로 변주된다. 이를테면 니체-차라투스트라는 다음과 같이 말한다. "언제 나는 바라게 될까? 목표를 갖고 있고 상속자를 갖고 있는 자(者)가 목표와 상속자에게 제때의 죽음을 바란다."(Ⅵ-1, 90); "목표"와 "상속자"가 말하는 것은, 특히 상속자가 말하는 것은 초인간에 대한 기대와 희망을 갖고 있는 자에 관해서이다. 초인간에 대한 기대와 희망을 가진 자가 상속자이다. '초인간으로서 상속자'이다; 초인간에 대한 기대와 희망을 가진 자도 초인간이다. 초인간에 대한 기대와 희망을 가진 자가 초인간 사상을 깨달은 자로서 이미 초인간이기 때문이다.
"초인간Übermensch을 향한 화살과 동경"(「아이와 결혼에 관하여」, 88)을 가졌으면 그가 이미 초인간이다; '제때의 죽음'이 말하는 것이 초인간 사상의 핵심으로서 '자발적 몰락 의지'에 관해서이다. [초인간에 대한 목표를 가진 자와, 그리고 초인간을 물려받을 상속자를 가진 자가 초인간 사상의 체현으로서 이미 초인간을 살고 있는 자이다. 초인간에 대한 "목표와 상속자"를 가진 자가 이미 초인간으로서 자기 자신에게 "제때에 zur rechten Zeit"(90) 죽을 것을 원하고, 상속자에게 제때에 죽을 것을 원한다] 졸고「'자발적 몰락 의지': 초인간 및 권력의지들—『차라투스트라』를 중심으로 A」, 예술가, 2014, 여름(통권 17호), 210-222 참조.

힐리즘에 이어지는 '유일한 수'가 '기꺼이 죽어주리라'를 포함한 차안 세계에 대한 전면적 긍정인 것을 깨닫는 일이 초인간 사상에 관해서이다.[13] 이러한 초인간 사상을 숙지(?)했으면 그가 바로 초인간이다. 神 없는 삶을, 이에 따른 사후 세계 없는 인간의 영원한 죽음을 견뎌낼 수 있게 하는 것이 초인간 사상이다. '神 없는 인생'에도 불구하고, '사후(死後) 세계 없는 삶'에 대한 명확한 인식에도 불구하고, 인생을 살 만한 것으로 '느끼게' 하는 것이 초인간 사상이다.[14] 초인간 사상 또한 구제 형이상학이 되는 까닭이다.

[영원회귀 사상이 초인간 사상을 가장 많이 포함한다. '인생이여, 다시 한번!'이라고 외치게 하는 것이 영원회귀-론(論)의 핵심이다. '동일한 것의 영원히 반복 ewige Wiederkehr des gleichen'이 이루어져도 똑같이 살아주겠다, 봄-여름-가을-겨울 똑같이 살아주겠다, 생-로-병-사(를) 똑같이 그 순서로 살아주겠다, 이렇게 말할 때 이것은 영원회귀에 관해서이다. 이렇게 말하는 자는 '~할 수 있는 ~imstande sein' 자로서 '강한 자'이다. 초인간 사상을 지닌 초인간으로서 강한 자이다]

초인간 사상은 기존의 형이상학적 발판과 다른, 이데아-영혼론-내세관-무산자(無産者) 등의 발판이 없는, 자기 고유의 형이상학적 능력을 요구한다. 기독교, 혹은 루터주의에서 말하는 '구원'과 비동질적 유비인 것

---

13 神의 죽음에 대해 '자발적 몰락 의지'로 대응하는 것이므로 이 또한 니체 고유의 방식, 즉 A를 A로 대응하는 방식과 일치한다.

14 인생을 살 만한 것으로 느끼게 하는 것이 초인간 사상의 핵심이다. 「자유로운 죽음에 관하여」에서 니체는 예수의 예를 들며, 예수가 너무 일찍 죽었다고 하고, 예수가 좀 더 오래 살았더라면 "아마도 [그는] 삶을 사는 법과 대지를 사랑하는 법을 배웠을 텐데, 거기에 웃음까지 배웠을 텐데"(『차라투스트라』, Ⅵ-1, 91)라고 말한다. 초인간은 다름 아닌 '인생을 사는 법'을 아는 자, '대지를 사랑하는 법'을 아는 자, '웃을 수 있는 자'이다. 니힐리즘이라는 듣도 보도 못한 심연 앞에서 '그러는' 자가 초인간이다. 이른바 强(강)의 니힐리즘(혹은 强의 염세주의)이다.

은 고유의 형이상학적 결단에 의한 것이기 때문이다. 루터주의 또한 오로지 자기 결단에 의한 것으로서 '믿음'에 의한 구원을 말하기 때문이다. 물론 구원의 내용은, 초인간 사상에 없는, '내세 입장(入場)'이다. 루소로 대변되는 계몽사상에 의해 촉발된 프랑스 시민혁명, 그리고 프랑스 시민혁명 성공은 거기에 동참했든 동참하지 않았든 (개인적 결단과 무관하게) 많은 사람들에게 '고루고루' 인생을 살 만한 것으로 느끼게 해주었다. 시민혁명 성공 이후에 정립된, 평등주의가 그 표상인, 정치적 민주주의 및 경제적 사회주의가 '사망권세'로부터 구원을 말하지 않는 점에서 기존의 (기독교) 형이상학과 구별된다.

초인간 사상은 그러므로 평등주의가 그 표상인, 정치적 민주주의 및 경제적 사회주의와 또한 비(非)동질적 유비가 된다. 역시 기존 형이상학의 본래적 의미인 '사망권세'로부터 구원(혹은 내세 입장)을 말하지 않기 때문이다. 형이상학으로서 초인간 사상은 기존의 '형이상학적' 사상들과 아주 다르다.

'神(신) 없는gottlos' 세계에서 출발하는 존재-인간-론, 神 없는 상황, 그 절대적 니힐리즘의 상황에서 인생을 '살 만한 것'(혹은 견딜 만한 것)으로 정당화시켜주는 존재-인간-론! [니체를 망치를 든 철학자로 말하고, 니체 철학을 망치 철학으로 말할 때[15] 이것은 많은 경우 영원회귀-론(論)이 거기에 포함된 초인간 사상 때문이다]

예술의 형이상학, 특히 음악 형이상학과 초인간 사상의 유사성을 못 말할 이유가 없다. '미적 쾌감', 즉 아름다움(실러, 『인간의 미적 교육에 관한 편지』)과 '쾌Lust'(칸트, 『판단력비판』)의 결합을 통해[16] 인간은 영속적이진 않더

15 『우상의 황혼 Götzen-Dämmerung』(1889)의 부제가 "망치로 철학하는 방법 Wie man mit dem Hammer philosophirt"이었다.

16 실러와 칸트는 '진'(학문-과학)과 '선'(종교-윤리)의 영역과 다른, 자율적 영역으로서 '미'[아름다움](예술)의 영역을 말한다. 칸트는 무관심의 영역(혹은 탈이

라도(혹은 잠시 동안이나마), 인생을 살 만한 것으로, 인생을 견딜 만한 것으로 느끼게 된다. 주로 '평정의 힘'에 관한 것으로서, 음악 형이상학이 정초된 곳이 쇼펜하우어의 『의지와 표상으로서의 세계』이고, 무엇보다 이에 영향받은 니체의 비극 형이상학(혹은 '합창의 형이상학')이다. '인생은 오로지 미적 현상에 의해서만 정당화된다.' 『비극의 탄생』(1872)에서 이 말은 1886년 『비극의 탄생』(재판본)에 덧붙인 「자기비판의 시도」를 포함, 여러 군데에서 여러 번 강조된다.

'인생[세계 현존]은 오로지 미학적 가상에 의해서만 정당화된다'가 "인간이 비자연적인 방법을 써서 자연에 저항해서 승리하지 않는 것 말고, 인간이 자연으로 하여금 그 비밀을 털어놓도록 강요할 방법이 달리 있는가?"(『비극의 탄생』, Ⅲ-Ⅰ, 63), 혹은 "이 민족이 그렇게 아름다워질 수 있기 위해 얼마나 많은 고통을 겪어야만 했겠는가!"(152)와 함께 『비극의 탄생』 주제문이다. '인간이 비자연적인 방법을 써서 자연에 저항해서 승리하지 않는 것 말고, 인간이 자연으로 하여금 그 비밀을 털어놓도록 강요할 방법이 달리 없다!'가 형이상학적 필요에 의한, 미학적 건축물로서 비극예술에 관해서이다. 문제는 '비자연적 것[방법] das Unnatürliche'이다.

미학적 건축물로서 비극예술의 두 기둥이 아폴론적인 것과 '디오니소스적인 것'이다. 특히 디오니소스적인 것으로서 합창에 관해서이다. '비

해관계Interesselosigkeit의 영역)으로서 예술의 영역을 말한다. 무목적적 합목적성 zwecklose Zweckmässigkeit으로서 예술의 영역을 말한다. 예술의 자율성(혹은 순수미학)은 이후 '예술을 위한 예술(운동)'과 이어진다. 그러나 칸트와 실러에 의한, 특히 실러에 의한 '미적 교육'이 그동안의 예술이해인 '유익함과 즐거움'에서 즐거움뿐만 아니라 유익함과도 관계하는 점에서 극단적 자율적 형태인, 유익함을 전적으로 배제하는 '예술을 위한 예술'과 다르다. 물론 미적 교육-미적 쾌감이 발산하는 유익함이 '화병'과 '요강'을 설정하고 요강을 선택하는 식의 '계몽주의적 유익함'이 아니다. 미적 쾌감에 의한 유익함은 인간을 순간적이나마 살 만한 것으로 느끼게 해주는, 혹은 만족을 느끼게 하는 형이상학적 유익함을 포함한다.

극은 근원적으로 오로지 합창이며, 합창 이외 아무것도 아니다.' "합창단이 비극과 비극적인 것 일반의 '원인'"이었다.(Ⅲ-Ⅰ, 91); 미학적 가상이 '삶인가 죽음인가?', '생시인가 꿈인가?'를 발언한다. '미학적 가상 ästhetische Erscheinungen-Schein'이 이른바 선악과[인식의 나무] 사태 이전, 천지창조 시대로의 복귀로서, '분별없는 시대'로 그리스인들을[우리를] 초대한다.

니체는 『비극의 탄생』 앞부분(2장)에서 이미 쇼펜하우어에 의해 사용된 바 있는 "마야의 베일 Schleier der Maja"을 재(再)사용한다(24). 아폴론적, 무엇보다도 '디오니소스적 미적 쾌감' 효과는 마야의 베일이 말하는 효과와 같다. 마야는 고대 산스크리트 언어로서 '환영을 낳게 하는 힘', 혹은 '환영(幻影)의 여신'을 지시한다. 마야의 베일을 쓰고 있을 때 '삶인가 죽음인가?', '생시인가 꿈인가?' 묻는다. 삶이라는 사태와 죽음이라는 사태가 구별이 안 된다는 것은 선악과 사태 이전 천지창조 시대가 말하는바 '죽음이 없는 것'과 같다. '죽음이 뭔지 모르는 것'과 죽음이 없는 것은 의미(意味)하는 것이 같다. 이른바 예술 형이상학으로서 구제 형이상학이다.

다음은 '마야의 베일'에 관한 쇼펜하우어의 비유이다. '일렁이는 물결인 줄 알았으나 가까이 가보니 모래 위의 반짝이는 햇살이더라, 모래 위의 반짝이는 햇살인 줄 알았으나 가까이 가보니 일렁이는 물결이더라. 아무렇게 던져놓은 밧줄인 줄 알았으나 가까이서 보니 똬리를 튼 뱀이더라. 똬리를 튼 뱀인 줄 알았으나 가까이서 보니 아무렇게나 던져놓은 밧줄이더라.'(쇼펜하우어, 『의지와 표상으로서의 세계』, 3장)

비자연적 방법인 올림포스와 비극예술로서-니체의 해석으로서-그리스인들이 '자연 상태의 니힐리즘'(혹은 근원적 일자의 통찰에 의한 것으로서 근원적 모순과 근원적 고통)을 돌파한 것과, 역시 비자연적 방법인 초인간 사상과 영원회귀 사상으로서-니체 철학에 의한 것으로서-'신의 사망이라는 근원적 니힐리즘'을 돌파하려고 한 것을 상호 유비로 못 말할 이유가 없다.

2장
『비극의 탄생』, 니체 철학의 저수지 A

1872년 니체에게 '이미' 기독교 신은 부정되었다.『비극의 탄생』(1872)은 내용이 그리스비극 형이상학이지만, 그리스비극 형이상학의 탄생이지만, 이와 무관하게 기독교 신(神) 부정을『비극의 탄생』 곳곳에서 노출시켰다.

[일반적으로 기독교 신에 대한 사망 선고가『즐거운 학문』(1882)에서 처음 표명된 것으로 말하나,『차라투스트라』(1882~1885)에서 확고하게 표명된 것을 말하나, 이미『비극의 탄생(1872)』에서 기독교 신에 대한 구원 거부가 표명된 점이 강조되어야 한다. 구원의 능력이 부정당한 신을 신이라고 할 수 없다. 니체에 의한 기독교 신에 의한 구원 거부는 기독교 신의 구원 능력에 의한 거부로서, 이미 기독교 신에 대한 사망 선고에 필적한다. 구원이 없는 신을 신이라고 할 수 없다]

1) 기독교(신)에 대한 거부 ①

다른 종교를 가슴에 품고 이 올림포스 신들에게 다가가 그들에게서 도덕적 높이, 즉 성스러움을 찾고, 반육체적인 정신화 및 자비로 가득한 사랑의 시선을 찾는 자는 불쾌해져서, 그리고 실망해서 그들에게서 등을 돌려야만 할 것이다. 올림포스 신들의 그 어떤 것도 금욕, 정신성, 의무를 상기시키지 않는다. 여기에서는 오로지 거만하고, 안하무인 격의 존재만이 우리에게 말을 건다. 여기에서는 현존하는 모든 것이 선악과 무관하게 신격화되어 있다.(Ⅲ-1, 3장, 30-31)

미리 결론을 내리면 인용문 앞의 "다른 종교"는 기독교를 지시하고, 인용 전반(全般)은 올림포스 신들에 관해서이고, 동시에 기독교 비판에 관해서이다.

올림포스 신들 ["'올림포스' 신들의 장려한 형상들 die herrliche[n] 'olympischen' Göttergestalten", 30]에서 도덕, 성스러움, 반(反)육체적 정신, 사랑 등을 말할 수 없다. 올림포스 신들은 "금욕, 정신성, 의무"를 상기시키지 않는다. 올림포스 신들은 거만하다. 그들에서 '선악과 무관한' 신격화를 말할 수 있다. 『비극의 탄생』 3장에서 그 유명한 격률이 등장하는 이유이다. "신들은 스스로 인간의 삶을 살면서 인간의 삶을 정당화한다. So rechtfertigen die Götter das Menschenleben, indem sie es selbst leben."(32); 올림포스 신들은 인간의 삶을 사는 신이다. 올림포스 신들과 "도덕", "성스러움", "사랑", "금욕", "정신성", "의무", 그리고 "선악"에 대한 분별 등은 관련이 없다. **니체가 인용문에 바로 이어 올림포스 신들에 관한 것으로서, "환상적인 삶의 충만"을 말할 때 이것은 오히려 (올림포스 신들의) 악덕에 관해서이다. 삶에 '크게', 그리고 많이 포함된 악덕에 관해서이다.**

'신(神)이 인간의 삶을 살면서 인간의 삶을 정당화한다'고 할 때 정당화하는 것은 인간의 도덕적 삶이 아니라, 정당화하는 것은 선악을 분별하는 삶이 아니라, 정당화하는 것은 인간의 악덕이다. 정당화하는 것은 인간의 '선악을 넘어서'이다. 그렇지 않겠는가? 이미 도덕적 삶을 살고 있다면, 금욕적 삶을 살고 있다면, 선악을 분별하는 삶을 살고 있다면, 신에 의한 정당화가 왜 필요한가? 물론 '요청Postulat'에 의한 정당화는 말할 수 있다. 이를테면 선(善)의 요청이다.

악덕이 신에 의한 정당화를 요청하고, 육체적 삶이 신에 의한 정당화를 요청하고, '선악을 넘어' 사는 삶이 신에 의한 정당화를 요청한다. 건너뛰어 말하면, "자연의 거인적 힘"에 의한 "현존(Dasein, 인생)의 공포와 경악"(31)이 신에 의한 정당화를 요청하게 한다. 신(神)이 사는 방식에 공포와 경악이 포함되고, '선악의 저편'이 포함되고, 반금욕적 삶이 포함되고, 악덕의 삶이 포함된다.

니체가 말하는 (올림포스) 신은 칸트의 '도덕 형이상학'을 성립하게 한 신과는 다른 의미에서 믿을 만한 신이다. '신에 의한 악덕'은 믿을 만하다. 신에 의한 사랑이 아닌, 증오는 믿을 만하다. 신에 의한 증오로서 믿을 만하다. **신의 증오-신의 악덕은 믿을 만한 신에 의한 것으로서, 진리의 위상을 갖는다. 신의 증오가 인간(의 삶)을 정당화시킨다. 신의 악덕이 인간(의 삶)을 정당화시킨다.** 증오-악덕이 진리로서, 인간의 삶을 정당화시킨다. [칸트가 그의 정언명령으로 표상되는 도덕 형이상학의 정립을 위해 신적 보증을 필요로 했을 때 그 신은 도덕을 정당화하는 신으로서 그 자체 완전성의 표상이었다. 칸트는 신의 도덕적 권위에 의한 것으로서 인간이 도덕적인 삶을 살 것을 요청했다. 신은 그 자체 진리로서 믿을 만하다]

강조하면, 인용문에서 올림포스 신들이 갖지 않는 '도덕적 높이', '성스러움', '사랑', '금욕', '정신성', '의무', 그리고 '선악'에 대한 분별을 말할 때 이는 분명 기독교 유일신을 떠올리게 한다. 기독교 유일신에 대(對)해서이다. 요컨대 니체가 기독교 유일신이 인간을 정당화하는 것이 아닌, 올림포스 신이 인간을 정당화한다고 할 때 이는 기독교 신에 대한 유보적 태도를 훨씬 뛰어넘는다. 기독교 신에 의한 구원이 거부된 것을 말해야 한다.

반복한다. 기독교 신에 대한 사망선고가 『즐거운 학문』에서 처음 표명된 것으로 말하나, 『차라투스트라』에서 확고하게 표명된 것을 말하나, 『비극의 탄생』에서 기독교 신에 대한 구원 거부가 표명된 점이 강조되어야 한다. 구원의 능력이 부인된 신을 신이라고 할 수 없다. 니체에 의한 기독교 신에 의한 구원 거부는 기독교 신의 구원 능력에 의한 부인으로서, 이미 기독교 신에 대한 사망선고이다. '구원'이 부인된 신을 신이라고 할 수 없다.

'환상적인 삶의 충만 phantastischer Ueberschwang des Lebens'이 말하는 바가 많다. 삶의 충만을 말할 때 이는 벌써 차라투스트라 철학으로서, 대지 철학에 관해서이다. 죽음이 거기에 포함된 삶에 대한 전면적 긍정에 관해서이다. 죽음이 가장 큰 악덕으로서, 죽음을 긍정하면 긍정하지 못할 것이 없다. 자발적 몰락 의지를 말할 때 거기에 많은 악덕들이 휩쓸려 들어간다. 주지하다시피 니체는 『차라투스트라』 '세 가지 악덕에 관하여' 장(章)에서 정욕–자기욕Selbstsucht–지배욕을 수용 및 긍정의 대상으로 말했다. 1888년 『도덕의 계보』에서 니체가 선악, 양심의 가책, 금욕을 말했을 때 이 또한 기독교에 대한 탁월한 역사철학적 고찰의 산물로서, 기독교에 대한 (계보학적) 부인이었다. 위에서 열거한—『비극의 탄생』의 3장에서—기독교의 자질로서 '도덕적 높이', '성스러움', '사랑', '금욕', '정신성', '의무', 그리고 '선악'에 대한 분별을 말했을 때 이 또한 『도덕의 계보』의 선취가 아닐 리 없다. 니체 철학의 저수지 『비극의 탄생』을 강조해야 한다. 니체 고유의 형이상학을 이미 『비극의 탄생』이 점유한 점을 강조해야 한다.

2) 기독교(신)에 대한 거부 ②

> 인간이 가질 수 있는 최선의 것, 최고의 것을 인간은 독신 행위를 통해 얻어내었고, 이제 다시 고통과 근심, 격정의 홍수로 그 대가를 감수해야 한다. 모욕당한 하늘의 신들은 상승하고자 숭고하게 노력하는 인간

> 종족을 이런 것으로 괴롭혔다. 이것은 독신 행위에 '존엄성'을 부여하는 더없는 생각이다. 이 생각[독신(瀆神) 행위에 존엄성을 부여하는 생각]은 셈족의 타죄신화(墮罪神話, Sündenfallmythus, 원죄신화)와 기묘하게 구분된다. 셈족 신화에서 호기심, 현혹, 유혹에 취약한 것, 음란, 요컨대 일련의 주로 여성적인 정념들이 악의 근원으로 간주된다. (이에 반해) 아리안족 사유의 탁월성은 '능동적 죄'를 본래의 프로메테우스적 덕목으로 간주하는 숭고함에 있다. 이것과 함께 염세주의적 비극의 윤리적 토대가 마련되었다. (염세주의적 비극의) 윤리적 토대는 인간의 악을 '정당화하는 것 Rechtfertigung'을, 나아가 인간의 죄뿐만 아닌, 이를 통해 발생한 고통까지 '정당화하는 것'을 말한다.(Ⅲ-1, 9장, 65)

"모욕당한 하늘의 신"은 올림포스 신들이다. 신들은 불의 약탈로써 그들을 모독한 프로메테우스, 그 프로메테우스로 표상되는 아리안족 인류를 그냥 내버려두지 않고 "고통과 근심, 걱정의 홍수"—대가를 치르게 한다. 문제는 아리안족의 죄는 "독신(瀆神) 행위"의 죄이고, "셈족"(유대기독교)의 죄를 "호기심, 현혹, 유혹에 취약한 것, 음란, 요컨대 일련의 주로 여성적인 정념"의 죄라고 한 것이다. 이른바 타죄신화[원죄신화]라고 한 것이다.[타죄(墮罪)는 타락한 에덴동산의 하와—타락한 에덴동산의 아담에 관해서이다] 문제는 첫째, 니체가 아리안족의 불로 표상되는 죄를 "탁월성"으로서의 죄, '능동적 죄'로 간주하고, "염세주의적 비극의 윤리적 토대"로서 "인간의 악을 '정당화하는 것'", 나아가 그들이 대가로 받은 "고통"을 역시 정당화하는 태도이다. **인간의 악의 정당화, 그리고 고통의 정당화는 이미 니체 철학의 큰 물줄기를 드러내는 것을 넘어, 이미 니체 철학의 큰 물줄기 그 자체이다. 니체 철학의 본류이다.**

염세주의['염세주의적 비극의 윤리적 토대']로서 인간의 악 및 인간의 고통을 정당화하는 것은 '강(强)의 염세주의'를 말한다. 강의 니힐리즘을 말한다. 니힐리즘nihilism은 여태까지 지녀왔던 '큰 것'의 부재 상황, 즉 무

(無, nihil)를 뜻한다. 절대적 무, 절대적 공허[텅 빈 것]에서 약의 자세가 아닌, 강의 자세를 취하는 게 강의 염세주의, 강의 니힐리즘이다. 기독교 유일신에 대한 사망 선고에서 뽑아낸 니체의 자세가 바로 아리안족의 프로메테우스적 덕목인 강의 염세주의, 강의 니힐리즘이었다. 『도덕의 계보 Die Genealogie der Moral』의 용어로 말하면 선악의 거부가 강의 니힐리즘이고, 군주도덕이고, '선악의 거부' 및 '양심의 가책'의 거부가 강의 니힐리즘이고, 군주도덕이다.[1] 악의 정당화—고통의 정당화가 강의 니힐리즘의 덕목이다.

차라투스트라의 용어로 말하면, 신의 사망선고가 야기한, 그에 따른 인간의 영원한 죽음이 야기한 '자발적 몰락에의 의지'로서 악의 정당화—고통의 정당화이고, "이것이 인생이었더냐! 좋다! 다시 한번!"(『차라투스트라』, VI-1, 195) 부르짖으며, 악과 고통을 다시 한번 살아주겠다는[겪어주겠다는] 신이 부재한 현실의 전면적 긍정이 악의 정당화—고통의 정당화이다.

둘째, 문제는 유대교 일반, 혹은 유대기독교의 구약을 '셈족semitisch 신화'로 부른 것에 관해서이다. 구약은 유대교의 주요 경전이고, 이후 가톨릭이 받아들이고, 루터교가 받아들인 기독교의 주요 경전이다. 구약 없는 기독교는 불가능하다. 예수 재림의 신호가 구약에 이미 나타난 것으로 해서 구약은 신성불가침의 기독교 일반의 경전이다; 구약을 셈족 신화

1 열등한schlecht 인간과 고귀한gut 인간을 말할 때 이것은 노예도덕과 군주도덕에 관해서이다. 군주도덕은 선Gut과 악Böse이 기준이 되는 가치관인 노예도덕과 달리, (선/악을 넘어서) '강의 니힐리즘'/'약의 니힐리즘'이 기준이 되는 가치관이다. 정확히 말하면 군주도덕은 [고귀한 인간에 의한] 강의 니힐리즘에 관해서이다. '강'은 선Gut과 악Böse을 넘어선다, 또한 죽음을 견딜 수 있는 자, 곧 그 표상이 자기가 자기의 주인인 자를 말할 때 이것이 강의 니힐리즘에 관해서이고, 군주도덕에 관해서이다.(니체의 『도덕의 계보』 제1논문 「'선과 악', '고귀함과 열등함'」 참조)

라고 하는 것은 오늘날 종교학 일반에서, 신화학 일반에서, 인류학 일반에서, 일반적으로, 아니 '사실로' 받아들여진다. 셈족 신화인 것이다. 단군 신화가 한민족의 신화인 것처럼 말이다. 천지창조부터 시작하는 수천 년의 셈족 신화(혹은 셈족 역사)는 진화론 및 양자역학의 입장과 배리(背理)의 관계에 있다. 138억 년 인류의 역사, 46억 년 지구의 역사, 38억 년 생명의 역사와 수천 년의 셈족의 신화(혹은 역사)는 양립 불가능하다.

3) 기독교(신)에 대한 거부 ③

이런 의미에서 디오니소스적 인간은 햄릿과 유사하다. 둘은 우선 사물의 본질을 바로 들여다보았다. 둘은 '인식했다.' 인식 뒤의 행동은 그들에게 구토를 불러일으킨다. 그럴 것이 그들의 행동은 사물의 영원한 본질을 아무 것도 바꿀 수 없기 때문이다 […] 인식은 행동을 죽인다 […] 반성이 아니라! 참된 인식이, 잔혹한 진실에 대한 통찰이, 햄릿뿐만이 아닌, 디오니소스적 인간에게 행동을 추동시키는 모든 동기를 압도한다. 이제 위로는 더이상 쓸모없다. 동경은 세계를 넘어, 신들 자체까지도 넘어서, 죽음 쪽을 향해 간다. 현존[Dasein, 삶]은 그것을 눈부시게 되비치는 신들과 함께, 불멸의 피안과 함께 부정된다. 인간은 한 번 목도(目睹)한 진실을 의식하며, 온갖 곳에서 오로지 존재의 공포, 혹은 존재의 부조리만을 보게 된다. 이제 그는 오필리아의 운명이 상징하는 것을 알고, 이제 그는 숲의 신 실레노스의 지혜를 인식한다. 이것은 그에게 구역질을 일으킨다……여기, 의지의 이러한 최고 위험 상황에서 '예술'이 구원과 치료의 마술사로서 접근한다. 예술만이 오로지 현존[삶]의 경악과 부조리의 대한 저 구토의 사상을 인생을 살 만하게 하는 여러 표상들로 바꿀 수 있다. 이 표상들이 경악을 예술적으로 제어할 때 '숭고'에 관해서이고, 이 표상들이 부조리의 구역질을 예술적으로 폭발Entladung 시킬 때 '희극'에 관해서이다.(Ⅲ-1, 7장, 52-53)

앞에서 단락 인용한 것을 다시 일부 단락 인용하였다: '정당화의 철학'이 니체 철학의 본류인 것을, 예술의 형이상학, 즉 '예술가-형이상학'에 의한 정당화의 철학을 주요 내용으로 말한다. 절대적 니힐리즘-절대적 무(無), 발판이 無인 상황은 그리스시대의 그리스인에게도 통찰되었고, 19세기 후반 니체에게도 깊이 통찰되었다. 자연의 무관심에 의한 것으로서(이 글 모토 (3)) '실존의 잔혹성'을 간파한, 니체에 의한 것으로서, 그리스의 천재적 '고통의 재능'("예술과 상관관계에 있는 고통에의 재능", 34)이 있었고, 19세기 후반 신의 사망선고에 의한 것으로서, 인간의 영원한 죽음에 의한 것으로서, 마찬가지로 실존의 잔혹성을 간파한, 역시 니체에 의한 것으로서, '차라투스트라'의 '천재적' 고통의 재능이 있었다. 그리스인은 절대적 니힐리즘, 절대적 무의 상황을 비자연적 방법인 예술의 형이상학, 예술가-형이상학에 의해 해소하려고 했고, 차라투스트라는 절대적 니힐리즘, 절대적 무의 상황을 '진정한' 존재론의 개시인 것으로서, 초인간 사상 및 영원회귀 사상 등으로 돌파하려고 했다.

문제는 예술가-형이상학에 의한 해소이고, 초인간 사상 및 영원회귀 사상에 의한 돌파이다. 더 큰 문제는 니체가 1872년 그리스인의, 그리스의 예술 형이상학에 의한 '삶의 부조리'의 돌파를 말할 때-그리스인의 인생의 잔혹성에 대한 비극적 통찰에 대(對)한 것으로서-니체에 머리 속에 神 형이상학에 의한 인생의 돌파, 기독교 형이상학에 의한 인생의 돌파가 아예 싹으로라도 마련되지 않았다는 점이다. **1872년 이미 니체는 무신론적 상황에 있었다. [1872년 니체에게 '이미' 기독교 신은 부정되었다.** 『비극의 탄생』은 내용이 그리스비극 형이상학이지만, 그리스비극 형이상학의 탄생이지만, 이와 무관하게 기독교 신에 부정을 『비극의 탄생』 곳곳에서 노출시켰다] 삶의 잔혹성에 대한 (그리스) 올림포스 神들에 의한 돌파는 다신교에 의한 돌파로서, 기독교 유일신에 의한 돌파와 전혀 다르다. 더구나 올림포스 신들은 그리스인들이 그들의 잔혹한 '존재론적' 처지의 돌파를 위해 그들이 건설한 신들이다. 기독교 유일신교에서 인간이 그들의 필요에 따라 만든 '만들어진 신'—'건설된' 에덴동산을 말할 수 없다. [올림포스산과 에덴동산은 비동질적 유비이다. 만든 신과 주어진 신의 차이이다. **인간이 만든 산과 신이 만든 산의 차이이다]**

니체가 잔혹성-잔인성-난폭성에 대해, '부조리'라는 난경을 얘기하면서, 그 돌파 방법으로서 예술의 형이상학을 말한 것이 주목되고, 이보다 더한 것으로 기독교 유일신을 상기시키는 듯한, 사실대로 말하면 무신론적 상황을 얘기하고 있는 점이 주목된다. 인용문에 따르면, "인식"은 "진리에 대한 통찰"로서 "행동"을 죽이고, "동기"를 죽인다. "위로"를 물리친다. "동경은 세계를 넘어, 신들 자체까지도 넘어서, 죽음 쪽을 향해 간다." '죽음'은 물론 순교자적 죽음이 아니라, 자발적 죽음에 관해서이다. "현존[삶]은 그것을 눈부시게 되비치는 신들과 함께, 불멸의 피안과 함께 부정된다." 신들이라고 했지만, '불멸의 피안'을 부정한다고 했으므로 여기에서의 신들은 니체 당시의, 그리스 당시가 아니라, 기독교 유일신을 지칭한다. [그리스인의 고통은 햄릿의 고통을 넘어, 니체 당대의 고통까지 이른 것을 말해야 한다. 특히 햄릿의 고통이 고통의 일반성, 고통의 보편성을 발언한다] 불멸의 피안으로의 도피가 아니라, 불멸의 피안의 부정이므로 이미 기독교의 부정이고, 기독교 유일신의 부정이고, 기독교의 '약의 니힐리즘'의 부정이다. 불멸의 피안의 부정은 (햄릿의) 자발적 몰락 의지와 함께 벌써 강의 니힐리즘이다. **『비극의 탄생』은 기독교 신의 부정으로서, 불멸의 피안의 부정으로서, 벌써 니체 철학의 본류이다.**

4) 기독교(신)에 대한 인정

『비극의 탄생』 11장 중간, 니체는 에우리피데스의 "신 아티카희극"(72)

을 논하는 자리에서, 소크라테스주의에 의한 영향으로 아폴론 무대 대화만 남고, 따라서 사티로스 합창단으로 표상되는 디오니소스 비극 무대의 쇠퇴-몰락을 말하면서. 위대한 디오니소스 비극 형이상학을 상실한 결과로서, '아무 생각 없는', 본래적 그리인들의 명랑성과 소박성과 전혀 다른, 피상적 "그리스적 명랑성"으로서 "노예의 명랑성 Heiterkeit des Sclaven"(74)을 말한다. 노예의 명랑성으로 표상되는 현실주의자들을, 즉 신을 부정하고, 영혼 불멸을 부정하는 자들을 비판한다. 구제 형이상학에 관심 없는 자들을 비판한다. 이들을, "진지함"으로부터의 도피, "공포"로부터의 여성적 도피로 단죄한다.[2)]

니체의 형이상학적 사유, 즉 구원에 대한 갈망의 반영으로서, 니체는 이례적으로! 기독교 초기 400년 동안의 신에 대한 경외심에 차 있던 심원한 자들을 인정하고, 진지하지 않은, 형이상학적 사유가 없는 자들의 명랑성을 '노예의 명랑성'으로 단죄했다. 니체는 '아무 생각 없는' 노예들의 쾌락주의자들보다, 나아가 에우리피데스 이후의 신의 존재를 부정하고, 영혼불멸을 부정하고, '영혼의 평화' 곧 아타락시아 및 현세의 행복만을 추구하는 에피쿠로스Epikur(BC 341-270)의 에피쿠로스주의자들보다, 기독교 초기 400년의 심원한 기독교인들을 높이 평가했다. 노예의 명랑성을 비판하는 가운데 초기 기독교의 심원한 성향을 말해버린 것이다. 문제적이다: **니체가 기독교 초기 400년 동안의 기독교인들을, (잔혹한 인생에 대한) '두려움—공포'가 천성인 그 "심원한" 기독교인을 말하고, 그들을 (이례적으로) '평가'했다.**

---

2 여기에서의 노예의 명랑성은 기독교에 충실한 자들에 의한 것인, 그 노예의 명랑성 및 원한감정Ressentiment과 다르다. 여기에서의 노예의 명랑성은 그냥 노예의 명랑성이다. 여기에서의 노예의 명랑성은 신을 믿지 않는, 아니 신에 관심 없는, '신 앞에서 누구나 평등하다'는 격률에 귀 기울이지 않는 '명랑성'에 관해서이다. 이른바 고귀한 자들[높은 자들]에 對(대)한 '그' 노예들의 원한감정과도 무관하다.

그리스적 명랑성에 대해 여전히 말할 수 있다면 이제 그것은 무거운 것에 책임을 질 줄 모르고, 위대한 것을 추구할 줄 모르며, 현재의 것보다 과거의 것이나 미래의 것을 높이 평가할 줄 모르는 노예의 명랑성이다. (노예의 명랑성으로서) '그리스적 명랑성'의 이러한 가짜Schein가 **기독교 초기 400년 동안 신에 대한 외경심을 보여준 심원한 인물들**을 격분시켰다. 초기 기독교인들에게 진지함과 공포로부터의 이러한 여성적 도피, 편안한 즐거움에 대한 이러한 비겁한 자기만족은 경멸할 만한 것이었을 뿐만 아니라, 본래부터 반기독적 성향으로 간주되었다.(Ⅲ-1, 11장, 74)

"기독교 초기 400년 동안 신에 대한 외경심을 보여준 심원한 인물들"을 "노예의 명랑성"과 대조한 것이 인상적이다. 노예의 명랑성은 에우리피데스-'소크라테스주의'의 결과인, 즉 디오니소스 합창단의 쇠퇴 및 '소크라테스의 변증술 강화'의 결과인 그 노예들의 명랑성이다. 기독교 초기 400년의 심원한 인물들, 그들의 구제 형이상학에 대한 동경[관심]을 높이고, 소크라테스주의에 의한 것으로서 "진지함과 공포로부터" 도피하고, "편안한 즐거움"에 안주한 노예들, 그들의 명랑성을 낮추었다. '향락주의자로서 노예들'은 이른바 '에피쿠로스주의자들'을 가리킨다. 니체는 이들을 "반기독교적 성향"을 보인다고 했다.

"반기독교적인 성향"? '기독교인에 대한 높은 평가?' 이례적 일이다. 이례적 일이 아닐 수 없다. 이례적 일이 아닌 것은 '평가'를 우선 기독교 초기 400년에 국한시켰기 때문이다. 둘째, 삶의 잔혹성[공포]에 대해 아무 생각 없는 자들보다 삶의 잔혹성[공포]에 대한 고민의 결과인 기독교, 그 기독교인들의 구제 형이상학을 '평가'한 것이다. **기독교 초기 400년, 요컨대 이때의 기독교를 니체는, 그리스인들의 비자연적 방법인 올림포스와 아티카비극과 유비인 것으로서, 비자연적 방법에 의한 형이상학적 건축물로 간주한 것으로 보인다.**

그렇더라도 넓은 의미의 니체 형이상학의 탄생을 여기에서 말할 수 있다. **니체는 비자연적 방법으로서의 초기 기독교 400년을 긍정했다.** 기독교 형이상학의 탄생을 긍정했다. 물론 이것은 예외적 경우로서, 니체는 이후 현세를 박탈하고, 대지를 박탈하고, 인생을 박탈한 기독교를 철저히 부정했다. 대지에 대한 전면적 긍정으로서 초인간 사상, 영원회귀 사상을 주창했다. 초기 400년 이후의 기독교는 삶의 증대, 곧 힘의 증대 및 기쁨의 증대에 기여한 것이 아니라, 이를테면 '양심의 가책'으로 표상되는 힘의 위축, 삶의 감소에 기여했다. '선악'을 강조하는 기독교 형이상학, '금욕'을 조장하는 기독교 형이상학으로 변질(?)되었다.

5) 비자연적 방법으로서 기독교, 그리고 초인간

육체는 '대지'에 절망할 수밖에 없다.[3] 생로병사-희로애락에 무심한

---

3 니체에게 대지는 두 가지 의미로 사용된다. 우선 '자연으로서 대지'이다. 인간이 속수무책 당해야 하는 그 자연-성(性), 생-로-병-사의 잔혹성에 관해서이다. 대지는 삶의 난폭(性)에 관심이 없다. "자연에는 형식이 없다. 그럴 것이 내부와 외부가 없기 때문이다. 모든 예술이 눈의 '거울'에 근거한다."(『유고 단편들. 1872년 여름-1873 초반』, Ⅲ-4, 53): 『비극의 탄생』을 간행하고 얼마 되지 않았던 때의 말이다. '대지'는 부정의 대상이다. 다른 의미의 대지는 물론 긍정성으로의 대지이다. '이것밖에 더 무엇이 있겠는가?' 물을 때의 대지이다. 피안을 부정하는 '차안으로서 대지'이다. '대지'는 긍정의 대상이다.
긍정으로서 대지가 있고, 부정으로서 대지가 있다. '부정으로서 대지'가 '긍정으로서 대지'로 전환된 점이 물론 강조되어야 한다. 『비극의 탄생』의 큰 주제문 "인간이 비자연적인 방법을 써서 자연에 저항해서 승리하지 않는 것 말고, 인간이 자연으로 하여금 그 비밀을 털어놓도록 강요할 방법이 달리 있는가?"(Ⅲ-1, 63)에서 '비자연적 방법'이 표상하는 것이 [그리스] 비극예술에 관해서이다. '모든 예술이 눈의 거울에 근거한다'도 비자연적 방법인 음악예술-비극예술에 관해서이다. 예술가(-형이상학)에 관해서이다.
비극예술은 '부정성으로서 대지'에서 탄생하였다. 비극예술의 조건이 '부정성으로서 대지'였다; '부정성(否定性)으로서 대지'는 또한 신(神)의 죽음을 포함한다. 니체 형이상학의 표상인 자발적 몰락 의지가 '神의 죽음'→'인간의 영원한 죽음' 다음의 유일한 형이상학적 수[순]인 점을 고려할 때, '자발적 몰락 의지'의 형이

자연에 절망할 수밖에 없다. 자연, 곧 대지는 생-로-병-사의 난폭성에 관심이 없다. 인간의 '의지'가 필요한 까닭이다. 삶의 난폭성에 대응하는 인공건조물이 필요한 까닭이다. 인공건조물이 예술이 될 수 있고, 또한 철학이 될 수 있다. 인공건조물이 종교가 될 수 있다는 것을 니체는 초기 기독교 400년에서 봤다. 『비극의 탄생』에서 니체는 아티카비극 예술이 그 역할을 했던 걸로 간주했다. '미적 현상만이 인생을 정당화시킨다'는 것은 '가상으로서 예술'이 '가상으로서 현실'을 시인(是認)-정당화시키는 것에 관해서이다. [디오니소스적 합창예술이 현실을 가상으로 시인(是認)-정당

상학 또한 '부정성으로서 대지', 곧 神의 죽음에서 탄생한 점이 강조되어야 한다. [자발적 몰락 의지의 조건이 '부정성으로서 대지', 곧 神의 죽음이었다] 자발적 몰락 의지가 악덕 중의 악덕이다. [자발적]몰락이 악덕 중의 악덕이라는 점에서 다른 악덕들 또한 긍정의 대상이다. 긍정의 대상으로서 '정욕', '지배욕', '이기심' 또한 '부정성으로서 대지[神의 죽음]'가 조건이었다. 인간의 생-로-병-사에 아무런 관심이 없는 '자연'이 니체 철학의 출발점이다.

'비자연적 방법으로서 비극예술'의 탄생을 분석한, 니체의 첫 저작물『비극의 탄생』이 니체 철학의 저수지이다; '자연에는 형식이 없다. 그럴 것이 내부와 외부가 없기 때문이다'가 자연의 인생에 대한 무관심성(혹은 잔혹성)을 표현한 말로 들리기도 하나, 혹은 고정된 형태가 없는 '디오니소스적 예술'을 부르는 말로 들리기도 하나[A를 A로 대응하기 위한 말로 들리기도 하나] 한편으로 인위성이 개입되지 않은 '유기체적 특성으로서 자연'을 강조한 말로 들리기도 한다. 실러의 성찰문학에 대응하는 소박문학[자연문학]을 부르는 말로 들리기도 한다.

니체의 '모든 예술이 눈의 거울에 근거한다'는 말은 미술평론가 존 러스킨 John Ruskin(1819~1900)이『소묘의 요소 The Elements of Drawing』(1856)에서 밝힌 '눈의 순수함 innocence of the eye' 개념을 떠올리게 한다. 눈먼 사람이 갑자기 시력을 회복했다고 상정했을 때 그는 사물을 어떻게 인지하는가? [17세기 이후 철학에서 되풀이 문제시된 몰리눅스-문제Molyneux-Problem] 그는 사물의 원초성을 접하게 되지 않을까. '감성-지성에 입각한 색깔'을 보지 않고, 있는 그대로 눈에 보이는 색깔을 보게 되지 않을까. 일체의 선입견이 배제된 색깔 및 일체의 선입견이 배제된 선분들로 이루어진 '물자체로서 현상'을 보지 않을까. [기차를 보는 것이 아니라 기차같이 생긴 것을 본다] 러스킨은 이 점에서 당대의 화가 터너 William Turner(1775~1851)의 작품을 높이 평가했다. '순수한 눈'은 이후 모네 Claude Monet(1840~1926)의 '풍경화'에서 성공적으로 구체화됐다; '물자체로서 현상'은 니체에 의할 때, '가상으로서 현상'이다. '[미적] 가상이 현존을 정당화시킨다'의 그 '가상'이다. '현상[현존]'을 정당화시키는 그 '미적' 가상이다. 현상[미적 가상] 말고 또 무엇이 있다는 말인가.

화시키고, 아폴론적 무대 장면이 현실을 가상으로 是認-정당화시킨다. 비극예술 참여자들에게 '꿈인가 생시인가? 묻게 한다. '삶인가 죽음인가? 묻게 한다] A를 A로 대응하는 니체 특유의 구제 형이상학의 개시(開始)이다.

『차라투스트라』에서는 초인간에 대한 기대와 희망, 즉 '초인간에 대한 의지'가 인공건조물의 역할을 한 것으로 간주된다. 다음 인용이, 특히 인용 말미의 부분이, 필연적 수순으로서 초인간의 탄생을 말하는 부분이다. '나는 나를 초극했다. 고뇌하는 나를 초극했다'는 「머리말」 3절(節)에 이어 초인간의 탄생을 명시적으로 얘기하는 부분이다.

> 무슨 일이 일어났는가, 형제들이여! 나는 나를 초극했다. 고뇌하는 나를 초극했다. 나는 나 자신의 재를 산으로 날라, 더 밝은 화염을 창조해냈다. 보라! 유령이 나로부터 달아나지 않는가!(Ⅵ-1, 31-32)

"나는 나 자신의 재를 산으로 날라, 더 밝은 화염을 창조해냈다"가 주목된다. 神(신)은 재와 열화(熱火)로 만들어진 '가공의 神'[유령]이고, 차라투스트라는 '재'를 통해 더 밝은 화염을 창조한 초인간 사상의 화신으로 나타난다. '더 밝은 화염'이 초인간을 표상한다. 인용에서 또한 주목되는 것이 "유령이 나로부터 달아나지 않는가!"라고 한 것. 다름 아닌 '초인간으로부터 유령이 피해 달아난다'고 한 것. 초인간은 '죽은 신'(혹은 무신론적 상황)을 능히 이겨내도록, 즉 가장 큰 무(無)로서의 니힐리즘을 이겨내도록 설계됐기 때문이다. 아니, 초인간은 니힐리즘을 이기도록 설계된 '유일한 수[순] 그 자체'이기 때문이다.

인용문에서 주제문은 "나는 나를 초극했다. 고뇌하는 나를 초극했다"이다. '고뇌하는 나'가 표상하는 것이 바로 가장 큰 니힐리즘으로서 의식의 진공상태에 대(對)해서이다. 의식의 진공상태가 바로 '부인된 神'-'사망한 神'을 말하는 것으로서, 진공상태가 이미 말하는 바, 진공상태는 이미 '채워질 것을 요구하는 진공상태'이다. '부정된 신'–'사망한 신'을 메꾸는 것이 바로 초인간이다.

'나는 나를 초극했다. 고뇌하는 나를 초극했다'를 『차라투스트라』의 큰 주제문 중의 하나로 본다. 『차라투스트라』는 가장 큰 진공상태, 곧 니힐리즘을 극복하려는 자의 시도이자, 동시에 니힐리즘을 극복한 자의 선언[문]이다. 『차라투스트라』가 구제 형이상학으로서 가장 큰 주제문을 말해야 할 때, 그것은 자발적 몰락 의지가 말하는 것으로서, '나는 기꺼이 몰락해주리라'이다.

『차라투스트라』의 「배후세계론자들에 관하여」 장(章)에서 니체의 '표현'으로서 눈길을 끄는 용어가, 헤겔의 '존재의 구멍'을 의식한 것으로서, "존재의 복부 Bauch des Seins"(32)라는 말이다. 존재의 아킬레스건으로서 '생–로–병–사 존재 일반', 혹은 '희–로–애–락의 존재 일반'을 지칭한다. '존재의 복부'가 직접 표상하는 것이 "질병에 걸린 자와 죽어가는 자들"(33)이다. 이 점에서 '인간의 저편' 즉 배후세계(정확히는 '배후세계 의식')와 무관하지 않다. '존재의 복부'가 배후세계를 가리키게 한다.[4] '육체'와 '대지'를 경멸하며 '안식의 장소로서 배후세계'를 유일하게 수용해야 할 것으로서 간주하게 한다. 존재의 복부는 그러므로 노예 의식에 시달리는 자들을 지시한다.

여기서 노예 의식은 소크라테스주의에 의한, 에우리피데스 연극에 의한 변론술이 조장한, 아무 생각 없는 낙천주의, 그 노예들의 명랑성이 아니라, 수고하고 무거운 짐을 진 자들의 의식으로서 그의 모든 것을 신에

---

4 '존재의 구멍'은 이에 반해 프랑스혁명(1789)이나 베를린장벽 붕괴(1989) 같은 세계사적 대사건에 관해서이다. 인생을 완전히 다른 방식으로 살게 하는 힘에 관해서이다. '인생의 코페르니쿠스적 대전환'이 말하는 바이다. 존재의 복부는 니체에게 부정적 의미로 사용됐고, 존재의 구멍은 헤겔에게 긍정적으로 사용됐다.

의존해야 하는, 『도덕의 계보』 용어로 말하면 노예도덕의 노예 의식이다. 자기가 자신의 주인으로서 간주하는 군주도덕과 대립되는 노예도덕이다. 노예(도덕)의 원한감정은 신 앞에서의 평등을 부정하는, 신에 무릎 꿇지 않은, 군주(도덕)에 대한 원한감정이다.

니체가 '초기 400년의 심원한 기독교도들'(Ⅲ-1, 74)을 말할 때 이것은 소크라테스주의가 조장한 노예의 명랑성과 대립하고, 이후의 노예(도덕)의 원한감정과 대립한다. 초기 400년의 심원한 기독교도들은 실존의 '두려움'을 진지하게 받아들인 자들로서, 그를 넘어서기 위한 비자연적 건축물을 건립한 자들이다. 기독교의 창시자를 바울로 말하는 것을 상기하라. '이제 내가 사는 것은 내가 사는 것이 아니요 하나님 아버지가 사는 것이라'를 상기하라. 기독교 초기 400년이 『비극의 탄생』의 11장의 니체에 의할 때 '비자연적 방법'에 의한 것으로서, 그리스인들의 경악과 공포의 산물인 올림포스와 같은 것이었고[호메로스 예술과 같은 것이었고], 역시 경악과 공포의 산물로서 비자연적 건축물인 그리스비극 예술과 같은 것이었다.

6) 초인간 사상, 그리고 전도된 기독교주의

「머리말」이 또한 『차라투스트라』의 저수지이다. 특히 초인간 사상의 저수지이다. 1부의 「배후세계론자들에 관하여」 장(章)을 통해서도 증명된다. 초인간 사상이 초인간을 담보한다. 앞에서도 인용했다.

> 나는 나를 초극했다. 고뇌하는 나를 초극했다. 나는 나 자신의 재를 산으로 날라, 더 밝은 화염을 창조해냈다.(Ⅵ-1, 31-32)

「배후세계론자들에 관하여」의 이 부분은「머리말」 2절, 3문단을 정확하게 상기시킨다. 다음과 같이 말하기 때문이다.

> 당시 그대는 그대의 재를 산으로 날랐다. 오늘 그대는 그대의 불을 골짜기로 나르려 하는가? […] 차라투스트라는 변했다 […] 깨달은 자가 차라투스트라이다.(Ⅵ-1, 6)

"깨달은 자" 이전의 차라투스트라를 표상하는 것이 "재Asche"이고 '깨달은 자 이후의 차라투스트라'를 표상하는 것이 "불Feuer"이다. 재가 변하여 불로 된 것은 사울이 바울이 된 바, 여기서는 인간이 초인간이 된 것과 같다. "깨달은 자가 차라투스트라"—초인간이다. 초인간 사상을 습득한 자, 초인간 사상을 깨달은 자가 벌써 초인간이다.「배후세계론자들에 관하여」의 '나는 나를 초극했다. 고뇌하는 나를 초극했다. 나는 나 자신의 재를 산으로 날라, 더 밝은 화염을 창조해냈다'가「머리말」 2절 3문단과 유비로서 초인간 사상을 발언한다. "재"에서 "화염"을 창조해내도록 한 것이, 일종의 추동력, 혹은 '견인차로서 초인간 사상'이다. [화염(혹은 불)이 초인간을 발언한다]

'고뇌하는 나를 초극한 자'와 '깨달은 자'가 향하는 곳이 같다.[5] 재가 변하여 화염이 된 것 역시「머리말」 2절 3문단의 경우처럼 '사울이 바울이 된 것'으로서, 인간이 초인간이 된 것을 발언한다.[6] '초인간 사상을 깨달

---

5 인간을 '초극되어야 할 어떤 것'으로 명시적으로 언급한 곳이「머리말」 3절 2문단이다. "'나는 그대들에게 초인간을 가르친다.' 인간은 초극되어야 할 어떤 것이다. 그대들은 인간을 초극하기 위해 무슨 일을 했는가?"(8)

6 『차라투스트라』 1부 '산에 있는 나무에 관하여' 章에서 '불', '화염' 대신 "최초의 번개"가 등장한다. 최초의 번개가 초인간 사상과 초인간을 상호 인접의 관계로서 말한다. 초인간 사상이 먼저 가고, 초인간이 그 뒤를 따른다. "나무는 구름들 자리에 아주 인접해 있다. 그는 최초의 번개를 기다리고 있는가?"(48) '최초의 번개'를 맞기 위해 산에 있는 나무는 '구름들 자리'까지 간다. '존재는 말을 걸

은 자'가 초인간이라는 것, 즉 '초인간으로서 차라투스트라'는 '깨달은 자'라고 암시적으로 언급한 곳이 「머리말」 2절 3문단이었다. 인간을 극복되어야 할 것이라고 말하고, "초인간들Übermenschen"을 처음 기록한 것이 「머리말」 3절(8)에서였다.'[7]

비록 「머리말」 4절 도입부에서 "인간은 짐승과 초인간을 잇는 하나의 밧줄이다. 심연 위에 걸쳐진 하나의 밧줄이다"(10)라고 말했을지라도 말이다. '짐승'과 '인간'의 차이가 굉장한 차이이므로, 따라서 '인간'과 '초인간'의 차이 또한 굉장할 것이라고 짐작하게 했다. 그리고 인간이 초인간이 되는 것이 심연 위에 걸린 밧줄 타기와 같아서 매우 어려운 것으로 여기게 했을지라도 말이다. 이어지는 뒤의 「산에 있는 나무에 관하여」 章,

---

려고 하고 존재자는 그 말을 들을 준비를 한다.' 하이데거의 「동일성의 명제」(하이데거, 『동일성과 차이』, Pfullingen, 1957)의 '요체'를 이렇게 말할 수 있다. 준비된 자에게, 즉 기다리는 자에게 최초의 번개가 말을 걸어온다. 최초의 번개가 사실 표상하는 것이 초인간 사상이다. 인간은 번개에 감전되듯 초인간 사상에 감전되도록 노력한다. 초인간 사상에 감전된 자가 초인간이다.

7 「머리말」이 차라투스트라-철학의 저수지인 것은 초인간 사상 및 초인간에 국한되지 않는다. 초인간의 표상인, '중력의 영'에 반대되는 "춤추는 자"와 "어린이", 혹은 죽음 앞에서 발랄한 자로서 춤추는 자와 어린이가 「머리말」 2절 (6)에서 언급됐다. 『차라투스트라』에서 '신의 사망선고'("신이 죽었다 Gott ist tot")가 명시적으로 처음 천명된 곳도 「머리말」 2절 (8)에서였다. 니체의 철학을 '대지의 철학'으로 말하게 하는 "대지"라는 말이 3절 (8)에서 처음 그 모습을 드러냈다. "영혼"/"육체"의 대비에서 육체의 절대적 우위를 말한 곳도 「머리말」 3절 (9)였다. '전도된 기독교주의'로서 차라투스트라 철학이 「머리말」에서 거의 그 모습을 드러냈다.
무엇보다도 「머리말」의 의미는 '神의 공백상태'[신의 죽음]에 대한 [유일한] 돌파구로서 자발적 몰락 의지가 분명하게 개진된 점이다. '자발적 몰락 의지'로 대변되는 니체-차라투스트라 철학이 구제 형이상학인 것을 짐작하게 해준 점이다. 「머리말」 4절의 다음과 같은 말. "나는 사랑한다, 몰락하는 자로서가 아니면 달리 살 수 없는 '그자'들을. 그럴 것이 그자들이 저편으로 건너가는 자들이기 때문이다."(11); 인용문에서 '몰락하는 자로서가 아니면 달리 살 수 없는 '그자'들'이 자발적 몰락 의지로 표상되는 초인간 사상을 깨달은 자들에 관해서이다. '저편으로 건너가는 자들'은 자발적 몰락 의지로 표상되는 초인간 사상이 구제 형이상학인 것을 명시한다.

「아이와 결혼에 관하여」 章, 「자유로운 죽음에 관하여」 章(장) 등에 관한 분석에서도 나타난바, 초인간 사상을 깨달은 자가 초인간이다. 다음 또한 『차라투스트라』의 「배후세계론자들에 관하여」 장(章)으로부터이다. 차라투스트라의 말이다.

> 나는 한때 모든 배후세계론자들과 마찬가지로 인간의 피안에 대한 망상을 품었다 [···] 아, 형제들이여, 내가 창조해낸 이 신은 다른 모든 신들과 마찬가지로 인간의 작품, 인간의 광기였다.……이 신은 인간이었다. 게다가 인간과 자아의 빈곤한 부분일 뿐이었다.(『차라투스트라』, Ⅵ-1, 31)

"배후세계론자"는 다시 강조하면, 차안과 피안을 구분하고, 피안에 우위를 두는 고전 형이상학—기독교 형이상학에 對(대)한 것이다. 전통 형이상학자 일반에 對한 조롱조의 조어(造語)이다. [형이상학자Metaphysiker의 독일어 버전이 배후세계론자Hinterweltler이다] "인간의 광기"가 만들어 낸 신(神), 그리고 "인간과 자아의 빈곤한 부분"인 神(신)이라고 한 것이 주목된다. [인간의 빈곤이 빈곤한 신을 만들었다. 초인간이 요구된다]

[인간의 빈곤이 빈곤한 신을 만들었다. 초인간이 요구된다. 초인간은 요컨대 신 없이 살 수 있고, 견딜 수 있는 자이다. 신 없이도 살 만하다고 견딜 만하다고 느끼는 자이다. 초인간의 표상이 자발적 몰락 의지이다. 자발적 몰락 의지에 두려움이 없다. 자발적 몰락 의지 또한 '완전한 죽음'을 발언한다]: 인용 끝 문장, 니체-차라투스라의 말, "이 신은 인간이었다. 게다가 인간과 자아의 빈곤한 부분일 뿐이었다"를 차라투스트라 철학 전반을 고려해서 '인간의 빈곤이 빈곤한 신을 만들었다. 초인간이 요구된다'로 변주했다. 첫째, 신은 인간에 의한 것이다. 신은 '인간의 작품'이다.

둘째, 신은 인간의 '빈곤한 부분'이 만들었으므로 '빈곤한 신'이다. 빈곤한 신은 '불완전한 신'(?)을 발언한다. 불완전한 신(神)은 말 그대로 전통적 신 이해에 대한 거부이다. 전통적 '神 존재 증명'에서 인과론적 神 증명[우주론적 신 증명]과 함께 쌍두마차를 이루는 것이, 데카르트에 의해서도 시도된, 존재론적 神 증명이다.

신은 (초월적) 완전한 존재의 표상으로서, 요컨대 완전성의 표상이므로, 이미 그 존재-성(性)을 담지한다. 완전성이 '존재자'를 담보한다. [완전성에 존재자가 포함한다] 니체가 인간에 의해 만들어진 神으로서, 신을 빈곤한 신으로 이해하는 것은, 즉 불완전한 신으로 이해하는 것은—전통적 존재론적 신 증명이 완전한 신을 전제하는 점에서—전통적 '존재론적 神 증명'에 대한 온전한 거부이다. [神을 불완전한 신으로 이해하는 것은 전통적 '존재론적 신 증명'의 거부이다] 불완전한 신은(혹은 불완전성의 神은), 전통적 존재론적 神 증명 방식에 의할 때, 불완전한 神 존재(자)를 '증명'한다. 神은 불완전한 존재자인 것이다. **니체는 전통적 존재론적 신 증명을 '가시적으로' 거부했고, 더욱이 神 또한 불완전한 존재자로 만들었다. 신은 인간과 마찬가지로 불완전한 존재로 간주되었다.**

셋째, '빈곤한 인간이 빈곤한 신[불완전한 神]을 만들었다.' 여기서 주목하는 것은 '불완전한 존재로서 신'이 아니라, 인간에 의한 神이다. **인간에 의한 神이므로 초월적 신에 대한 온전한 거부이다.** 인간과 세계를 초월하는 '초월적 존재'에 대한 부정이다. 칸트에 의한 '초월적 神이념의 증명 불가능성'(『순수이성비판』, '초월적 변증론')은 니체에 의해 초월적 神 존재의 부인으로 전경화(前景化)되었다. 초월적 神 존재는 '선언적으로' 부인되었다.

넷째, '빈곤한 인간이 빈곤한 神을 불렀다'는 것은 니체 고유의 A를 A로 대응하는 방식(의 변용)으로서, 불완전한 세계가 완전한 세계를 부르게 하는 방식, 곧 플라톤 이래의 고전 형이상학의 방식, 곧 A[현상-허깨비]를 A[본질-이데아]로 대응하는 방식에 대한 부인이다. 니체가 자신(의 철학)을 "전도된 플라톤주의 Umgedrehter Platonismus"(『유고 단편들. 1869년 가을-1872년 가을』, Ⅲ-3, 207)라고 했다. 니체가 "이 세계, 영원히 불완전한 세계, 영원한 모순의 모상, 불완전한 모상"을 말하더라도 완전한 창조자를 말하지 않는다. "불완전한 창조자"(『차라투스트라』, Ⅵ-1, 31)를 말할 뿐이다. [세계는 불완전한 인간에 의해 창조된 불완전한 세계일 뿐이다] **'전도된 기독교주의'는 궁극적으로 피안을 부정하고 [비록 불완전한 세계라고 하더라도] 차안을 긍정하는 것에 관해서이다.**[8)]

'인간의 빈곤이 빈곤한 신(神)을 만들었다. 초인간이 요구된다'에서 1차적으로 강조해야 할 것이 '빈곤한 神'-'불완전성의 神'이다. 다음으로 강조해야 할 것이 신은 인간에 의한 神으로서, 따라서 '초월적 神은 존재하지 않는다'이다. 궁극적 문제는 '우로보로스의 꼬리'가 말하는바 초월적 신의 부재가 되돌려 겨냥하는 '빈곤한 인간'이다. 절대적 니힐리즘에 처한 인간이다. 인간의 빈곤 일반을 넘어서서, 명제 후반부가 말하는바, '초인간'이 요구된다. 인용문 중 니체-차라투스트라의 말 "게다가 인간과 자아의 빈곤한 부분일 뿐이었다" 앞뒤로 이어지는 문장들을 한데 모으면 다음과 같다. (초인간에 관한 논의를 위한 것.)

> 내가 창조해낸 이 神은 모든 신들과 마찬가지로 인간의 작품, 인간의 광기였다!……神(신)은 인간이었다. 게다가 인간과 자아의 빈곤한 부분이었다. 자기의 재와 열화로부터 유령은 나에게로 다가왔다. 진실로 말하건대 피안으로부터 나에게 다가오지 않았다! […] 나는 고뇌하는 자아를 초극했다. [나는 내 고유의 재를 산으로 날라, 더 밝은 화염을 발명해냈다] 보라! 이때 유령들이 나를 피해 '달아나는' 것을! ……그런 유령을 믿는 것은 이제 나 건강한 자에게 (새로운) 고뇌, 고통이리라. 이제 나에게 고통이면서 굴욕이리라.(Ⅵ-1, 31-32)

8 니체 철학을 '전도된 플라톤주의'-'전도된 칸트주의', 나아가 '전도된 기독교주의'로 말하는 것은 니체에 관해 '상당히 많이' 말하는 것이다.

"유령"은 인간과 자아의 빈곤한 부분인 '신(神)'을 지시한다. 인간과 자아의 빈곤한 부분으로서 神은 '유령으로서 神'일 뿐이다. "고뇌하는 자아"의 '고뇌'는 神이 부재한 세상에 관한 것이다. 신의 죽음→'인간의 영원한 죽음'에 관한 고뇌이다. "[고뇌하는] 자아"를 초극한 자는 인간의 영원한 죽음이 불러온 고뇌를 초극한 자이다.

인간의 영원한 죽음을 견딜 수 있는 능력을 가진 자가 초인간이 된다. 초인간에게 "유령을 믿는 것"은 그러므로 "[새로운] 고뇌, 고통"으로서, "굴욕"[수치심]일 수밖에 없다. 인간의 고뇌를 초극한 강자가 어찌 인간과 자아의 빈곤한 부분인 神을 믿을 것인가? 인간과 자아의 빈곤한 부분이 만든 빈곤한 神, 불완전한 신을 믿을 것인가? "유령은 […] 피안으로부터 나에게 다가온 것은 아니었다!" 神은 인간의 빈곤한 부분이다. 그리고 '유령으로서 신'이다.

신은 "인간의 광기"의 소산으로서, 즉 "인간의 작품 Menschenwerk"으로서 "神은 인간이었다 Mensch war Gott." 신(神)은 "자기의 재와 열화(熱火)"로부터 여기로 온 것이지, "피안"으로부터 온 것이 아니다. '내가 만든 신'이 피안에서부터 왔을 리 없다. **사실 차라투스트라의 이 말은 궁색하다. 피안은 神의 거처로서, 神이 만들어진 신이라면 피안 또한 만들어진 피안이기 때문이다.** '니체' 그대로 말하면, '神은 피안에서부터 오지 않았다. 피안에는 신이 없다'가 된다.

「배후세계론자에 관하여」 시작 부분에서 이 세계를 "신의 작품 Gottes Werk", 神의 "꿈"이라고 하고, 심지어 "신이 만든 시문학(詩文學) Dichtung eines Gottes"(31)으로 보인 적이 있다고 한 것은 루터교 집안에서 성장한 '어린 루터주의자', 니체를 상기하게 한다. 니체 특유의 모순병렬적 글쓰기가 되는 것은 곧이어 그 神을 자기가[인간이] 창조해낸 것으로 말하고, 더욱이 그 신을 '자기의[신의] 재와 熱火'로 만들어진 '유령'이지, '피안'에서 온 것이 아니라고 뒤집었기 때문이다. [『차라투스트라』에서 '神'을 등장시키는 것은 '부인되는 신'을 위한 것, 그러니까 神(신)을 부정하기 위한 '수순'에 의한 것이다] **이 세계가 신의 작품이 아니라, 神이 '인간의 작품'이라고 자기 말을 뒤집을 때, 즉 세계가 신의 작품이 아닌, 神이 인간의 작품이라고 말할 때 이 또한 '전도된 기독교주의'를 발언한다.**[9] 신은 인간의 '광기'의 소산으로, 더구나 '인간과 자아의 빈곤한 부분'으로까지 격하되었다.

7) 전도된 플라톤주의자—전도된 칸트주의자

소크라테스 문화의 위기는 소크라테스 문화의 전가의 보도인 인과성이 망상으로 판명난 데에도 있다. 인과성은 그동안 공간 시간과 함께 "최고의 보편적 효용을 가진 무조건적 법칙"(Ⅲ-1, 114)으로 취급되었으나 '실상'은 (공간 시간과 함께) 선험적apriori 제한조건으로서 물자체[본질, 세계자체]를 인식 불가능하게 하는 것이었다.[10] 칸트와 쇼펜하우어가 그 시작

9 「배후세계론자에 관하여」가 의미 있는 것은 神(신)의 작품으로서 세계를 부정하고, 인간의 작품으로서 神을 명시적으로 밝혔기 때문이다. '전도된 기독교주의'를 말할 수 있는 또 하나의 단초를 마련했기 때문이다. **니체 철학에서 '전도된 기독교주의'는 '전도된 플라톤주의', '전도된 칸트주의'와 상호 인근의 관계에 놓인다.** '전도된 플라톤주의'라고 할 때 그것은 '중심으로서 이데아'를 부정하기 때문이다. 본질의 자리에 현상을 놓았기 때문이다; '전도된 칸트주의'라고 할 때 그것은 물자체를 부정하고 현상을 물자체로 간주하기 때문이다. '전도된 플라톤주의'에 관해서 졸고 「유물론적 변증철학-플라톤에 대한 가정적 접근—『국가』를 중심으로」, 『예술가』, 2012, 여름(통권 9호), 256-259, 275 참조; '전도된 칸트주의'에 관해서 졸고 「관점주의: 니체의 칸트 비판[전도된 칸트주의]」, 『시와표현』, 2014, 봄(통권 13호), 118-120 참조.

10 현대 물리학에서 공간, 시간은 '제한적' 제한조건이다. 공간과 시간의 출발 지점으로 138억 년 전을 말한다. 또한 '만물의 근원'으로서 소립자[전자]의 위치는 현재시점에서 추론되지 않을뿐더러 그 현재시점의 물리량도 확정적으로 말할

이었다. 참된 인식의 최대 무기가 참된 인식의 최대 방해물이 되어버린 것이다. 인과성은 물자체의 인식을 불가능하게 하는 천덕꾸러기 같은 것이 되었다. [칸트(–쇼펜하우어)에 의해 인식에 대한 선험적 제한조건이 말해졌었다. 칸트의 『순수이성비판』의 역사적 공(功) 중의 하나가 인식의 제한조건으로서 선험적 직관 형식인 공간–시간을 말한 점이고, 선험적 범주 형식인 인과성 등을 말한 점이다]

우리의 인식은 인과성이라는 선험적 조건에 의한 인식이므로, 불완전한 인식이다. 인과성이라는 제한조건으로 해서 현상만을 알 수 있지, 물자체는 알 수 없는 것으로 간주되었다. 선험적 제한조건으로서 인과성을 말한 것은, 그리고 인과성에 의해 물자체는 알 수 없는 것으로 말한 것은 칸트이나, 인과성 자체를 인식의 방해꾼으로 명시하고, 소크라테스주의의 전가의 보도 인과성을 더 이상 전가의 보도가 아닌 것으로 한 것은 니체이다. 계속 강조해야 한다.

> 낙천주의는 […] 공간 시간 인과성을 최고의 보편적 효용을 지닌 무조건적 법칙으로 취급했다. 이에 대해 칸트는 공간 시간 인과성이 원래 마야의 작품인 단순한 현상들을 최고의 유일한 실재로 승격시켜 (현상을) 사물의 가장 내적이고 진정한 본질 자리에 두었으며, 이로써 사물의 본질에 대한 사실대로의 인식을 불가능하게 만들 뿐이라는 것을 계시했다.(Ⅲ–1, 『비극의 탄생』, 18장, 114)

공간 시간과 함께 인과성이 (사물의) 본질에 대한 그대로의 인식을 불가능하게 한다! 요컨대 물자체에 대한 진정한 인식을 불가능하게 하는 것으로서 '인과성'의 한계가 분명하게 천명되었다. 인식의 '전가의 보도'로서 소크라테스의 문답술에서 인과성은 절대 조건이었으나, 이제 더이상 전

수 없다. 그 인과성이 아닌 것이다.

가의 보도가 아닌 것으로서, 오히려 진정한 인식을 방해하는 것으로서 인과성은 그 한계를 드러냈다.

인용문에서 주목되는 것은 그 이상이다. 니체 철학의 본류로서 대지에 대한 전면적 긍정, 현상에 대한 전면적 긍정, 현상이 본질이라는 인식, 배후세계Hinterwelt에 대한 전면적 부인, 요컨대 '현상이 본질'이고, '현상 뒤의 배후세계란 존재하지 않음'이 그 모습을 처음 드러낸 점이다. 요컨대 이후의 '유고'에서 '전도된 플라톤주의자'로서 니체가 스스로를 지시했을 때, 그것의 구체화가『비극의 탄생』에서 처음 그 모습을 드러낸 점이다. 전도된 플라톤주의자 이전에 전도된 칸트주의자를 먼저 말할 수 있다. '칸트'를 새롭게 해석한 니체를 말할 수 있다. 물자체(Ding an sich, "사물의 가장 내적이고 진정한 본질")를 대신하는 "단순한 현상들"을 말하고, 단순한 현상들을 "최고의 유일한 실재"로 승격시킨 것은, 분명 칸트에 대한 진전된 해석이고 새로운 해석이다. '우리 인식은 현상만 알 수 있을 뿐이지, 물자체는 알 수 없다'는 소위 '칸트 위기'를 '현상이 물자체이다'라고 '받아넘겼을 때' 이것은 칸트에 대한 새로운 해석 이상이다. 전도된 칸트주의를 말할 수 있다. '물자체는 없다. 현상이 물자체이다'가 전도된 칸트주의이다.

전도된 칸트주의는 '전도된 플라톤주의'와 유비이다. 이데아 철학으로서, 본질과 내용을 말하고, 본질을 우세하게 말한 '플라톤'에 대(對)해, 니체는 본질의 우세가 아닌 현상의 우세를 말한다. 현상의 우세를 넘어, 본질의 부정을 말한다. 플라톤 철학의 기독교적 해석을 말할 때, 사실 이것은 니체 철학의 아르키메데스 점이다. **본질이 아니다. 현상이다('플라톤'에 대한 부정), 내세가 아니다, 현세이다('기독교'에 대한 부정), 물자체가 아니다, 현상이다('칸트'에 대한 부정) 등이 니체 철학의 아르키메데스 점이다.**

니체는『비극의 탄생』18장에서, 고대 플라톤 철학을 뒤집었고, 근대 칸트 철학을 뒤집었다.『비극의 탄생』은 니체 철학의 저수지이다. [니체는

칸트의 정언명령 또한 기독교 형이상학의 유비로 보았다. 정언명령 또한 부정의 대상이 된다]

8) 보유: 차라투스트라 사상에 관하여

니체의 주저 중의 하나인『차라투스트라』에서 (독일 게르만 민족에 대한 언급이 아닌) '새로운 민족'에 대한 요구가 있었으나, 이는 초인간에 대한 목표와 희망을 가진 보다 성숙한 인간에 대한 요구로 받아들여져야 한다. 『차라투스트라』에서 베를린으로 표상되는 '대도시'에 대한 언급이 있다 (「통과에 관하여」 장(章)). 니체는 여기서 '대도시로서 베를린', 즉 프로이센—독일의 중심지로서 '제국직속성으로서 베를린'을 비판한다. "차라투스트라의 원숭이 Affen Zarathustras"(Ⅵ-1, 218), 즉 짝퉁 차라투스트라에 의해 대도시 비판이 신랄하게 펼쳐진다. 릴케의 파리를 배경으로 삼은 산문 시편『말테의 수기』를 떠올리게 하고, 특히 표현주의 시대의 대표적 시인 중의 하나인 하임 Georg Heym의 베를린을 소재로 한 여러 대도시 시편들,「전쟁 1」,「도시의 신」, 그리고 '베를린 연작시편' 등을 떠올리게 한다.

[20세기 초반 표현주의에 대한 니체의 영향은 그동안 초인간에 의한 것으로서, '새로운 인간에의 요구' 및 니체의 격정적 문제에 의한 것으로서, '비명의 언어로서 명사의 언어'에 국한됐었다. 표현주의에 대한 니체의 영향에서 한 가지 추가할 것이『차라투스트라』의 3부「통과에 관하여」章 등이 입증하는 것으로서 '대도시 비판으로서 대도시 시(詩)'이다]

니체의 베를린 대도시에 대한 증오심은, 1873년『반시대적 고찰』에서 노골화된 '교양속물들'에 대(對)한 비판, 즉 대도시의 교양 시민들로 표상되는 예(例)의 '독일정신의 거세'에 對한 비판적 어조를 떠올리게 한다. 다음은『차라투스트라』3부, '대도시 章'인「통과에 관하여」장의 일부.

> 오 차라투스트라여, 여기는 대도시입니다. 여기에서 그대는 아무 것도 구하지 못하고 모든 것을 잃어야 합니다.……왜 그대는 이 진창을 건느려 하나요? 그대의 발을 동정하시죠! 오히려 이 입구에 침을 뱉고—되돌아가십시오 […] 여기서는 위대한 사상이 산 채로 끓여지고 작게 요리되는 곳.……여기는 모든 위대한 감정이 근거를 잃는 곳 […] 당신은 이미 정신의 도살장과 요리집의 냄새를 맡지 못하나요? 도시가 도살된 정신의 수증기로 뿌옇지 않습니까? […] 그들은 서로 뒤쫓고, 어디로 가는지는 모릅니다. (218–219)

'"진창"으로서 대도시'를 얘기한다. "위대한 사상"—"위대한 감정이 근거를 잃는 곳", 즉 "도살된 정신"으로서 대도시를 말한다. "정신의 도살장과 요리집의 냄새"가 부르주아 교양속물에 의한 정신의 도살로서, 독일정신의 거세를 표상한다. 여기서 독일정신은 '시인과 사상가의 나라'라는 명명의 근원지인, 괴테 시대로 표상되는 이상주의시대의 교양 시민에 의한 정신을 지시한다. 독일 베를린으로 표상되는 대도시에 대한 원색적인 비판, "이 입구에 침을 뱉고—되돌아가십시오"가 니체가 보불전쟁 이후의 독일, 당대의 통일제국-제2제국에 對(대)해 얼마나 깊은 증오를 가졌는지를 나타낸다. **니체를(혹은 니체의 초인간 사상을) 파시즘으로서 나치즘, '인종주의로서 나치즘'에 결부시키는 것은 난센스이다.**

니체에 의한 '이전 것'에 대한 비판은 주지하다시피 '고전 형이상학으로서 플라톤 및 기독교 형이상학', 그리고 기독교 형이상학의 유비로서, 쇼펜하우어로 대변되는 염세주의 철학에 집중된다. 칸트의 선험적 감성형식(공간–시간) 및 인과율로 대변되는 선험적 범주형식을 '이유율Grundsatz'로 바꾸어 말한 쇼펜하우어. 칸트의 수제자 격(格)인 쇼펜하우어. 칸트 역시 그의 인식론의 주요 조건으로서 선험적 형식을 말한 점에서, 그리고 '물자체'와 현상을 엄격히 구분한 점에서, 니체에 의해 기독교의 유비인 것으로서 비판의 대상이었다. 무엇보다도 신(神)에 대한 사망 선고가 '기독교 문명으로서 서양 문명' 전체에 대한 부인이었다.

神에 대한 사망선고의 후속 조치(?)로서 '초인간의 입법화 과정'에서 일종의 계급주의 및 '인종주의로서 파시즘'을 말할 수 없다. 니체에 의한 초인간 사상의 제창, 그리고 (니체에 의한) 민주주의-사회주의의 격률인 평등주의의 부인은 神의 죽음(혹은 神에 대한 사망선고)의 필연적 수순으로서 자발적 몰락 의지의 '소산(所産)'으로 간주돼야 한다. '자발적 몰락 의지'에 의해 神의 죽음 및 이에 따르는 인간의 영원한 죽음을 돌파하려는 것이 '구제 형이상학으로서 초인간 사상 및 영원회귀 사상'을 말하게 했다. 초인간은 자발적 몰락 의지의 현현이다. **자발적 몰락 의지에 도달한 자가 있고, 자발적 몰락 의지에 도달(?)하지 못한 자가 있다. 초인간이 있고, 초인간에 도달하지 못한 자가 있다. 평등주의의 부인이다.**

니체에 의한 '평등주의'로서의 사회주의-민주주의에 대한 거부는, 특히 '평등주의로서 기독교'에 대한 거부는 (형이상학적) 약자에 의한 (형이상학적) 강자에 對(대)한 원한감정Ressentiment으로도 설명된다. '죽음의 형이상학으로서 기독교 형이상학'이 죽음 앞에서의 평등으로서, 神 앞에서의 평등, 그러니까 구원의 평등을 말할 때 이것은 그동안의 노예로 표상되는 약자들에 의한 것으로서, 즉 약자들의 평등사상에 의한 것으로서, '그동안의' 군주로 표상되는 강자들에 대한 원한감정으로 발전한다. (신 앞에서의 평등을 부인하는 강자들에 對한 원한감정으로 발전한다.)

니체에게 주목되는 것은 신의 죽음에 대한 유일한(?) 수순(혹은 응전 방식)인 자발적 몰락 의지에 의한 것으로써 영원한 죽음을 감당할 수 있는 '군주'[초인간으로서 군주]에 對한, 그러므로 기독교 형이상학을 부인하는 군주도덕[강자 도덕]에 對한, 자발적 몰락 의지의 '경지'(?)에 도달할 능력이 없는, 나타로서 표상되는, 기독교 형이상학의 '수고하고 무거운 짐 진 자들'[노예들]에 의한 비판이다. 문제는 '원한감정으로서 비판'이다. 약자들에 의한 강자들에 대(對)한 원한감정은 또 하나의 권력의지로서, 즉 노예들에 의한 '권력의지로서 원한감정'이다.

약자에 의한 강자에 對한 비판은 평등사상(평등사상은 기독교-민주주의-사회주의 모두에 해당하는 것으로서, 원한감정을 그 안에 가진 평등사상이다)에 의한 것으로서, 일견 약자에 의한 강자에 對한 비판으로 보이나, 니체가 주목[강조]하는 것은 이러한 외면적 비판 아래 숨겨진 노예도덕에 의한 군주도덕에 對한 비판이다. 노예도덕에 의한 군주도덕에 對한 비판이 실제적인 원한감정에 의한 비판의 내용이다. [문제는 '원한감정으로서 노예도덕[약자도덕]'에 의한 군주도덕에 對한 비판이다] 노예도덕/군주도덕의 진정한 함의는 '노예신분'/'군주신분'에 있는 것이 아니라, 자발적 몰락 의지로 표상되는 '초인간사상의 능력' 여부이다. 혹은 초인간 사상으로 표상되는 '자발적 몰락 의지의 능력' 여부이다. **불평등주의가 단순히 '계급으로서 불평등주의'가 아닌 것이다. 삶의 질(質)에 관계하는 것으로서, 니체가 요구하는 것이 초인간 사상의 능력을 가진 진정한 의미의 군주, 군주도덕이다.** "수고하고 무거운 짐을 진 자들아 다 내게로 오라 내가 너희들을 쉬게 하리니"에 대한 노예[도덕]의 반응은 그 말씀의 수용이고, 따라서 자립적 존재의 부인이다. "수고하고 무거운 짐을 진 자들아 다 내게로 오라 내가 너희들을 쉬게 하리니"에 대한 군주[도덕]의 반응은 그 말씀의 부인이고, 따라서 자립적 존재의 수용이다. 원한감정은 기독교의 그 말씀을 수용하는 노예[도덕]에 의한 기독교의 '그 말씀'을 부인하는 군주[도덕]에 對한 원한감정이다. 간단히, 노예도덕의 군주도덕에 對한 원한감정이다. '물론' 기독교의 평등주의를 수용하는 노예들에 의한 기독교의 평등주의를 부인하는 군주에 對한 원한감정을 완전히 배제하지 못한다.

강조할 때, 니체의 '약자에 의한 강자에 對한 원한감정'을 단순히 '계급장'에 의한 원한감정만으로 보는 것은 너무 협소한 접근이다. 니체에게 문제는 형이상학적 능력을 가지지 못한 노예도덕이고, 따라서 니체에게 문제는 형이상학적 능력을 가지지 못한 노예도덕의 '변화'이다. 물론 형이상학적 능력을 가진 군주도덕으로의 변화이다. 니체가 주목했던 것은 정치적 평등이 아니라, 삶의 가장 안쪽을 들여다본 자로서, 최고가치가 무너진 것을 본 자로서, 존재론적 평등이다. (존재론적 평등의 내용이 자발적 몰락 의지에 관해서이다.)

니체에 의해 (신의 존재의 부인이 전제된) (자발적 몰락 의지가 그 내용인) '진정한 존재론'이 개시되었다. 그동안의 존재론은 존재론이 아니라, 존재-神-론 Onto-Theo-Logie이었다. 계속 강조한다.

니체는 『차라투스트라』 전편을 견인하는 '자발적 몰락 의지'에 '그들' 모두가 편승하여 '인간의 영원한 죽음'을 돌파하게 되기를 기대했다. 이러한 기대는 『차라투스트라』 1부 끝머리의 「자유로운 죽음에 관하여」-「증여하는 덕에 관하여」 章들을 지나 2부 중반의 「자기초극에 관하여」 章에 이르기까지, 그리고 그 이후에도 차라투스트라 곳곳에서 계속 지시되는, "목표와 상속자를 가진 자"(「자유로운 죽음에 관하여」 장, 90)에 대한 요구, 즉 '목표'와 '상속자'에 대한 요구에서 여실하게 증명된다. 목표는 '초인간에 대한 목표'이고, 상속자는 초인간에 대한 목표를 동일하게 가진 '상속자에 대한 기대'이다.

초인간에 대한 목표와 기대를 가진 자의 죽음이, 그러니까 "목표와 상속자에 대한 외경 Ehrfurcht vor Ziel und Erben"을 가졌을 때의 죽음이 "제때의 죽음 Tod zur rechten Zeit"(90)—'자유로운 죽음'으로서 '완전한 죽음'이다. 결론은 '감당할 수 있는 초인간 사상'으로의 성숙이다. 초인간 사상의 성숙은 영원회귀 사상의 "절정대 höchste Zeit"(「위대한 사건에 관하여」 장(章), 167)와 상호유비이다. '영원회귀 사상으로서 초인간'의 멜로디가 '생-로-병-사의 잔혹성이 봄-여름-가을-겨울 똑같이 영원히 되풀이되어도 똑같이 영원히 살아주리라'이다. 『차라투스트라』에서 영원회귀 사상이 2부 후반부 「위대한 사건에 관하여」 章 발미에서 '영원회귀의 성숙'을 토설한 이래 3부, 「환영과 수수께끼에 관하여」 章 「의지에 거스르는 지복에 관하여」 章, 그리고 4부, 「절규」 章 「인사」 章 등을 거치면서 점점 가시화-전면화된다. '차라투스트라의 중심사상'으로 자리 잡는다. 『차라투스트라』 4부, 「몽유병자의 노래」 章에서 "'이것이'—인생이었던가? […] 다시 한번!"(392)이 말하는 것이 영원회귀 사상으로서 '그것'이다. 자발적 몰락 의지의 '극단'으로서 영원회귀 사상을 말한다.

3장
『비극의 탄생』, 니체 철학의 저수지 B

1) (노예들의) 원한감정과 권력의지

니체는 『비극의 탄생』 18장에서 (11장부터 등장한) '소크라테스'를 다시 말했다. '소크라테스 비판의 외연'을 넓힌다. 소크라테스적 문화를 니체는 "낙천주의"가 표상이고, 낙천주의가 반영이라고 다시 강조한다. 주목할 만한 것은 노예계급에 대한 언급이다. 소크라테스-알렉산드리아 문화와 노예계급의 밀접한 관련이다. 니체의 새로운 관점은 소크라테스-알렉산드리아 문화가 '계속' 지탱 융성하려면 노예계급이 필요충분조건인데 이들 소크라테스주의자들은 그 낙천주의적 '인생관' 때문에 자가당착적으로 노예계급을 부정하고, 즉 "인간의 존엄" 및 "노동의 존엄 Würde der Arbeit" 같은 매혹적인 문구들, "위로의 문구"(Ⅲ-1, 113)를 게시판에 올린다.—노예계급이 부정되면서 소크라테스-알렉산드리아 문화는 급속도로 소진한다. 요지는 소크라테스-알렉산드리아 문화의 소산으로 '노예 문화'이다. 니체에 의할 때. 민주주의와 사회주의, 그리고 기독교에서 노예 문화가 잠재태로서 상수이다.

소크라테스-알렉산드리아 문화가 노예 문화에 의해 죽지 않고 살아남은 것을 말해야 한다. 니체는 주지하다시피 '민주주의'와 '사회주의', 그리고 '기독교 문화'에 대해 매우 부정적인 태도를 취했다. 이들의 공통점은 (자연 앞에서의, 혹은 신 앞에서의) 평등을 말한 점이다. 지배권은 그들의 것(혹은 평균인의 것)이 되었다. 자연 앞에서의 평등(천부인권론)이나, 신 앞에서의 평등(피조물 사상)이 소크라테스-알렉산드리아 문화의 표상인 '이론적 인간'과 무관하지 않다. 평등은 이론적으로 맞다; 평등은 이론적 인간의 이념이다. 평등은 이른바 난경으로서 신이념-세계이념-영혼이념, 그리고 도덕이념(혹은 실천이성 이념)과 마찬가지로 이념이다. 이념의 반열에 올라섰다. 평등이념이다.

간과하지 말아야 할 것은 니체 철학 전반을 고려할 때, 니체가 노예계급에 부정적인 것은 초인간 사상과 관련되어 있기 때문이고, 또한 '그들'의 원한감정으로서의 권력의지 때문이다. 노예계급은 평등에 민감하다[민감할 수밖에 없다]. 민주주의와 사회주의가 평등을 말할 때 그것은 그들을 위해서였고, 특히 기독교의 창시자 바울이 신 앞에서 만인의 평등을 말할 때 이 또한 그들을 위해서였다.

초인간 사상은 신에게 의탁하지 않고 자립적 인생을 사는 것에 관해서이다. 존재론적 자립적 인간에 관해서이다. 신은 몰락했으므로, 따라서 '피안' 또한 없는 것이 됐으므로, 이의 자연적 수순이 자립적 몰락 의지이고, 대지에 대한 전면적 긍정이고, 요컨대 '나는 기꺼이 몰락해주리라'이다. 니힐리즘에 대(對)해 강한 자가, 즉 모든 것이 무로 판명난 세계에 대(對)해 강한 자가 초인간이다. **'강(强)-니힐리즘'의 표상이 초인간이다. 초인간 스스로가 권력이다. 죽음을 이긴 권력이므로 '최고 권력(의지)'의 화신이 초인간이다. 노예계급은 이와 달리, 니체의 관점에 의할 때, '평등'에 매료된 자들이다. 미리 결론을 내리면 노예계급은 무엇보다 '신 앞에서의' 평등에 '의탁'해 새로이 권력을 탐하는 자들이다.**

군주도덕에 대립(對立)하는 노예도덕을 말할 때 이것은[노예도덕은] 신에게 의탁해서 권력을 요구하는 새로운 권력의지를 포함하고, 또한 신에게 의탁하는 삶을 살지 않고, 자립적 삶을 살고자 하는, 군주도덕의 표상인 초인간들에 대(對)한 원한감정을 포함한다.

신 앞에서의 평등을 부정(?!)하는 초인간들에 대한 원한감정의 시초(始初)-시발(始發)로서 니체가 소크라테스-알렉산드리아 문화를 말한 것이 놀랍다. 놀랍지 않은 것이 그들의 낙천주의, 특히 낙천주의가 그 표상인 '학문'이 인간의 존엄 및 노동의 신성함을 얘기하게 되는 것은 당연한 귀결이기 때문이다. 니체는 그러나 이것을 자가당착적인 것으로서, 그러니까 소크라테스 문화-알렉산드리아 문화에 근본적으로 내재된 '모순성'으로 말하고(다시 강조하면, 알렉산드리아 문화는 노예계급에 의해 유지되고 '지속'될 수 있는 것이기 때문이다), 이 모순성에 의해 '역사적' 알렉산드리아 문화는 조기 종영을 맞이했고, 그 자리에 대신 노예 문화가 들어섰다. 알렉산드리아 문화의 반영이 노예 문화이다.

이후의 『차라투스트라』(1883~1885), 『선악을 넘어』(1886), 그리고 『도덕의 계보』(1887)에서 주지하다시피 니체는 '기독교 평등주의'의 부산물로서, 노예계급의 권력의지 및 원한감정을 말했다. 노예계급의 원한감정 및 권력의지야말로 비자립적 인간을 내용으로 하는 '노예도덕'의 표상이다. 니체는 노예들의 권력의지 및 원한감정을 '자립적 인간이 그 표상인' 초인간 사상과 대립시켰다. 또한 노예들의 권력의지 및 원한감정을 역시 '자립적 인간'이 그 표상인 '군주도덕Herrenmoral'과 대립시켰다. **노예들의 원한감정과 권력의지에 대해서도 『비극의 탄생』은 니체의 저수지이다.** 『비극의 탄생』 18장에서 니체는 다음과 같이 말한다.

> 야만적 노예 계급보다 더 무서운 것은 없다. 야만적 노예 계급이 그의 실존을 부당하게 느끼게 될 때, 야만적 노예 계급이 자신을 위해서 뿐 아닌 자손만대를 위해 복수하려고 할 때 말이다. 이런 위협적 폭풍에 대항

해 어느 누가 우리의 창백하고, 지친 기색이 역력한 종교들에 구원을 요청할 것인가. 종교는 근본적으로 학자 종교로 타락했고, 그 결과 모든 종교의 필수적 전제인 신화는 이미 도처에서 불구가 되어버렸는데 말이다.(Ⅲ-1, 113)

"창백하고 지친 기색이 역력한 종교"를 말할 때 이것은 2가지에 관해서이다. 첫째 반신불수가 된 '"신화" 종교'에 관해서이다. 둘째 타락한 종교로서, "학자 종교", 즉 파우스트 종교, 알렉산드리아 종교, 소크라테스 종교에 관해서이다. 주목되는 것은 새로운 "야만적 노예계급"의 탄생이고, 그리고 이를 저지할 수 있는 "종교들"이 없다고 한 점이다. 앞서 암시한 대로 오히려 노예계급은 (알렉산드리아 '도서관 문화'로 대변되는) '학자 종교 Gelehrtenreligionen'가 조장한 감이 있다.[1)]

인용문은 '노예계급'에 관해서이고, 노예계급의 원한감정("복수Rache")에 관해서이고, 그들의 무서운 권력의지에 관해서이다. 이후에 전개되는 니체 철학의 핵심 키워드인 초인간 사상, 그 초인간 사상과 대립하는 (노예적인) 원한감정 및 권력의지가 그 모습을 드러냈다. 군주도덕과 대립하는 노예도덕이 그 모습을 드러냈다. 『비극의 탄생』은 니체 철학의 저수지이다.

1 '학자 종교'를 대변하는 것이 '파우스트'이다. '파우스트', 혹은 파우스트 현상을 니체는 소크라테스 문화—알렉산드리아 문화의 반영 내지 정점으로 본다. "지식욕"의 화신인 파우스트는 '더 알기 위해' 악마 메피스토펠레스에게 자신을 판다; 파우스트는 의학 천문학 법학 신학 등 모든 학문에 통달했지만 '세계의 가장 안쪽을 붙든 것'을 알 길 없어 악마에게 자신의 영혼을 저당잡힌다. "모든 분야의 학문"을 섭렵했으나 만족하지 못하고 과도한 지식욕으로 마술과 악마에게 자신을 넘긴다"(112); 18장의 또 하나의 의의가 '학자비극' 파우스트에 관해서이다.

2) 원한감정과 권력의지

(1) 자발적 몰락 의지와 권력의지

'원한감정'과 '자발적 몰락 의지'는 상호모순 관계이다. 후자가 '군주도덕으로서 자발적 몰락 의지'일 때 전자가 '노예도덕으로서 원한감정'이다. 후자가 '권력의지로서 자발적 몰락 의지'일 때 전자가 '약의 니힐리즘으로서 원한감정'이다. 후자가 '量(양)의 증대로서 인생의 증대—세계의 증대'를 말할 때, 요컨대 초인간[위버멘쉬]을 말할 때 전자가 '평등사상으로서 원한감정'을 말한다. 원한감정은 '봉사하려는 의지/봉사 받으려는 의지'가 발원지이다.[2] 정확히 말하면 그동안 봉사하기만 했지 봉사 받지 못했다는 자각이 발원지이다. 그동안 불평등한 상호인정관계였다는 자각이 발원지이다. [자발적 몰락 의지가 군주도덕–권력의지를 견인하고, '量의 증대로서 위버멘쉬', 나아가 영원회귀 사상을 견인한다. 원한감정이 노예도덕–弱(약)의 니힐리즘–평등주의를 견인한다]; 자발적 몰락 의지가 왜 권력의지인가? 권력 중의 권력으로서 '죽음–몰락'에 대립하는 그 권력의지이기 때문이다. [죽음이 삶을 무상하게 하는 것이 아닌, '삶으로서 자발적

---

2 "내가 봉사한다, 그대가 봉사한다, 우리가 봉사한다."『차라투스트라』 3부「통과에 관하여」 장에 나오는 구절이다(219). 우리는 모두 봉사자로서 평등하나, 그동안 주인에게 노예로서 일방적으로 봉사했다! '주인이 주인이 아닌 것이다'라는 선언에 그치지 않고 주인에게 원한을 품은 어조이다. 주인도 봉사할 것을 요청한다. 민주주의–사회주의의 개시는 '원한감정으로서 평등사상'의 개시이다. 원한감정이 '최악의 위선'인 것은 "명령하는 자 역시 봉사하는 자의 덕으로 가장하기"(210) 때문이다. '우리 모두 평등하게 봉사하는 자들이다.' 니체가 '원'하는 것은 원한감정이 아니라, (몰락에의 의지, 혹은 내시에 의한 신번식 긍정이 그 표상인) 초인간이다. 초인간에 대한 기대와 희망이다. 정확히 말하면 '그들'이 차라투스트라처럼 초인간에 대한 기대와 희망을 가진, 차라투스트라의 상속자가 되는 것이다.

몰락'이 죽음을 무상하게 한다]

(2) 학자들의 권력의지

"우리들의 진리에 견주어 파괴할-수 있는 모든 것을 파괴하도록 하자! 아직 지을 집이 많다!(『차라투스트라』, Ⅵ-1, 145)": 쇼펜하우어[염세주의], 기독교 형이상학[내세주의], 고전 형이상학[본질 철학], 그리고 주체 철학들이 부정의 대상으로서 '파괴해야 할 집'들이다. '지을 집들'이 이른바 관점주의들이다. '많음으로서 관점주의들'이다.

> '차라투스트라는 더 이상 학자가 아니다.' ……어린이들에게, 그리고 엉겅퀴와 붉은 양귀비꽃에게 나는 아직 학자이다 […] 자유를 나는 사랑하고 신선한 대지 위의 공기를 사랑한다. 나는 그들[학자들]의 지위와 권위 위에서 잠자기보다는 황소가죽 위에서 잠자련다.……학자들은 서늘한 그림자 속에 서늘하게 앉아 있다. 그들은 모든 일에 있어서 단지 구경꾼이 되려고 하고, 태양이 계단을 달구는 곳에 앉는 것을 꺼린다 […] 그들이 현자처럼 행동할 때 나는 그들의 왜소한 잠언과 진리들에서 추위를 탄다. 마치 그들의 지혜가 늪지에서 발원하기라도 한 듯 그들의 지혜에서 자주 (역겨운) 냄새를 맡는다: 말하건대, 나는 그들의 지혜에서 개구리 우는 소리를 들은 적도 있다 […] 그들은 서로 감시하고 서로 그다지 믿지 않는다. 작은 책략들에서 재주가 넘쳐나 그들은 절름발이 지식인들을 기다린다.—거미처럼 그들은 기다린다 […] 내가 그들과 살았을 때 내가 그들 위에 살았다. 그에 對해 그들은 내게 원망을 품었다.(『차라투스트라』, Ⅵ-1, 156-158)

인용문에서 주목되는 것은 "학자들의 지위와 권위"에 對해서이다. (학자들의 "지혜"를 "개구리 우는 소리"로 비유했다) "그들은 서로 감시하고 서로 그다지 믿지 않는다." 십자가나무 아래 "거미"[성직자]가 거미줄을 쳐서 '약자들'을 낚아채듯, 그리고 그들을 믿음의 사도로 만들 듯, 학자들 역시 "절름발이 지식인들"을 포획해서 자기 수하로 만든다. 이른바 학자들의 "책략들"로서, 학자들의 '인정투쟁'에 관해서이다. 니체에 의할 때, "왜소한 잠언과 진리들"을 가진 자들에 의한 인정투쟁으로서, 그러므로 기독교적 노예들에 의한 '원한감정으로서 인정투쟁'과 다를 바 없다.

학자들에게서, 그리고 노예들에게서 '권력의지로서 인정투쟁'을 말할 수 있다. 여기에서의 권력의지가 원한감정에 의한 권력의지로서, 니체 본래적 의미에서의 '권력의지[힘에의 의지]'와 현저하게 다르다. [학자들의 권력의지와 노예들의 권력의지는 니체 본연의 권력의지에 의해 적극적 비판의 대상이다] 니체 고유의 권력의지는 주지하다시피 '힘의 증대로서 권력의지', '자발적 몰락 의지로서 권력의지', 그리고 영원회귀를 부르짖을 수 있는 권력의지이다. 영원회귀-론(論)이 왜 권력의지인가?는 이것은 자발적 몰락 의지가 왜 권력의지인가? 하는 질문에 대한 대답과 같다. 영원회귀 역시 '권력 중의 권력으로서' 죽음-몰락에 대립하는 권력의지이기 때문이다; 인용 맨 뒷부분이 학자들의 인정투쟁에 관해 확실하게 말한다. 학자들이 그 차라투스트라를 증오하는 것은 차라투스트라가 "그들 위에" 있었기 때문이다.

『차라투스트라』에서 니체의 권력의지-론(論) 개진에서 주목되는 것이 '권력의지의 일종'으로서 소크라테스주의-류(類)의 권력의지를 말하고, 또한 '원한감정으로서 권력의지'를 말하는 점이다. 후자는—이미 앞에서 윤곽이 드러났듯—약자에 의한 원한감정으로서, 권력의지로 표상되고, 전자는 소위 현인-학자에 의한 '진리에의 의지'로서, 역시 권력의지로 표상된다.[3)]

---

3 『차라투스트라』 2부 「자기 초극에 관하여」 章 이후 학자-현인들에 대한 비판의

부기해야 할 것은 니체 특유의 '확정을 계속 연기시키는 글쓰기' 방법이다. [『차라투스트라』 2부, 특히 3부에서도 영원회귀 사상의 확정을 계속 유보시키는 글쓰기 방법을 선보인다][4] 니체 글에서 '상호모순적 내용'을 말할 때 상당한 부분이 이런 사실에서 연유한다. 연기적(延期的) 글쓰기 방식은 이른바 차연(差延, différance)이 말하는 글쓰기로서, 진리(?) 확정을 계속 유보시킨다. 진리 확정을 계속 유보시키는 글쓰기 방식은 모순을 야기할 수밖에 없는 글쓰기이다. 니체의 글쓰기 방식은 그러므로[한편으로] 그때그때 상황에 적절한 최선의 내용을 찾아내는 것을 특징으로 한다. '저자의 죽음'을 알리는 글쓰기로서, 바르트(「저자의 죽음」)-푸코(「저자란 무엇인가」)-데리다(『목소리와 현상』) 등 '후기구조주의', 혹은 '해체주의'의 선구를 말할 수 있다. 트락타트적 글쓰기(벤야민, 『독일 비애극의 원천』)의 모범적 예를 말할 수 있다.

(3) '진리에의 의지'로서 권력의지

'자발적 몰락에의 의지'(→'죽음으로의 선구')가 니체 구제 형이상학의 핵심이다. 자발적 몰락 의지가 권력의지로서, 구제 형이상학을 발언한다. 자발적 몰락에의 의지에 더해서 말해야 할 것이 진리에의 의지로서의 권력의지이다.

파노라마가 「숭고한 자들에 관하여」-「교양의 나라에 관하여」-「깨끗한 인식에 관하여」-「학자들에 관하여」-「詩人(시인)들에 관하여」 장들에서 연이어 펼쳐진다.

4 니체가 『차라투스트라』 2부-3부를 통해 영원회귀-론(論)의 확정을 계속 유예시키는 것은 차라투스트라를 통한 니체의 의도가 영원회귀論 자체가 아니라, '영원회귀론으로 가는 길'에 대한 설교라는 혐의를 두게 한다; 영원회귀論이 말하는 바가, 즉 동일한 것의 영원한 반복이 영원회귀論을 구성하는 여러 항목들이 '되풀이' 반복하는 것으로 나타날 때, 니체의 의도적 글쓰기로서 내용과 형식의 일치를 목격-구경한 것이 된다.

『비극의 탄생』에 나타난 소크라테스주의에 대한 비판으로서 논리만능주의[5]가 나중에 『차라투스트라』에서 '진리에의 의지'로 변주된다. 역시 권력의지의 章(장)으로서 「자기 초극에 관하여」 章에서이다. 소크라테스주의는 진리에의 의지로서, 일종의 권력의지이며, 소크라테스주의가 일종(一種)의 권력의지로서만 정당화된다. 소크라테스는 "지식과 인식에 만병통치약의 힘을 부여하고 […] 현상의 세계 전부를 포괄하고자"(Ⅲ-1, 96-97) 했다.[6] 이것은 『비극의 탄생』에서 니체의 말이다. 다음은 『차라투스트

---

5 **니체의 '논리만능주의로서 소크라테스주의'에 대한 비판은 니체의 근대 이성에 대한 비판과 유비 관계에 놓인다. 사실 '소크라테스'에서 근대 이성을 발견하기가 여간 쉽지 않다. 『변명』 이하에서의 그의 현란한 논리주의를 떠올리라.** 『비극의 탄생』 11장 이후의 이른바 소크라테스-에우리피데스 章들에서 소크라테스주의에 대한 다양한 명명들이 쏟아져나온다. 이후의 소크라테스주의로 표상되는 '학문'이 "오성", "의식(적)", "지식의 변증법", "논리적 도식주의", "이론(적 인간)" "인과성"(Ⅲ-1, 77-97) 등을 하위범주로 거느린다. 이 항목들이, 니체에 의할 때, 미학적 소크라테스주의, 즉 에우리피데스의 예술관에 그대로 반영된다. 니체에 의할 때, 아티카비극의 멸절을 불러온 것이 바로 (미학적) 소크라테스주의였다.

에우리피데스로 대변되는 미학적 소크라테스주의가 아이스킬로스-소포클레스로 대변되는 전성기 아티카비극의 몰락을 초래한 이후, 비극에서 합창의 역할이 축소되고 '변론술로서 대화'가 강조되었다. 합창은 이후 오페라의 라프레젠타티보(stilo rapresentativo, 무대조)-서창(敍唱, Recitativ)으로 전락하여 그 명맥을 유지(?)하게 된다. '형이상학적 위로의 예술로서 그리스비극'의 종말을 말할 때 그것은 '디티람보스로서 합창'의 종말을 가리킨다; 근대의 기점을 '소크라테스에서 잡자'는 말이 나올만하다. 코기토가 말하는바 '회의하므로 나는 존재한다'가 소크라테스의 변증술의 토대인 것으로 볼 때 이것은 사실 설득력 있는 제안이다. 데카르트의 심신이원론, 혹은 '송과선'을 고려한 심신일원론의 유비로서 소크라테의주의를 말할 수 없더라도 말이다.

데카르트에서 심신이원론을, 혹은 심신일원론을 말할 때 제한적 의미에서 전도된 소크라테스주의를 말한다. 송과선을 매개로 한 정신과 육체의 대등한 접촉을 소크라테스주의에서 말할 수 없다. 소크라테스-플라톤-아리스토텔레스로 이어지는 고전 형이상학에서 개물(個物)에 對한 영혼-에이도스의 우위는 확고하다. 앞에서 제한된 의미에서 '전도된 소크라테스주의로서 데카르트'를 말한 것은 데카르트의 코기토 존재론만을 두고 볼 때[도] 코기토, 즉 '생각하는 주체'—영혼 주체의 압도적 우위가 자명하기 때문이다.

6 소크라테스의 '학문적 낙관주의', 이른바 '이론의 낙관주의'가 형이상학이다. 니

라』에서 니체의 말이다. 「자기 초극에 관하여 Von der Selbstüberwindung」 의 章 시작 부분이다.

> 그대들을 매진하게 하고 열중시키는 것을, 그대 최고 현인들이여, 그대들이 '진리에의 의지' 라고 부르는가?……모든 존재자를 사유 가능한 것으로 만드는 의지, '내가' 그대들의 의지를 이렇게 부른다![7] […] 이것이 권력에의 의지로서 그대들 전체 의지이다, 그대 최고 현인들이여; 그대들이 선과 악에 관해, 그리고 가치평가에 관해 말할 때에도.……그대들이 그 앞에서 그대들이 무릎을 꿇을 수 있는 세계를 창조하려고 한다: 이것이 그대들 마지막 희망이며 도취이다.……물론 현명하지 못한 자들, 민중은,—한 척의 거룻배가 떠내려가는 강물과 같다: 작은 배 안에는 가치평가가 엄숙하게 가면을 쓰고 앉아 있다.……그대들 의지와 그대들 가치를 그대들이 생성의 강물에 얹어놓았다; 민중에 의해 선과 악으로 믿

체의 "예술가-형이상학"(『비극의 탄생』, Ⅲ-1, 11)을 빗대어 말할 때 '학자-형이상학'이다. 자신의 이성적-오성적 사유에 의한 궁극적 지식, 그러니까 '이데아에 대한 지식'-에피스테메를 확신하고 스스로 죽음을 자청한 소크라테스가 '학자비극'의 원형이다. 소크라테스는 에피스테메에 의해 천상으로 구제될 수 있다고 생각했다. 신학, 의학, 법학, 천문학 등 모든 학문에 통달했지만 파우스트가 '이 세계의 가장 안쪽을 붙든 것이 무엇인지' 알기 위해 그의 영혼을 담보 잡힌 점에서—스스로 죽음을 자청한 점에서—『파우스트』 1부가 넓은 의미에서 학자비극이지만, 파우스트의 구원이 자신에 의한 구원이 아닌, 천상의 목소리에 의한 구원을 포함하는 점에서 '파우스트'와 '소크라테스' 두 괴물의 차이가 있다.

소크라테스가 '자기 자신에 의한 구원'으로서, 에피스테메에 의한 구원을 보여주었고, 파우스트가 에피스테메에 의한 구원의 불가능성을 인식하고, '그 이상(以上)의 것'을 타진했다. 어찌 에피스테메에 의한 구원만이 있겠는가. 에피스테메에 의한 구원이 있다면 아이스테시스에 의한 구원 가능하지 않겠는가. 니체가 『비극의 탄생』 전편에 걸쳐 '형이상학적 위로의 예술로서 비극'을 말한 것이 그것이다. '현존이 미적 가상에 의해서만 정당화된다'가 말하는 것이 그것이다. [예술에 의한 구원 또한 가능하다] ; **소크라테스와 니체의 차이가 구원의 관점에서 볼 때, 에피스테메에 의한 구원과 예술에 의한 구원의 차이이다.**

7 보편자 철학, 즉 모든 것을 개념화시켜 자기 휘하에 두려는 플라톤주의 이래의 동일자 철학을 비판하고 있다.

어지는 것에서 오래된 권력의지가 드러난다.(143)[8]

인용문 끝 문장 "민중에 의해 선과 악으로 믿어지는 것에서 오래된 권력의지가 드러난다"를 주목할 때, 특히 '오래된'에 주목하는 것으로서, '권력의지'가 소크라테스주의의 진리에의 의지와 플라톤에 의한 진리에의 의지, 즉『국가』에서 선분의 비유를 통해 잘 피력된 에피스테메에의 의지와 상호수평적 유비인 것은 분명하다. [권력의지와 '선/악에의 의지', 즉 '에피스테메에의 의지'가 상호유비이다] 니체에서 진리에의 의지는 죽음에의 의지에 의해 삶에의 의지가 강화되는 것으로서, 분명 '전도된 소크라테스주의'-'전도된 플라톤주의'를 말한다. 플라톤주의[소크라테스주의]의 '진리에의 의지'에서 삶에의 의지의 강화를 말할 수 없다.[9] 지상의 개

---

8 소크라테스주의—플라톤주의의 가치평가, 즉 개념화로서의 가치평가와 니체적 의미에서의, 니체주의 차원에서의 가치평가가 서로 다른 것은—"생성"의 차원은 마찬가지이나—이른바 '세계'의 가치 절하와 세계의 가치 절상의 차이이다. 민중적 차원에서는 '개체로서 힘'의 저하와 '개체로서 힘'의 증대의 차이이다.

9 플라톤의 '선분의 비유'(『국가』)에 의할 때, 진리는 에피스테메로서, 이데아에 관한 지식이다. 이데아는 個物(개물)에 분유methexis로서, 혹은 기억anamnēsis으로서 정태적으로 존재한다. 혹은 엔트로피 증가 쪽으로 나아간다. 이데아에 대한 열망이 고전 형이상학의 관점에서 볼 때 '전도된 니체주의'인 것은 그것이 '삶에의 의지로서 힘에의 증대'가 아닌, 힘의 감퇴로 작용하기 때문이다. 이른바 영혼의 세계에 입성하기 위한 정화된 삶에의 요구를 힘의 증대가 아닌 힘의 감퇴를 요구하는 것으로 평가하는 것이다. 쇼펜하우어에 의한 진리에의 의지로서 '현존에의 의지' 또한 부정된다. 쇼펜하우어에게 현존의지 수단이 궁극적으로 금욕 및 체념이 되었기 때문이다. "진리를 겨냥해서 현존[삶]에의 의지 Willen zim Dasein를 쓴 자는 물론 진리를 맞추지 못했다. 이런 의지는—존재하지 않는다!……그럴 것이 존재하지 않은 것은 욕구할 수 없기 때문이다. [금욕-체념이 무엇을 욕구할 수 있겠는가] 현존 속에 있는 것이 그리고 어찌 현존을 욕구하리라 보는가!……오로지 삶이 있는 곳에 의지가 있는 법이다. 삶에의 의지 Wille zum Leben가 아니라—내가 그대들에게 가르친다—권력에의 의지 Wille zur Macht이다!"(니체, Ⅵ-1, 144-145) 권력의지를 삶에의 의지를 강화시키는 자발적 몰락 의지가 가장 많이 포함한다. [자발적 몰락 의지가 권력의지의 제왕적 표상이다]

물들은 영혼의 세계(플라톤이 소크라테스의 입을 빌려 특히 강조하는 말)와 이데아 세계(플라톤)의 그림자일 뿐이다.[10] 지상의 개물은 영혼 세계와 이데아 세계에 입성하기를 애써야 한다. 지상에서의 삶은 에피스테메 세계에 입성하기 위한 조건적 삶이어야 한다. 이른바 식욕-정욕-소유욕 등에서 벗어난 성자적 삶을 살아야 한다.[11] 니체가 새로운 권력의지를 말한다. 죽음에의 의지에 의해 삶에의 의지를 강화시키는 권력의지를 말한다(니체가 자신의 철학을 '전도된 플라톤주의'로 부르는 까닭이다). 神부정-영혼부정-내세부정에 의한 '인간의 영원한 죽음'의 필연적 수순으로서 자발적 몰락 의지를 말한다. 영혼 세계-이데아 세계에 입성하기 위한 자발적 몰락 의지가 아닌, 오로지 삶에의 의지를 강화시키기 위한 '그' 자발적 몰락 의지이다. 자발적 몰락 의지가 권력의지[힘에의 의지]의 알파요 오메가이다. 권력의지가 구체적으로 드러나는 곳이 다시 말하지만 「자기 초극에 관하여」 章

---

10 그림자가 그림자의 본체를 덮어쓰는 장면이, 혹은 그림자가 본체 중의 본체로서 태양을 덮어쓰는 장면이 2부 「숭고한 자들에 관하여」 章에 나온다. 그림자와 '이데아로서 태양'의 자리바꿈이므로 가시적 '전도된 플라톤주의'의 성취이다. "그[숭고한 者]가 자기 자신에서 등을 돌릴 때 그가 자기의 그림자를 뛰어넘고 —말하건대, '그의' 태양 속으로 들어가리라."(147)

11 성자적 삶은 "이성을 따르고 참된 것과 神적인 것을 관조하는 철학자 영혼"(『파이돈』 84a)에 의한 삶을 말한다. 『향연』의 디오티마를 상기시키는 것으로서, "아름다움 자체에 의해서 아름다운 일들이 아름답게 되는 것"(『파이돈』 100e)에 관해서이다. 플라톤은 『국가』 3권에서 『오디세이아』의 "우리들 가엾은 인간 종자에게는/ 어떠한 죽음도 고약하지만/ 굶어 죽는 것이 제일로 처참한 법"이라는 오디세우스의 부하 에우리코스의 말을 인용하면서 소크라테스의 입을 통해 이런 기술(記述)이 "젊은 사람의 극기심을 키우는데 도움이 된다고 생각하는가?"(390b)라고 묻는다. 극기심(克己心)의 '克己'가 식욕-정욕-소유욕의 극기로서, "쾌락, 욕심, 불쾌, 두려움에서 가능한 한 벗어나려는 진정한 철학자 영혼"(『파이돈』, 83b)에 의한 삶을 사는 것을 말한다. "생전의 생활을 그것에 어울리는 저승에서의 운명으로 보답받게 하는 삶"(『국가』, 6권, 498e)을 사는 것을 말한다. 육체와 영혼의 완전한 분리를 목표로 하는 삶으로서 이른바 '죽음 연습으로서 삶'이다. 극기가 말하는 것은 사실 『차라투스트라』에서 니체가 是認(시인)해야 할 세 가지 악덕 중 하나로 든 '자기욕'과 대립된다 이래저래 니체 철학이 '전도된 플라톤주의'이다.

이다.

> 보라, 삶은 말했다. '항상 스스로 극복되어야만 하는 것' 이 바로 삶이다.……물론 그대들은 이것을 생식에의 의지, 혹은 보다 고귀한 것, 보다 멀리 있는 것, 보다 다층적인 것에 대한 목적 충동으로 부른다: 이 모든 것은 그러나 한 가지이고 하나의 비밀이다.……**나는 '한 가지 일을' 단념하기보다 차라리 몰락하겠다**; 정말 몰락이 일어나고 잎들이 떨어질 때, 삶이 자신을 희생한다—권력을 위해! […] 살아 있는 자에게 많은 것이 삶 자체보다 더 높이 평가된다. 이러한 평가를 통해 그러나 말해지는 것은—권력에의 의지이다! […] 진정 내가 그대들에게 말한다. 무상하지 않은 선과 악—그따위는 존재하지 않는다! 선과 악은 스스로에 준거해서 자신을 계속해서 극복해내야 한다.……그대들이 선과 악에 관한 평가와 말을 통해 폭력을 행사한다, 그대들, 평가하는 자들이여; 이것이 그리고 그대들의 감춰놓은 사랑이며 그리고 그대들 영혼의 광채-영혼의 떨림-영혼의 범람이다.……보다 강한 폭력이 그대들의 가치로부터 자라나온다. 하나의 새로운 극복인 이것에서 알과 알 껍질이 부서져 나간다.……선과 악에서 창조자가 되어야 하는 자는: 진정으로 말하건대 우선 파괴자가 되어 제(諸)가치들을 부숴야 한다.(144-145)

"한 가지이고 하나의 비밀"로서 "항상 스스로 극복되어야만 하는 것"인 "삶"을 말한다. 문제는 '스스로 극복되어야만 하는 것으로서 삶'이 아니다. "나는 한 가지 일을 단념하기보다 차라리 몰락하겠다"가 말하는 것은 '자유 아니면 죽음을!'의 그런 의미의 통사구조가 아니다. '스스로 극복돼야 할 것'과 '단념'이 말하는 것은 많이 다르다. '나는 차라리 몰락의 길을 가겠다'에 방점을 찍어야 한다. '나는 차라리 몰락하겠다'에 비장감이 묻어난다. 사실 '나는 차라리 몰락의 길을 가겠다'가 '스스로 극복해야 하는 것으로서 삶'이 말하는 일등내용이다. 이어서 "삶이 자신을 희생한다—권력을 위해!"라고 말하고 있지 않은가? '나는 차라리 몰락하겠다'에,

즉 '스스로 극복돼야 할 것 그 자체' 안에 많은 말들이 포함된다. 단념, 나아가 체념에 빠지는 것은 쇼펜하우어의 단념-체념과 비동질적 유비로서[12] 약(弱)의 염세주의-弱의 니힐리즘의 절정이다. 니체는 강(强)의 염세주의-强의 니힐리즘의 행장을 꾸린다. '나는 차라리 몰락의 길을 가겠다'에서 바로 『차라투스트라』 전체의 라이트모티브 '나는 기꺼이 몰락한다'[나는 기꺼이 몰락해주리라 Ich gehe gern unter]의 선율이 울려퍼진다.

(4) '몰락에의 의지로서 권력의지' - 힘에의 의지

위 인용문 앞부분이 궁극적으로 말하는 바가 '자신을 희생하는 의지'로서 가장 큰 권력의지에 관한 것이다. 나머지 것이 자동 그의 수중에 떨어진다. 삶의 모든 것이 그의 수중에 놓인다. 인용 중간 부분에서 니체에 의한 "평가"와 말이 말하는 바가 그들, 소크라테스와 플라톤에 의한 평가와 말이 말하는 바와 전혀 다르다. 니체의 평가와 말은 선과 악을 넘어서 있다. '선/악의 저편'이 존재하지 않는다. 선/악은 스스로 극복돼야 한다. 그동안 선과 악에 대한 평가가 마치 "감춰놓은 사랑"인 양 "폭력"을 행사해왔다. "영혼의 광채-영혼의 떨림-영혼의 범람"을 초래하게 했다. 물론 기독교 형이상학—보편자철학에 의해서이다. "무상하지 않은 선과 악—그따위는 존재하지 않는다! 선과 악은 스스로에 준거해서 자신을 계속해서 극복해내야 한다"가 말하는 뜻이다. 니체가 요구하는 것은 "보다 강한 폭력"으로서, "하나의 새로운 극복"으로서 "선과 악에서 창조자", 즉 선악의 저편을 넘어서 선악의 파괴자가 되는 일이다. "제(諸)가치들"의 "파괴자"가 되어야 한다. 파괴 중의 파괴가 자기 자신을 파괴하려는 의지이다.

니체만의 최종적 관점주의-평가주의가 겨냥하는 곳은 그러나 '몰락에

---

12 쇼펜하우어에게 단념-체념은 '상극Entzweiung에의 의지'의 단념-체념이다.

의 의지'의 그 '의지'마저 초극할 수 있는 상황이다. 다음과 같이 말하는 까닭이다. 1부 앞부분 「세 가지 변화에 관하여」의 주요 모티브가 「자기 초극에 관하여」에서 이어지는 章 「숭고한 자들에 관하여」에서 다시 등장한다. "영웅적 의지"가 사자를 표상한다.

> 그[숭고한 자]는 그의 영웅적 의지 또한 망각해야 한다 […] 그는 괴수를 이겨내고 수수께끼를 풀었다: 그는 그의 괴수와 수수께끼도 구제해야 하고, 그리고 괴수와 수수께끼를 하늘나라의 어린이로 변화시켜야 한다 […] 약간의 과함, 약간의 부족: 이것은 여기서 많음이며, 이것은 여기서 최다이다.……근육을 이완시키고 의지의 마구(馬具)를 풀고 서 있는 것: 이것이 그대들 모두에게 가장 어려운 일이다 […] 권력이 자비를 갖고 보이게끔 하강할 때 나는 그런 하강을 아름다움으로 호명한다.(147-148)

"괴수" 스핑크스의 "수수께끼"를 푸는 것이 '문제'가 아니다. 인류란 무엇인가? 묻는 스핑크스 수수께끼의 문제가 아니다. 인류는 어떻게 해결해야 할 것인가? 묻는 문제이다. 어린이는 망각의 존재로서 되새김질하지 않는 존재이다. '되새김질하지 않는 존재로서 어린이'가 될 때 인류의 문제는 해결될 것인가? 니체는 묻는다. '어린이가 되지 않고서는 천국에 들어갈 자 없으리라', 그 멜로디가 울려 퍼진다. 어린이에 관한 한 니체와 예수는 같은 곳을 향한다(졸고 「니체의 관점주의—유명론(唯名論)으로부터 탈주?」, 『예술가』, 2014, 봄, 218-221). 천국은 진리의 열쇠를 가진 니체 고유의 '진리의 방' 같은 곳이다. 니체에게 진리를 말할 수 있는 것은 인용 중간 부분에 의해서이다. "많음"이 말하는 것이 이념이고 진리이다. [많음 Vielheit이 이념을 나타내고 진리를 드러낸다] 하물며 많음이 그럴 때 "최다"가 말하는 것이 이념과 진리가 아닐 리 없다. "근육을 이완시키고 의지의 마구"를 풀어내는 것을 말할 때, 이것이 플라톤적 의미에서 '최고의 선으로서 아름다움'의 상태이고, 노자가 말하는 '상선약수의 상태로서 아름다움'의 상태이다. 권력의지가 최종적으로 도달하는 지점이, 즉 자발적 몰락 의지를 넘어 최종적으로 도달하는 지점이 '어린이로서 망각'이고, '무의지의 의지'이다. 혹은 무의지의 의지를 자발적 몰락 의지가 이미 포함하고 있는 것으로 말해야 한다. 자발적 몰락 의지가 『차라투스트라』 전편을 견인하는 것으로서, 무의지의 의지 또한 거기에 포함되는 것으로 보는 것이다.

> 이것이 말하자면 영혼의 비밀이다: 영웅이 영혼을 버렸을 때 비로소 꿈속에서 영혼에 다가가는 것이다,—초영웅이.(148)

영혼을 버리는 일이 진리에의 의지를 버리는 일이다. 영혼이념은 초감각세계로서, 그동안 神이념과 함께 진리 중의 진리로 간주돼왔다.[13] '진리에의 의지'를 버릴 때 진정 "초영웅", 진정한 권력의지의 화신, 위버멘쉬가 탄생한다. 초인간-위버멘쉬는 사후영혼의 기약이 없어도, 그리고 神의 부재 상황에서도 '그것'을 견딜 수 있는 자이다. 인간의 영원한 죽음을 견딜 수 있는 자이다.

13 **니체에서 神과 영혼의 관계가 주목될 때 그것은 신과 영혼을 버리는 시기(時期)에 관해서이다. 神과 사후 영혼은 상호 유비적이다. 니체는 신에게 먼저 사망 선고를 내린(『즐거운 학문』) 다음에 영혼에게 사망 선고를 내렸다(『차라투스트라』-『선악을 넘어』). 영혼의 부재를 먼저 말하고, 神의 죽음을 말하는 '쉬운 길'을 택하지 않았다**(졸고 「신의 죽음을 보증하는 방식—'전도된 니체주의'」, 『시와 표현』 2014 여름).

3)『비극의 탄생』: 영원회귀 사상의 등장

(1) 영원회귀 사상 ①

> 디오니소스적 예술에서, 그 비극적 상징에서, 동일한 자연이 꾸밈없는 진정한 목소리로 우리에게 말을 건다. "나처럼 되어라! 현상의 끊임없는 변화 속에서 영원히 창조적이고 영원히 삶Dasein을 강요하는, 이 현상의 변화에 영원히 만족하는 근원적 어머니인 나처럼!"(Ⅲ-1, 16장, 104)

'영원회귀'를 떠올리게 한다. "이 현상의 변화에 영원히 만족하는 근원적 어머니인 나"를 말하고 "나처럼 되어라!"라고 말할 때 여기서 '나'는 영원회귀에 관해서이고, 그러므로 '영원히 만족하는 근원적 어머니ewig befriedigende Urmutter'는 니체의 핵심 사상인 영원회귀에 관해서이다. 생-로-병-사라는 '동일한 과정의 영원한 회귀'에 대한 끊임없는, 변함없는 긍정이 영원회귀의 핵심이라고 할 때 '현상의 변화에 영원히 만족하는 근원적 어머니'를 영원회귀로 못 말할 까닭이 없다.『비극의 탄생』은 니체 철학의 저수지이다; **'현상의 변화Erscheinungswechsel'는 영원의 관점에서 볼 때, 동일한 것의 영원한 변화[회귀]이다.**

인용문은 물론 디오니소스적인 것과 아폴론적인 것에 관해서이다. 특히 "디오니소스적dionysisch"인 것에 관해서이다. 디오니소스는 삶의 비밀을 들여다보고 그것을 근원적 고통과 근원적 모순으로 말하는 자이다. 디오니소스적 잔잔한/광포한 음악 예술을 들은[느낀] 자는 '그것'을 들여다본 자와 같다. 그것을 '느낀 자'는 '그것'[삶의 비밀=근원적 고통과 근원적 모순]을 무한히 시인(是認)한다. 진리를 들여다본 자만이 가지는, 그리고 그것을 시인하는 자만이 가지는! 무한한 기쁨을 말할 때, 이것은 영원회귀를 '달성한 자'의 기쁨과 같다.

동일한 '잔혹한' 삶이 영원히 되풀이되더라도 '그것을 똑같이 살아주리라' 할 때, 이것은 현재에 대한 무한한 긍정을 무한히 포함한다. **현재의 고통을 영원히 똑같이 살아주겠다는 것은 현재의 고통에 대한 무한한 긍정이다.** 디오니소스 긍정이 차라투스트라 긍정이다. 디오니소스 효과가 차라투스트라 효과이다.

2) 원주의 비유—영원회귀 사상 ②

니체가 소크라테스로 표상되는 '학문의 낙관주의'를 강경하게 비판했다. 학문이 진리탐구 과정이지 '진리 그 자체'가 될 수 없다. 학자가 원의 중심에서 무수히 많은 반지름 중 하나를 따라 "원주Peripherie des Kreises"에 도착하지만 그가 도착한 원주는 반지름의 수만큼 많은 점들 중의 하나일 뿐이다. 학자가 원주 위를 한 바퀴 돌아보지만 다시 제자리에 돌아온다. 그도 알고 있다. 이른바 니체에 의한 원주의 비유에 의한 학문의 한계에 대한 통찰이었다: 니체는 학문이 "한계"(97)에 봉착했을 때 학문이 만나는 것이 예술이라는 점을 말하려고 했다.

'니체'의 원주의 비유에서 '동일한 것의 영원한 회귀'를, 즉 『차라투스트라』에서 전경화(全景化)된 영원회귀의 '그림자'가 어른거린다. 사실 원주의 비유에서 영원회귀의 선취를 자극한 것이 니체 '본인'이다. 1889년 『이 사람을 보라』 '비극의 탄생' 편에서 니체는 학문[소크라테스주의]의 한계를 표상하는, 『비극의 탄생』에서의 '원주의 비유'를 떠올리게 하는 말을 했고, 또한 이를 영원회귀와 관련시켰다. 『이 사람을 보라』에서의 니체의 말은 다음과 같다.

'영원한 회귀'의 이론은 모든 사물이 예외없이 무한히 반복하며 원(圓)

순환하는 것을 일컫는다. 차라투스트라의 이 이론은 이미 역시 헤라클레이토스에 의해 설파된 것이리라.(VI-3, 311)

"모든 사물이 예외없이 무한히 반복하며 원(圓)순환Kreislauf하는 것"을 『비극의 탄생』의 원주의 비유를 가리킨 것으로 보는 것이고(강조하면 니체의 이 말은 말년의 자서전 격인 『이 사람을 보라』의 『비극의 탄생』 편에서 한 말이다), 그리고 이것을 인용문에서처럼 니체가 그의 "'영원한 회귀'의 이론 Die Lehre von der 'ewigen Wiederkunft'" 사상과 연관시킨 것으로 보는 것이다. '영원한 회귀의 이론'이 영원회귀 사상이다.

사실 이것은 니체의 무리수인 것으로 보인다. 원주의 비유와 영원회귀는 무관한 것처럼 보이기 때문이다. 원주의 비유에는 학문의 한계가 암시하는 것으로서 '좌절감'이 있고, 영원회귀 사상에는 니체 고유의 존재론이 지시하는 것으로서 현재에 대한 무한한 긍정, 의지의 형이상학, 특히 '용기'의 형이상학, 그러므로 기쁨의 형이상학이 있다.

이렇게만으로 볼 수 없게 하는 단초가 있다. 원주의 비유가 나오는 『비극의 탄생』 15장에 원주의 비유를 영원회귀와 관련시킬 만한 단초가 있다.

그[고귀하고 재능있는 학자]가 여기에서, 즉 논리학이 한계점에 도달해 논리의 원을 돌며 마침내 논리의 꼬리를 무는 것에 놀라서 몸서리칠 때, (그때) 새로운 형식의 인식, '비극적 인식'이 터져 나온다 […](III-1, 97)

["비극적 인식"이 "새로운 형식의 인식"인 것은 그전에 학자 학문("논리학"이라는 학문)을 지배하는 인식은 "낙천주의적 인식"(98)이었기 때문이다] '비극적 인식'이 영원회귀 사상의 토대이다. 동일한 것의 영원한 회귀, 즉

봄–여름–가을–겨울, 생–로–병–사의 영원한 회귀는 영원회귀 사상의 비극적 단초이기도 하면서, 영원회귀 사상을 또한 기쁨(혹은 의지)의 형이상학으로 전환시키는 단초이기도 하다. 기쁨(혹은 의지)의 형이상학, 이것은 '동일한 것이 영원히 반복되어도 동일하게 살아주리라' 하고 말하게 하기 때문이다. '생–로–병–사의 그 비극성이 영원히 반복되어도 똑같이 살아주리라'는, 죽음에 대한 긍정을 포함하고, 무엇보다 '생'에 대한 무한한 긍정을 포함한다. 현재에 대한 무한하고 전면적인 긍정을 포함한다. 생에 대한 긍정이고, 로(老)에 대한 긍정이고 병(病)에 대한 긍정이고 사(死)에 대한 긍정이다.

『비극의 탄생』 15장에서는 그러나 '비극적 인식'의 대항마로 영원회귀 사상이 아닌 "예술"을 (비극적 세계 인식의) "피난처와 치료제"(97)로 말한다. '비극' 예술을 비극적 세계 인식의 피난처와 치료제로 말할 때 그러나 이것은 '영원회귀'의 뜻과 멀리 떨어져 있지 않다. 비극예술이야말로 고통[비극]을 정당화하는 '철학'이기 때문이다. 고통을 진리로서, 진리로써, 정당화시키는 철학 자체이기 때문이다. 영원회귀 사상은 고통을 정당화시키는 극단적 사상이다.

신들이 잔혹성과 변덕성의 삶을 진리로서 살면서 인간이 잔혹성과 변덕성의 삶을 진리로서, 진리로써 정당화시킨다. 올림포스 신화를 내용으로 하는 아폴론–디오니소스 비극의 격률이다. 최고의 정당화의 철학이 이미 『비극의 탄생』에서 시작되었다. 초인간 사상이라는 정당화의 철학이, 그리고 초인간 사상의 극단인 영원회귀 사상이라는 정당화의 철학이 그 뒤에 나왔다.

학문이 한계에서 예술을 만난다. 예술이 도약을 특징으로 한다—예술이 한계를 모른다. 예술이 무한성–영원성을 특징으로 한다. 학문이 실존적 난경들을 해결하지 못한다. '인식의 비극성으로서 비극적 세계 인식'을 해결하지 못한다. 예술이 비극적 세계인식의 '피난처와 치료제'의 역할을 할 수 있다. 비극적 세계인식의 내용이 '생-로-병-사의 잔혹성'이다. 세계는 잔혹한 세계상을 표상한다. 중요한 것은 "비극적 인식"(97), 고통이 그 내용인 '비극적 세계인식'이라는 말이다. 비극적 세계 인식이 니체 철학의 단초-토대이다.

학문이 그 "원주의 한계점"(97)에서 예술을 필요로 한다. 이 세계의 현존이 소크라테스주의로 표상되는 학문으로 是認(시인)되는 것이 아니라, 이 세계의 현존이 미적 현상으로 是認된다. 니체의 가상(假像, 현상, Erscheinung, Schein) 예술론은 형이상학적이다. 니체 형이상학이 『비극의 탄생』에서 거의 모든 모습을 드러낸다. 니체 예술론은 잔혹한 실존으로부터의 형이상학적 구제(救濟)이다. 『비극의 탄생』에서 이것은 아폴론적인 것과 디오니소스적인 것에 의해 수행되었다. **이후, 니체 철학에서 전개되는 본질철학의 와해 및 주체 철학의 해체, 기독교 형이상학 비판, 대지 철학, 자발적 몰락에의 의지, 초인간, 영원회귀, 권력의지 등은 니체에 의한 '비극적 세계 인식'의 결과로서 서로 다르게 나타난, 소위 관점주의의 표상(表象)들이다.**

4) 보유: 영원회귀 사상('이것이 인생이었더냐! 좋다! 한 번 더!')

영원회귀 사상을 핵심을 찌르는 어조로 표현한 곳이, 마치 하나의 격률Diktum로 표현한 곳이 『차라투스트라』 3부 둘째 장 「환영과 수수께끼에 관하여」 1절 끝부분에서이다. 주지하다시피 죽음이 거기에 포함된 삶에 대한 전면적 긍정의 자세가 초인간의 자세이므로 '초인간'의 자세는 일평생(一平生)에 해당하는 자세일 수밖에 없으나, '영원회귀'는 초인간의 一

平生에 해당하는 자세를 바탕으로 해서 (간단히 초인간 사상을 바탕으로 해서) 그 같은 인생이 영원히 되풀이되는 것에 대한 자세에 관해서이다.

권력의지를 기준으로 할 때, 초인간 사상보다 영원회귀 사상이 더 강력한 권력의지[힘에의 의지=Wille zur Macht]를 발언한다. 초인간 사상보다, 곧 죽음에 대범한 자세인 '자발적 몰락 의지의 사상'인 초인간 사상보다 영원회귀 사상이 더 강력한 관점주의로서의 권력의지이다. 힘의 증대를 기준으로 할 때, 초인간 사상보다 영원회귀 사상이 더 강력한 '힘의 증대'를 발언한다. 초인간 사상의 적분이 영원회귀 사상이다. 영원회귀 사상의 미분이 초인간 사상이다. 초인간 사상이 '一平生'의 자세로서 유한한 자세를 말할 때, 영겁회귀 사상은 '무한한 것에 대한 자세'를 말한다.

영원회귀 사상의 열쇠어 중의 열쇠어가 영원이다. 영원회귀 사상은 죽음이 거기에 포함된 '대지에 대한 전면적 긍정의 자세'가 一平生을 대상으로 하는 것이 아닌, '영원'을 대상으로 하는 것에 관해서이다. 동일한 것이 영원히 그리고 영원히 되풀이되어도 똑같이 그대로 살아주겠다는 자세가 영원과 관계하는 자세가 아닐 리 없다.

구제 형이상학을 기준으로 할 때 영원회귀 사상과 초인간 사상에서 '질적 차이'를 말할 수 있다. 초인간 사상에 대한 영원회귀 사상의 질적 우위를 말할 수 있다. 영원회귀 사상과 초인간 사상은 둘 다 용기의 형이상학이다. 같은 용기의 형이상학이나 용기의 양을 놓고 볼 때 영원회귀 사상이 앞에 가고 초인간 사상이 그 뒤를 따르는 것은 분명하다. 다음이 영원회귀에 관한 것으로서 니체-차라투스트라의 유명한 토설이다. 『차라투스트라』 3부 「환영과 수수께끼에 관하여」 1절 끝부분이다.

> 용기는 그러나 최고의 살해자이다. **공격하는 용기는 죽음조차 때려죽인다.** 그럴 것이 그는 말하기 때문이다. **"이것이 인생이었더냐! 좋다! 한 번 더!"** [강조는 필자]

죽음조차 살해하는 용기에 관해 말하고 있다. '죽음조차 살해하는 용기'는 강조하면, 죽음을 덧없게 하는 것에 관해서이다. 삶을 무상하게 하는 것이 아닌, 죽음을 무상하게 하는 것에 관해서이다. 정확히 구제 형이상학이다! 용기의 형이상학이다! 초인간 사상과 영원회귀 사상이 용기의 형이상학인 점이 계속 강조되어야 한다. 용기를 요청하는 용기의 형이상학인 점에서 니체 형이상학은 요청의 형이상학에 합류한다. '요청의 형이상학'이라고 해도 이것은 칸트의 도덕 형이상학으로서 요청의 형이상학과 다르고, 기독교의 내세 형이상학으로서 요청의 형이상학과 다르고, 플라톤의 이데아 형이상학으로서 요청의 형이상학과 다르다. 니체 형이상학은 최고존재자를 전제로 하지 않는 요청의 형이상학이기 때문이다.

니체에서 형이상학을 말할 때 그것은 새로운 형이상학에 관해서이다. 니체에서 신 없는 세계의 형이상학, 그러니까 '진정한 존재론의 개시로서 니체 형이상학'을 강조한다. 신 없는 세계의 형이상학을 니체 철학의 주류로 말할 때 니체 철학은 아주 명료해진다. 니체 철학은 신 없는 것을 가장 큰 조건으로 두고, 그 조건하에서 인생을 살 만하고 견딜 만한 것으로 만드는 것에 관해서이다.

인용문에서 무엇보다 주목되는 것이 끝 부분이다. 영원회귀에 대한 정확한 해설을 가능하게 한다. '이것이 인생이었더냐! War das das Leben!'는 생-로-병-사의 잔혹성과 관계한다. 여기에는 초인간 사상이 여전히 내포되어 있다. '이것이 인생이었더냐!'에 이어지는 것으로 '좋다! 나는 죽음을 포함한 삶 자체를 전면적으로 긍정하노라'를 기대할 수 있고, 또한 죽음 자체를 무상하게 하는 자세로서 자발적 몰락 의지, 즉 '좋다, 나는 기꺼이 몰락해주리라'의 등장을 기대할 수 있다.

인용문이 통사구조로 볼 때 '좋다! Wohlan!'는 앞의 '이것이 인생이었더냐!'에 걸릴 수 있고, 뒤의 '한 번 더! Noch einmal!'에 걸릴 수 있다. '이것이 인생이었더냐'에 걸리는 경우 초인간 사상에 의한 해석을 가능하게 하고, '한 번 더'에 걸리는 경우 영원회귀 사상에 의한 해석을 가능하게 한다. 이러한 해설은 그러나 통사구조물들을 따로 떼어서 말할 때 가능한 것이다. 통사구조물들을 따로 떼어놓지 않고, '강조된 구절들' 전체를 두고 볼 때 이 문장의 통사구조는 앞의 구절 둘이 맨 뒤의 '한 번 더'에 걸리는 것으로 보아야 한다. 생사에 대한 전면적 긍정이 1회성에 그치는 것이 아니라, 생사에 대한 전면적 긍정이 영원에 걸쳐 반복될 것을 요구한다. 한 번 더!가 영원히 반복되는 셈이다. 생사에 대한 전면적 긍정이 1회성으로 그치지 않고 영원성으로 확대시킨 점, 이것이 영원회귀의 전말이다.

생사에 대한 전면적인 긍정을 영원성으로 확대시킨 것이 영원성을 강조하는 것이라 하더라도, 즉 똑같은 것의 영원한 회귀를 강조하는 것이라 하더라도, '우선' 전제되어야 할 것이, 생사에 대한 전면적인 긍정을 강조하는 것에 관해서이다[초인간 사상이다]. 물론 '영원회귀 사상'은 매번 똑같은 인생이 되풀이되어도 똑같이 살아주겠다는 것으로서, 생사에 대한 전면적 긍정을 넘어 生死(생사)에 대한 전면적인 긍정이 무한히 계속되는 것에 관해서이다. 문제는 용기에 의한 자발적 몰락 의지이고, 문제는 용기에 의한 '기꺼이 죽어주겠다'이다.

양이 질을 압도하는 것을 말할 수 있다. 일회적인 자발적 몰락 의지보다, 그러니까 일회적인 '죽음을 포함한 삶에 대한 전면적 긍정'보다, 죽음을 포함한 삶에 대한 전면적 긍정을 무한수로 끌고 가는 것이, 그 많음으로 해서 진리(혹은 형이상학적 구제)에 육박하게 된다. 죽음을 포함한 삶에 대한 전면적 긍정이 무한수에 육박할 때 그 무한수로 해서, 혹은 '많음 Vielheit'에 육박할 때 그 많음으로 해서, 그것이 말하는 것은 진리이거나 진리에 육박하는 것이 된다.

죽음을 포함한 삶의 전면적 긍정이 1회적인 것으로 해서 진리에 육박하는 것보다, 많음으로 해서 진리에 육박하는 것이 진리에 더 육박하는 것으로 볼 때, 이것은 질에 對한 양의 우위를 말하는 것이 된다. 한 번의 긍정보다 많음으로서의 긍정이 긍정에 더 육박한다. '한 번 더!'가 무한히 반복될 때 이것은 양으로써 '삶의 비극성'(혹은 비극적 세계 인식)을 넘어가는 것에 관해서이다. **단 하나의 비극성은 많음으로서의 비극성에 묻힌다.**

4장
‘일반적’ 디오니소스와 아폴론

(1) 니체가 아폴론적 미적 현상(혹은 개별화의 원리)에 의한 구원을 말하고, 디오니소스적 미적 현상(개별화의 원리의 파열)에 의한 구원을 말하는 것은 분명하다. [인생은 오로지 미적 현상에 의해서만 정당화된다] 그렇더라도 아폴론적 미적 형상과 디오니소스적 미적 현상이 꼭 개별화의 원리와 ‘개별화의 원리의 파열’이라는 사건 ‘순서’를 지시하지 않는다. 개별화의 원리를 기준으로 아폴론과 디오니소스를 말할 때 이것은 아폴론과 디오니소스 각각의 속성 때문이다. 각각의 규범적 개념에 주목해야 한다.

이른바 디오니소스 형이상학으로서, 디오니소스 근원적 존재와의 합일을 말할 때, **디오니소스 근원적 존재와의 합일, 즉 근원적 일자로서 근원적 고통과 근원적 모순을 인식하는 것이 먼저이고, 아폴론적 구원이 다음인 것을 말해야 한다. 이것이 일반적 디오니소스 및 일반적 아폴론 이해이다.** [디오니소스적 구원이 먼저이고, 아폴론적 구원이 그 뒤를 따른다] 디오니소스적 구원은 근원적 고통과 모순이 말하는 바 자연의 잔혹성 잔인성 난폭성에 대해서이다. 디오니소스의 시종장 실레노스가 말하는 바, 즉 ‘태어나지 않는 것이 최선이고(태어났으니 어쩔 수 없고), 바로 죽는 것이 차선책이다’가 함축하는 바 인생의 진혹성 잔인성 난폭성에 대(對)해서이다.

(2) 니체에서 1차적 가상을 말할 때 그것은 "사물의 아버지인 영원한 모순의 반영"에 관해서이다. **"세계의 유일한 존재"로서 "영원한 근원적 고통"에 관해서이다.** 1차적 가상은 그러므로 디오니소스적 가상이다. 니체에서 2차적 가상을 말할 때, 즉 '가상의 가상'을 말할 때 그것은 "환상 같은 새로운 가상 세계", 고통 없는 "관조Anschauen"가 표상인 가상 세계이다. 요컨대 꿈이 "가상의 가상"이다. 아폴론적 가상이다. "가상의 가상인 꿈 Traum als der Schein des Scheins"(35)은 천재적 소박 예술가(이를테면 호메로스)의 소박한 예술작품과 유비이다. **소박한 천재 예술가는 "진정으로 존재하는 자로서, 근원적 일자das Ur-Eine로서, 영원히 고뇌하고, 모순에 가득 찬 존재이면서 동시에 자신의 지속적 구원을 위해 매혹적인 환상이나 즐거운 가상을 필요로 한다."**(Ⅲ-1, 4장, 34)

(3) 1차적 가상을, 가상으로서의 경험적 실재로 말하고, 2차적 가상을, 그러니까 가상의 가상을, 꿈 예술, 아폴론적 꿈 예술로 말할 수 있다. **니체는 경험적 실재 empirische Realität를 영원히 고통받는 근원적 일자의, 그리고 모순에 가득한 근원적 일자의 표상으로 볼 것을 제안한다.**

가상으로서의 경험적 실재가 근원적 고통과 근원적 모순에 시달리는 근원적 일자의 '표상'이 될 때, 고통과 모순에 의한 것으로서, 구원에 대한 요청이 발생한다.—근원적 일자는 '매혹적 환영과 유쾌한 가상'을 필요로 한다. 니체는 경험적 실재를(혹은 근원적 일자의 표상을) '진정으로 존재하지 않는 것 das Wharhaft-Nichtseiende'이라고 명확히 했다.("가상을 […] 진정으로 존재하는 않는 것으로, 즉 시간, 공간, 인과성 속에서 지속적으로 생성되는 것으로, 다른 말로 하면, 경험적 실재로 느끼지 않을 수 없다." 4장, 35); 경험적 실재, 그러니까 영원한 고통과 모순이 내용인 '근원적 일자의 예술적 표상'이 바로 디오니소스적 가상이다. 디오니소스적 가상이 1차적 가상이다.

니체는 지속적 구원을 위해, 정확히 말하면 고통과 모순이 요청하는 것으로서, 가상의 가상인, 가상의 가상이므로 보다 고차원적 충족인 꿈, 꿈을 말한다. 매혹적 가상과 유쾌한 가상인 꿈, 그러므로 아폴론적 꿈 예술로서의 꿈을 말한다. 아폴론적 꿈 예술을 '가상의 가상'으로 볼 것을 제안한다. 아폴론적 가상이 2차적 가상인 셈이다; 비극적 '실체'[비극적 실체이면서 비극적 가상]인 경험적 실재를 가상의 가상으로 넘어가자는 것이다.[1] 경험적 실재('경험적 실재'는 칸트 용어이다)를 가상으로 시인(是認)[정당화]시키는 것이다.

1차적 가상은 시간-공간-인과성이란 선험적 제한조건에 구속된 '경험적 실재'이고, 2차적 가상은 매혹적 환영과 유쾌한 가상이 표상인 꿈, 아폴론적 꿈 예술로서의 꿈이다. 1차적 가상이 가상으로서 경험적 실재이고, '예술가-형이상학'으로 말하면, 가상으로서 디오니소스적 도취 예술이고(거기에 불협화음이 포함된다), 2차적 가상이 가상의 가상으로서, 역시 예술가-형이상학으로 말하면, 아폴론적 꿈 예술이다. '현존은 오로지 미적 현상[디오니소스적 도취 예술과 아폴론적 꿈 예술]으로만 정당화된다.'

(4) 강조하면, 1차적 가상과 '1차적 가상'의 가상을 각각 디오니소스적 가상과 아폴론적 가상으로 말한다. 니체는 유명한 라파엘의 회화 ⟨(그리스도의) 변용⟩을 예로 들며 1차적 가상을 설명하고, '1차적 가상의 가상'인 2차적 가상을 설명한다.(『비극의 탄생』, 35 참조); 1차적 가상은 근원적 고통-모순의 반영인 디오니소스적 가상에 관해서이고, 1차적 가상의 가상인 2차적 가상은 근원적 고통-모순의 변용(혹은 해소)인 아폴론적 가상에 관해

1 고통과 모순에 시달리는 경험적 실재를 꼭 가상으로만 볼 수 없다. 민족은 허구이지만, 민족 간의 전쟁에서 피 흘리는 병사의 고통은 실체인 것과 같다. 회사는 허구이지만 회사에 의해 해고된 직원의 고통은 허구가 아닌 것과 같다.

라파엘의 《(그리스도의) 변용》

서이다. 아폴론적 꿈(예술)에 관해서이다.

가상의 가상은 디오니소스적 가상의 아폴론적 가상이다. 디오니소스적 가상은 실체-실상(實相)으로서의 가상에 관해서이고(디오니소스 합창단이 인생의 적나라한 실체-실상과 관계하지만, '합창단 성벽'이 말하는 바, '디오니소스'가 미적 가상인 것이 계속 강조되어야 한다), 아폴론적 가상은 '실체-實相으로서의 가상'의 '아름다운' 변용Verklärung이다. 니체는 『비극의 탄생』 4장에서 양대 가상의 필연적 관계에 관해 말한다.

아폴론적 아름다운 세계와 디오니소스적 "실레노스의 가공할 만한 지혜"의 "필연적 상호관계"를 직관적으로 파악할 것을 요구한다(35 참조). [1

차적 가상은 디오니소스적 도취 예술이고—무대 전면의 합창단이 주역이고, 2차적 가상은 디오니소스적 도취 예술의 가상으로서, 아폴론적 꿈 예술이고—무대 후면의 무대 배우가 주역이다] '현존은 오로지 미적 현상[디오니소스적 도취 예술과 아폴론적 꿈 예술]으로만 정당화된다.' 간단히, 인생은 예술로만 정당화된다.

(5) '아폴론'을 설명 잘 하는 것으로서, 물론 니체 용어이기도 한, 개별화의 원리가 있다. 특히 개별화 원리의 신격화라는 말이 있다. 개별화 원리의 표상이 아폴론이다. 개별화 원리의 신격화는, 개별화 원리가 '아폴론'을 가장 설명 잘해주는 '신적(神的) 원리'라는 의미를 갖는다. 또한, 이게 더 중요하다. '신격화'이므로—구원의 개별화 원리를 강조한다. "개별화 원리의 신격화 Vergöttlichung des principii individuationis"(35)는 '구원으로서 아폴론'을 강하게 지시한다. 개별화 원리의 신격화는 개별화의 원리에 미학적-철학적 의미를 부여하여 개별화의 원리가 '아폴론 자체', 아폴론의 구원하는 원리라는 것을 강력하게 지시한다.

> 아폴론은 그러나 우리에게 또 다시 개별화 원리의 신격화로서 나타난다. 이러한 개별화 원리에서 오로지 근원적 일자는 목표를 영원히 달성한다. 가상을 통한 자신의 구원이다. 아폴론은 숭고한 몸짓으로 고통의 전체 세계가 얼마나 필요불가결한지 우리에게 보여준다. **고통을 통해 개별자는 구원하는 환영을 산출하도록 내몰린다.** 그리고 이 환영의 관조에 침잠함으로써 바다 한가운데서 표류하는 거룻배 위에 조용히 앉아 있게 되는 것이다.(Ⅲ-1, 35-36) [강조는 필자]

개별화 원리의 신격화는 위 인용문을 참조하면 ① 구원은 "고통"(디오니소스적 고통)이 조건이라고 한 것이다. "근원적 일자"는 디오니소스 근원적 일자이다. ② 그 조건에서 '또 다른 가상'—디오니소스 오케스트라 무대도 '가상'이므로 또 다른 가상—에 의한 구원, 즉 아폴론적 구원이 요청된다고 한 것이다. 가상은 미적-예술적 가상이다. [아폴론적 가상이 아폴론적 미화(美化)를 말하고, 아폴론적 변용(變容)을 말하는 점에서 그리스비극에서 가상은 대부분의 경우 아폴론적 미적 가상을 지시한다] ③ 개별화의 원리 또한 '가상'을 지시한다. (디오니소스) 근원적 일자의 구원은 개별화의 원리에 의한, 즉 (또 다른) "가상을 통한 자신의 구원"이다. 개별화의 원리에 의한 구원이므로 개별화의 원리가 '구원의 개별화의 원리'이므로, 다시 강조하면, 개별화의 원리를 '개별화의 원리의 신격화'로 고쳐 말할 수 있게 된다. 개별화 원리의 신적 지위로의 상승이 개별화 원리의 신격화이다. [구원은 신적 구원이다. 구원을 말할 때 대개 그것은 '신적 반열'에 오른 것에 의한 구원이다] '개별화의 원리'가 (아폴론적) 가상을 발언하고, '개별화 원리의 신격화'가 개별화의 원리에 의한 것으로서 (아폴론적) 구원을 발언한다.

개별화의 원리에 따르면, 존재자 일반은 조건적 존재자로서 가상으로서의(혹은 현상으로서의) 존재자이다. 칸트의 인식론에 의한 것으로서, 선험적 제한조건에 의한 존재자를, 요컨대 공간과 시간이라는 직관형식과 인과성이라는 범주형식에 의한 존재자를 실재 존재자로 말할 수 없다. 조건적 존재자를 진정한 의미의 존재자라고 할 수 없다. 조건적 존재자는 물자체가 아닌, 현상으로서의(혹은 가상으로서의) 존재자이다.

개별화 원리의 구원은 가상(혹은 현상)으로서의 존재자의 구원을 포함한다. 용어 '개별화 원리의 신격화'의 탄생이다. '신격화'는 존재자의 구원에 대해서이다. 어떻게 구원되는가? 개별화 원리(의 신격화)에 의한 구원은 어떻게 현시되는가?

개별화 원리의 구원은, '개별화 원리의 신격화'에 의한 구원은 디오니소스 근원적 일자에 의한 인식으로서 "고통의 세계 전체"가 조건이다. 혹은 현상[가상]으로서의 존재자이면서 고통에 휩싸인 존재자 일반이 조건이다. 개별화 원리(의 신격화)인 아폴론은 고통의 세계가 조건인 존재자 일반을 "자신을 구원하는 환영"에 내몰리게 한다. 고통과 구원은 동전의 앞뒷면이다. 이제 아폴론에 의해, '개별화 원리(의 신격화)'에 의해 존재자는 자신을 구원하는 환상에 침잠, 자신을 구원하는 환상을 관조한다. "바다 한가운데에서 표류하는 거룻배" 위에 '조용히 앉아 있는 존재자'가 된다.[2)]

2 아폴론적 신격화의 내용을 니체는『비극의 탄생』4장 중반에서 소상하게 기술한다. 요약하면 다음과 같다. 물론, '아름다움이라는 미학적 필연성'이 첫 번째이다. '도를 넘지 말라! Nicht zu viel!'가 내용인 '절도Maass'가 두 번째이다. '너 자신을 알라 Erkenne dich selbst'가 내용인 '자기 인식'이 세 번째이다.

5장
들어가며: 정당화의 철학(그리스 비극의 목적)

'올림포스 산'과 그리스비극[아티카비극][1]의 최종목적을 '모토'에 이어 다시 말해본다. 『비극의 탄생』 시절의 니체 철학이 '삶의 정당화의 철학'이라는 것, 그리고 이것이 이후의 '차라투스트라의 철학' 그 긍정의 철학—'대지의 철학'과 다르지 않다는 것, 나아가 그것의 원천이고, 그것을 견인해냈다고 말한다. 『비극의 탄생』이 니체 철학의 저수지이면서, 벌써 니체 철학의 본류라고 말한다. 아래 글들은 인용 중심이다. 편의상 번호를 붙였다. [『비극의 탄생』에 대한 '(작품) 내재적werkimmanent' 차원에서의 고찰의 결과가 '정당화의 철학'이다] 정당화의 철학에는 『비극의 탄생』의 또 하나의 주요 흐름인 소크라테스주의의 화신으로서 '학문'이 포함된다. 학

1 『비극의 탄생』 4장 말미에서 니체는 "'아티카비극' 예술작품 Kunstwerk der attischen Tragödie"을 말한다. '아티카비극'을 아폴론적 예술 충동과 디오니소스적 예술 충동의 공통의 목표로서 "극형식의 디티람보스"라고 정의한다. 온전한 문장은 다음과 같다. "그리고 여기에서 아폴론적 예술 충동과 디오니소스적 예술 충동이라는 두 예술 충동의 공통의 목표로서 '아티카비극'과 극형식의 디티람보스라는 숭고하고, 높이 기려지는 예술작품이 우리 시야에 들어온다. 아티카비극, 즉 극형식의 디티람보스는 두 예술 충동의 오랜 상호 투쟁 끝에 온 (아폴론적 예술 충동과 디오니소스적 예술 충동의) 신비스러운 결혼 동맹의 소산[자식]이다. 안티고네이면서 동시에 카산드라이기도 한 그것은 찬양의 대상이 되었다."(Ⅲ-1, 38)

문 또한 진리에의 의지로서, 인생과 세계를 파악해서 인생과 세계를 정당화하려고 했다.

1) 아킬레우스

> (이렇듯) 신들은 스스로 인간의 삶을 살면서 인간의 삶을 정당화한다 […] 그러한 신들의 밝은 태양 빛 아래에서 현존[삶]은 그 자체 추구할 만한 가치가 있는 것으로 느껴진다 […] 비록 날품팔이로서라도 더 살기를 동경하는 것은 가장 위대한 영웅에게도 위엄을 손상하는 일이 아니다.(Ⅲ-1, 32-33)

"가장 위대한 영웅"은 아킬레우스를 지시한다. 아킬레우스를 대입시켜 말하면, 아킬레우스가 그 증오, 그 분노, 그 잔인성으로 인간의 삶을 살면서 인간의 그 증오와 그 분노와 그 잔인성의 삶을 정당화시킨다. 인간은 신들을 통해 삶을 추구할 만한 가치가 있는 것으로 느낀다. 키워드가 "추구할 만한 가치가 있는 erstrebenswerth" 삶이다: (신들을 통한) 삶의 정당화가 아닐 리 없다. 삶의 전면적 긍정이 아닐 리 없다. 1872년의 그리스비극의 삶의 정당화도 신(들)을 통한 정당화이고, (1883년 이후의) 차라투스트라 철학의 삶에 대한 전면적 긍정도－역설적이나－'신에 의한' 전면적 긍정이다. 정확히 말하면, 신의 사망으로 인간이 '영원한 죽음'에 봉착하게 되면서, (유일한 수순手順인)[2] 자발적 죽음 의지가 거기에 포함된 대지에 대한 전면적 긍정이다. 신의 죽음이 원인(原因)으로서 인간의 자발적 죽음 의지이고, 대지에 대한 전면적 긍정이다. 표어가 '기꺼이 몰락하리라'이다; 다

2 신의 죽음에 의한 것으로 자발적 몰락 의지가 유일한 수가 아니다. 가치의 붕괴로 혼란[무질서, 아노미 증상]이 왔고 향락적 삶도 그중의 하나였다. 후자가 약의 니힐리즘의 범례이고, 전자가 강의 니힐리즘에 관해서이다.

음이 실제『오디세이아』에서의 아킬레우스의 말이다. "죽은 자들의 무리 전부를 지배하느니 가난한 날품팔이로서 입에 풀칠 정도 하며 간신히라도 살아 있는 게 낫다."(『오디세이아』 11권 489-491); '대지에 대한 전면적 긍정이다.' 삶에 대한 열망이다.

2) 다수의 호메로스

> '의지' 의 피조물들이 스스로를 찬양하기 위해서는 자기 자신을 찬양할 만한 가치가 있는 존재로 느껴야만 했다. 그들은 이 관조적 완전한 세계가 명령, 혹은 비난으로 작용하지 않게 하면서 보다 높은 영역에서 서로 재회해야만 했다.(3장, 33-34)

문제는 "명령"에 의한 것이 아닌, 혹은 "비난"과 무관한, "관조 Anschauung"(혹은 직관)에 의한 것이다. "관조적 완전한 세계"로서, "'의지'의 피조물들"인 인간이 스스로를 "찬양할 만한 가치가 있는 verherrlichenswerth" 것으로 느끼는 것이다. '관조[직관]적 완전한 세계'가 올림포스 신(神)들의 영역을 지시한 것이다. 키워드는 찬양할 만한 가치가 있는 삶이다. 그리스인들은 "고통의 재능 Talent zum Leben"을 가졌고, 고통을 지혜로 넘어가는 재능을 가졌고(34), 지혜의 결과가 올림포스 신들로 표상되는, 그리고 올림포스 신들에 의한, '찬양할 만한 가치가 있는 삶'이다. '살 만한 가치가 있는 삶'이다. 역시 삶의 정당화로서 정당화의 철학이고, 정당화의 철학이 아닐 리 없다. 올림포스 신들이 인간의 삶을 살면서, (그러므로) 인간이 인간의 삶을 찬양할 만한 가치가 있다고 느낀다.

'더 높은 영역에서의 재회'는 삶의 정당화에 의한 것으로서, '찬양할 만한 가치가 있는 삶'으로 표상되는 형이상학적 삶을 그리스인들끼리 서로 확인하는 것을 지시하므로, '형이상학적 재회'이다; "명령"에 의해 강제된 것이 아닌, "비난"받을 짓에 의한 것이 아닌, 올림포스 신들에 의한 정당화가 강조됐다. 정확히 말하면 호메로스 예술작품에 의한 정당화로서, 예술 형이상학에 의한 인간 삶의 정당화가 강조됐다. "(다수의) 꿈꾸는 그리스인들을 다수의 호메로스로, 한 명의 호메로스를 한 명의 꿈꾸는 그리스인들"(2장, 27)로 불러도 좋다. **고통의 천재 그리스인을 말해야 하고, 고통을 예술이라는 지혜로 넘어간 예술가 천재 그리스인을 말해야 한다.** '인생은 오로지 미적 현상에 의해 정당화된다.' 『비극의 탄생』 주제문이 다시 울려 퍼진다.

3) 미적 정당화—인생의 정당화

> […] 예술 희극 전체는 우리를 위해, 즉 우리들의 향상이나 교양 때문에 공연되는 게 절대 아니다 […] 그러나 우리가 (예술) 세계의 진정한 창조자에게 이미 형상이고, 예술적 투영이라는 것, 그리고 우리가 예술작품이 갖는 의미 속에서 최고의 가치라는 사실을 받아들여야 할 것이다. 그럴 것이 현존[인생]과 세계는 영원히 '미적 현상으로서' 만 '정당화되기' 때문이다.(5장, 43)

"세계의 진정한 창조자"를 말할 때 이는 소위 세계의 '제작자' 데미우르고스demiourgos를 말하는 것이 아니라, 우리가 그 안에 (이미) "예술적 투영"으로서, 즉 "형상"으로서 있는 '진정한' 예술가를 말한다. 근원적 일자와 조우한 진정한 예술가를 말한다.

인용문이 명료하게 얘기한 것은 첫째 우리가 가상이라는 것이고, 둘째 '예술작품이라는 최고의 가치'를 통해 우리가 얻는 것은 "미적 현상"에 의한 우리 가상의 "정당화"이지, 이를테면 (좁은 의미의) 존재론적 정당화로서, 인생을 살 만하고 견딜 만한 것으로 느끼는 것이지, 우리가 얻는 것이 경제 사회적으로 삶이 더 "향상"되는 것이거나, "교양"이 증대되는 것이 아니라는 점이다. '형이상학적 위로'의 예술을 말할 수 있을 때 이것이 니체'식' 목적예술이라면 목적예술이리라. 경제 사회적 개선이나 교양의 섭취를 말하는, 칸트의 ('무관심성'으로 표상되는) 순수미학과 대립 관계에 있는, 그 목적예술은 아니다.

4) 형이상학적 위로의 예술

> (「베토벤-론(論)」에서) 문화인과 문명에 대해서 리하르트 바그너는 램프의 빛이 대낮의 빛에 의해서 소거되듯 그것들이 음악에 의해서 소거될 거라고 말한다. 같은 방식으로, 그리스 문화인들도 사티로스 합창단 앞에서 자신이 소거되는 것을 느낄 것이라고 나는 생각한다 […] 자연 존재의 합창단은 모든 문명의 배후에 소멸되지 않고 살아 있으며, 세대가 아무리 바뀌고 민족 역사가 아무리 바뀌더라도 영원히 동일하게 남아 있을 것이다.(7장, 51-52)

합창단, 그 "자연 존재의 합창단"의 가공할 '위력'에 관해서이다. "자신이 소거되는 것"을 느낄 때 이것이 형이상학이 아니면 무엇인가? 고통과 모순을 목도한, 난폭한 생-로-병-사를 나날이 목도하며 사는 그리스인들의 통찰에 의한 것으로, 그들이 세운 디오니소스 제례 및 사티로스 합창단 앞에서 자신들이 '소거되듯 소거되는' 것을 느낀다면 이것이 "형이상학적 위로"가 아니고, 형이상학적 위로의 예술이 아니고, 무엇인가? 소거되게 하는 것, 자신의 근거 모두를 사티로스적 "강력한 통일 감정"(52)에 의해 소거되게 할 때, 사티로스 합창단은 형이상학의 화신이다. 해방의 형이상학, 역시 살 만하고 견딜 만한 것을 말하는 존재론적 해방의 형이상학을 말하고 있다. "문화인"-"문명"으로부터의 해방이더라도, 이것이 존재론적 가치 기준에서의 해방이지, 루소식의 정치 사회적 체제로부터의 해방이 아니다.

해방을 넘어 몰락[소멸]의 형이상학을 말하는 것으로 보인다. 몰락을 정당화시키는 것을 말할 때 벌써 니체 철학의 본류이다. 디오스소스적 명정(酩酊), 디오니소스적 '성적 엑스터시'도 몰락에 관해서이다. 이쪽에서 저쪽으로 '스무드하게' 넘어가는 몰락(의 형이상학)에 관해서이다; "자연 존재"의 영속성으로서의 사티로스 합창단을 말할 때, 자연 존재의 영속성 앞에서 그리스 문화인들이 소거되는 것을 느낄 때, 여기에서 죽음 충동을 못 말할 이유가 없다. 영원한 것은 사티로스 자연 존재이고, 영원한 것은 우리가 거기서 나온 무기물들이다. 우리 문화인들은 사티로스 자연 존재로 돌아가고 싶다. 사티로스 자연 존재 앞에서 '소거되는 것을 느낀다'는 것은 사티로스 자연 존재로 돌아가고 싶은 것, 우리가 거기서 나온 무기물로 돌아가고 싶은 것, 그 발로의 표현으로 본다. 니체의 해석에 덧붙인 필자의 해석이다.

5) 햄릿과 오필리아

> 이제 그는 오필리아의 운명이 상징하는 것을 알고, 이제 그는 숲의 신 실레노스의 지혜를 인식한다. 이것은 그에게 구역질을 일으킨다.……여기, 의지의 이러한 최고 위험 상황에서 '예술'이 구원과 치료의 마술사로서 접근한다. 예술만이 오로지 현존[삶]의 경악과 부조리의 대한 저 구토의 사상을 인생을 살 만하게 하는 여러 표상들로 바꿀 수 있다 […] (광란의) 주신찬가의 사티로스 합창단은 그리스인을 예술로 구원하는 행위이다. 디오니소스 시종들이 만드는 중간세계(Mittelwelt, 예술)로 앞서 언급된 저 공포와 구역질, 저 발작들은 모두 소진되었다.(Ⅲ-1, 53)

다시, 디오니소스적 인간, 그리고 햄릿과 오필리아에 관해서이다. "이제 그는"에서 '그'는 "삶의 경악" 및 삶의 "부조리"를 보게 된 초시간적 근원적 일자로서 '디오니소스적 인간'을 지시한다. '디오니소스 자체로서 예술가' "사티로스 합창단"이기도 하다. 혹은 무서운 진리에 대해 통찰한 자, 참된 인식에 도달한 그리스인들이다. '행동'도 쓸모없다. '위로'도 쓸모없다고 느낀, 신(神)과 불멸의 피안까지 부정한, '존재의 천재들'이다. '죽음의 명수들'이다. 오필리아는 "실레노스의 지혜"를 체득한 그리스인들과 같다. 그들은 함께 "구역질"을 일으켰고, "구토"를 했다. 로캉탱처럼 '그 순간' 구토를 했다. 그들은 삶과 죽음의 그 어마어마한 '모순 관계'를, 그 부조리를 목도한 자들이다. 햄릿과 오필리아는 죽음을 자청했다.

실레노스의 지혜를 실감한 햄릿-오필리아와, 마찬가지로 실레노스의 지혜를 실감한 그리스인들이 다른 것은, 니체에 의할 때, 그리스인들에게 "예술"이 "구원과 치료의 마술사"로 다가온 점이다. **'예술이 인간을 정당화시킨다.' 디오니소스적 그 잔혹한 미적 가상이 인간을 정당화시키고, 아폴론적 '1차적' (아름다운) 변용이, 아름다운 무대 주인공이, 인간의 삶을 위로하고 잠시나마 삶을 견딜 만한 것으로 바꾸어놓는다. 혹은 아폴론적 2차적 '주인공의 파멸'이 인간의 삶을 정당화시킨다.** 혹은 아폴론적 개별화 원리의 '디오니소스 음악'에 의한 파열이 인간의 삶을 정당화시킨다.

인용문은 예술이 '구역질과 구토'를 '살 만하게 하는 여러 표상들로 바꾸어놓는 것'을 말하고 있다. 살 만하게 하는 것? 그러므로 삶은 추구할 만한 가치가 있는 것? 요컨대 (삶을) 살 만하게 하는 예술, 그러므로 추구할 만하게 하는 예술!이다. 인용문의 열쇠어가 아닐 리 없다.

예술이 공포와 구역질, 그 "발작Anwandlungen"을 멈추게 했다. "중간세계"로서 예술이, '비자연적' 건축물인 예술이, 그리스인들을 '살게' 했다. 물론 '정당화의 힘'을 계속 강조해야 한다. 정당화의 철학을 계속 강조해야 한다. '어마어마한 예술'의 형이상학 아닌가? 어마어마한 예술 형이상학을 토로했다. 니체의 예술 형이상학이, 초인간 사상에 의해 인간이 살 만하게 하는 것보다 먼저, 영원회귀 사상에 의해 인간이 견딜 만하게 하는 것보다 먼저, 인간을 살 만하게 하고 견딜 만하게 하는 것을 말했다. **초인간 사상 이전에, 영원회귀 사상 이전에 니체의 예술 형이상학, 특히 디오니소스 '사티로스 형이상학'이 있었다.**

6) 비극의 합창단

> 비극 합창단에서 일어나는 프로세스는 '드라마의' 근원 현상이다 […] 여기에는 이미 생소한 자연으로의 입장에 의한 개체의 포기가 발생한다. 게다가 이러한 현상은 전염병처럼 퍼져나가, 전체 군중은 자신이 (디오니소스적) 마술에 걸려 들었다고 느낀다. 따라서 (광란의) 주신찬가 Der Dithyramb는 다른 모든 합창가요와 본질적으로 다르다 […] 일반적 합창단 처녀들은 그녀들 그대로서 그녀들의 시민적 이름을 그대로 간직한다. 주신찬가의 합창단은 이에 반해 변신한 자들의 합창단이며, 이들에게 시민적 과거와 사회적 지위는 완전히 망각된다.……마법에 걸리는 것, 마법화Verzauberung가 드라마 예술의 전제이다. 마법화 상태에서 디오니소스적 열광자는 자신을 사티로스로 보고, '그리고 사티로스로서 그는 다시 신을 본다.' 즉 디오니소스적 열광자는 변신한 가운데 그의 밖에서 새로운 환영을 본다. 환영은 새로운 상태의 아폴론적 완성으로서, 이러한 새로운 환영으로 해서 드라마는 완성된다.(Ⅲ-1, 8장, 57-58)

끝에서 아폴론 드라마[비극적 신화]의 완성을 말하고 있다. 디오니소스적 합창단, "디오니소스적 열광자", 곧 사티로스들(사티로스로 변한 관객들을 포함한 사티로스들)은 이제 무대에서 '신'을 본다. '환영으로서 신(神)'을 본다. '환영으로서 신들'이 아폴론적 무대이고 아폴론적 드라마이다.

앞에서 합창단원들의 '신들림 상태 Besessenheit'를 말하고 있다. 합창단이 "변신한 자들의 합창단"이다. 4)에서 인용된 (그리스인들이) '자기 자신이 소거되는 것을 느끼는 일'과 (여기에서의) 신들림 상태는 상호 유비이다. 이번에 강조되는 것은 사티로스들의 "시민적 과거와 사회적 지위"의 '완전한 망각'이다.

열쇠어가 "개체의 포기"이다. (광란의) 주신찬가에 의한 개체 포기는 "전염병처럼 퍼져나가" 사티로스 "군중" 전체를 디오니소스적 마법에 걸리게 한다. 사티로스 합창단의 개체 포기뿐만 아니라, 관객의 개체 포기가 포함된다. 이른바 관객의 사티로스-화(化)이다. '관객'의 과거 망각 및 지위 망각 또한 말해야 한다. 니체는 이러한 "마법화"가 "드라마 예술의 전제"라고 한다. 강조하면, '망각'은 디오니소스적 명정(酩酊)과 디오니소스 성적(性的) 엑스터시와 유비이다. "마법화 상태에서 디오니소스적 열광자는 자신을 사티로스로 보고, '그리고 사티로스로서 그는 다시 신을 본다.'"

사티로스는 반인반수로서, 믿을 만한(?) 사티로스이다. '신은 믿을 만한 신이다.' "신을 본다"는 것은 믿을 만한 신과의 합일을 말한다. 신들림에 멜랑콜리가 없고, 비애가 없다. 예술에 의한 인생의 정당화이고, 신들림에 의한 인생의 정당화이다. 신들림은 다르게 말하면 근원적 일자와의 합일이다.

7) 프로메테우스의 악이 인간의 악을 정당화한다

> […] 인간이 자유로이 불을 다스리는 것, 그리고 불을 내는 번갯불이나 따뜻한 태양열처럼 하늘의 선물에 의하지 않고 불을 받는 것은 저 명상적 원시인들(Ur-Menschen)에게는 신적 자연에 대한 모독, 신적 자연에 대한 약탈이었다, 하여 최초의 철학적 문제가 인간과 신 사이에 고통스러운, 해결할 길 없는, 모순으로서 세워지게 된다 […] 인간이 가질 수 있는 최선의 것과 최고의 것을 인간은 모독을 통해 갈취해내었고, 이제 다

시금 고통과 걱정의 홍수로 그 대가를 치러야만 한다 [⋯] 이것은 셈족의 원죄신화[타죄신화]와 기묘하게 대조적이다. 셈족의 타죄신화에서는 [⋯] 요컨대 일련의 주로 여성적 정동이 악의 근원으로서 간주되었다; **아리안족 상상력의 탁월성은 능동적 죄를 프로메테우스의 고유한 미덕[3]으로 간주하는 숭고한 견해이다. 이것으로써 염세주의적 비극의 윤리적 토대가 마련되었다. 인간적 악을 '정당화하는 것' 으로서의, 특히 인간적 죄뿐 아니라, 이를 통해 야기된 고통을 '정당화하는 것' 으로서의 윤리적 토대 말이다** [⋯] 이렇게 아리안족에게 모독은 남성으로서, 셈족에게 죄는 여성으로서 이해된다. 원초적 모독 Urfrevel은 남성이 저지른 것이 되고, 원초적 죄 Ursünde는 여성이 저지른 것이 된다.(Ⅲ-1, 9장, 65-66) [강조는 필자]

"최초의 철학적 문제"를 니체는 신과 인간의 대립, 나아가 신으로부터의 자립적 인간과 신을 따르는 비자립적 인간의 대립으로 말한다. 예가 프로메테우스이고, 프로메테우스 신화이다. 예가 "셈족"(히브리인)의 에덴동산 신화, "타죄신화(墮罪神話)"이다. 프로메테우스가 상징하는 것으로서, 인간은 인간이 생각하는 "최고의 것"을 신성"모독"에 의해 "갈취"해내었고, 그러므로 인간은 자립적 인간이었다. 이에 반해 "명상적 원시인"은 인간의 이것을 말 그대로 "약탈"로 단죄했고, "신적 자연에 대한 모독"으로 단죄했고, 그러므로 명상적 원시인들은 비자립적 인간이었다. 문제는 아리안족의 정당화이고, 그리스인의 정당화이다. 이들의 탁월성은 프로메테우스의 죄를 "능동적 죄"로 간주하고, "인간적 악"을 "정당화"한 점이다. [프로메테우스의 악이 인간의 악을 정당화한다] 프로메테우스의 악이 '인간의 악'을 정당화했고, 프로메테우스의 고통이 인간의 "고통"을 정당화했다. 명상적 원시인이 표상하는 것이 비자립적 인간 이해이고, '정

3 셈족의 종교에서 '자기 본연의 미덕'을 말할 수 있을 때가 선악과(善惡果)가 표상하는 '위반'이다. '선악 인식(認識)으로서 위반'이다.

당화시키지 못하는 인간' 이해이고, 아리안족-그리스인이 표상하는 것이 인간의 자립적 인간 이해이고, 정당화시키는 인간 이해이다.

그 자체로 정당화시킬 능력이 없는 인간 이해가 감행된 곳이 『차라투스트라』「머리말」 바로 다음에 놓은 「3가지 변화에 관하여」에서이다. 정신의 낙타로의 변화는 비자립적 인간으로의 변화이며, 낙타가 표상하는 것은 수고하고 무거운 짐을 진 자로서 그 자체 정당화가 불가능한 존재자 일반이다. 수고하고 무거운 짐을, 최고 존재자에게 맡기는 일반 존재자를 지시한다. 그 자체 정당화가 가능한 인간[존재자] 이해의 표상이 사자로서, 사자는 수고하고 무거운 짐을 '향해' 돌진하는 자이다. 두려움이 없는 사자, (죽음에) 으르렁대는 사자이다. 자발적 몰락 의지가 포함된다.

자발적 몰락 의지가 포함하는 것이 많다. 가장 큰 악(덕)이 죽음이므로, 일반적 악이 포함되고 일반적 악이 정당화된다. 일반적 죄가 포함되고 일반적 죄가 정당화된다. 명상적 원시인이 셈족을 지시하는 것은 분명하다. "셈족의 타죄신화에서는 […] 요컨대 일련의 주로 여성적 정동 Affektionen이 악의 근원으로서 간주되었다"가 지시하는 것이 에덴동산의 신화이고, 에덴동산의 하와이고, 에덴동산으로부터의 추방이다. 『비극의 탄생』에서의 '기독교에 대한 거부'인 것으로서, 『비극의 탄생』을 니체 철학의 저수지로 말한다.

8) 제3의 모나드

> 우리가 불협화음의 인간화를 생각할 수 있다면—그리고 그렇지 않을 경우 인간이란 무엇이란 말인가?—이 불협화음은 살 수 있기 위해 하나의 장려한 환상을 필요로 하는 것이 된다. 장려한 환상이 불협화음의 고유한 본질을 아름다움의 베일로 은폐한다. 이것이 아폴론의 순정한 예술 의도이다. 우리는 인생[현존] 일반을 매순간 살 만한 가치가 있게 하는,

다음 순간을 체험하도록 강력하게 추동하는, 저 아름다운 가상의 수많은 환영들을 아폴론이라는 이름으로 포괄해서 부른다.……이 경우 모든 실존의 저 근간, 즉 세계의 디오니소스적인 기반은 저 아폴론적인 미화(美化)의 힘에 의해 다시 극복될 수 있는, 정확히 그 한도에서만 개별적 인간에게 허락되어야 한다.(Ⅲ-1, 25장, 151)

니체는 『비극의 탄생』 마지막 25장에서 아폴론 예술 충동과 디오니소스 예술 충동의 "엄격한 균형"을 얘기하나, 25장 이전에 이미 "아폴론적 기만"(21장, 133-135), 혹은 아폴론적 변용이라는 말을 빈번히 사용하면서, 아폴론에 대한 디오니소스의 "우위Uebergewicht"(21장, 135)를 사실상 뒤집는, 뒤집지는 않더라도 상호균형을 강조하는 선에서 두 예술 충동의 관계를 마무리하는 것으로 보인다.

그렇더라도 지금 여기에서 '정당화의 철학: 그리스비극의 '목적"을 말하는 것을 감안할 때, 정당화의 철학의 토대로서, 주부가 '인간 삶의 정당화'이고, 술부가 '인생을 살 만한 가치가 있게 하는 것'을 고려할 때 『비극의 탄생』의 마지막 25장에서 디오니소스에 대한 '아폴론의 우위'를 말하는 것으로[것처럼] 보인다. 위의 인용문이 말하는바, "불협화음의 인간화"를 말할 때 방점이 디오니소스로서 불협화음, 근원적 일자가 내는 소리로서 그 불협화음에 찍히는 것이 아니라, 방점이 아폴론적 '인간화'의 그 인간화에 찍히는 것으로[처럼] 보인다. 바로 다음에 "불협화음은 살 수 있기 위해 하나의 장려한 환상을 필요로 하는 것이 된다"고 말하고, 또한 "장려한 환상이 불협화음의 고유한 본질을 아름다움의 베일로 은폐한다"고 말하고, 무엇보다도 "인생 일반을 매 순간 살 만한 가치가 있게 하는" 것으로서 아폴론을 말한다. 디오니소스 형이상학을 감소(혹은 위축)시키고 있는 점을 부인하기 힘들다. 심지어 근원적 일자 '디오니소스 목소리의 크기'는 '아폴론 무대'가 감당할 만한 수준이어야만 한다고 디오니소스를

'제한'한다. "모든 실존의 저 근간, 즉 세계의 디오니소스적인 기반은 저 아폴론적인 미화의 힘[변용의 힘, Verklärungskraft]에 의해 다시 극복될 수 있는, 정확히 그 한도 내에서만 개별적 인간에게 허락되어야 한다"가 말하는 것이 그것 아닌가? 개별적 인간은 아폴론 무대의 배우이고, 따라서 디오니소스를 아폴론이 제한한 형국 아닌가?

지금 여기에서의 우리의 관심은 그리스비극의 궁극적 목적으로서 정당화의 철학이다. 문제는 인간의 정당화이다. 25장에서 디오니소스와 아폴론의 균형에 의한 인간 삶의 정당화를 말할 수 있고, 무엇보다도 아폴론에 의한 인간 삶의 정당화를 말할 수 있다. 아폴론에 의한 인간 삶의 정당화 역시 인간을 살 만한 가치가 있는 것에 관해서이다.

25장에서 아폴론과 디오니소스의 균형을 말하기 위한 사전 수순으로서 니체가 이전의 21장 말미와 22장, 24장에서 아폴론과 디오니소스의 '형제 동맹'을 말했다. 그전에 두 예술 충동의 신비스러운 "결혼 동맹"을 말한 적이 있었다(4장, 38). 그렇더라도 니체는 지속적으로 마지막 25장 바로 직전의 24장에서도 디오니소스에 의한 인간 삶의 정당화, 즉 디오니소스가 근원적 일자로서, 근원적 고통과 근원적 모순의 발현으로서 인간의 고통과 모순을 정당화시킨 것을 강조했다. 심지어 24장에서 아폴론적 2차 정당화로서 아름다운 주인공의 파멸을 매우 설득력있게 전개했다.

아폴론적 1차 정당화가 아름다운 주인공에 의해서이고, 아폴론적 2차 정당화가 아름다운 주인공의 파멸에 의해서이다. 물론 파멸이 근본인 인간 삶의 정당화이다. 여기에 물론 '디오니소스적 지혜 dionysische Weisheit'(19장, 124)가 작용한 것으로서 아폴론적 2차 정당화는 디오니소스 불협화음의 음악이 만드는 역시 파멸이 근본인 인간의 정당화와 상호 유비적이다. 아폴론적 2차 정당화와 디오니소스적 정당화가 인간을 아주 크게 살 만하고 견딜 만하게 한다.

25장까지의 논의를 크게 보아 변증법적 논의로서 니체 특유의 글쓰기에 기인한다고 볼 수 있다. 혹은 그때그때마다 최선을 지향하는 니체 특유의 글쓰기 태도를 고려할 수 있다. 그때 그때마다 최선의 것을 말할 때 일관적 글쓰기를 말하거나 또한 그것을 기대하기 힘들다. 니체는 또한 스스로의 입을 통해서도 아폴론과 디오니소스의 관계를 "어려운 관계"(21장, 135)이라고 말하기까지 했다. 그리스비극의 목적이 인간 삶의 정당화[정당화의 철학]라는 점을 강조할 때, 디오니소스도 이것과 관계하고, 아폴론도 이것과 관계한다. 인간 삶을 살 만하고 견딜 만하게 해주는 아폴론이고 디오니소스이다.

'합창단의 아폴론적 주인공 무대에 대한 지속적 개입'이 그 표상이라고 볼 수 있는 '디오니소스적 지혜'를 강조할 때, 역시 니체의 말로서 디오니소스적 능력과 디오니소스적 개념을 강조할 때 아폴론과 디오니소스 위에 있는 제3의 디오니소스를 말하는 것도 가능하다. 제3의 모나드가 인간 삶을 정당화해주는 것을 말하는 것도 가능하다. 아폴론이 하나의 모나드이고, 디오니소스가 하나의 모나드이고, 아폴론과 디오니소스의 합으로서 디오니소스가 또 하나의 모나드이다.

니체 철학이 정당화의 철학이고, 이것이 『비극의 탄생』에서 만개했으며, 그 동력으로 『차라투스트라』의 차라투스트라 철학까지 이어졌다. 대지 긍정의 철학이 정당화의 철학이고, 초인간 사상이 정당화의 철학이고, 영원회귀 사상이 정당화의 철학이다.

9) 보유: 정당화의 철학으로서의 학문

소크라테스의 위대함을 말해야 한다. 소크라테스는 학문을 위해 살고, 그의 학문에 따라, '무지의 지'에 의해서, 자발적으로 '독배'를 들이켰다. '완전한 죽음'[죽음에 대한 두려움 없이 죽는 죽음]의 모범적 예로서 소크라테스.

> […] '죽음을 향해 가는 소크라테스'의 상(像)은 지식과 근거에 의해서 죽음의 공포에서 벗어난 인간의 상으로서, 학문의 현관문에 걸려 누구에게나 학문의 사명을 상기하게 하는 문장(紋章)이다. **학문의 사명은 삶(현존재, Dasein)를 파악 가능한 것으로, 그래서 삶을 정당화시키는 데 있다.** 이를 위해 (학문이 제공하는) 근거가 충분하지 못할 경우 '신화Mythus'가 역할을 떠맡아야 한다 […] (Ⅲ-1, 15장, 95) [강조는 필자]

자기 논리에 의해["지식과 근거에 의해서"], 즉 '무지(無知)의 지(知)'에 대한 확신에서 독배를 '자발적으로' 들이킨 소크라테스의 모범적 "상Bild"에서 학문의 왕을, 학문의 기원으로서의 '태조(太祖)'를, 못 말할 이유가 없다. 학문으로 "죽음의 공포"에서 벗어난 인간 소크라테스, 완전한 죽음의 범례 소크라테스. [죽음에 대해 아는 바가 전혀 없다는 논리에 의거, 죽음을 회피하지 않고 자신 있게 독배를 들이킨 소크라테스에서 완전한 죽음의 범례를 말한다. 그의 죽음은 그의 변증술에 의한 자발적 죽음이다; 이와 상반된 의미의 소크라테스의 완전한 죽음이 있다. 상반된 의미이나 '수용적' 죽음은 마찬가지이다. 소크라테스는 스스로 정화(淨化)된 삶을 살았다는 확신하에, 따라서 영혼의 세계에 틀림없이 입성하리라는 확신하에, 따라서 죽음을 회피하지 않고 자신 있게 독배를 들이켰다. '무지의 지'에 의한 죽음이 아니다. 그의 산파술-변증술에 의한 죽음이 아니다]

니체는 소크라테스를 학문의 "문장(紋章, Wappenbild)"으로 말한다. 학문이 그에게서 비롯되었고, 학문이 그의 저택이라고 한 것이다. 흥미로운 것은 니체가 학문의 사명을 말하면서, "학문의 사명"을 현존재(Dasein, 혹은 '존재자 일반')를 파악해서 현존재를 "정당화"하는 일이라고 말한 점이다 '학문에 의해서 정당화되는 현존재'를 말한 점이다. 인용문 뒤쪽에서 그것를 위한 '학문'이 여의치 않을 경우를 말하고, 그 한계에서 "신화"(Mythus,

이야기), 곧 예술의 역할을 말했더라도 말이다.[4] 니체의 철학이 '정당화의 철학'이고 이것을 실현하는 '천재적' 방안이 예술(혹은 '신화 이야기')이라고 한 점이 다시 확인되더라도 여기에서 주목되는 것은 학문의 사명을 현존재에 대한 이해이고, 즉 '존재자 일반에 대한 이해'이고, 따라서 존재자 일반을 '정당화'시키는 일라고 한 점이다. [학문이 사명이 존재자 일반을 파악하고, 따라서 존재자 일반을 정당화시키는 일이다] [예술의 사명이 존재자 일반에 대한 이해이고, 존재자 일반을 정당화시키는 일이다. 예술(그리스 예술)은 벌써 존재자에 대한 이해를 포함했고, 그러므로 존재자를 정당화할 수 있었다. 『비극의 탄생』 주제문 '현존재는, 즉 인생은 오로지 미적 현상에 의해서만 정당화된다'고 했을 때 이것은 이미 (미적 현상에 의한) 인생의 정당화를 지시했다. 예술적 정당화였다] 니체는 학문에도 '존재'에 대한 이해 욕구가 있고, 따라서 존재에 대한 '정당화 욕구' 또한 있는 점을 인정했다. 학문의 한계를 지적했을지라도, 이론(적 인간)의 한계를 지적했을지라도 말이다.

학문이 '진리에의 의지'에 의해 진리에 도달해서 인생을 정당화시키는 일인 것을 부정할 수 없다. 소크라테스-알렉산드리아 문화의 전가의 보도인 인과율이 진리를 밝히는 등불이 아니라는 것을 칸트의 선험적 인식

---

4 학문에 의한 인생의 정당화, 혹은 '죽음까지의 정당화'가 계속 강조되어야 한다. '정당화의 철학'에서 정당화의 으뜸 항목이 잘 죽는 일이다. 그리스비극 철학이 궁극적으로 잘 견뎌내는 일이고, 따라서 잘 살고, 따라서 잘 죽은 일에 관해서 아니었나? '오로지 예술이 인생을 정당화시킨다'고 했을 때 '인생'은 생-로-병-사의 인생 아니었나?; 소크라테스가 정당화한 것으로서 '죽음'을 말해야 한다. '죽음에 임한 소크라테스'를 계속 강조해야 한다. 니체는 13장 말미에서 다음과 같이 말한다. "소크라테스는 예의 그 평온함으로 죽음에 입장했다 […] '죽음 앞의 소크라테스 Der sterbende Sokrates'는 고귀한 그리스 청년들에게 이전까지 결코 보지 못한 새로운 이상이었다. 누구보다도 전형적 그리스 청년 플라톤이 몽상가적 영혼을 뜨겁게 헌납하면서 (소크라테스의) 이상적인 모습에 무릎을 꿇었다."(87); 고귀한 그리스 청년에 플라톤이 포함된 것을 강조하였다.

론을 동원해 니체가 직접 부인했더라도 말이다(『비극의 탄생』 18장). 학문에 구원이 있는 것이 아니라, 예술에 구원이 있는 것을 분명히 했더라도 말이다. 제한적 의미의 정당화를 물론 못 말할 이유는 없다. 다음은 니체가 바로 앞의 14장에서 했던 말.

> 플라톤의 연극에서 변증론적 주인공의 역할을 맡은 소크라테스에게서 우리는 그와 흡사한 성격을 가진 에우리피데스의 주인공들을 기억하게 된다. 그들은 논증과 반증으로 그들의 행위를 변호[정당화]해야 한다 [···] (Ⅲ-1, 90)

니체가 무심코 흘린 말일지라도 중요한 단초가 되는 것이 인용문 뒷부분의 "논증Grund과 반증Gegengrund으로 그들의 행위를 변호[정당화]" 하는 것에 관해서이다. 소크라테스 주인공이 논증과 변증에 의해 그의 행위를 변호[정당화]한다. ["플라톤의 연극"은 그의 대화편 dialogisches Drama들을 지시한다. 대화편들의 주인공은 소크라테스이다] 에우리피데스 주인공들도 논증과 변증으로 그들의 행위를 정당화한다. 배우들뿐만 아니라, (에우리피데스의 무대 배우들로부터 배웠다고 볼 수 있는) 관객들도 일찍이 니체에 의해 "시민적 범용성"(11장, 73)으로 명명된 바 있는, 논증과 반증, 인과성, 논리적 도식주의, 합리주의로 자신들의 행위를 정당화한다.

소크라테스적 학문의 정당화는, 그리고 에우리피데스적 드라마의 정당화는 '행위의 정당화'인 반면, (전성기) 그리스비극의 정당화는 '인생[삶] 그 자체의 정당화'이다. 잔혹성-난폭성으로 표상되는 비극적 삶 자체의 정당화이다. 장엄한 정당화로서 형이상학적 정당화가 아닐 리 없다. 위위 인용문은 그렇더라도 『비극의 탄생』 전편과 관련하여 매우 유의미하다. 인생 정당화의 철학으로서 예술을 말할 수 있고, 마찬가지로 인생 정당화의 철학으로 학문을 말할 수 있다. 니체의 관심은 인생을 정당화하는 것이다. 그의 철학은 정당화의 철학이다.

니체는 '비극의 몰락'의 근인과 원인으로서 소크라테스의 '해악'을 지적하는 데에 인색하지 않았던 것처럼, 학문의 역사에서 소크라테스의 높은 위상을 지적하는 데에 인색하지 않았다. 다시 강조하지만 소크라테스가 근원인 그 학문으로 인류는 더 풍요한 삶을 살게 되었다. 학문에 의해 '세계'는 확장되었다. 학문[과학]에 의해 액면 그대로의 의미에서 인생은 살 만하게 되었고, 학문에 의해 세계는 심층적 모습을 드러내었다. 인류가 '그 존재'을 드러내었고, 세계가 '그 존재'를 설명하기 시작했다. 학문에 의한 존재 해명이고, 존재의 정당화이다.

> 학문의 사제 소크라테스 사후(死後), 철학의 학파들이 밀려왔다 밀려가는 물결처럼 교체되었다 […] 지식욕의 보편성을 통해 비로소 사상의 공통적 그물망이 전체 지구 위에 펼쳐지게 되었다. 태양계 전체의 법칙성까지 알려지게 되었다 […] (15장, 95–96)

소크라테스가 시작인 그 학문[과학]에 의해, 그 "지식욕"에 의해 "태양계 전체의 법칙성"까지 알려지게 되었다. 니체의 이러한 식견 또한 소크라테스주의 연장에 있을 것이다. 니체 고유의 통찰력에 의한 것으로서 (『비극의 탄생』에서의) 소크라테스의 긍정성(肯定性)과 소크라테스의 부정성(否定性)이 강조되어야 한다. 17세기 그 천재들의 시대(케플러–갈릴레오–뉴턴–데카르트–스피노자–라이프니츠)의 수학적 발견 또한 소크라스테스주의 덕분일 것이다. 일반상대성 이론, 양자 이론 또한 소크라테스주의 덕분일 것이다.

"'이론적 인간' 유형"(94)의 전형이 소크라테스였다. 니체는 소크라테스를 "학문의 사제 Mystagogen der Wissenschaft"로서, "이른바 세계사의 한

전환점과 소용돌이"(96)였다고 말하기까지에 이른다.[5)]

니체가 인류를 염세주의에서 구한 '낙천주의로서의 소크라테스'를 말할 때 이 또한 소크라테스의 정당화이고, 학문의 정당화가 아닐 리 없다. 니체는 '이론적 인간'도 예술가와 마찬가지로 "눈앞에 있는 것에 무한한 기쁨"(94)을 느끼는 것을 말한다. 소크라테스적 낙천주의의 의미심장한 역할을 말한다. 낙천주의의 목표는 늘 "염세주의적 실천 윤리"(94)의 '극복'이다. '약의 염세주의'의 극복이다. 니체는 이례적으로 염세주의가 실제로 구현되고 실천될 때의 그 해악에 관해 말하고, 그것이 저지될 수 있었던 이유로 소크라테스적 학문의 낙천주의를 말한다.

니체에 의할 때, 문제는 삶을 저해하는, 삶을 부인하는, 염세주의적 실천 윤리가 잠재태로 존재해온 점이었다. 강의 염세주의가 있고, '약의 염세주의'가 있다. 그동안의 세계사는 염세주의의 세계사이다; 니체는 서로

5 파우스트에 대해: 파우스트가 세계의 가장 안쪽을 붙들고 있는 것이 무엇인지 궁금해서 그의 영혼을 악마 메피스토펠레스에게 저당했을 때 이 또한 소크라테스주의의 반영으로서, 세계를 정당화하려는 욕구의 반영이었다. 『파우스트』의 파우스트의 경우는 '학자비극'의 전형으로서 니체에게 비판의 대상이었다. 지나친 지식욕에 의해 자신을 "악마" 메피스토펠레스에게 판 "근대적 문화인" 파우스트는 올림포스와 비극의 생산자 그리스인들에게는 도저히 이해할 수 없는 존재였을 것이다. 니체가 셰익스피어의 『햄릿』의 햄릿에게 존재의 비밀을 꿰뚫어본 '존재의 명수'(혹은 죽음의 명수)라는 월계관을 씌운 것으로 보이나, 괴테의 『파우스트』의 파우스트에게, '세계의 가장 안쪽을 붙잡고 있는 것은 무엇인지' 거창하게 물은 파우스트에게 존재의 명수(?)라는 월계관을 씌우지 않았다.
소크라테스의 연장으로서 "근대적 인간 der moderne Mensch"(112) 파우스트는 소크라테스적 지식욕의 한계를 드러낸 인물로 비판의 대상이었다. 괴테가 에커만과의 대화에서 남긴 "행동의 생산성 Produktivität der Thaten"이란 말을 니체가 인용했을 때 물론 이것은 "이론적 인간"(112)을 넘어선 '괴테' 수용이고, 니체에 의한 괴테의 '선견지명'(혹은 탁월성)에 대한 예우로 봐야 할 것이다; 파우스트의 '지식을 위한 영혼 저당'은 또한 "무제한적 망상의 낙천주의!"(113)라는 점에서 관찰의 대상이다. 이성이 도구화를 말할 수 있는 점에서 관찰의 대상이고 비판의 대상이다. 지성이 비판적 지성이었으나(칸트), 이성이 회의적 이성(데카르트)이었으나, 이후 목적을 위한 수단의 정당화로 쓰였으니 목적합리주의 Zweckrationalismus가 아닐 리 없다. 이성의 타자화가 아닐 리 없다.

죽고 죽이는 (약의) 염세주의, 그것의 실천적 윤리 praktische Ethik를 말한다. 문화학적-인류학적 염세주의의 예가 '자식이 부모를 죽여주고, 친구가 친구를 죽여주는' 것이다. 악무한의 염세주의적 '실천'이 아닐 리 없다. 니체에게는 소크라테스의 힘이 생의 부정이 아닌, 생을 정당화하는 긍정의 힘으로 쓰인 게 한편 다행이었다. 소크라테스의 낙천주의는 한편 다행스러운 낙천주의였다.

6장
니체 형이상학: 비극의 탄생

니체의 (형이상학으로서의) 생철학이 『비극의 탄생』을 간추린다. (형이상학으로서의) 생철학으로 '비극의 탄생'을 말한다.

1) 디오니소스는 차라투스트라다

디오니소스적 예술에 의한 "영원한 즐거움"은 표층적 인식이 아닌, 심층적 인식으로부터, 니체의 말로는 "현상"이 아닌, "현상의 배후"에서 나온다. 여기에서 『비극의 탄생』의 또 하나의 주제문이라도 할 수 있는 격률이 등장한다.

> 우리는 생성하는 모든 것이 고통스러운 몰락을 준비할 것을 요청한다.(『비극의 탄생』, 17장, 105)

① 생성하는 모든 것이 '인간 human being'을 지시한다.

② 생성하는 모든 것은 몰락한다='모든 것은 움직이고 움직이는 모든 것은 사라진다. 사라지는 것은 사라지지 않는다.'

③ 생성하는 모든 것이 고통스러운 몰락을 준비할 것을 요청했다.— '고통의 정당화'의 수순이다.

④ 위 짧은 단락 인용문은 정당화의 철학에 대한 또 하나의 보증이다.

⑤ 고통을 고통으로 정당화는 것에 대한, 몰락을 몰락으로 정당화하는 것에 대한, '고통스러운 몰락'을 고통스러운 몰락으로 정당화할 것에 대한 요청이다.

⑥ 무엇을 준비하는가? 이미 답은 제시되었다. 자연은 고통스러운 몰락에 관심이 없으므로 '비자연적 방법'을 쓰는 일이다.

⑦ "자연 현실"에 대한 비자연적 "보충물 Supplement"(24장, 147)을 만드는 것이다. 올림포스가 그것이었고, 아폴론 주인공 무대의 신화 이야기가 그것이었고, 디오니소스 합창단 무대가 그것이었다.

⑧ 신들의 삶이 인간을 정당화한다. 아폴론 주인공 무대가, 디오니소스 합창단 무대가 인간의 삶을 정당화한다; 고통스러운 몰락, 파멸이 곧 고통스러운 몰락, 곧 파멸을 정당화한다.

'고통스러운 몰락'에 대한 통찰이 '즐거움'이고, "개별적 실존 Individualexistenz의 끔찍함"(105)에 대한 통찰이 즐거움이다. 고통스러운 몰락에 대한 긍정이라고 할 때 벌써 '차라투스트라'이다. 차라투스트라 철학이다. [디오니소스는 차라투스트라이다] 고통스러운 몰락을 그 안에 이미 포함하는 '자발적 몰락 의지'를 말할 때 이것은 벌써 '차라투스트라 철학'(1883~1885)의 핵심이다. 초인간 사상에 관해서이고, 영원회귀 사상에 관해서이다. 차이는 (明示的) '신의 죽음'이 조건이 아닌 '디오니소스'이고, '명시적(明示的) 신의 죽음'이 조건으로서 거기에 포함되는 '차라투스트라'이다.

'디오니소스'는 자연철학에 근거한, '끔찍한' 죽음의 긍정적 수용에 관해서이고, 차라투스트라는 기독교에 대한 부정으로서, 이의 필연적 결과인 인간의 영원한 죽음의 '수용'에 관해서이다. 죽음학이라는 점에서, 대(大)긍정의 철학이라는 점에서 같다. [끔찍하지 않은 죽음을 말하지 않기가 힘들다. 설령 말할 수 있더라도, 죽음은 오래된 죽음으로서, 시간을 걸리게 하는 죽음으로서, 그에 대해 계속 생각하게 하기 때문이다. '답이 없는 것이 답이다'라고 토로하게까지 하기 때문이다]

2) 큰 것이 먼저 가고 작은 것이 그 뒤를 따른다

니체가 "디오니소스적 예술"(105)에 대해 다음과 같이 말할 때 이것은 생철학에 관해서이다. 차라투스트라 철학을 자발적 몰락 의지의 철학으로 말하고, 대지에 대한 전면적 긍정의 철학으로 말할 때, 이것이 생철학이다. 생명철학이다.[1]; 생철학은 죽음을 견뎌내는 것에 관해서이다. 죽음을 견뎌내면서, 생을 끌고 가는 것에 관해서이다. 가능하다면, '죽음'에도 불구하고 삶을 살 만하고 견딜 만하게 하는 것에 관해서이다. 죽음을 잠재태로 한, 죽음의 수동적 표상이 아닌, 죽음이 능동적 표상인 삶! 삶의 긍정! 활력주의를 말할 수 있다. 활력주의Vitalismus를 생철학의 증상으로 말할 수 있다.

> 형이상학적 위로가 잠시나마[일과성으로] 변화하는 세상사의 번잡함에서 우리를 빼내준다. 우리는 실제 짧은 순간 근원적 존재 자체가 되어, 그것에 의한 것으로서 제어하기 힘든 생존의 욕망과 생존의 쾌락을 느낀다.(Ⅲ-1, 105)

---

1 생명을 돋우지 않는 철학이 없다. '실천적 염세주의'(죽이는 것이 아닌, 죽여주는 것의 표상 '실천적 염세주의'. 죽여주는 것이 미덕인 공간대 및 시간대를 말할 수 있다), 파괴적 의지, '자기 파괴적 충동'도 본인에게 잠시나마 위로를 준다.

활력주의가 그 표상인 생철학을 더 구체적으로 말하면 '형이상학적 위로'에 의해서이다. 인용문이 말 그대로 "형이상학적 위로"에 관해서인 것은 "근원적 존재 자체 das Urwesen selbst"(혹은 근원적 일자)가 된 기분으로서, 근원적 고통과 근원적 모순이 내용인 디오니소스적 통찰에서 발원하는 '필연적' 기분으로서, '근원적 존재 자체'에서 발원하는 필연적 기분으로서, "생존의 욕망과 생존의 쾌락"을 발하기 때문이다. 큰 것 앞에 적(敵)이 없다. 제행무상(諸行無常)의 현실을 수용한다. "변화하는 형상의 번잡성 Getriebe der Wandelgestalten"에서 구출된다.[2] [희로애락의 변덕성의 '긍정'이 희로애락의 변덕성으로부터의 구출이다] '무수한 생존형식들의 과잉'을 견디게 하고, 맹목적 "세계의지의 넘쳐나는 생산성"을 수용하게 하고, 나아가 "투쟁 고통 파멸"을 "필연적"(105)인 것으로 느낀다. 필연은 다시 말하면 진리에 관해서이다. 투쟁-고통-파멸을 되로 불가능-반박 불가능이 특징인 진리로 간주한다.

큰 것에 대한 깨달음, 큰 것의 그 쇄도가 작은 것들을 집어삼키는 식으로, 혹은 감당하기 쉬운 간단한 것으로 만드는 식으로, 이때 우리는 '생존의 욕심'과 마주하고, '생존의 기쁨'을 허락한다. 큰 것을 통찰한 자는 삶의 가장 안쪽에 도달한 자로서, 존재의 비밀에 가까이 간 자로서, 무한한 자부심이 그에게서 솟아오른다. 강조하면, '큰 것'은 근원적 존재에 의한 것으로서 근원적 고통 및 근원적 모순에 대한 디오니소스적 통찰이다. '디오니소스적 통찰이 삶을 정당화시킨다.'

'올림포스 신화가 삶을 정당화시킨다'는, '신화'를 강조할 때. 아폴론

---

2 문제는 "잠시"이고 "짧은 순간"이라고 한 것이다. 영원히 지속되는 형이상학적 위로는 대개 가능하지 않다. 영원한 안식은 말 그대로 영원한 안식에 든 다음 아닌가? 잠시 동안의 위로가 잠시 살아갈 힘을 준다. 잠시 견딜 만하게 한다. 쇼펜하우어가 '영속적 위로가 될 수 없는 예술'을 뒤로 하고, 동고[이웃 사랑] 혹은 '금욕' 같은 것으로 시선을 돌렸다.

에 의한 삶의 정당화이다. 비극예술에 국한시킬 때 아폴론적 무대에 의한, 아폴론적 무대 주인공에 의한, 요컨대 '비극적 신화'에 의한 삶의 정당화이다; '오이디푸스의 파멸에서 쾌락을 느낀다'고 할 때 이것은[이 또한] '디오니소스적 통찰이 삶을 정당화시킨다'와 다르지 않다. '주인공의 파멸이 삶을 정당화시킨다'는 '아폴론'에 의한 삶의 정당화이고, 디오니소스적 통찰에 의한 것으로서 '근원적 고통과 근원적 모순이 인생을 정당화시킨다'는 말 그대로 '디오니소스'(정확히는 '디오니소스적 불협화음')에 의한 삶의 정당화이다. 첫 인용문 '우리는 생성하는 모든 것이 고통스러운 몰락을 준비할 것을 요청한다'는 디오니소스적 정당화이지만, 아폴론적 정당화이기도 하다.

> 공포와 연민[동정]에도 불구하고 우리는 행복하게 사는 자들이다.[3] 그것은 우리가 개체로서가 아니라, 근원적 '일자'로서 살기 때문이며, 이러한 근원적 일자의 생식의 기쁨에 우리가 융합되어 있기 때문이다.(Ⅲ-1, 105)

계속되는 디오니소스적 통찰에 관해서이고, 계속되는, '디오니소스적

---

3 주지하다시피 공포와 연민의 야기가 다름 아닌 아리스토텔레스 비극의 목표이고, 공포의 연민을 배설시켜 인생을 잘 영위하게 하는 것이 아리스토텔레스 비극의 목적이다; 니체에게 공포와 연민은 배설되어야 할 것이 아니라, 긍정되어야 할 것이다. 긍정시키는 것이 이른바 '큰 것'으로서. 디오니소스적 근원적 일자에 의한 근원적 모순과 근원적 고통의 통찰이다. 근원적 모순과 근원적 고통에 대한 통찰이 공포와 연민을 긍정하게 한다.
근원적 모순과 근원적 고통을 말할 때 이것은 20세기의 부조리 철학을 상기하게 한다. 부조리는 고통과 모순에 관한 것, 특히 삶과 죽음의 모순에 관한 것이다. 부조리에 대한 통찰을 얘기할 때 니체의 『비극의 탄생』, 『비극의 탄생』의 니체'를 맨 앞에 두어야 한다. 하이데거의 '무'에 대한 지각, 사르트르의 『구토』 등이 말하는 것, 특히 '구토'를 말할 때 이 또한 니체의 『비극의 탄생』을 맨 앞에 두어야 한다. 『비극의 탄생』 곳곳에서 니체는 소위 삶의 잔혹성-난폭성-잔인성의 표상으로서 '구역질'을 말한다. 햄릿의 '죽음'도 구역질의 소산이다.

통찰이 삶을 정당화시킨다'에 관해서이고, 생철학의 '아르키메데스 점'에 관해서이다. "행복하게 사는 자들"이 말하는 것이 살 만하고 견딜 만한 인생!에 관해서이다; "공포Furcht"가 없을 리가 없지만, 가령 그 공포에 사로잡힌 인간에 대해 격정["연민Mitleid"=동고(同苦)]이 없을 리 없지만, "개체"로서의 존재가 아닌, "근원적 일자"로서의 존재가 이를 무마한다. 두려움과 격정마저도 근원적 일자에게는 '비밀스러운' 기쁨 같은 것이다. "생식의 기쁨 Zeugungslust" 같은 것이다. [공포와 연민은 가장 큰 격정이다. 아리스토텔레스 비극의 목표가 공포와 연민의 생성이고, '목적'이 공포와 연민의 배설이다. 최종 목적이 배설을 통해 인생을 평상심을 갖고 영위하게 하는 것이다. 공포와 연민은 가장 큰 감정들이다. 공포로 잠 못 이루고, 연민으로 잠 못 이룬다. 예수의 공생애와 붓다의 출가는 '상징으로서 연민과 공포' 때문이다. **이 세계는 왜 존재하는가? 연민과 공포 때문이다]**

니체는 이 지점에서 '디오니소스 합창단'의 의미는 말할 것도 없고, 아폴론적 '비극적 신화'의 의미 역시 수많은 "그리스 철학자들" 및 "그리스 시인들"(105)에 의해 제대로 설명된 적이 없다고 말한다. 사실 그렇지 않은가? 그리스비극에 대한 아리스토텔레스의 언급은 시사하는 바 매우 많으나 철학적 논의 깊숙이까지 도달했다고 볼 수 없다. '플라톤의 대화편' 역시 비극을 포함한 문학 일반에 관한 한 피상적 '비판' 일색으로서, 그리스비극의 철학적 의의를 말하는 데에 도달하지 못했다.

니체는 '아폴론'에 대해 다시 말한다. 아폴론적 비극 주인공에서 중요한 것은 '말'이 아니라, '행동'이고, 또한 '아폴론'에서 중요한 것은 "무대 장면들의 구성과 구체적인 이미지들"(105-106)이다. 니체는 **"우리는 그리스 비극을 말의 드라마로서만 접할 수 있다"며 온전한 그리스비극에 대한 이해의 한계를 처음으로 말한다. 이것은 당연하지만 매우 중요한 코멘트이다. 우리는 그리스비극의 공연 실황에 대해 전혀 알 수 없다.** 우리는 그리스비극을 '말의 드라마 Wortdrama'로서만 접할 수 있다. 그럼에도 니체는, 여태껏 우리가 봐왔던 그대로, "우리는 물론 참된 비극에 고유한 것이 틀림없을, 저 비할 바 없는 형이상학적 위로를 어느 정도 느끼기 위해서 음악적 효과의 압도적인 위력을 학문적으로 재구성해야만 한다"(106)고 강조한다. 우리가 그리스비극 합창단의 그 소리를 들을 수 없고, 무대 주인공들의 대사 및 의상, 걸음걸이, 무대 장면 자체를 재현할 수 없지만, '학문적으로 auf gelehrtem Wege' 재구성하는 일은 가능하지 않을까? 니체의 희망이고, 『비극의 탄생』이 그에 대한 결과이다.

> 형상과 신화를 통해 (자신을) 드러내려는 음악 정신의 저 고투는 서정시에서 시작하여 아티카비극에 이르기까지 점차 고조되어가다가, 풍부한 전개에 어렵게 도달한 후 갑자기 중단되어 그리스 예술의 표면에서 사라지게 된다.(Ⅲ-1, 106)

"형상과 신화를 통해 자신을 드러내려는 음악 정신의 저 고투"가 많은 것을 요약한다. 음악 정신이 디오니소스 합창단을 지시하고, 디오니소스 합창단의 반영으로서 형상과 신화가 아폴론 주인공 무대를 지시한다; 문제는 니체가 "음악 정신"의 소멸을 말하면서도 그 음악 정신에 의한 '음악적 효과'를 '학문적으로 재구성할 것'을 요구한 것! 강조하면, 그리스비극의 음악 정신 및 음악적 효과의 재구성이(혹은 재구성하면) 바로 『비극의 탄생』 아닌가?

다시금 니체는 "고대 비극이 지식으로의 변증법적 충동 및 학문의 낙천주의로의 변증법적 충동에 의해 그 궤도를 벗어나게 된 것"(107)을, 즉 음악 정신 자체가 소멸한 원인을 재차 강조한다. '지식으로의 변증법적 충동' 및 '학문의 낙천주의'가 다름 아닌 소크라테스-알렉산드리아 문화의 표상이다.[4] 학문과 예술은 니체에 의한 때 상호 대립적 존재이다. 정

4 알렉산드리아 문화의 알렉산드리아적 인간 der alexanderische Mensch이 니체에

확히 말하면 학문은 예술에 의할 때, 예술과 '대척적'이다. '존재'(혹은 존재자)의 탐구라는 점에서 어느 정도 공통점이 있더라도, 학문에서 궁극적 존재에의 탐구를 기대할 수 없고(학문은 존재자에 대한 탐구에 그치고), 따라서 (소크라테스적) 학문에서 궁극적 형이상학적 위로 및 구원을 기대할 수 없다. (소크라테스적) 학문과 예술 둘 다 '존재론'이라 하더라도, 소크라테스-플라톤에서 진정한 존재론을 말할 수 없는 것은 우선은, 그들이 존재론을 '했다'기보다 존재-신-론을 한 것으로 보이기 때문이다. **존재-신(神)-론이 아닌, 진정한 존재론의 개시는, 예술가 존재론이든, 신에 대한 사망 선고가 견인한 존재론이든, '니체'에 의해 본격적으로 개시된 점을 부인할 수 없다.**

3) 이론적 세계관과 비극적 세계관의 투쟁

"'이론적 세계관과 비극적 세계관' 사이의 영원한 투쟁"을 니체는 말한다. 에우리피데스의 등장을 말한다. 미학적 소크라테스의 승리를 말하는 것처럼 보인다. 요컨대 니체는 다시금 소크라테스에 의한 '학문지상주의'의 승리를 말한다. [비극에서 비극 정신으로서 '음악 정신'을 말할 때, 학문에서 학문 정신을 말할 수 있다] 소크라테스에 의한 "학문 정신"으로 "자연의 규명 가능성에 대한 믿음"과 "지식의 보편적 치료 능력에 대한 믿음"(107)을 말한다.

학문 정신에 의해 ① "신화Mythus"가 파멸되었으며, 그리고 "시가Poe-

게 근대인의 표상이다. 18장에서 다음과 같이 말하는 니체: "그는[근대 인간은] 말하자면 영원히 굶주린 자이고, 기쁨과 힘이 없는 '비평가'이고, 결국은 도서관 사서 Bibliothektar이고 교정자, 책 먼지 및 활자의 오식으로 비참하게 눈이 멀게 될 알렉산드리아적 인간이다."(116)

sie"가 고향을 상실한 것을 말한다(107). ② 다시 신화를 낳을 수 있는 음악, 음악 정신을 말한다. 음악이 유일하게 '신화 창조적인 힘'을 갖고 있다.

> 신화는 무한을 응시하는 보편성과 진리성의 유일한 본보기로서 직관적으로 느껴질 것을 요구한다. 디오니소스적 음악은 진정으로 세계 의지의 보편적 거울로서 우리에게 등장한다. 구체적[직관적, anschaulich] 사건은 디오니소스적 음악이라는 이 거울에 반사되어, 곧바로 우리의 감정을 향해 영원한 진리의 모상으로 확대된다.(Ⅲ-1, 108)

아폴론적 신화에 대한 정의가 새삼스럽다. 신화는 구체적-직관적 사건이다. 무한성과 "보편성", 그러므로 "진리성"이 특징이다. 디오니소스적 음악에 대한 정의가 새삼스럽다. "세계 의지의 보편적 거울"은 이념의 보편적 거울 및 물자체의 보편적 거울과 같은 말로서 쇼펜하우어의 음악 형이상학적 정의를 반복한 것. 의지의 직접적 발현, "의지의 직접적 모상"이 음악이다(『의지와 표상으로서의 세계』, 31장); 음악 정신의 몰락은 "영원한 진리의 모상"이 아닌, "현상의 초라한 모사" "회화적 음악 Tonmalerei"(108)으로 나타났다. "새로운 아티카 주신찬가[디티람보스]"(107)의 탄생이다. 인용이다.[5)]

---

5 '새로운 아티카 주신찬가 neuere attische Dithyrambus'로서, 회화적 음악[음악적 회화]를 말할 때 이것은 15~16세기에 성행한, 주인공의 심리 감정 상태를 표현력 있게[격정적으로] 묘사하는 서술 양식, 혹은 "반(半) 노래"와 "전(全) 노래조의 감탄사"가 상호 교체하는 서술 양식인 "무대조 stilo rappresentativo"를 포함하고, 이의 변형으로서 '노래를 대부분 말에 의존하는'—말하듯이 노래하는—'반은 노래하고 반은 얘기하는 halbmusikalisch' 화법인 '서창(敍唱, 영창[이야기], Rezitativ)'을 포함한다. 후자에서 특히 니체는 "극도의 모자이크적 유착Conglutination"으로서 "서사시적 낭송과 서정시적 낭송의 혼합"(Ⅲ-1, 19장, 116-117)을 말한다.

> […] 이 음악은 내적 본질, 즉 의지 자체를 더이상 발언하지 않고 오로지 현상을 불충분하게, 개념을 통해 매개된 모방으로만 재현했다.(107-108)

여기서 "이 음악"은 '새로운 아티카 주신찬가'이다. "의지 자체"가 아닌, 현상을 불충분하게 모방한 새로운 아티카 주신찬가! 음악은 새로운 주신찬가에 의해 이를테면 "전투나 바다의 폭풍 같은 현상들의 모조가 되었고, 이로써 음악은 자신의 신화 창조적인 힘을 완전히 빼앗겼다."; 니체에 의할 때 이는 "소크라테스의 예술 살해적 경향" 때문이다. 살해는 물론 디오니소스적 주신찬가의 살해이다. 여기에서 니체는 하나의 에피소드로서 '아리스토파네스'를 소개한다.

> 아리스토파네스는 소크라테스 자체, 에우리피데스의 비극, 그리고 새로운 주신찬가의 음악을 똑같이 미워하는 감정을 갖고 파악한바, 이 세 현상 모두에서 퇴락한 문화의 징표들을 감지한바, 이는 확실히 정곡을 찔렀다.(108)

이상과 같은 논의에서 두 가지 음악 정신, 두 가지 음악을 요약해서 말할 수 있다. ①세계 의지의 직접적 모사["세계 의지의 보편적 거울"], 즉 "보편성과 진실성"으로서의 디오니소스적 음악이다. ②"현상의 초라한 모사"로서 회화 음악이다; ①은 저간의 '세계 일자'로서 디오니소스적 음악이고, ②는 현상을 모방하는 새로운 아티카 주신찬가이다. ①은 '신화 창조적 힘'을 가진 참된 음악이었다; ①에서는 개개의 현상이 "세계상Weltbilde"과 이어졌고 ②는 "현상의 노예"일 뿐이었다.(109)

아폴론적 무대 주인공에서도 변화가 있었다. 인물은 "영원한 전형"이 아닌, 개별자로 나타났고 "개별적individuell" 효과가 중시되었다. 보편성을 누르고 "해부학적 표본 Präparat"이 승리했다. '세계법칙의 반영으로서 예술이 아닌, 이론적 학문적 인식의 승리'를 말하게 되었다. 무대 주인공 무대는 간단히 말하면, '왜'에 대한 대답이 아니라, '어떻게'에 대한 대답이었다.

요컨대 개별자 및 개별적 효과가 비극의 표상이 된 것을 말할 때 이것이 의미하는 것은 "현상Erscheinung"이 "보편성 das Allgemeine"을 압도하는 것이고, 학문적 인식이 "세계법칙Weltregel"(Ⅲ-1, 109)을 압도하는 것이고, (에우리피데스의) "격렬한 정열을 표출하는 개개의 커다란 성격적 특징"이 (소포클레스의) "전체 성격 Ganze Charaktere"에 대한 묘사를 압도하는 것이다.

> 소포클레스가 아직 전체 성격을 묘사하고, 전체 성격의 섬세한 전개를 위해 신화를 이용하는 반면, 에우리피데스에서 벌써, 격렬한 정열을 표출하는 개개의 커다란 성격적 특징들만이 묘사된다. 새로운 아티카 희극에서는 ' 하나의 ' 표정을 한 가면을 걸친, 경솔한 노인, 속아 넘어간 뚜쟁이, 교활한 노예들이 성행한다. 음악의 신화 창조적 정신은 이제 어디로 갔는가?(Ⅲ-1, 109-110)

니체에 의하면 요컨대 신화가 '자연'(혹은 예술가의 자연 '모방 능력')을 압도해야 하는데 소포클레스[6], 특히 에우리피데스 이후 자연 모방-현실 모방이 인류보편적 '신화'를 압도한 것으로 간주한다. 물론 음악 때문이다. 음악 결핍 때문이다. 디오니소스적 음악 정신의 쇠퇴 때문이다. 음악 정

---

6 니체는 17장 후반에서, 앞서 이미 소포클레스에서 배우가 늘어나고 합창단의 역할이 축소되기 시작한 것을 지적한 것에 이어, 소포클레스 비극에서 "성격 묘사"와 "심리적 섬세함"이 강화되는 현상이 이미 나타나는 것에 대해 말한다(109). 소포클레스가 에우리피데스를 '예비'하고 있었던 셈이다. '소포클레스 비극'에서 이미 소크라테스주의의 영향이 나타나기 시작했다.

신의 쇠퇴와 신화의 쇠퇴는 비례관계이다. 음악 정신의 쇠퇴가 신화의 쇠퇴를 가속화시켰다. 무대에서 신화적 보편성, 인류학적 보편성은 사라지고, 자연주의적 격정, 자연주의적 변론이 득세하게 되었다.

신화적 보편성과 인류학적 보편성? 신화적 보편성과 인류학적 보편성은 동전의 앞뒤 관계이다. 신들이 인류의 삶을 살면서 인류의 삶을 정당화시킨다. 주인공의 자연주의적 격정 및 변론술에는 '정당화'가 없다. 형이상학이 없고 형이상학적 위로가 없다. 음악 정신의 쇠퇴? 음악정신의 쇠퇴가 말하는 것은, 인류학적 보편성 및 신화적 보편성을 정당화시키는 보루로서, 혹은 "**최고의 '예술'인 비극**"(22장, 138)을 비극을 비극이게 하는, 비극예술을 비극예술이게 하는, 음악 예술의 쇠퇴를 말한다.

아폴론적 무대 주인공들이 '올림포스의 신들의 삶을 살 때'[신화적 삶을 살 때] 정당화되는 것은 올림포스 신들의 삶이 아니라, 아폴론적 무대 주인공들의 삶이고, 또한 정당화되는 것은 아폴론적 무대 주인공을 바라보는 청중들의 삶이고, 그리스인들의 삶이다. 인류의 삶을 정당화시킨다?! 청중의 삶을 정당화시킨다. 그리스인들의 삶을 정당화시킨다. 니체가 "음악"을 "신화 창조적 정신"이라고 한 것에 주목해야 한다. 신화를 (재)창조하는 것이 음악의 힘이다. 신화에 형이상학적 힘을 부여하는 것이 음악이다.

'청중들은 주인공들의 파멸에 희열을 느낀다.' 『비극의 탄생』에 여러 번 비슷하게 반복되는 이 구절은, 간단히 '개별화 원리의 파열'을 말하는 이 구절은 아폴론적 정당화의 철학과 디오니소스적 정당화의 철학을 동시에 말한다. 올림포스 신들의 삶이, 혹은 프로메테우스-오이디푸스 무대주인공들의 삶이 인간의 삶을 정당화시키는 것을 말할 때 이것이 아폴론적 조형예술의 정당화이다. 물론 정당화가 인간의 삶이므로, 정당화는 인간의 생-로-병-사 및 희로애락 전반이다. **음악예술이 인간의 삶을 정당화시키는 것을 말할 때 이것이 디오니소스적 음악 예술(불협화**

음의 음악 예술)의 정당화이다. 디오니소스적 불협화음에 의한 인간의 불협화음의 정당화이다.

아폴론적 정당화와 디오니소스적 정당화를 수평적 유비관계로 말하기 곤란한 것은, 요컨대 아폴론적 정당화는 디오니소스적 정당화의 힘에 의해서이기 때문이다. 디오니소스적 정당화에 의해서 비극은 최종적 정당화에 도달한다. 음악은 의지의 직접적 발현으로서, 그 자체 의지이고, 이념이고, 물자체로서, 인간 삶의 가장 안쪽에 관해서이다. 니체가 반복해서 말하는 근원적 존재에 의해서, 근원적 일자에 의해서, 드러나는 것이, 근원적 존재 및 근원적 일자의 통찰에 의해 드러난 것이, 근원적 고통이고 근원적 모순이다. 근원적 고통과 근원적 모순이 '인간 삶의 가장 안쪽에 있는 것'이다.

니체는 근원적 일자 앞에 '디오니소스적'을 붙인 바 있다. 근원적 일자는 디오니소스적 근원적 일자이다. 음악이 그 표상인 디오니소스적 근원적 일자가 인간 삶의 가장 안쪽에 있는 것을 잡아낸다. 근원적 고통과 근원적 모순을 잡아낸다. '아폴론적' 인간 삶의 정당화(이를테면 생-로-병-사의 정당화, 희-로-애-락의 정당화)를 최종적으로 이뤄내는 것이 디오니소스 음악이다. 디오니소스 음악의 '광포한' 반주(?)이다.

니체가 '신화 창조적 음악'이라고 했을 때 이것은 이미 '신화'를 정당화시키는 것을 포함한다. 음악은 신화를 창조하면서 신화를 정당화한다. 정당화는 것은 신화 자체이고, 나아가 음악의 헤라클레스 힘으로써, 의지의 직접적 발현인 세계이념 및 물자체로써 정당화하는 것은 근원적 고통과 근원적 모순이다. 니체 철학에서 정당화의 철학을 말할 때 이것은 우선 아폴론적 정당화의 철학이고, 이 아폴론적 정당화를 덮어쓰는 디오니소스적 정당화의 철학이다. 인용이다. 니체는 묻는다. 탄식한다.

음악의 신화 창조적 정신은 어디로 갔는가? 음악에 아직 남아 있는 것은 선정적 음악이거나 (특별한 생각을 불러일으키는) 음악, 다시 말해 지치고 무뎌진 신경의 자극제 아니면 회화적 음악뿐이다.(Ⅲ-1, 110)

니체는, 강조할 때, 소포클레스의 '전체적 성격'이 아닌, 에우리피데스의 '개개의 커다란 성격'의 '만연'을 말한다. 에우리피데스의 『메데이아』의 메데이아를 보라. "비음악적 천성"(109)의 에우리피데스에 의해 음악은 현상계의 주인이 아닌, 현상계의 노예로 전락했다. 디오니소스는 아폴론의 노예로서, '아폴론'에 대한 잔잔한 반주 정도의 역할로 한정됐다. 강조하면, 대중가요적 '선정적 음악 Aufregungsmusik', '회화적 음악'으로 전락했다.

4) 니체 형이상학—니체 예술론

『비극의 탄생』 17장 후반은 매우 중요하다. 니체 형이상학이 소결론 형태로 그 모습을 분명히 드러냈다. 역설적 결과로서, '비극 형이상학'의 죽음을 통한 니체의 '비극 형이상학'의 탄생이다. 편의상 번호를 붙였다.

① 니체는 최근 희곡 작품 및 소포클레스의 마지막 작품 『콜로노스의 오이디푸스 Oedipus auf Kolonos』의 마무리 장면, 그리고 에우리피데스가 드라마를 마무리 짓는 방식인 '기계 신(神)' 장면에 주목한다. '결말'에서 공통적으로 "형이상학적 위로 der metaphysische Trost"(110)가 사라진 것을 말한다.[7] "비(非)-디오니소스적 정신"의 득세이고 디오니소스적 근원

---

7 17장 말미, 니체 전집 Ⅲ-1권 110페이지에만 '형이상학적 위로 metaphysische Trost'가 세 번 등장한다. 니체 철학은 고전 형이상학, 기독교 형이상학 등, 일체의 형이상학을 파괴했지만, 그 자신 세운 것이 또한 형이상학이었다. 니체 고유의 형이상학이었다. '여호와'나 '프롤레타리아' 같은 '발판'이 없는 니체 고유의

적 존재—근원적 일자의 쇠퇴이다. 근원적 고통과 근원적 모순의 반영으로서, 비극적 주인공의 파멸에 대한 디오니소스 합창단의 '광포한 부조화의 선율'["비극적 불협화음"(110)]이 사라졌다. '(무대 주인공의) 파멸'의 아름다움, 거기에서 기인하는 즐거움이, 그 즐거움에서 기인하는 '형이상학적 위로'가 사라졌다. 『콜로노스의 오이디푸스』의 마무리 장면과 에우리피데스의 '기계 신 Deus ex Machina' 장면은 고차원적 '형이상학적 위로'와 무관한, "지상적 해결[해소]"(110)에 다름 아니다. 이른바 줄거리에 의한 시적(詩的) 결론, '시적 정의(正義)'이다.

니체가 "운명을 통해 충분한 시련을 겪은 주인공은 성대한 결혼이나

형이상학이었다.

슈뢰딩거가 그 유명한 고양이 실험을 통해 양자역학적 '제3의 가능성의 부인 Tertium non datur'의 부인을 증명(?)했을 때, 고양이는 같은 시간대에도 관찰자에 따라 살아 있을 수도 있고 죽어 있을 수도 있다는 것을 증명했을 때, 이것은 순전히 사고 실험 Thought Experiment에 의한 것이었다. 소립자 방출, 독극물, 고양이 등은 모두 사고(思考) 속에 있는 존재자들이었다. 이른바 슈뢰딩거의 고양이라는 상상의 드라마 속의 존재자들이었다. 니체의 형이상학적 건축도 슈뢰딩어의 고양이 실험과 유비로서 '사고 실험에 의한 것'이라고 할 수 있다. 아폴론적 (주인공의 '아름다운') 파멸에 의한 '파멸의 정당화', 디오니소스적 불협화음에 의한 이른바 '기쁜 파멸'로서의 파멸의 정당화를 말할 때 이것은 그리스비극을 토대로 한 니체 해석에 많이 의존한다.

니체가 이미 확인 했듯(17장, 108) 현존하는 '그리스비극 공연물'은 존재하지 않는다. 그리스비극은 '대본Wortdrama'(혹은 레제드라마Lesedrama)으로만 존재한다. 니체 형이상학의 탄생은 오로지 그리스비극 대본에 대한 니체 해석 그 자체에 근거한다. 이후의 차라투스트라 형이상학 역시 '신의 죽음'이 조건이지만, 차라투스트라 형이상학의 주요 내용인 초인간 사상 및 영원회귀 사상 역시 오로지 '신의 죽음'에 대한 해석으로서, 즉 신의 죽음에 대한 니체 반응 그 자체라고 말할 수 있다. 사고 실험에 의한 니체 형이상학의 탄생!

중요한 것은 니체의 형이상학적 위로에 대한 끊임없는, '심층적' 관심이다. '잔혹한 자연'(자연은 우리에게, 우리의 생-로-병-사에, 관심이 없다. 물론 '자연'이 생-로-병-사를 정당화하는 것을 말할 수 있다. 니체는 자연의 정당화가 아닌 인간에 의한 정당화에 의한 '진정한' 정당화의 효과를 기대했다. '인생은 오로지 미적 현상에 의해서만 정당화된다.' 『비극의 탄생』 주제문이다)에 대한 대응으로서 형이상학적 위로의 요청이고, '신의 죽음'에 대한 대응으로서 형이상학적 위로의 요청이다. 니체 고유의 형이상학의 탄생이다.

신적 예우를 통해, 받아야 할 만한 보상을 받는다"(Ⅲ-1, 110)고 할 때 이것이 시적 결론[시적 정의]에 관해서이다. '신의 예우'를 통한 보상은 『콜로노스의 오이디푸스』의 오이디푸스에 대해서이다. 『콜로노스의 오이디푸스』는 오이디푸스가 그 고통으로 신적 예우 göttliche Ehrenbezeugungen를 받는 것으로 끝난다. 해피 엔딩의 드라마, '아티카 희극 Attika Komödie'의 비(非)디오니소스적 드라마에 현상적-피상적 구원이 있다. 본래적 의미의 구원이 없다. 본래적 비극의 아폴론적/디오니소스적 '불협화음'[8]이 선사하는 본래적 심층적 형이상학적 구원이 없다. 아름다운 비극적 파멸('아폴론')과 비극적 파멸에 대한 광포한 정당화('디오니소스')가 본래적 심층적 형이상학적 구원이다.

② 새로운 드라마들은 그 표상이 '변증법적 문답술(에 의한 해소)'인 "노쇠한 비생산적 [실존] 욕구"(110)의 전경화(前景化), 그 이상 그 이하도 아니다. 전성기 '그리스적 명랑성'이 진지한 고통에서 길러진, "소박성Naivität"(111)이 그 표상인 명랑성이었다면 이후의 명랑성은 노쇠한 '현존 욕구'에서 길러진 표피적-피상적 명랑성이었다. 니체는 본래의 소박성과 명랑성을 "암울한 심연에서 자라나온 아폴론적 문화의 봉오리"(111)였다

---

8 '아폴론적 불협화음'은 주인공의 파멸에 관해서이고, 형상예술에 의한 파멸에 관해서이다. 디오니소스적 불협화음이 액면 그대로, 보다 근원적인 속삭임 같은 것으로서, 근원적 고통 및 근원적 모순을 내용으로 하는 음악적 불협화음에 관해서이다. 둘 다 삶의 근원적 고통과 근원적 모순을 정당화시킨다. 아폴론적 형상예술에 의한 형이상학적 위로가 표층적이고, 디오니소스적 음악예술에 의한 형이상학적 위로가 심층적이라고 꼭 단정 지을 필요는 없다. 문제는 아폴론적 무대에서의 (2차적) 파멸 및 아폴론적 형상예술에 의한 형이상학적 위로가, 디오니소스적 불협화음, 즉 디오니소스적 음악 형이상학에 의해 뒷받침되는 점이다. 아폴론적 무대에서의 (1차적) 미화[美化, 변용(變容), Verklärung]가, 즉 '꿈 예술 효과[마야의 베일 효과]'가 '환영Vision'으로까지 강화되는 것도 디오니소스적 합창단에 의한 것이다. 디오니소스 합창단이 하는 일이 많다. 『비극의 탄생』의 초판본 원래 제목이 '음악의 정신으로부터 비극의 탄생'인 점을 상기하라.

고 말한다. 구원의 조건이 '암울한 심연'으로서, 혹은 디오니소스적 지혜에 의한 것으로서, 디오니소스적 불협화음과 아폴론 주인공의 파멸이다. 결과가 구원으로서의 그리스비극이다. 결과가 또한 그리스적 소박성과 명랑성의 탄생이다.

강조하자. 그리스 비극은 '그리스적 의지 hellenischer Wille'가 고통과 그 고통에서 얻은 (그리스적) 지혜의 산물이다. 암울한 심연에서 건져 올린 아폴론적 문화의 봉오리였다. 그리스인은 '고통의 천재'였다. 고통을 지혜의 건축물로, 곧 비자연적 방법인 '비극'으로 돌파한 예술적 천재였다. 그리스적 소박한 명랑성이 그 소산이었다. 니체는 17장 대미를 그리스적 명랑성에 대(對)한, 그러나 "'그리스적 명랑성'과 다른 형태의 명랑성인 알렉산드리아적 명랑성"에 대한 소개로 끝낸다. 알렉산드리아적 명랑성의 '가장 고귀한 형식'으로서, 요컨대 소크라테스주의에 의한 명랑성으로서, "'이론적 인간'의 명랑성"(111)을 말한다.

니체에 의할 때 알렉산드리아적 명랑성, 이른바 이론적 인간의 명랑성은 ① "디오니소스적 지혜와 예술"에 선전포고였다. ② 신화를 해체하려 했다. 형이상학적 위로 대신 "지상적 조화 irdische Consonanz", 즉 '기계신'이라는 사건의 "용광로", '자연 정령의 힘'을 내세우게 했다. ③ "지식을 통한 세계 개선"과 "학문이 이끄는 삶"을 믿었다. ④ 개인을 "아주 협소한 범위의 해결 가능한 과제"에 가두었고, 삶을 향해 "나는 너를 원한다. 너는 인식될 가치가 있다"(111)고 명랑하게 말하게끔 한다.

알렉산드리아적 인간의 명랑성은 지식의 만병통치약에 대한 믿음 자체, 요컨대 '지식의 만병통치약'에 의한 것이다. 비극예술의 거대한 '말 그대로의' 만병통치약에 대해 지식의 사소한 만병통치약을 못 말할 이유가 없다. 현존의 사소한 즐거움에 대(對)해 '존재' 자체에 대한 것으로서, 즉 그에 대한 거대한 '형이상학적 위로'로서 (학문이 아닌, 예술의) 말 그대로의

'근원적 만병통치약'을 못 말할 이유가 없다.

덧붙여야 할 것이 니체의 소크라테스 비판, 알렉산드리아주의 비판, 즉 학문 비판을 통해 니체 예술론이 간접적으로나마, 간접적으로 해서 더욱 분명하게, 그 모습을 드러낸 점이다. 이를테면 '지식을 통한 세계 개선'을 니체는 비판한다. '학문이 이끄는 삶'을 니체는 비판한다. 후자, 학문이 이끄는 삶에 대한 물론 니체의 입장은 간단하다. 문제는 학문이 이끄는 삶이 아니라, 예술이 인도하는 삶이다. 예술이 인도하는 삶을 살아야 한다; 문제는 전자(前者)이다. 지식을 통한 세계 개선? 니체는 '지식을 통한 세계 개선'의 부정에서 말 그대로 '지식 그 자체'를 통한 세계 개선의 부정만을 말하는 것이 아닌 것으로 보인다. 일체의 '현실 개선 수단'에 대한 부정이다. 예술에 의한 세계 개선의 부정, 예술에 의한 현실 개선의 부정 물론 포함된다. **니체의 관심은 현실 개선에 있는 것이 아니라, 존재 개선에 있다. 니체의 궁극적 관심은 '존재 개선'을 통해, 요컨대 '죽음과 같은 삶' 극복을 통해 인생을 살 만하고 견딜 만하게 하는 데에 있다.** 앙가주망 예술론의 부정? 무슨 뜻인가? 가장 혜택받지 못한 계층의 관점에서 가장 혜택받지 못한 계층을 위한 문학? 무슨 뜻인가?

7장

디오니소스와 아폴론 개관

–니체의 비극론

1) 아폴론의 이중성—비극적 신화의 '생성'

니체는『비극의 탄생』24장에서 '서사적 사건', 즉 배우들의 무대 장면을 두고 "아폴론적 '착각' apollinische 'Täuschung'"(145; 21장, 133–135)의 다른 말인 아폴론적 '계시(啓示, Offenbarung)와 은폐Verhüllung'를 말한다. [무언가를 나타내는 것으로 보이나 좀처럼 정체를 탈은폐시키지 않는다] 디오니소스적 지혜가 작용한 것으로서 '아폴론'의 모호성이다. 계시와 은폐는 '아름다운' 무대 주인공 너머 '몰락하는' 무대 주인공의 계시이고, 동시에 몰락하는 무대 주인공의 은폐이다. '문제'가 몰락하는 무대 주인공인 셈이다.

은폐는 미학적 관객의 기대대로 탈은폐Enthüllung된다. 아름다운 무대 주인공(혹은 투쟁하는 무대 주인공)이 '몰락하는 무대 주인공'으로 급전(急轉)한다. 무대 뒷면의 몰락하는 주인공과 무대 앞면 오케스트라석의 디오니소스적 불협화음이 '같이' 간다. 뒤에서도 몰락을 정당화시키고, 앞에서도 몰락을 정당화시킨다. 배우들의 무대 장면에서(인데 아폴론적 무대 장면인 그 무대 장면에서) '아폴론'과 '디오니소스'가 교차하는 것을 분명히 한다. [아폴론적 무대 장면에서 몰락하는 주인공을 말할 때 이것은 디오니소스적이다. 아폴론은 디오니소스(의 모습)로 나타나고, '디오니소스'는 아폴론의 언어로 말한다]

니체는 "진정한 미학적 관객"(147)을 말하면서, 그들을, 아폴론적 이중성, 즉 "두 가지 과정"(146)의 "병행 Nebeneinader"(147)이 "비극의 고유한 작용들" 중에서 "가장 눈에 띄는 작용"라는 것을 알고 있는 관객으로 정의한다. 비극에서 '가장 눈에 띄는 작용'? **아폴론 무대에서의 미와 추의 교대가, 즉 아름다운 주인공과 몰락하는 주인공의 교대가 비극에서 가장 눈에 띄는 일이다? 말 그대로 주목(注目)할 만하다.**

강조하자: 미와 추의 교대는 디오니소스적 지혜에 의한 것이고, 뒤의 추는 더욱이 무대 앞면의 오케스트라석에서 울리는 불협화음과 상호 상승작용을 일으켜 비극을 비극으로 끝나게 하는 중요한 동인(動因)이다. 아폴론과 디오니소스는 '형제' 관계이다.(146; 21장, 136; 22장, 137); 25장을 참고해 얘기하면, 아폴론과 디오니소스는 영원한 정의의 원칙에 따른 상호 엄정한 균형 관계이다. 디오니소스 음악[불협화음]은 '아폴론'이 감당할 수 있는 만큼만 허용된다(151). (그 이상의 불협화음은 안 된다.) 아무튼 아폴론 무대에서의 두 가지 사건의 교차가 "'비극적 신화'의 생성Genesis"(147)이다. [비극적 신화는 신화 이야기를 내용으로 하는 비극이다. 비극적 신화는 아폴론 무대를 지시한다] 니체의 표현을 보자.

> 비극적 신화는 아폴론적 예술 영역과 가상과 관조에 대한 충만한 쾌락을 공유하며 동시에 이 쾌락을 부정하고, 가시적 가상 세계의 파괴에서 훨씬 높은 만족을 얻는다. 비극적 신화의 내용은 우선, 투쟁하는 영웅을 찬양하는 서사적 사건이다. 그러나 영웅의 운명에서 나타나는 고뇌, 매우 고통스러운 극복, 고통스럽기 짝이 없는 동기의 대립, 간단히 말해 실레노스 지혜의 예시가, 혹은 **미학적 표현으로서 추한 것과 부조화한 것이 그 수많은 형식 속에서, 그것도 어느 민족의 아주 풍성하고 아주 젊은**

시대에 특히 사랑을 받으며 계속해서 새롭게 서술되는, 이러한 그 자체 수수께끼 같은 모습은 도대체 어디에서 유래한다는 말인가? 이 모든 것에서 더 높은 쾌락이 느끼는 것이 아니라고 하면 말이다.(Ⅲ-1, 24장, 147) [강조는 필자]

우선, '비극적 신화' 아폴론 무대는 '좁은 의미의' 아폴론적 미화(美化) 장면으로 나타난다. 아폴론적 미화 대신 "아름다움의 베일 Schöheitsschleier"(25장, 151)이란 말이 본뜻에 더 어울린다. **그다음**, 아폴론 무대의 '비극적 신화'는 아름다움의 베일에서 벗어나, 즉 '아름다운 주인공'에서 벗어나 (미학적 관객의 기대대로) 몰락하는 주인공을 보여준다. 몰락하는 주인공을 탈은폐시킨다. '추'를 탈은폐시킨다. 미학적 관객의 '탈은폐'에 대한 동경이다. 비극적 신화는 (미학적 관객에게) "가상과 관조에 대한 충만한 쾌락"에서보다 "가시적 가상 세계의 파괴"에서 "훨씬 높은 만족"을 선사한다. "투쟁하는 영웅"의 찬양이 1차적 아폴론적 미화 사건이라면, "동기의 대립 Gegensätze der Motive"에 의해 드러나는 '영웅의 고뇌-고통'이 2차적 아폴론적 탈은폐 사건이다.

주목되는 것은, 인용문에서 니체가 아폴론적 '비극적 신화'를 설명하면서 "우선(적으로) zunächst"라는 부사를 사용한 점이다. **'우선'은 문맥상 '1차적으로'라는 뜻을 갖는다. 요컨대 비극적 신화는 일차적으로 "투쟁하는 영웅을 찬양하는 서사적 사건"이다. '그다음' 1차적 사건에 붙어 오는 것으로서, 미학적 관객이 기대하는 사건으로서, 즉 2차적 사건으로서—고뇌와 고통의 탈은폐이다. "추한 것과 부조화한 것"의 탈은폐이다. 아폴론적 비극적 신화는 궁극적으로 '추'를 탈은폐시키는 '사건'이다.**

아폴론적 '2차'가, 추한 것과 부조화한 것을 말하므로 디오니소스적 '미화'(디오니소스적 미화는 역설적 표현이다. '미화'는 여기서 '미적 표현', 혹은 '예술적 표현'과 같은 말이다. '미학화'의 뜻을 갖는다. 디오니소스적 미적 표현, 혹은 디오니소스적 미학화가 본래의 의도에 부합한다. '디오니소스'는 아름답지 않기 때문이다. 불협화음으로 나타나기 때문이다), 즉 디오니소스적 불협화음의 유희와 무관하지 않다. 니체는 실레노스 어조 같은 말을 인용한다. '보아라! 잘 보아라! 이것이 너희들 인생이다! 이것이 너희들 실존 시계의 시곗바늘이다!'(147)[1] ; '이것'은 아폴론적 2차적 사건에 관해서 말했으나, '디오니소스적 유희'와의 관련을 부인하지 못한다.

미학적 관객은 이러한 탈은폐된 (아폴론적) '2차적 사건'에서—디오니소스적 지혜에 의한 것으로서—"더 큰 쾌락"을 얻는다. '보다 높은 만족', '더 큰 미학적 쾌락'을 말할 때 이것은 또한 디소니소스적! 만족 및 쾌락을 지시한다. [만족과 쾌락은 무관심성, 무목적성, 유기체론, 숭고, 그리고 '고유의 천재론' 등과 함께 칸트의 『판단력비판』 미학의 주요 키워드이다. 칸트의 '미의 미학'의 주요 키워드이다. 니체가 칸트의 『판단력비판』을 독해한 것은 알려진 바대로이다] 다음은 위의 인용문에 이어 니체가 던지는 말이다.

> 그럴 것이 삶이 실제로 그토록 비극적이라는 이유만으로 한 가지 예술 형식의 생성을 설명하기란 힘들 것이다. 더구나 예술이 자연 현실의 모방일 뿐만 아니라, 자연 현실을 극복하기 위해 그 곁에 세운 자연 현실의 형이상학적 보충물일 때 말이다. 비극적 신화는 그것이 대체로 예술에 속하는 한, 예술 일반의 이러한 형이상학적 미화의 의도에 전적으로 참여한다. 그러나 만약 비극적 신화가 현상 세계를 고통받는 영웅의 형상 아래 상연해낸다면 그것은 어떤 미화인가? (이것은) 현상 세계의 '실재'를 미화하는 것[아름다움으로 포장하는 것]은 아니어야 하지 않는가. 그럴 것이 비극적 신화는 우리에게 이렇게 말하기 때문이다. '보아라! 잘

1 가장 나쁜 실존을 시인(是認)시킨다고 할 때 '이것이'[고통이] 그 가장 나쁜 실존에 관해서이다.

보아라! 이것이 너희의 인생이다! 이것이 너희들의 실존 시계의 시곗바늘이다!' […] 추한 것과 부조화한 것이, 즉 비극적 신화의 내용이 어떻게 미(학)적 쾌락을 불러일으킬 수 있는가?(Ⅲ-1, 24장, 147-148)

예술은 "자연 현실의 모방"일 뿐 아니라, (냉혹한-냉엄한) 자연 현실을 극복하기 위해 자연 곁에 세운 "자연 현실의 형이상학적 보충물"이다. [예술은 '자연 현실'을 극복하기 위한 '형이상학적 보충물 ein metaphysisches Supplement'이다] 여기서 (니체의) 주목되는 입장이 나타난다. 니체 예술론이다. 니체에게 '1차적' "형이상학적 미화의 의도"는, "예술"을 대하는 기본 입장으로서 수용적 대상이다. 미화, 곧 변용에 의한 것으로서 인생을 그대로 살 만한 것으로 보여주는 것이 1차적 형이상학적 미화이다.

문제는 실재성이고, 그리고 '실재성의 외면'이다. 니체는 '1차적 아폴론'에 머무르는 것에, 즉 '실재성'의 미화[변용]에 계속 머무르는 것에 분명히 반대한다. 2차적 형이상학을 요구한다. '실재성'의 미화는, 실재성을 아름다움으로 포장하는 것으로서 실재성의 은폐이다. 잔혹성과 잔인성이 그 표상인 실재성의 '은폐'는 실재성의 외면 및 호도(糊塗)와 다름없다. [1차적 아폴론적 변용으로 끝내는 것은 냉혹성-잔혹성이 표상인 '삶의 실재'를 외면하고 호도하는 미적 행위이다][2)]

---

2 '현실을 외면하지 말고 호도하지 말자'고 할 때 이것은 루카치식 비판적 리얼리즘의 격률에 해당된다. 루카치가 19세기 후반의 '자연주의' 운동을 비판할 때 줄기차게 외쳤던 '구호'이다. 루카치에 의할 때 자연주의 문학은 "협소한 단선 궤도" 같은 것이다. 총체성이 아닌 "직접성Unmittelbarkeit"의 원리만이 지배한다. "(자연주의를 포함한 현대 문학의 여러 조류들은) 사상적으로나 감정적으로 모두 이런 직접성에 머물러 있으며 본질을 파헤치지 않는다. 실제 사회생활과의 실제적 연관 관계나 이러한 체험을 객관적으로 유발시키는 숨겨진 원인들, 그리고 이러한 체험을 객관적인 사회현실과 결합시키는 매개물들은 파헤치지 않는다."(G. Lukács, Es geht um den Realismus, in: ders., Probleme des Realismus Ⅰ, Neuwied-Berlin 1971, Werke, Bd. 4, 328, 321-322)
비슷한 캐치프레이즈는 또한 아도르노가 그의 『미학 이론』에서 문화산업을 비

예술이 잔혹성이 표상인 삶의 “실재성 Realität”를 변용[미화]하는 것에 그칠 때 이것은 값싼 오락물에 불과하다. [현대의 광고산업에 의한 광고물들을 보라. 거기에는 현실의 어두운 그림자가 없다. 문제는 표층적 미화가 아니라, 심층적 미학화이다] 아폴론적 미화(투쟁하는 영웅)는 1차적 소극적 모방이고, 아폴론적 ‘탈은폐’(고통 받는 영웅)가 2차적 적극적이고 진정한 모상이다. 냉혹한 자연 현실을 보여줄 때, 즉 진정한 디오니소스 지혜에 의한 것으로서[3] 비극적 신화가 자연 현실의 보충물이 될 때 비극은

판하면서 강령화한 ‘암흑을 암흑 그대로!’에 해당된다. “세계의 암흑화가 예술의 비합리성을 합리적으로 만든다. […] 예술은 재앙을 받아들인다 […] 재앙에 헛되이 반항하는 대신. 예술은 동일화를 통해 재앙을 보임으로써 그 재앙의 무력화를 기대한다 […] 그외 허위의 달콤함에 빠져 있는 예술들이 있다.”(Th. Adorno, Ästhetische Theorie, Frankfurt/M. 1981, 35-36): 불합리한 세계를 ‘불합리’의 “예술”로 대응한다는 것이다. “동일화”로 대응한다는 것이다. 醜(추)한 세계는 ‘醜의 미학’(고통)으로 항의한다는 것이다. 다른 말로 하면 현실을 호도하지 않는 것이다. ‘광고와 문화산업’은 “허위의 달콤함에 빠져있는 예술들”로, 세상을 화해와 조화로 이상화한다는 점에서 현실을 호도한다.

루카치와 아도르노에서 호도(糊塗)를 말할 때 이것은 사회현실의 호도를 가리키고, 니체에서 호도를 말할 때 이것은 ‘존재 현실’의 호도를 가리킨다. ‘존재의 잔혹성을 존재의 잔혹성 그대로!’ 니체에서 리얼리즘을 말할 수 있다면 이것은 ‘존재론적 리얼리즘’으로서, 이것이 그 표어이다.

3 “‘비극적 신화’는 오로지 디오니소스적 지혜가 아폴론적 예술 수단을 통해 형상화된 것으로 이해되어야 한다.”(22장, 137); 니체는 디오니소스적 지혜를『비극의 탄생』 여러 곳에서 사용하나, 근본 뜻은 ‘디오니소스’가 아폴론 무대에 작용하는 것에 관해서이다. 물론 1차적으로 디오니소스적 지혜를 언급할 때 이것은 디오니소스 합창단 무대에 대(對)해서이다. 그리고 2차적으로 아폴론적 주인공 무대에 대해서이다.

디오니소스 합창단 무대는 이미 ‘디오니소스 그 자체’의 작용이므로, 디오니소스적 지혜가 주로 작용하는 곳은 아폴론적 주인공 무대이다. 아폴론에 대한 ‘디오니소스의 우위’는『비극의 탄생』의 요점 중의 하나이다; 1872년의『비극의 탄생』만을 볼 때—1886년 새로 붙인 서문「자기비판의 시도」를 고려하지 않고 볼 때, 니체의 디오니소스에 대한 이후의 줄기찬 언급을, 특히 1888년『이 사람을 보라』에서의 언급을 고려하지 않고 볼 때—아폴론과 디오니소스는 상호 이질적이고, 상호 보완적이다. 니체 사후『비극의 탄생』 수용을 감안할 때도 마찬가지이다. 아폴론과 디오니소스는 중요한 두 예술가 수호신이면서, 중요한 두 미학적 요소이다. ‘아폴론’과 ‘디오니소스’는 미학적 요소를 넘어가기도 했다. 심

또 하나의 형이상학적 예술이 된다. '진정한 의미의' 형이상학적 변용을 말할 수 있게 된다.

비극성을 비극성으로 보여주는 것, 비극성을 확인하고 자각하게 하는 것이 니체 미학의 기본 입장이다. 이것은 A를 A로 대응하는 식의 니체 철학 전반의 방식과 유사하다. 비극성이 진리인 것으로서, 그것이 확인되는 순간 미학적 청중이 무대에서 일어나서 박수를 친다. '비극적인 것 das Tragische'이 아폴론 및 디오니소스 '인생 비극(悲劇)'으로 정당화될 때 '제1의 청중' 니체가 무대에서 제일 먼저 일어나 박수를 쳤다.

2) 아폴론적 비극론

같은 인용문을 약간 다르게 변주해서, 해석도 약간 다르게 변주해서 말해보자. 큰 틀에서는 같다. **사실『비극의 탄생』에서의 난경은 디오니소스 비극론이 아닌, 아폴론적 비극론이다. 자립적 비극론으로서 아폴론적 비극론을 말하기가 곤란하다.** ① 디오니소스 주신찬가가 아폴론 무대를 덮어써서 아폴론 꿈 예술을 환영 예술로 강화시킨다. ② 또한 디오니소스 주신찬가의 불협화음이 아폴론 무대 주인공을 이미 보증한다. 주신찬가의 불협화음이 무대 주인공의 파멸을 정당화한다. ③ 요컨대, 디오니소스가 조건인 아폴론적 비극론?

> 그럴 것이 삶이 실제로 그토록 비극적이라는 이유만으로 한 가지 예술 형식의 생성을 설명하기란 힘들 것이다. 더구나 예술이 자연 현실의 모방일 뿐만 아니라, 자연 현실을 극복하기 위해 그 곁에 세운 자연 현실

리학적 수용도 있고, 정치적 수용도 있다.(Woflgang Ullrich, Was war Kunst?, Fischer Taschenbuch Verlag. 2005 참조)

의 형이상학적 보충물일 때 말이다. 비극적 신화는 그것이 대체로 예술에 속하는 한, 예술 일반의 이러한 형이상학적 미화의 의도에 전적으로 참여한다. 그러나 만약 비극적 신화가 현상 세계를 고통받는 영웅의 형상 아래 상연해낸다면 그것은 (예술 일반의) 미화가 아닌 것! 현상 세계의 '실재'를 미화[변용]하는 것과 (당연히) 거리를 두어야 했던 것! 그럴 것이 비극적 신화는 우리에게 이렇게 말하기 때문이다. "보아라! 잘 보아라! 이것이 너희의 인생이다! 이것이 너희들의 실존 시계의 시곗바늘이다!" […] 비극적 신화의 내용으로서 추한 것과 부조화한 것이 어떻게 미적 쾌락을 일으킬 수 있는가?(Ⅲ-1, 24장, 147-148)

『비극의 탄생』 24장(그리고 25장)은 그동안의 아폴론적 예술과 디오니소스적 예술을 포함하는 '최고의 예술' 비극을 강령적으로 요약한다. 특히 무대 후면 아폴론 무대에서 벌어지는 '비극적 신화'를 강령적으로 요약한다. 위의 인용이, 디오니소스적 비극으로서 그리스비극, 특히 '디오니소스'와 나란히 있는, '아폴론'에 대한 상세한 기술이다. 그리스비극[디오니소스 비극]이, 아폴론적 비극적 신화에 대한 의미 있는 접근에 의해, 한 차원 높게 업그레이드된 것을 말한다. "한 가지 예술 형식의 생성"이라고 할 때 이것은 비극 예술에 관해서이다.

① "비극적 신화"는 비극적 삶의 "형이상학적 미화"를 포함한다. 여기서 형이상학적 미화는 '아폴론적' 형이상학적 미화이다. 25장의 말로 하면 인생을 살 만하게 하는 것이다("우리가 아폴론 이름으로 포괄하는 것은 매 순간 실존 일반을 살 만한 가치가 있게 하고, 그다음 순간을 체험하도록 추동하는 아름다운 가상의 저 수많은 환각Illusionen이다." "그리고 그렇지 않다면 인간이란 도대체 무엇이겠는가? Und was ist sonst der Mensch?", 151). 비극적 신화의 형이상학적 미화는 여기가 끝이 아니다. ② 비극적 신화가 "고통받는 영웅의 형상"을 보여줄 때 이것은 "현실 세계의 '실재(實在)'"를 '미화(美化)'의 차원에서 보여주는 것이 아닌, 즉 비극적 인생의 표층적 미화가 아닌, 한층 높은 형이

상학적 미화로서, '실재'를 드러나게 하는 것이다("그러나 만약 비극적 신화가 현상 세계를 고통받는 영웅의 형상 아래 상연해낸다면 그것은 예술 일반의 미화가 아닌 것! 현상 세계의 '실재'를 미화[변용]하는 것과 당연히 거리를 두어야 했던 것!" 그럴 것이 비극적 신화는 우리에게 이렇게 말하기 때문이다. "보아라! 잘 보아라! 이것이 너희의 인생이다! 이것이 너희들의 실존 시계의 시곗바늘이다!").

미의 미학으로서 아폴론적 미화가 아닌, 추의 미학으로서 '아폴론적 미학'을 얘기한다. [추의 미학으로서 '아폴론적 미학'의 등장이다] 디오니소스의 시종장 '실레노스 지혜', 즉 최고의 디오니소스 지혜가 말하는 것과 같다. '최선은 태어나지 않는 것이고, 차선책이 있으니 바로 죽는 일이다!'(31); 표층적 미화가 아닌, 심층적 미학화라고 할 수 있다. **미학은 늘 철학적 미학이다.** 24장에서 또 다른 "실레노스의 가공할 만한 지혜"(35)에 육박하는 '지혜'가 등장한다. 니체가 따옴표로 강조한 '보아라! 잘 보아라! 이것이 너희의 인생이다! 이것이 그대들의 삶이다! 이것이 실존 시계의 시곗바늘이다!'는 『비극의 탄생』 3장에서 그 모습을 드러낸 '실레노스 지혜'[4]와 유비이다. 심층적 미학화가 '1차적 아폴론적 미화[변용]'일 리 없다. 아폴론적 미화를 뚫고 나온 디오니소스적 '미화'를 말해야 한다. 디오니소스적 지혜에 의한 '2차적 아폴론적 작용'을 말해야 한다.

[여태까지의 많은 논의가 아폴론적 형이상학, 무엇보다도 특히 디오니

4 '최선은 태어나지 않는 것이고, 차선책이 있으니 바로 죽는 것이다!'라고 요약되는 실레노스의 지혜는 『비극의 탄생』 3장에서 인용되었다. 인용 전문은 다음과 같다. (지혜를 물으러 온 미다스 왕에게 디오니소스의 시종장 실레노스가 다음과 같이 말했다): "가련한 하루살이 족속들이여, 우연과 고난의 자식들이여, 그대는 듣지 않는 것이 그대에게 가장 이로울 것을 나에게 말하도록 강요하니? 최선의 것은 그대에게 전혀 불가능한 것이다. 태어나지 않는 것이고, '존재하지' 않는 것이며, '무로' 존재하는 것이기 때문이다. 그러나 그대에게 차선의 것이 있으니—곧 죽는 일이다."(소포클레스, 『콜로누스의 오이디푸스』 1224행 이하)

소스적 형이상학에 관한 것이 아니었던가. 24장 여기에서 먼저 강조한 것은 '아폴론적 기만'을 포함하는 아폴론적 미화였고, 아폴론적 기만[착각]에 포함된 것으로서 아폴론적 미화의 그늘에 은폐된 '추한 것과 부조화한 것', 예를 들면 아름다운 오이디푸스 주인공의 고뇌-고통의 은폐였다. 그러므로 24장에서 주목되는 것은 2차적 '아폴론 무대'의 명시적(明示的) 등장이다. 강조하면, '아폴론'에서의 두 가지 사건의 병행이다. 24장을 우선 '아폴론의 장'으로 명명할 수 있다. 아폴론에 대한 니체의 명쾌한 입장 표명이 디오니소스적 추의 미학이 보여주는 형이상학적 지위를 아폴론에서도 말할 수 있게 했다]

아폴론적 미화도 '사실' 미적 가상이고, 1차적 아폴론적 미화에 은폐되었던 '고통의 축소판', 즉 2차적 아폴론적 효과로서, '무대 주인공'의 탈은폐(탈은폐된 파멸)도 미적 가상이다. 2차적 아폴론 무대 주인공의 파멸은 "인생"의 말 그대로의 '실존Existenz'에 관해서이다. 인생의 본바탕-'밑바닥'에 관해서이다. [(2차적) 아폴론 무대는 은폐된 '고통'을 탈은폐한다. '고통받는 영웅의 형상'이 드러난다. 비극적 신화는 은폐된 고통을 '날것으로서의 미적 가상'으로 보여준다. 생-로-병-사의 잔혹성을 날것으로, 그러나 미적 가상으로 보여준다. '고통'을 미적 가상을 통해 보여줄 때 고통은 더 고통[날것]이 된다. 이른바 '(심)미적 정당화'이다]

은폐된 고통을 '날것으로서의 미적 가상'으로 보여주는 것으로 해서, 즉 적나라한 고통을 미적 가상으로 보여줌으로써 '비극적 신화'는 비극이 된다. 『비극의 탄생』 24장이 의미 있는 것은 아폴론적 2차 미학으로서 '추의 미학의 탄생'을 말할 수 있게 한 점이다. 디오니소스적 광란의 주신찬가에서뿐만 아니라, '아폴론'에서 추의 미학을 말하게 한 점이다. 물론 '디오니소스적 의도'의 발현, 디오니소스적 지혜의 발현으로서 아폴론적 추의 미학의 탄생을 계속 강조해야 한다. 입장가와 퇴장가만이 아닌 '간가

(間歌)'로 계속 울려 퍼지는 디오니소스 합창단에 의한, 아폴론적 무대에 대(對)한 지속적 개입을 계속 강조해야 한다.

'아폴론적 비극론'에 의해 니체의 그리스 비극론은 더욱 탄탄해졌다. 물론 디오니소스 비극론이 더욱 탄탄해진 것을 말해야 한다. 이런즉, 위의 '단락 인용' 첫 문장 또한 주목된다. 예술을 "자연 현실의 모방"일 뿐만 아니라, '비자연적 방법'으로서 "자연"[삶]의 난폭성을 넘어가기 위해 그 곁에 세운 "자연 현실의 보충물"이라고 한 것. 니체는 여기서 자연 현실의 보충물로서 예술이 바로 (비극이라고 하지 않고) '비극적 신화'(=아폴론 주인공 무대)라고 했다.

강조하자: "비극적 신화는 그것이 일반적으로 예술에 속하는 한 예술 일반의 이러한 형이상학적 미화의 의도에 전적으로 참여한다." 니체가 또한 비극적 신화를 '예술 일반의 형이상학적 미화의 의도'에 동참한다고 할 때 이것은 1차적 아폴론적 미화를 지시한 것으로 보인다. 변용의 형이상학을 말한 것으로 보인다. 라파엘의 회화 《(그리스도의) 변용》이 말하는 바와 같다. 변용의 아름다움이 주는 (심층적) 형이상학적 미화를 부정할 수 없다.

1차적 아폴론적 미화, 즉 아폴론적 '기만[착각]'이 있고, 2차적 '아폴론적 작용'이 있다. 2차적 비극적 신화 역시 '형이상학적 의도'에 동참한다. 정당화의 미학 위에 '떠 있는' 정당화의 철학을 강조할 때 특히 문제는 '세상의 가장 안쪽에 있는 것'인 '고뇌-고통-파멸'이다. 무대 주인공의 몰락이 아폴론적 '형이상학적 미화'의 도착지이다.

디오니소스적 지혜에 의한 것으로서 '디오니소스적 미화'이든 아폴론적 미화이든 미화를 넓게 정의할 필요가 있다. 미화를 변용의 본뜻에 국한시킬 때 이것은 1차적 아폴론적 미화[변용]을 지시하나, '가상으로서 예술', 즉 '아름다움으로의 변용'이 일반적이나, 그렇더라도 디오니소스 합창단의 '불협화음Dissonanz'에서 나타나는 바 '추한 변용'을 말할 수 없는 게 아니다. 디오니소스적 불협화음의 보증으로서, 아폴론 주인공 무대의 '주인공의 파멸'에서 추한 변용을 말한다. 미의 미학이 있고, 추의 미학이 있다. 미학적 차원에서 추한 변용을 말할 수 있다.

강조하면, 현실 세계의 '실재성'에 대한 비본질적 미화(美化)가 아니라, 현실 세계의 말 그대로의 실재성, 즉 본질성의 '미화(美化)'이다. 뒤의 미화를 '미적ästhetisch 가상화'라고 하면 분명해진다. '본질성의 미(학)화'는 추와 부조화의 표상으로서 '잔혹한 삶'의 노출이다. 주목되는 것이 또한 단락 인용문 끝 문장이다.

비극적 신화의 내용으로서 추한 것과 부조화한 것이 어떻게 미적 쾌락ästhetische Lust을 일으킬 수 있는가?

2차적 '비극적 신화'는 추한 것과 부조화한 것(주인공의 고뇌-고통, 주인공의 파멸)으로써 인생에서 대면하는 추한 것과 부조화한 것을 정당화한다. 1차적 아폴론적 미화는 변용(變容, Verklärung)이 말하는바 환희와 기쁨으로의 정당화이나, 혹은 '마야의 베일'이 말하는바 분별 불가능성으로의 정당화이나, 2차적 비극적 신화는 아폴론적 주인공의 몰락이 말하는바 고통으로의 정당화이다. 미학적 청중이 기대하는 바대로 '환희의 최후—고통의 시작'으로의 정당화이다. 환희로의 정당화가 아닌, 고통으로의 정당화가 보다 근원적이다.

(디오니소스) 근원적 일자가 통찰한 것이 근원적 모순과 근원적 고통으로서 (2차적) 아폴론적 무대 역시—전면(前面)의 디오니소스 합창단 무대가 그러하듯이—근원적 모순과 근원적 고통을 '살면서' 인생의 근원적 고통과 근원적 모순을 정당화시킨다. 파멸이 '진리로서 파멸'이다. 파멸이 '진리로서 파멸'을 정당화시킨다. [진리는 반박 불가능성이 특징이다. 진

리는 신과 유비이다. '신(神) 존재' 일반은 '부정신학'(쿠사누스)에 의해서도 반박 불가능성으로 드러났고, 신 존재 일반이 증명 불가능성(칸트)이라고 했어도, 도덕 형이상학(혹은 정언명령)을 보증하는 것으로서 '신=진리'는 (칸트에 의해) 다시 소환됐다. 『순수이성비판』 '초월적 변증론'에서 신이념은 '부정'되었으나, 『순수이성비판』 말미의 '초월적 방법론'에서 신이념은 긍정되었다]

> 여기서 이제 과감한 행보로 단숨에 예술의 형이상학 속으로 뛰어들 필요가 있다. (나는) 현존[인생]과 세계는 오로지 미적 현상으로서만 정당화되어 나타난다는 앞에서의 명제를 되풀이 말한다. 이런 의미에서 비극적 신화는 추한 것과 부조화한 것조차 하나의 예술적 유희[미적 유희]라는 것을, 나아가 예술적 유희[미학적 유희]라는 것이 의지가 자기 쾌락의 영원히 충만한 상태에서 자기 자신과 노니는 유희라는 것을 확신할 필요가 있다. 디오니소스적 예술의 파악하기 힘든 이 근원적 현상은 그러나 직접적 방법으로서만 (오로지) 이해될 수 있다. 즉 '음악적 불협화음' 의 놀랄만한 의미 속에서 직접적으로 파악된다. **세계와 나란히 한 음악만이 미적 현상으로서의 세계의 정당화가 어떤 뜻인지, 그 개념을 제공할 수 있다. 비극적 신화가 생산하는 쾌락은 음악의 불협화음에서 느끼는 쾌[락]의 충만함과 같은 고향을 갖는다. 디오니소스적인 것은 고통에서 느낀 자신의 근원적 쾌락과 함께 음악과 비극적 신화의 공통의 탄생지이다.**(Ⅲ-1, 148) [강조는 필자]

[비극적 신화는 신화를 내용으로 하는 비극으로서, 아폴론 무대를 지시한다] 추한 것과 부조화한 것이, 즉 비극적 신화의 내용이 어떻게 미(학)적 쾌락을 불러일으킬 수 있는가? 추한 것과 부조화한 것이 미적 쾌락을 불러일으키는 것은 그것이 근원에서 퍼올린 것으로서, 그것이 진리에 합치하기 때문이다. 추한 것과 부조화한 것의 '유희'가 미적 쾌락을 불러일으킨다.

추한 것과 부조화한 것의 "예술적 유희"가 정당화되는 것은 "디오니소스적 (음악) 예술"이 예술적 유희로서 그 자체 정당화되는 것에 기반한다. 디오니소스적 음악은 "의지"의 직접적 발현(혹은 모상)으로서 세계 그 자체이다. 쇼펜하우어 음악 형이상학에 따를 때 음악은 '세계'와 동일하다. (디오니소스적) 불협화음의 음악은 불협화음의 세계를 발언한다. 불협화음의 음악이 불협화음의 세계를 정당화한다. 불협화음의 세계가 불협화음의 음악을 정당화한다.

아폴론 무대에서 '추한 것과 부조화한 것'이 추한 것과 부조화한 것으로서의 인생을 정당화하는 것을 말할 때, 이것은 디오니소스 음악과 '유비적analogous'으로서, 추한 것과 부조화한 것으로서의 세계를 정당화하는 것과 같다. 추한 것과 부조화한 것이 추한 것과 부조화한 것을 정당화한다. "비극적 신화가 생산하는 쾌락은 음악의 불협화음에서 느끼는 쾌[락]의 충만함과, 같은 고향을 갖는다." 비극적 신화[아폴론 무대]의 '추한 것과 부조화한 것'에서 쾌락을 느끼는 것은 그것이 "근원적 현상"이기 때문이다. 비극적 신화도 미적 유희에 의한 것으로서 근원적 쾌락을 느끼게 하고, 음악의 불협화음도 미적 유희에 의한 것으로서 근원적 쾌락을 느끼게 한다. 이어지는 다음의 말이 결정적이다.

> 디오니소스적인 것은 고통에서 느낀 자신의 근원적 쾌락과 함께 음악과 비극적 신화의 공통의 탄생지이다.(같은 곳)

니체의 철학은 '고통'에서 발원한다. "고통에서 느낀 정신의 근원적 쾌락"["디오니소스적인 것 Das Dionysische"]이 다름 아닌 고통의 정당화로서 니체 철학의 핵심이다. 물론 고통을 고통으로 정당화하는 것이다. 고통을 고통으로 정당화할 때, 고통이 진리인 것으로서 해서, '쾌락'이 뛰쳐나온다. 몰락의 정당화로서 구제 형이상학이 아닐 리 없고, 정당화의 철

학이 아닐 리 없다. 니체 '저서' 일반은 일반적-보편적 고통에 대한 진지한 (철학적) 질문이고, 그에 대한 진지한 (철학적) 응답이다. 맨 처음에 『비극의 탄생』이 있다. 『비극의 탄생』은 니체 철학의 저수지이다.

3) 디오니소스와 아폴론

2차적 아폴론적 효과가 '디오니소스적인 것'[디오니소스적 지혜]에 의한 것이다. 구체적으로 말할 때 '디오니소스적 합창단 효과'[음악 효과]에 의해서이다. 아폴론의 2차적 효과가 8장에서 이미 언급되었다. 『비극의 탄생』 8장에서 디오니소스 합창단이 아폴론 무대를 환영으로 덮는 것에 대한 니체의 소상한 기술이 있었다.

아폴론적 꿈 예술(혹은 아폴론적 미화)의 강화로서 '환영예술'을 먼저 말하고, 그리고—24장에서 명확히 천명된 바 있는—아폴론 주인공 무대에서 발생하는, (투쟁하는) 아름다운 주인공이 아닌, 몰락하는 주인공을 그다음 말한다. 아폴론적 무대에서의 환영예술의 발생은 디오니소스 합창단에 의한 아폴론적 무대에의 개입에 의한 것으로서, 아폴론적 무대로 하여금 '사울에서 바울로!'와 같은 극적(劇的) 느낌을 선사한다. '환영Vision'은 1차적 아폴론적 미화(美化)의 극단적 강화이다. 1차적 '아폴론적 변용'에서 2차적 '몰락하는 풍경'으로의 변화는 '바울에서 다시 사울로!'의 극적(極的) 변화이다. 악[고통]을 악[고통]으로 정당화하는 디오니소스 합창단과 "공통의 탄생지"(148)를 가진, '악을 악으로 정당화하는 아폴론'의 탄생으로서, 이른바 2차적 아폴론적 효과에 관해서이다.

『비극의 탄생』 8장에서 디오니소스와 아폴론의 관계를 말할 때, 무엇보다 디오니소스를 말하고, 그다음 아폴론을 말할 때, 다음과 같은 말들이 주목된다. 아폴론의 2차적 효과가 8장에서 '이미' 언급된 것을 말할 때 이것은 아래 단락 인용문 중 특히 인용 ②에 의거한다: ②에서 비극의 "근원"이 합창단인 것을 분명하게 지시했다. 합창단이 아폴론적 드라마 무대에 "환영"을 "방사"한다. 그렇더라도 니체는 아폴론적 무대 드라마의 진정한 존재 이유, 혹은 역할(役割)로서, '1차적' "가상 속에서의 아폴론적 구원"을 물리치고, (아폴론 드라마의) 진정한 존재 이유가—역시 디오니소스 합창단의 계속적 (힘의) "방전Entladung"에 의한 것이지만—"개체의 파괴 및 개체의 근원적 존재와의 합체"에 있는 점을 분명히 했다]

> 사티로스 합창단은 우선적으로 디오니소스적 대중의 환영으로, 그리고 무대 위의 세계는 사티로스 합창단의 환영으로 나타난다.(Ⅲ-1, 56) ①

> 이러한 인식에 따라 우리는 그리스비극을, 항상 새롭게 거듭 아폴론 형상 세계 속에 자신을 폭발시키는 디오니소스적 합창으로 이해해야 한다. 그러니까 비극과 얼키설키 엮인 저 합창단 파트가 이른바 전체 대화의 모태이다. 즉 전체 무대 세계의, 드라마 자체의 모태이다. 비극의 근원은 여러 번 계속해서 이어지는 방전[폭발]을 통해 드라마에 환영을 방사한다. **이러한 환영은 전적으로 꿈의 현상이며, 따라서 서사적 성격을 갖는다. 그러나 다른 한편 환영은 디오니소스적 상태의 객관화로서, 가상 속에서의 아폴론적 구원이 아닌, 정반대로 개체의 파괴 및 개체의 근원적 존재와의 합체를 드러낸다. 드라마는 디오니소스적 인식과 활동의 아폴론적 감각화로서, 이에 따라 서사시와는 엄청난 협곡을 통해 분리되어 있다.**(58) [강조는 필자] ②

> […] 그러나 우리는 이제 무대 장면이 연기와 함께 근본적으로, 그리고 근원적으로 오로지 '환영Vision' 으로밖에 간주되지 않았으며, 유일한 '실재' 는 환영을 자기 자신에게서 생산해내는 합창단이라는 사실을, 환영에 관해 댄스와 음악과 언어라는 모든 상징법을 사용해 떠드는 합창단이라는 사실을 통찰하게 되었다.(58-59) ③

[…] 이와 함께 좁은 의미의 '드라마'가 시작된다. 이제 광란의 주신찬가 합창단에게는, 청중의 기분을 디오니소스 차원으로 고취시켜, 비극의 주인공이 무대에 등장할 때 청중이 가면 쓴 흉측한 모습을 보지 않게 하고, 그들 자신의 황홀 상태가 만들어낸 환영의 모습을 보게 하는 과제가 주어지게 된다.(59) ④

① 사티로스 합창단이 청중에게 환영으로 나타난다. 사티로스 합창단은 자연주의에 대한 단호한 반대로서 (사티로스 합창단은) '청중'과 비극 '전체' 무대 사이에 있는 거대한 장벽이다. '비극은 자율적 비극이다.' 전면의 디오니소스 무대가 미적 자율성으로서의 오케스트라 합창단 무대이고, 후면(後面)의 아폴론적 무대가 역시 미적 자율성으로서의 주인공 무대이다. 문제는 무대 주인공 무대에 대한 합창단 오케스트라의 지속적 '간섭현상'이다.

①을 다시 말하자: 니체가 같은『비극의 탄생』8장에서 "[슐레겔의 말은 여기서 보다 깊은 의미에서 사용되어야 한다] 사티로스 합창단이 유일한 '관조자'인 한, 합창단이 무대에서 펼쳐지는 환상세계의 유일한 관조자 Schauer인 한, (합창단은) '이상적 관객 idealische Zuschauer'이다"(55)라고 했을 때, 그리고 합창단을 "디오니소스적 인간의 자기 반영"(56)이라고 했을 때 인용문 ①의 핵심은 '관객[=디오니소스적 대중=디오니소스적 인간]=합창단'의 환영으로서 '무대 위의 세계'를 말한 것이다. 관객의, 무엇보다도 사티로스 합창단의 환영으로서 무대 위의 세계를 말할 때 그것은[무대 위의 세계는] 오케스트라 사티로스 합창단이 거기에 포함되지 않는 아폴론적 배우 무대에 관해서이다. 그런데, 무대 위의 세계는 '사티로스 합창단의 환영'이다!

아폴론적 꿈 예술을 말할 때 이것은 디오니소스적 도취 예술에 對(대)해서이다. 꿈이라는 생리학적 증상이 있고, 도취라는 '생리학적 증상'이 있다(『비극의 탄생』 1장). 강조하면, 아폴론 무대의 환영을 말할 때 이것은 디오니소스 합창단에 의한 환영이다. (8장에서의) 환영은 '보다 강화된' 아폴론적 꿈 예술에 관해서이다. 디오니소스적 합창[도취 예술]에 의한, 즉 디오니소스적 힘에 의한 환영의 (지속적인) 생산을 강조해야 한다.

③ 다시 합창단을 강조하고 있는 니체. 무대 주인공의 세계는 합창단이 만들어낸 "환영"이고, 합창단이 환영이 아닌, "유일한 '실재'"라고 했다. [환영으로서의 아폴론 무대를 강조하고, '유일한 실재'로서 합창단을 강조한다] 아폴론 무대가 연기(演技)와 함께 환영이고, 이 환영을 생산해내는 것이 사티로스 합창단이다(합창단이 무대에 합창을 통해 '간섭'하면서 환영이 생성된다). 아폴론 무대를 "댄스와 음악과 언어라는 모든 상징법"을 사용해 휘어잡는 곳이 사티로스 오케스트라석이다. 사티로스 합창단이 "유일한 '실재' die einzige Realität"이다. ['실재'는 있는 것이라는 것이다. 비실재는 없는 것이라는 것이다. 비극에서 합창단만이 '있는 것'이라고 한 것. 없는 것은 없어도 되는 것. 있는 것은 없어서는 안 되는 것. 무대예술은 없어도 되는 것, 합창단이 알파요 오메가라고 한 것. 그렇다고 아폴론적 꿈 예술을 부정한 것은 아니다. 주인공 무대예술을 부정할 수 없다. 디오니소스적 도취 예술을 강조했다]

④ 무대 후면에 위치한 (좁은 의미의) 드라마로서의 아폴론적 주인공 무대에 관해서이다. 그러나 드라마가 펼쳐지는 무대는 "광란의 주신찬가 합창단 der dithyrambische Chor"에 의한 '환영으로서의 주인공' 무대이다. **관객이 보는 것은 아폴론적 꿈 장면이나, 사티로스 합창단에 의해 강화된 꿈 장면으로서, 주인공은 일반적 꿈속 모습이 아니라, "환영의 모습 Visionsgestalt"으로 나타난다.** [디오니소스에 의해 덮여진 아폴론이다. 아폴론 무대는, 아폴론 무대 주인공은 (관객의) 디오니소스적 황홀 상태에서

탄생한 '환영'이다]

② **그리스비극이 액면 그대로 정의되었다.** 그리스비극은 "항상 새롭게 거듭 아폴론 형상 세계 속에 자신을 폭발시키는 디오니소스적 합창"이다. 합창단은 입장가parodos와 퇴장가exodos의 합창단만이 아니다. 합창단은 끊임없이 (가령 에피소드 1, 에피소드 2, 에피소드 3에서, 그 속의 중간중간 '장경'들에서) 아폴론적 배우 무대 세계에 개입한다.[5] 아폴론 배우 무대에 자신을 계속 방전한다. 이른바 '간가'(間歌, Standlied)에 관해서이다. 문제는 디오니소스적 합창단이 "전체 대화의 모태", 즉 "전체 무대 세계의, 드라마 자체의 모태"라고 한 것이다. 이것은 디오니소스적 도취 예술이 아폴론적 꿈 예술(혹은 아폴론 무대 환영)의 모태라고 한 것.

니체가 '무대 세계' 앞에 '전체'를 붙였다 하더라도, '대화' 앞에 '전체'를 붙였다 하더라도, 여기서의 무대는 합창단 무대[오케스트라석]을 제외한 아폴론 배우 무대이다. 여기서의 대화는 아폴론 무대 배우(들)의 대화이다. '대화'는 합창단이 무대 배우를 향해 부르는 '합창'을 제외한 무대 배우(들)에 의한 대화에 국한된다. 합창이 '언어'(혹은 의사 전달)의 기능을 하더라도 합창은 합창이다. [비극에서의 대화는 무대 배우의 (독백-방백을 포함한) 대화를 좀 많이 포함한다. 외면상의 합창단과 무대 배우와의 대화를 부인할 수 없다] 합창은 무대 배우를 향해 부르는 합창이면서, 물론 관객을 향해 부르는 합창이다. [니체가 비극이 아닌, '드라마'(혹은 연극)을 말할 때 이 또한 아폴론 무대 배우가 서 있는, 즉 아폴론 무대 배우에 의한

---

5 물론 직접적 개입이 아니다. 합창단의 합창이 향하는 곳은 (공간적으로) 자신을 포함한 무대 전체이고 (시간적으로는) '무대' 이전이고, 무대 이후다. 무대 상공이다. 합창단의 관점을 현대적 용어로 얘기하면 '새 관점 Vogelperspektive'이다. [아폴론 무대 주인공의 관점을 보다 협소한 개구리 관점 Froschperspektive으로 말하고 합창단의 합창의 관점을 보다 광대한 새 관점(조감도 관점)으로 말한다]

드라마이다. 드라마가 아폴론 무대 세계에 대한 명명이다] 계속 강조해야 할 것이 무대 세계는 디오니소스 합창단의 폭발(혹은 방전, 妨電, Entladung)에 의한 것으로서 '환영'이다.

니체가 '일반적으로' 무대 세계를 말할 때 이것은 앞쪽의 디오니소스적 합창단 무대[오케스트라석]가 아닌, 뒤쪽의 아폴론적 배우 무대에 한정된다. 명확하게 해야 할 것이 아폴론 배우 무대의 성격이다. 아폴론 배우 무대가 합창단의 방전–방사("비극의 근원"으로서 합창단은 "여러 번 계속해서 이어지는 방전[폭발]을 통해 드라마에 환영을 방사한다.")에 근거한 환영(모습)인 점이다. 인용문 ②에서 니체가 환영을 '꿈'으로 말했을 때 이것은 물론 아폴론적 꿈의 예술에 관해서이다. "이러한 환영은 전적으로 꿈의 현상이며, 따라서 서사적 성격을 가진다."; 환영은 후면의 아폴론적 배우 무대에 관한 것이므로, 환영은 아폴론적 꿈 예술과 무관할 수 없고, 꿈의 서사적 성격과 무관할 수 없다. '꿈이 환영이고 꿈에 서사가 있다.' 아폴론적 배우 무대에서 그러나 환영이 강조될 때 '서사'는 그만큼 뒤로 물러날 수밖에 없다. 환영은 공간적 환영에 기울어져 있고, 서사는 명백히 시간적 서사이기 때문이다.

다시 명확히 해야 할 것이, 아폴론 배우 무대의 성격으로서, 니체는 '이러한 환영은 전적으로 꿈의 현상이며, 따라서 서사적 성격을 갖는다'라고 말하기는 하나 이것을 제한(制限)시키고 있는 점이다. 제한된 의미의 아폴론적 꿈의 예술을 말하고 있는 점이다. 아폴론 배우 무대의 성격 두 번째로서(첫 번째가 말 그대로 디오니소스적 도취의 예술과 구별되는 아폴론적 꿈의 예술에 관해서이다. 도취라는 생리학적 증상이 있고, 꿈이라는 생리학적 증상이 있다) 아폴론 배우 무대에 독자적 지위가 아닌, 말 그대로 '부차적 지위'를 부여(혹은 예고)하고 있는 점이다. [꿈의 강화로서 환영을 말하더라도 아폴론적 꿈 예술은 아폴론적 꿈 예술이다. 아폴론적 꿈 예술은 보존되었다]

인용문 ② 아래에서 "그러나 다른 한편 그것은"이라 하며 다른 '본뜻'

에 관해 얘기한다. **'그것', 곧 아폴론적 배우 무대에서 발생한 '아폴론 무대 환영'을 "디오니소스적 상태의 객관화"로 말한다.** 니체는 아폴론적 무대의 **'그것'[아폴론 무대 환영]은 "가상 속에서의 아폴론적 구원이 아닌, 정반대로 개체의 파괴 및 개체의 근원적 존재와의 합체를 드러낸다"**고 못 박는다. 아폴론적 꿈의 예술이 가상 속에서의 구원을 말한다고 볼 때 아폴론적 꿈의 예술, 아폴론적 꿈의 예술에 의한 구원을 부인한 것으로 보인다. **환영이 개체의 파괴와 개체의 근원적 존재와의 '합일Einswerden'을 표현한다. 즉 환영은 아폴론적 가상에 의한 구원을 표현하지 않고, 개체 파괴 및 개체의 근원적 존재와의 합일에 의한 구원을 표현한다.** '문제'는 환영이 '가상 속에서의 아폴론적 구원이 아니라고 한 것'이다.

['니체가 아폴론적 가상에 의한 구원을 부인했다.' 디오니소스적 구원으로서 디오니소스적인 근원적 존재와의 합일을 말했다. 아폴론 무대 환영이 "디오니소스 상태의 객관화"(58)라고 강조했다. 디오니소스적 근원적 존재와의 합일, 즉 개체 파괴 및 개체의 근원적 존재와의 합일(혹은 근원적 일자로서 근원적 고통과 근원적 모순)을 느끼고 인식하게 하는 것이 아폴론 무대 환영이고, 이것이 디오니소스적 구원이다. **"드라마는 디오니소스적 인식과 활동의 아폴론적 감각화이다."**; 좁은 의미의 드라마는 아폴론적 영역이나, 그렇더라도 디오니소스적 인식과 활동의 장(場)으로서 아폴론적 영역을 말한 셈이다][6]

---

6 『비극의 탄생』 25장에서 디오니소스와 아폴론의 '상호 엄격한 균형 관계'를 말했을 때, 이것을 구원에 대해서도 말할 수 있다. 추한 가상으로서의 구원이 있고, 아름다운 가상으로서의 구원이 있다. 추함과 아름다움은 디오니소스와 아폴론을 나누는 중요한 기준이다. 추함을 아름다움으로 보여주는 아폴론적 가상을 부인할 수 없다. 아름다움이 없는 추함이란 도대체 무엇인가? 살 만하고 견딜 만하게 해주는 것으로서 '그' 아름다움이 없다면 예술이란 도대체 무엇이란 말인가?—니체 어조이다. 그러나 25장에서 이러한 결론은 일반적 디오니소스와 일반적 아폴론 이해이다. 정당화의 철학을 보증하게 하지 못한다. 일반적 디오니소스와 아폴론 이해에 대해서는 이 책 4장에서 상술했다. 정당화의 철학을 보

첫째, 간단히, 그 환영이 디오니소스적 합창단에 의한 환영이므로, 무대 위의 세계는 '사티로스 합창단이 방사Ausstrahlung하는 환영'이므로, 그리고 무엇보다도 합창단은 '근원적 비극 Urtragödie'의 원시 단계에서부터 "디오니소스적 인간의 자기 반영"(55-56)이므로, 진정한 의미의 구원은 아폴론적 가상에 의한 구원에 있지 않고, 디오니소스적 가상에 의한 구원에 있다. 디오니소스적 가상[합창단]이 지시하는 근원적 존재와의 합일에 의한 구원에 있다고 보는 것이다.

둘째, 아폴론 무대 환영(혹은 아폴론적 환영)이 아닌, 디오니소스적 환영 자체를 말할 수 있다. 디오니소스적 환영에 의한 구원을 말할 수 있다. 아폴론적 잔잔한 미적 가상에 의한 구원이 아닌, 디오니소스적 난폭한 미적 가상(실상에 육박하는 가상)에 의한 구원으로서, 디오니소스적 환영에 의한 구원을 말할 수 있다. 이에 대한 실마리를 8장 후반에서, 그리고 10장 전반부(前半部)에서 찾을 수 있다. 8장 후반의 문단은 "본래적 무대 주인공이며 환영의 중심인 '디오니소스'"로 시작한다.

> 본래적 무대 주인공이며 환영의 중심인 '디오니소스'는 (이러한) 인식과 전승에 따르면, 처음 비극의 가장 초창기에는, 진정으로 존재하는 것이 아닌, 단지 존재한다고 상상되던 것이었다. 즉 원천적으로 비극은 '합창'이었을 뿐 '드라마'는 아니었다. 신을 실재하는 것으로 나타내려고 하고, 그 환영의 형상을 주변의 변용된 무대 모습과 함께 모두 볼 수 있게끔 나타내려는 시도가 나중에 이루어졌다. 이와 함께 좁은 의미의 '드라마'가 시작되었다.(Ⅲ-1, 59)

아폴론적 배우 무대의 "본래적" 주인공이 디오니소스였던 것은 분명하다. 드러나지 않은 실재로서 디오니소스였다. 나중에 **디오니소스 신이**

증하는 아폴론과 디오니소스에 대한 상세한 서술이 여기 7장에서 이루어졌다.

'환영의 모습'으로 나타나면서, "주변의 변용된 무대 모습"이 나타나면서, "좁은 의미의 '드라마'가 시작되었다." 10장 모두(冒頭)에서는 아이스킬로스의 프로메테우스가 디오니소스가 변장한 인물이고, 소포클레스의 오이디푸스가 디오니소스가 변장한 인물이라고 더 구체적으로 알린다.

> [...] 디오니소스가 비극의 주인공이 아닌 적이 없었다. 그리스 무대의 모든 유명한 등장인물들, 프로메테우스, 오이디푸스 등등은 저 근원적 주인공인 디오니소스의 분장일 뿐이었다. 이 모든 분장 뒤에 하나의 신성이 숨겨져 있는 점이 이 유명한 등장인물들이 놀라울 정도의 전형적 '이상성'을 가진 근본적 이유가 된다 [...] **그리스인은 개인으로서의 개인이 비극 무대에 서는 것을 용납'할 수' 없었다** [...] **이는 '이데아'를 '이돌'[모상]의 대립 명제로 간주하는 플라톤적 가치평가가 그리스 본질에 깊이 뿌리박혀 있는 것과 유비이다.** 플라톤의 용어를 사용해 우리는 그리스 헬레니즘 무대의 비극적 인물들에 대해서 이렇게 말할 수 있을 것이다. **유일하게 진정으로 실재하는 디오니소스는 많음Vielheit으로서의 형상으로서, 그리고 어느 투쟁하는 영웅의 마스크를 쓰고 마치 개별적 의지라는 그물망 속에 얽혀진 듯 나타난다. 이렇게 나타난 신(神)이 이제 말하고 행동할 때 그 신은 방황하고 노력하며 고통받는 개인을 닮아 있다.**(67–68) [강조는 필자]

디오니소스와 등장인물들과의 관계를, 이를테면 프로메테우스, 오이디푸스 등과의 관계를 이데아와 모상(Idol, Abbild)의 관계로 설명했다. 플라톤의 용어로 말하면 이데아와 이데아의 분유(分有)이다. 이데아와 '이데아의 상기(想起, amamnēsis)' 또한 못 말할 이유가 없다; 무대 주인공들이 디오니소스의 "분장"이므로, 이것은 등장인물들이 "신성(神性)"을 가졌고, 이것은 등장인물들이 "전형적 '이상성' typische 'Idealität'"은 가진 인물들이라는 것을 알린다. **그리스인은 개인으로서의 개인이 비극 무대에 서는 것을 용납'할 수' 없었다.**

니체 비극관(예술관)이 드러났다. 문제는 특별한 개인의 경우가 아니라, 보편적 경우다. 보편성[전형성]으로서의 예술이 어렵고, 보편성[전형성]으로서의 문학이 어렵다. '보편적 인물'로서 주인공을 요구하는 것에서 니체의 천재론이 드러났다. 보편적 인물을 드러내는 자가 천재이다. [보편적 인물이 어렵다] 디오니소스가 보편적이다. 디오니소스가 근원적 일자로서, 삶의 잔혹성 난폭성 잔인성을 알고 있고, 요컨대 근원적 모순과 근원적 고통을 통찰한 자이다. 나아가 그것에 시달리는 것이 보편적이라는 것을 알리고, 그것을 시인(是認)-정당화하게 하는 자이다.

근원적 일자가 보편적 인물로서 보편적 주인공이다. 근원적 일자의 '구체화Konkretisation'는 이 점에서 '신성' 및 '이상성'을 가진 존재이다. 이상적 보편적 인물이다. 니체가 '플라톤'을 말할 때 이는 '보편적 전형'에 관해서이다. 이데아의 분유(分有, methexis), 즉 "개별적 의지라는 그물망 속" 얽혀 있는 것을, 고전주의적 용어로 말하면 개별적인 것과 보편적인 것의 균형이다. 플라톤의 용어로서 '알레테이아alētheia'는 '진리(에의 의지)'를 발언한다. 니체에 의할 때, 진리에의 의지로 도달한 보편적 진리가 인생을 정당화한다. **보편적 진리가 '영원한 고통'이다. 영원한 되풀이되는 고통이 진리로서, (고통의) 인생을 정당화한다. 진리는 반박 불가능이 특징이다.** 반박하지 않는다. 진리를 수용한다. 구제 형이상학이 아닐 리 없다.

4) 디오니소스와 아폴론의 변증

다음은 8장 막바지에서의 인용으로서 위의 단락 인용문의 연장이다. 호메로스 언어로 얘기하는 아폴론 무대 (주인공)의 강조이다. 디오니소스와 아폴론의 '변증법 사례'의 모범적 예라고 할 만하다.

이와 함께 좁은 의미의 '드라마'가 시작되었다 […] 관객은 이미 신의 고통과 하나가 되었다. 자신도 모르게 관객은 그의 영혼 앞에, 마치 마술에 걸린 듯 떨고 있는 신의 모습 전부를 (아폴론적 무대의) 마스크 쓴 등장인물에 옮겨놓는다. 그리고 마스크 쓴 등장인물의 현실성을 유령 같은 비현실 상태로 분해(分解)해 버린다. 이것이 아폴론적 꿈의 상태이다 […] 그리스비극 속에서 우리는 양식상 결정적으로 대립하는 두 요소를 인식한다. 언어, 색채, 동작, 말의 역동성은 디오니소스 합창단의 서정시와 그리고 무대 위의 아폴론적 꿈의 세계에서 완전히 특화된 표현으로 제각각 다르게 나타난다. **디오니소스 신이 아폴론적 현상 속에 객관화된 것은 맞지만 아폴론적 현상은 더이상 합창단의 음악처럼 '영원한 바다, 종횡으로 얽히는 실, 불타는 생명'이 아니다 […] 이제 무대 장면으로부터 명료성과 확고함이 특징인 서사적 형상이 디오니소스의 시종에게 말을 한다. 이제 디오니소스 신은 힘을 통해서가 아니라, 서사적 주인공으로서의 호메로스 언어로 말을 하는 것이다.**(Ⅲ-1, 59-60) [강조는 필자]

니체는 비극과 드라마를 구분했다. '비극'은 합창단이 주가 되는 디오니소스 제례에 기원을 둔 것에 관해서이고, 드라마는 본래적 비극에 추가된 '무대 주인공들'에 관해서이다. 요컨대 그리스비극은 사티로스 합창단에 '드라마'가 추가된 것이다. 앞서 살핀 대로 무대 주인공들은 디오니소스가 변장한 신이고, 따라서 신성을 가진 존재이다. 신성에 보편적 실재가 포함되고, 따라서 신이 개별적 주인공으로 구체화되어 나타날 때, 신성에 의한 것으로서, 개별적 주인공에 보편적 실재가 포함된다. 개별적 주인공은 보편적 실재의 구체화이다. 간략하게 말할 때, 신(神)은 '신화를 내용으로 하는 비극'[비극적 신화]에서의 주인공들에 관해서이다.

인용문이 얘기하는 것은 "디오니소스 신 Dionysus", 즉 무대 주인공으로 변장한 신에 관해서이다. 니체는—위의 인용문에 넣지 않았다—에우리피데스의 『알케스티스』의 주인공 아드메토스의 예를 든다. 관객은 무대 주인공 아드메토스로 변장한 신의 모습을 간파하고, "현실성을 유령 같은 비현실 상태"로 '분해(分解, Auflösung)'한다. 이것이 아폴론적 무대 환영이다. 혹은 아폴론적 꿈의 상태이다. 아폴론적 무대 환영이라고 할 때 디오니소스의 등장과 신들의 등장이 강조되는 것은 사실이다. 마스크 쓴 등장인물이 아닌, 신(神)의 모습을 본다는 것은, 요컨대 현실성이 아닌 비현실 상태를 본다는 것은 역설적으로 현실을 사적(私的)-'개인적' 현실이 아닌, 보편적 현실로 보는 것에 관해서이다. [신의 모습을 보는 것은 보편적 현실을 보는 것이다. **신(神)은 보편성의 화신이다**]

혹은 신은—보이거나, 보이지 않거나—신은 믿을 만하다. 신적 행위는 믿을 만하다. 신적 행위는 진리에 육박한 것으로서 부인의 대상이 아니다. 신의 변장인 아드메토스의 경우가 보편적이고, 신의 변장인 프로메테우스가 보편적이고, 신의 변장인 오이디푸스가 보편적이다. 이렇게 말할 수 있다: **그리스비극의 무대 주인공들이 신들의 삶을 살면서, 혹은 보편적 삶을 살면서, 혹은 보편적 비극적 서사의 삶을 살면서 인간의 (비극적) 삶을 정당화시킨다. 구제 형이상학이다.** 그리스비극의 무대 주인공들에 의한 구제 형이상학이다; '프로메테우스'가 구제 형이상학의 알기 쉬운 예였다. 거인족 출신의 프로메테우스가 인간의 삶을 살면서 인간이 삶을 정당화한다.

주목해야 할 구절이 특히 "신의 고통"이다. 니체는 에우리피데스의 주인공 아드메토스를 덮어쓴 신의 고통을 말한다. 소포클레스의 오이디푸스를 덮어쓴 신의 고통과 같고, 아이스킬로스의 '오레스테스 일가'를 덮어쓴 신의 고통과 같다. **신은 근원적 일자로서 근원적 고통과 모순을 목도한 자이다. 디오니소스이고, 디오니소스 제례의 사티로스 합창단이고, 역시 근원적 일자로서 근원적 고통과 모순을 간파한 '그리스인'이고, 그리스비극의 관객이고 그리스비극의 작가이다**; 아드메토스의 고통은 신의 고통이고, 신의 고통은 관객의 고통이다. "관객은 이미 신의 고통과 하나가 되었다.”; 아드메토스, 프로메테우스, 오이디푸스가 신의 고통과 일치시켜 살 때 이것은 ‘디오니소스’를 사는 것과 같다; ‘간단하지 않다.’ 관객은 ‘디오니소스’를 살면서 ‘아폴론’을 산다. 인용 중 한 부분을 다시 말한다.

> 그리스비극 속에서 우리는 양식상 결정적으로 대립하는 두 요소를 인식한다. 언어, 색채, 동작, 말의 역동성은 디오니소스 합창단의 서정시와 그리고 무대 위의 아폴론적 꿈의 세계에서 완전히 특화된 표현으로 각각 다르게 나타난다.

‘신의 고통’의 화신인 무대 후면, 배우 무대의 비극적 주인공의 삶을 살 때, “서사적 주인공”의 삶을 살 때, 이것은 아폴론을 사는 것에 관해서이다. “호메로스의 언어”로 서사적 주인공의 삶을 사는 것에 관해서이다. 디오니소스의 객관화로서 아폴론을 말할 때 이것은 ‘호메로스의 언어’를 사는 것을 포함한다. 디오니소스의 객관화로서 아폴론 무대 환영의 표현(表現)은 호메로스의 언어에 의한 표현이다(혹은 아폴론적 형상예술에 의한 표현이다). **아폴론적 호메로스 언어는 액자이고, 그 액자에 의해 노출된 것은 디오니소스 ‘언어 자체’로서, “개체의 단념 Aufgeben des Individiums”(57)과 개체의 근원적 일자와의 합체가 내용이다. 화폭의 내용은 근원적 일자에 의한 것으로서 근원적 고통과 근원적 모순에 관한 것이다.’**[7] “디오니소스

7 니체가 에우리피데스의 『알케스티스 Alkestis』를 언급한 것은 특별한 의미를 갖는다. 에우리피데스가 전성기 그리스비극의 몰락을 재촉한 시인이기 때문이다. 그렇더라도 모든 에우리피데의 작품이 부인되는 것은 아니다. 알케스티스와 (특히 그녀의 남편) 아드메토스Admētos 서사에서 니체는 오이디푸스 서사와 프로메테우스 서사에서와 마찬가지로 디오니소스 신의 등장을 말한다. 니체에 의한 ‘아드메토스-론(論)’이라고 할 수 있다.
알케스티스와 아드메토스에서 두 가지를 밝힐 수 있다. 첫째, (니체가) ‘알케스티스와 아드메토스’에서 “신(神)”을 언급했을 때, 이것은 근원적 일자로서 ‘神(신)’에 관해서이고, 그리고 그 神(디오니소스, 사티로스 등)의 고통을 자신의 고통을 느낄 것으로 추측되는 관객에 대해서이다. ‘합창’을 의식한 것으로 보는 것

합창단의 서정시"가 그 표상이다.

아폴론과 디오니소스의 변증법적 관계는 액자와 화폭의 '관계'로 요약된다; 구원은 환영에 의한 구원이다. 아폴론적 가상에 의한 구원이 아니라, 디오니소스적 가상[실상에 육박한 가상, 불협화음의 가상]에 의한 구원이다. "개체의 파괴 및 개체의 근원적 존재와의 합체"(58)가 말하는 바다. 그렇더라도 '디오니소스의 아폴론적 구체화'로서 '그' 드라마를 부인할

이다. 근원적 고통과 근원적 모순의 표상인 불협화음으로서의 합창을 '다시' 얘기한 것으로 보는 것이다. '그리스비극은 오로지 합창일 뿐이며, 합창 이외 아무것도 아니다.'

[니체가 알케스티스와 아드메토스를 예로 든 것은 아폴론적 서사를 강조하려고 한 것은 아니다. 호메로스 서사에서의 '신들이 인간의 삶을 살면서 인간의 삶을 정당화시킨다'를 되풀이하려고 한 것이 아니고, 호메로스 서사의 연장에서, 그리스비극 서사, 즉 오레스테스 서사나 오이디푸스 서사의 '미적 가상으로서, 아폴론적 꿈 예술이 인간의 삶을 정당화시킨다'를 되풀이하려고 한 것이 아니다. (니체 본인에 의해) 알케스티스와 아드메토스 예시는 아폴론적 꿈 예술을 얘기하려 한 것이 아니다]

둘째, 정반대로, 니체가 예로 든 알케스티스와 아드메토스를 무대 장면, 즉 '배우' 및 서사에 대한 강조로 보는 것이다. 니체의 위의 인용문 '말미'에서의 언급에 주목하는 것이다. 니체가 무대에서의 아폴론적인 "명료성과 확고함이 특징인 서사적 형상"이라고 한 것에 이어 "이제 디오니소스 신은 힘을 통해서가 아니라, 서사적 주인공으로서 거의 호메로스 언어로 말을 하는 것이다"라고 한 것에 주목하는 것이다. 아폴론과 디오니소스의 상호보완의 관계? 아폴론과 디오니소스의 '영원한 평화 협정'?; 니체의 (궁극적) 의중에 주목하는 것으로서 '알케스티스와 아드메토스 예'에서, 무엇보다 신(神)에 의한 것으로서, 디오니소스적 합창단의 고통의 현시, 고통의 불협화음에 의한, 즉 디오니소스적 미적 가상에 의한 인간 삶의 정당화를 말할 수 있고, **동시에** 알케스티스와 아드메토스 그 자체에 주목하는 것으로서, **아드메테스를 오이디푸스 서사 및 오레스테스 서사 등과 유비로서, 아폴론적 미적 가상이 인간의 삶을 정당화하는 것으로 볼 수 있다.**

오이디푸스 서사, 오레스테스 서사에 이어 아드메토스 서사의 등장이다. 서사는 늘 호메로스 서사가 그렇듯 아폴론적 서사에 관해서이다; 부연해야 할 것이 디오니소스 미적 가상[불협화음]에 의한 인간 삶의 정당화도 고통의 정당화에 관해서이고, 아폴론적 미적 가상[주인공의 고통]에 의한 정당화도 고통의 정당화에 관해서인 점이다. 여기서 '미적 가상'은 '변용'이 말하는 그 미화(美化)가 아니다. 미학적 가상 Ästhetischer Schein, 혹은 예술적 가상 Künstlerischer Schein을 지시한다.

수 없다. 액자가 아폴론이라면 디오니소스는 화폭이다. 근원적 일자의 세계, 근원적 모순–근원적 고통의 세계이다. 물론 둘 다 환영(幻影)이다. 디오니소스 합창단이 환영인 것처럼, 아폴론적 무대 배우가 환영인 것처럼.

('아폴론의 2차적 효과'는 24장 이전, 8장에서 이미 언급되었고, 또한 21장과 22장에서 이미 언급되었다 지금의 논의가 24장에서 촉발된 '아폴론의 2차적 효과'를 위한 것이라는 점을 환기할 때, 디오니소스 작용에 의한 '2차적 효과'를 다시 강조한다.)

사티로스 합창단 작용에 의한 것으로서, 아폴론 무대 환영에 의한 구원을 말하고—본래적 아폴론적 미화로서 아폴론적 꿈 예술에 의한 구원을 유보하고(혹은 마야의 베일 효과에 의한 구원을 유보하고)—즉 디오니소스 역할에 의한 아폴론적 2차적 효과에 구원을 말한 것이 8장의 하이라이트였다. **"그것은[아폴론 무대의 환영은] 디오니소스적 상태의 객관화로서, 가상 속에서의 아폴론적 구원이 아닌, 정반대로 개체의 파괴 및 개체의 근원적 존재와의 합체를 드러낸다."(58); 물론 디오니소스적 구원을 말하는 것은 아폴론적 연극 무대의 서사적 주인공에 의한 호메로스의 언어이다. '아폴론'이 전적으로 부인되지 않는다.**

5) 아폴론과 디오니소스의 '힘든' 관계

니체는 『비극의 탄생』 21장, 그리고 22장에서 다시 디오니소스와 아폴론을 상호 변증법적 관계로 읽는다

> (아폴론적) 과정은 단지 멋진 가상으로서, 언급된바 아폴론적 '착각' 이다. 아폴론적 착각(혹은 기만)의 효능 덕분에 우리는 디오니소스적 압박에서 나오는, 디오니소스적 과잉에서 나오는 압박에서 벗어날 수 있을지 모른다. 근본적으로 음악과 드라마의 관계는 정반대라는 점이 강조되어야 한다: 음악이 세계의 진정한 이념이고, 드라마는 단지 (음악) 이념의

반사, (음악) 이념에서 나온 개개의 그림자 상(像)이다 […] 음악의 도움으로, 모든 동작과 모든 인물들이 내적으로 훤히 밝혀진 선명성을 구비하고 우리 앞에 펼쳐지는 드라마는 […] 전체가 모든 '아폴론적 예술 효과를 넘어서는' 어느 효능에 도달한다. **비극의 전체 효과 면에서 디오니소스적인 것이 다시 우위를 차지한다. 비극은 아폴론적 예술의 왕국에서는 결코 낼 수 없는 소리 음을 내며 끝난다. 이로써 아폴론적 착각은 비극이 지속되는 동안 진정한 디오니소스적 작용을 은폐하는 베일이었던 것으로 그 정체가 밝혀진다. 디오니소스 작용은 그러나 매우 강력해서 끝에 가서는 아폴론적 드라마 자체가 디오니소스적 지혜를 가지고 말하게 하는, 자기 자신과 자기의 아폴론적 모습을 부인하게 하는, (그런) 국면 속으로 몰아넣는다. 그러므로 비극에서 아폴론적인 것과 디오니소스적인 것의 힘든 관계는 두 신의 형제 동맹으로 상징될 수 있다.** 디오니소스는 아폴론의 언어로 말하고, 그러나 마침내 아폴론이 디오니소스의 언어로 말한다. 이로써 비극과 예술 전반의 최고 목표는 달성된 셈이다.(Ⅲ-1, 21장, 134-136) [강조는 필자]

디오니소스적 지혜 dionysische Weisheit라는 말에 주목해야 한다! **무대 드라마가 그 표상인, 아폴론적 고유의 "예술 효과"("아폴론적 기만")를 넘어서게 하는 "효능"이 음악인 것을 다시 확인한다.** 아폴론적 고유의 예술 효과는 '본래적' 아폴론적 효과로서, '아폴론적 꿈 예술'에 관해서이다. 마야의 베일 상태에 있고, 개별화의 원리에 묶여 있는 그 아폴론적 꿈 예술을 종국에는 디오니소스적 음악이 이를 넘어서게 한다는 말이다. 아폴론적 가상으로서의 구원을 디오니소스적 가상으로으로서의 구원으로 바꾼다. 마야의 베일 속의 가상을 꺼내고, 개별화 원리 속의 가상을 꺼내, 디오니소스적 불협화음의 음악 속에 두고 그들에게 '가상으로서의 실상'을 직시하게 한다. '이것이 너희들의 인생이다!' 가상으로서의 실상은 디오니소스 미적 가상에 의한 실상이나, 디오니소스 근원적 일자가 본 부인할 수 없는 근원적 실상을 포함했다. '인생은 미적 현상에 의해서만 정당화된다.'

『비극의 탄생』 주제문이다.

인용 앞 부분에서 "음악의 도움으로"라고 했더라도 이것이 디오니소스에 대한 아폴론의 우위를 나타내지 않는다는 점이 강조되어야 한다. 디오니소스 음악은 "세계의 진정한 이념"이다. 디오니소스와 아폴론의 변증법적 관계를 계속 말하더라도, 아폴론과 디오니소스 "두 신의 형제 동맹"을 계속 말하더라도, 아폴론에 의한 디오니소스의 우위가 늘 결론이었다. 니체가 '근원적으로 비극은 '합창'일 뿐, '드라마'는 아니다'(59)라고 한 것을 상기하자. 근원적으로도 디오니소스가 우위이고, 전성기 그리스비극에서도 디오니소스가 우위이다. 아폴론적 드라마가 압도적으로 느껴질 때 이것을 니체는 "아폴론적 착각"(혹은 '아폴론적 기만')에 의한 것이라고 했다. "비극의 전체 효과면에서 디오니소스적인 것이 우위를 차지한다"라고 디오니소스의 우위를 명백히 한다.

"비극은 아폴론적 예술의 왕국에서는 결코 낼 수 없는 소리 음을 내며 끝난다. 이로써 아폴론적 착각은 비극이 지속되는 동안 진정한 디오니소스적 작용을 은폐하는 베일이었던 것으로 그 정체가 밝혀진다. 디오니소스 작용은 그러나 매우 강력해서 끝에 가서는 아폴론적 드라마 자체가 디오니소스적 지혜를 가지고 말하게 하는, 자기 자신과 자기의 아폴론적 모습을 부인하게 하는, (그런) 국면 속으로 몰아넣는다." 아폴론적 착각은 디오니소스적 작용을 은폐하는 "베일Umschleierung"이었고, 이 베일은 그러나 '강력한' 디오니소스 작용으로 벗겨지게 된다. 디오니소스적 지혜가 디오니소스 작용이고, 디오니소스 효과이다. '아폴론적 드라마'를 디오니소스 지혜가 덮어써서 '아폴론 무대'가 디오니소스 지혜를 가지고 말하기 시작한다.

문제는 '아폴론적 예술 효과'이고, 이 아폴론적 예술 효과를 '넘어서게 하는 것'에 관해서이다. '비극은 "아폴론적 예술의 왕국"에서는 결코 낼 수 없는 소리 음을 내며 끝난다' 했다. 아폴론적 예술의 왕국에서는 결코 낼 수 없는 '소리 음 Klang'이 그리스비극 전반을 요약한다. 그리스비극이 디오니소스적 비극이라는 것을 지시한다. (이것은 그리스비극이 '아폴론적 연극'으로 끝나는 것이 아니라, 디오니소스적 '합창'으로 끝나는 것을 의식한 때문인 것으로도 볼 수 있다. 주지하다시피 아이스킬로스-소포클레스로 대변되는 아티카비극은 사티로스극, 즉 합창단의 퇴장가exodos로 끝난다.)

"디오니소스는 아폴론의 언어로 말하고, 그러나 마침내 아폴론이 디오니소스의 언어로 말한다." 이러한 21장의 마지막 결론이 말하는 것은? 아폴론에 대한 디오니소스의 '우위'를 지시하지 않는다. 인용문 결론은 니체의 수사학적 글쓰기(혹은 벤야민의 트락타트的 글쓰기—의도가 계속 지연되는 글쓰기)가 많이 반영된 것으로서, 무엇보다도 애초에 의도된 아폴론과 디오니소스의 변증법적 관계라는 니체의 '큰' 의중이 많이 반영된 것이라고 본다.[8)]

---

8 아폴론적 미화[변용]를 많이 말하는 본래적 아폴론적 꿈 예술에 의한 구원보다는, 21장의 용어로 말하면 '멋진 가상 herrlicher Schein'(혹은 '아폴론적 기만 apollinische Täuschung')에 의한 구원보다는, 사티로스 합창단에 의한 것으로서, 사티로스 합창단이 덮어쓴, 보다 강화된 아폴론적 무대 환영에 의한 구원을 말하는 것, 요컨대 아폴론 무대에서의 구원도 결론적으로 디오니소스적 구원 행위라는 것이 『비극의 탄생』 8장의 요체였다. "그것은[아폴론 무대의 환영은] 디오니소스적 상태의 객관화로서, 가상 속에서의 아폴론적 구원이 아닌, 정반대로 개체의 파괴 및 근원적 존재와의 합일을 드러낸다."(58)
'개체의 파괴 및 개체의 근원적 존재와의 합일'이 그리스비극의 키워드이다. 물론 니체의 『비극의 탄생』에 의한 그리스비극의 키워드이다. 최종적으로 말하는 것은 개체 파괴의 정당화이다. 개체의 파괴로써 개체는 근원적 존재와의 합일로 들어간다. 니체의 '장려한 가상(?)'의 형이상학이다. 구원의 형이상학이다.
아폴론 무대에서의 디오니소스가 아폴론를 덮어쓴 것을 말할 수 있으므로 넓은 의미에서 디오니소스와 아폴론의 합체이다; 아폴론 무대에서의 '디오니소스적 구원'을 실제 발언하는 행위를 말할 때 이것은 아폴론적 연극 무대의 서사적 주인공이다. 물론 주인공 개체의 절망이고, 주인공 개체의 파괴이다.
언어는 (서사적 주인공에 의한) 호메로스의 언어이다. '아폴론적 무대 자체'가 전적으로 부인되지 않는다(비극에서 드라마 무대가 없다면 뭐가 남는가? '가장 중요한' 디오니소스 오케스트라가 남는다?; 가장 중요한 디오니소스 오케스트

'두 신의 형제 동맹'을 말했더라도 이것은 다시 강조하지만 니체의 수사학적 결론이다. 디오니소스와 아폴론 '두 신의 형제 동맹'을『비극의 탄생』25장 최종 마무리에서의 아폴론과 디오니소스의 '상호 엄격한 균형'에 대한 사전 포석으로 볼 수 있다.

어쨌거나『비극의 탄생』에서 아포리아가 아폴론과 디오니소스의 상호관계이다. 아폴론 자체가 난경이 아니라, 디오니소스 자체가 난경이 아니라, 아폴론과 디오니소스의 상호 관계가 난경이다. 니체도 위의 인용문에서 고백(?)했다: "비극에서 아폴론적인 것과 디오니소스적인 것의 힘든 관계"라고 한 것이 그것이다; 그렇더라도 21장의 마지막 부분을 다시 강조하자. 니체의 '비극'과 '예술'에 대한 '결론 같은 결론'이다. "디오니소스는 아폴론의 언어로 말하고, 그러나 마침내 아폴론이 디오니소스의 언어로 말한다. 이로써 비극과 예술 전반의 최고 목표는 달성된 셈이다." '비극과 예술'의 최고 목표가 디오니소스의 언어와 아폴론의 언어, 이 두 가지 언어의 상호 작용이다. 적어도 두 가지 언어('내용으로서 파괴적 언어'와 '형식으로서 호메로스 언어')의 병렬이다.

다른 '수사학적' 접근이 가능하다. 아폴론이 그의 "말과 영상[형상] Wort und Bild"(130-131, 혹은 "말"과 "개념", 134)으로 얘기한다는 것은 말 그대로 아폴론적 '드라마'에 관해서이다. 무엇보다 호메로스의 언어에 관해서이다; '그러나 마침내 아폴론이 디오니소스의 언어로 말한다'는 것은? '그러나'라는 접속사가 강조적이고, '마침내'라는 부사가 강조적이다. "아

라는 무엇을 위해 노래 부르는가? '비극'을 위해 노래부르지 않는가? 비극에는 아폴론 무대가 정확히 포함된다.)

분명히 말하면 '개체의 파괴' 및 '개체의 근원적 존재와의 합일'을 말하는 것은 호메로스의 언어이다. '아폴론'의 언어이다; 이 모두를 함께 고려할 때 '아폴론이 디오니소스의 언어[파괴의 언어]로 말하고, 디오니소스가 아폴론의 언어[호메로스의 언어]로 말한다'가 가능하다. 아폴론과 디오니소스의 '영원한 균형'(25장)을 얘기할 수 없는 것은 아니다.

폴론적 연극 자체 das apollinische Drama selbst"가, '아폴론적 말과 영상'이, 디오니소스적 광포한 합창으로 말하기 시작한다는 것, '개체의 파괴 및 개체의 근원적 존재와의 합체'에 대해 말하기 시작한다는 것, (음악의 도움으로) "형이상학적 의미"(130)를 부여받는다는 것, 액면 그대로 디오니소스 합창단의 위력에 관한 것 아닌가?

"(디오니소스 지혜에 의해, 아폴론적 예술 수단을 통해 형상화된) 신화 이야기는 우리를 음악으로부터 보호해준다. 한편으로 그 신화는 음악에게 최고의 자유를 부여한다."(130). 그 자체로 볼 때 신화(이야기)와 음악에 동등한 '가치'를 부여한 것으로 보이나, 바로 이어서 "음악은 대신 답례로서 (디오니소스 지혜에 의해 아폴론적 예술 수단을 통해 형상화된) 비극적 신화에 역동적 형이상학적 의미를, 설득력 있는 형이상학적 의미를 선사한다. 말과 형상은 저 유일무이한 음악의 도움 없이 그런 형이상학적 의미를 결코 얻을 수 없다. 특히 음악을 통해 비극의 청중에게 최고의 환희를 예감케 하는 감정이 덮친다"(130-131)라고 말한다.[9] "전(全) 민족의 삶을 자극시키고, 정화시키고, 방전시키는 엄청난 비극의 힘을 기억해야 한다"(130)라고 말한다.

["사물(事物) 이전의 보편"[10]인 음악(音樂)으로서, '디오니소스적 지혜'

9 '형이상학적 의미'는 청중이 "사물의 가장 안쪽에 있는 심연"(131)을 '귀로 듣고 있다고 느끼는 것'에 관해서이다.

10 쇼펜하우어가 "사물 이전의 보편 universalia ante rem, das Allgemeine vor dem Ding"으로서 음악을 얘기한 것을 니체가 인용했다. 개념은 "사물 이후의 보편 universalia post rem, das Allgemeine nach dem Ding"이고, 현실은 "사물 속의 보편 universalia in re, das Allgemeine im Ding"이다(102-103). 12-15세기의 보편자 논쟁 Universalienstreit에 기원한다. 쇼펜하우어가 보편자에 대해 얘기한 것은『의지와 표상으로서의 세계』52章에서이다. 이른바 쇼펜하우어의 음악 형이상학의 정수가 펼쳐진 곳이다.
음악에 대한 저 유명한 정의: 음악은 "현상의 모사"가 아니라, "의지의 직접적-매개되지 않은 모사"이다. "세계의 모든 감각적인 것에 대해 형이상학적인 것을, 모든 현상에 대해 사물 그 자체를 서술한다." 음악은 "세계의 표현"이고, "최에 개입한, 즉 "창조주를 멸망시키지 않고"[11] 세계의 현존 및 "개체의 실존 Individualexistenz"(132)을 정당화시켜주는, 디오니소스적인 것의 "우위"(135)를 말한다. 아폴론적 예술이 "아폴론적 착각"(133-135)으로서 "본질적인 디오니소스 효과를 가리는 베일", "음악의 피상적 모상(模像)"(135)이라고 말한다. 니체가 디오니소스적 예술을 아폴론적 예술 위에 둔 것은 분명하다. 재차 강조하면 1886년「자기비판의 시도」에 아폴론에 대한 언급이 전혀 없었다. 니체에게, '비극적 신화'와 '비극적 주인공'을 잠시 떠맡는 역할을 하는—특히 비극적 신화를—아폴론적 형상예술은 디오니소스적 음악 정신의 반주이다. 그 역(逆)은 아니다]

6) 디오니소스적 지혜—'가장 나쁜 실존의 정당화'

다시 니체는『비극의 탄생』22章에서 "'비극적 신화'는 디오니소스 지혜가 아폴론적 예술 수단을 통해 형상화된 것으로만 이해돼야 한다"(137)고 강조한다.[12] 그렇지만 1차적 아폴론적 미화가 아닌, 2차적 아폴론 파

상급의 보편적 언어"이다. [의지가 칸트의 물자체이다]; 니체는 음악이 "최고의 세계 이념"(Ⅲ-1. 133)이라고 맞장구친다. 디오니소스적 음악이 "세계 의지의 보편적 거울"(108)이다.

11 '디오니소스적 힘'을 창조주의 힘에 비유한 것이다. **창조주 존재가 이 세계의 잔혹한 실존을 정당화시키는 것처럼 디오니소스 존재가 이 세계의 잔혹한 실존을 정당화시킨다.**

12 비극적 신화가 비극 그 자체이다. 좁혀 얘기하면, 비극적 신화가 영웅의 몰락에 대한 얘기이다. 과감하게 얘기하면, '비극적 신화'는 '몰락 예찬'을 포함하므로 아폴론적인 것만이 아니라, 디오니소스적인 것도 된다; 비극적 신화가 아폴론의 탈을 쓰고 전개된다. 대사-동작-의상 등 '아폴론적 잔잔한 형상'으로 펼쳐진다. 비극은 합창에서 시작하여 합창으로 끝나는데, '비극적 신화'까지 디오니소스적 광포한 방식으로 전개되면 관객은 9-10시간 동안 내내 '디오니소스'에게 시달리게 된다. 니체는 아티카비극이 '비극적 신화'—'영웅들의 투쟁 이야기'를 아폴론적 형상으로 전개시킨 것을 '디오니소스 지혜'에 포함시킨다. 아폴론적 형

멸에 대한 강조가 8장에서, 그리고 21장을 거쳐 22장에서 강령적으로 제기되었고, 앞서 고찰한 대로 24장에서 최종 규합되었다. [디오니소스 음악 자체가 가장 나쁜 실존에 관해서이다. 나아가 가장 나쁜 실존을 정당화하는 것에 관해서이다]

22장 역시 아폴론적 효과와 디오니소스적 효과의 병렬(혹은 대립) 구도로 시작했다. 아폴론적 효과에 대해 진술하고, 디오니소스적 효과에 의해 아폴론적 효과를 부정한다. 여기에서 등장하는 3인칭 대명사 "그Er"(136-137)는 음악적 비극[13]에 능통한 자, 곧 디오니소스적 근원 일자에 대해 알

상은 "훌륭한 가상"이고 이 "아폴론적 착각"으로 관객은 "디오니소스적 충동"의 "과잉"을 피할 수 있다.(134)

디오니소스적 지혜는 그러나 무엇보다 진리 구현 방식을 포함한다. 진리에 의한 진리의 정당화를 포함한다. 니체가 '디오니소스적 지혜 dionysische Weisheit'를 19장에서 강조적으로 표명했을 때 이는 인과율로 표상되는 소크라테스류 Sokratik의 "자족적 실존 쾌락의 한계"를 돌파해낸–칸트와 쇼펜하우어로 대변되는–"독일 철학'의 정신"을 염두에 둔 말이다. 소크라테스류의 "윤리적 문제 및 예술"에 대(對)한 "무한히 깊고 무한히 진지한" 전혀 새로운 접근법을 말한다. 나아가 디오니소스적 지혜는 "독일 음악과 독일 철학의 일치"라는, 그리스(비극)에서 기원을 둔 "새로운 실존 형식"에 대해서이다. 요컨대 "비극의 재탄생 die Wiedergeburt der Tragödie"에 대한 염원이 담겼다. 물론 디오니소스적 지혜가 비극의 재탄생이라고 할 때 이것은 그리스비극 정신의 회복에 관해서이다. 정당화의 철학 말이다. 비극성(悲劇性)을 올림포스산과 '비극'을 통해 정당화하는 것 말이다.(124-125)

13 비극을 대신하는 말이 "음악적 비극 musikalische Tragödie"(134, 136, 138)이다. 21장에 이어 22장에서 등장한다. 비극은 음악적 비극이다. 그리스비극은 음악의, 음악에 의한, 음악을 위한 비극이다. 음악이 '전반적'이고, 음악이 비극을 비극이게 한다. 음악이란 무엇인가? 묻게 한다. 쇼펜하우어가 정립한 음악 형이상학을 근거로 해서 니체는 비극을 디오니소스 음악 합창단 자체로 간주했다. 디오니소스 음악이 이른바 '물자체'이고, 이념이다. '이념'은 증명 불가능성이 아니라, 음악으로 표상된다.

디오니소스 음악이 의지의 직접적 모상으로서 근원적 일자와 접촉하게 한다. 디오니소스 음악이 근원적 일자로서, 근원적 고통과 근원적 고통과 접촉하게 하고, 근원적 고통과 근원적 모순을 정당화한다. (디오니소스) 음악이 인생을 살 만하고 견딜 만하게 한다. 니체의 음악 형이상학은 디오니소스 음악 형이상학이다. **'우리는' 비극 음악을 만들어야 한다. 음악적 비극을 만들어야 한다. 그리스비극이 '음악을 위한 비극'이기 때문이다.**

고 있는 자이다. 디오니소스 근원적 일자는 (자꾸 반복하지만) 근원적 고통과 근원적 모순을 통찰한 자로서, 따라서! 그 바쿠스의 신 디오니소스에게 근원적 고통과 근원적 모순은 부정의 대상이 아니라, 수용의 대상이고 긍정의 대상이다. [통찰은 긍정을 포함한다. 통찰은 '통찰된 것'을 수용한다. 어려운 통찰이고 그것이 진리에 관계하기 때문이다] 『비극의 탄생』의 용어로 말하면 '정당화'[시인(是認)]의 대상이다.

'그'가 근원적 일자로서, 디오니소스적 근원 일자로서, 디오니소스적 삶에 구원이 있는 것을 아는 자이다. 다름 아닌 근원적 고통과 근원적 모순에 대한 통찰에 구원이 있고, 근원적 고통과 근원적 모순의 시인(是認) 및 정당화에 구원이 있는 것을 아는 자이다. 요컨대 디오니소스적 삶에 구원이 있는 것을 아는 자이다. **디오니소스적 삶을 '건드리는 것'(건드려서 살 만하게 하는 것)은 음악이다. 음악이(혹은 불협화음을 강조할 때 디오니소스 음악이) 근원적 일자이고 이념이고 물자체이고 세계의지로서, 근원적 고통과 근원적 모순을 건드리게 하고, 그것을 시인하고 정당화하게 한다.** [디오니소스적 음악이 디오니소스적 삶을 살게 한다. 근원적 일자로서 근원적 모순과 근원적 고통을 통찰하게 하고, 근원적 고통과 근원적 모순을 수용하고 정당화하는 삶을 살게 한다][14] **지금 우리가 논의하는 것을 한 단어로 요약하면 고통에 관해서이고, 고통에 대(對)해서이다. 니체에서 '추의 미학'을 말할 때 이것은 고통에 대(對)해서이고, 고통의 정당화에 관해서이다.**

니체가 '그'에 대해서 말하는 것을 들어보자. 그가 디오니소스적 삶을

---

14 근원적 고통과 근원적 모순을 수용하고 정당화하지 못하는 삶의 표상이, 비디오니소스적 삶의 표상이 비관주의이다. 소크라테스적 인식이 초래하는 피상적 낙천주의(자)는 늘 비관주의에 노출되어 있다. '원주의 비유'(15장)를 상기하라. 소크라테스적[학문적] 진리에의 의지에 구원이 없고, 예술적[비극적] 진리에의 의지에 구원이 있다.

사는 자이다. 디오니소스적 삶에 구원이 있다고 느끼는 자이다.

> [···] 조각가나 서사시인들, 진정한 아폴론적 예술가들은 그로 하여금 자신들의 작품을 통해 [이런] 행복한 머무름에, 다시 말해 관조에 의한 것으로써 개체 세계의 정당화에, 그 자체 아폴론적 예술의 정점이며 총합에 도달하게 한다. 그런데 그는 무대의 미화(美化)된 세계를 보지만 그것을 부정한다. 그는 앞에서 서사적으로 명료하고 아름다운 비극의 주인공을 보지만, 그러나 주인공의 파멸에 쾌감을 느낀다. 그는 무대 장면에서의 사건을 가장 깊은 데까지 이해하지만, 기꺼이 이해할 수 없는 곳으로 도피한다. 그는 주인공의 행동이 정당하다고 느끼지만, 이 행위가 주인공을 파멸시키면 그의 기분은 훨씬 고양된다. 그는 주인공들이 겪는 고통에 공포를 느끼지만, 그 고통에서 더 높고 더 압도하는 쾌감을 예감한다 [···] **'비극적 신화'는 오로지 디오니소스적 지혜가 아폴론적 예술 수단을 통해 형상화된 것으로 이해되어야 한다. 그는 현상 세계를 그 경계까지 몰고 간다. 그 (극한의) 경계에서 현상 세계는 자기 자신을 부정하고, 다시 진정하고 유일한 실재의 품 안으로 도망치는 것이다.** 그러한 (극한의) 경계에서 현상 세계는 이졸데와 함께 형이상학적인 백조의 노래를 불러대는 것으로 보인다.[15](Ⅲ-1, 22장, 136-137) [강조는 필자]

---

15 "백조의 노래 Schwanengesang"는 디오니소스적 형이상학의 개선가이다. 근원적 일자에 의한 노래로서 (쾌락 뒤의) 근원적 고통과 모순을 통찰하고 그것을 수용 시인 정당화한 디오니소스적 일자의 개선가이다. 다음은 니체의 〈트리스탄과 이졸데〉에서의 인용이다. 바그너의 음악 드라마 〈트리스탄과 이졸데 Tristan und Isode〉의 최종 결말부로서 이졸데의 말이다(Ⅲ. Aufzug, 3. Szene): 환희의 바다의/ 높은 거센 파도 속에/ 향기 나는 파도의/ 공명하는 소리 속에,/ 세계 호흡의/ 휘감겨가는 만물 속에—/ 빠져 죽네—가라앉으며—/의식 없으나—최고의 쾌락이여!(Ⅲ-1, 22장, 137)
이졸데의 노래가 근원적 고통과 근원적 모순의 수용에 관해서이다. 디오니소스적 고통에 관해서이고, 디오니소스적 정당화로서 디오니소스적 쾌락에 관해서이다; 아폴론과 디오니소스의 상호작용(정확히 말하면 아폴론에 대한 디오니소스적 지혜의 작용)의 금과옥조로서 '(청중은) 비극 주인공의 파멸에 기쁨을 느낀다'를 상기할 필요가 있다. "환희의 바다의/ 높은 거센 파도 속에/ 향기 나는 파도의"가 아폴론적/디오니소스적이고, "빠져 죽네—가라앉으며—/의식 없으나

인용 앞단의 "그런데 그는 무대의 미화(美化)된 세계를 보지만 그것을 부정한다"가 말하는 것이 "조각가나 서사 시인들"[아폴론적 예술가들]에 의한 아폴론적 미화의 세계가 근원적 실상이 아니라는 것, 디오니소스적 부조화 및 불협화음의 세계가 근원적 실상이라는 것. '미화된 세계'(의 그 긍정)에 구원이 없고, 미화된 세계의 부정에 구원이 있다. "관조 속에서 얻어진 개체적 세계의 정당화Rechtfertigung" 자체인 아름다운 비극의 주인공이라 하더라도, 즉 "아폴론적 예술의 정점이며 총합"인 "아름다운 비극의 주인공"이라 하더라도 그 '아폴론'에 구원이 없고, '디오니소스'에 구원이 있다. '아름다운 주인공'의 파멸에 구원이 있다.

'그'[그리스비극의 음악적 효과를 아는 자]가 "주인공의 행동이 정당하다고 느끼지만 이 행위가 주인공을 파멸시키면 그의 기분은 훨씬 고양된다"고 할 때 이것은 '파멸'이 세계의 실상이라고 한 것이다(혹은 근원적 일자의 통찰에 의한 것으로서 근원적 모순과 근원적 고통이 실상이라고 한 것이다).

'쾌감'을 말할 때 이것은 실상에 대한 수용, 즉 정당화를 말한다. "주인공들이 겪는 고통"에 "공포"를 느끼나 이 고통으로서 공포 역시 '근원적 고통 및 근원적 모순'과 유비로서, 긍정의 대상이고 정당화의 대상이다. [긍정과 정당화에서 쾌감이 발생한다] 고통을 수용하고, 정당화'하도록' 하는 것이, 다시 강조하면, 디오니소스이고, 그리스비극의 음악적 효과이다. 간단히 디오니소스 음악이다.

디오니소스 음악이 근원적 부조화, 근원적 불협화음의 표상으로서, 근원적 일자로서, 근원적 고통과 근원적 모순을 불러일으킨다. 강조한 부분

—최고의 쾌락이여!"가 디오니소스적이다. 이졸데의 마지막 '말' '백조의 노래'는 디오니소스적 음악 효과에 관해서이다. 디오니소스적 지혜의 작용으로서, 디오니소스적 고통이면서 동시에 디오니소스적 "쾌락"을 자아낸다.
'의식 없음'이 표상하는 것이 근원적 고통과 모순에 관해서이고, 그 쾌락에 관해서이다. [무의식에서 쾌락(과 고통에)의 에너지를 말한 니체, 무의식과 (프로이트 용어로서) 리비도Libido를 함께 말한 니체]

이 비극을, 음악적 비극을 요약한다. 그는, 디오니소스 음악적 비극을 아는 '그'는, "현상 세계"가 스스로 부정되는 곳에서 나와[현상 세계를 극단으로 몰고 간 다음, 더 갈 데 없는 경계Grenzen까지 몰고 간 다음] "진정하고 유일한 실재의 품" 안으로, 즉 디오니소스적 품 안으로 질주한다.

강조하면, "'비극적 신화'는 오로지 디오니소스적 지혜가 아폴론적 예술 수단을 통해 형상화된 것으로 이해되어야 한다"가 말하는 것 또한 『비극의 탄생』 전체를 요약한다. 아폴론적 형상화의 전제로서 디오니소스적 지혜를 말한 것; 그렇더라도 디오니소스만 있어도 곤란하다. 니체는 다시 후퇴한다. 디오니소스의 표상으로서 아폴론이 있어야 디오니소스가 드러난다. 혹은 아폴론의 배후로부터 디오니소스가 떠오르는 것. 21장에 이어 22장(그리고 24장)에서 그래서 나오는 말이 디오니소스와 아폴론의 '형제 관계'이다. 둘의 "예술 신"이 맺는 "형제 동맹 Bruderbunde"(22장, 137)이라는 말이다.

7) 두 예술 신의 형제 동맹

다음 논의는 두 예술 신의 형제 동맹에 관한 것이다. **21장, 22장에서도 등장한, 니체 고유의 용어에 분명한, 아폴론과 디오니소스, 두 예술 신의 "형제 동맹"(24장, 146)이 필자에게 낯선 느낌을 준다. 25장에서 영원한 정의의 법칙에 따른 두 예술 신의 "엄격한 상호 균형"(151)을 말한 것도 낯선 느낌을 주었다. 두 예술 신의 형제 동맹을 두 가지로 나눠 말할 수 있다.**

① 두 예술 신의 역할 분담에 의한 비극의 형이상학 탄생이다. 상호 이질적인 형이상학의 만남에 의한 두 예술 신의 형제 동맹이다. 아폴론적 주인공의 미화로 표상되는 아폴론 신과 디오니소스적 합창단의 불협화음

으로 표상되는 디오니소스 신의 형제 동맹이다. 두 개의 이질적 형이상학의 동맹을 말할 수 있다. (1차적) 아폴론적 미화—변용에 의해 인생을 살 만한 것으로 만드는(25장, 151) 아폴론적 형이상학이 형제 중 하나로서. 그리고 디오니소스적 불협화음에 의해 인생을 정당화시키는—파멸을 정당화시키는—(디오니소스적) 형이상학이 형제 중 하나로서, 두 예술 신의 형제 동맹을 말할 수 있다. [디오니소스적 정당화의 형이상학은 디오니소스 근원적 일자가 근원적 고통과 근원적 모순을 정당화시키는 것에 관해서이다] 이질적 형이상학의 동맹을 말할 수 있는 것은 후자는 추의 미학에 의한 삶의 정당화이고, 후자는 미의 미학에 의한 삶의 정당화이기 때문이다. 문제는 물론 형이상학이다. 형이상학적 구제이다. 이질적 형이상학은 부차적 문제다. [미의 미학에 의한 삶의 정당화와 추의 미학에 의한 삶의 정당화가 두 예술 신의 '형제 동맹'을 말하게 하는 근거이다]

② 또 하나의 두 예술 신의 형제 동맹을 말할 때 그것은 '파멸의 정당화'에 관해서이다. 정확히 말하면 파멸에 의한 파멸의 정당화이다. 24장(; 8장; 21장; 22장)의 니체 견해에 의할 때, 즉 니체가 '아폴론'에서도 파멸의 정당화가 성립되는 것을 말할 때 이것을 가지고 두 예술 신, 아폴론과 디오니소스에서 형제 동맹을 말하는 것이 가능하다. 이 경우—앞의 경우와는 달리—상호 이질적 형이상학이 아닌, 상호 동질의 형이상학이 두 예술 신의 형제 동맹에 기여한다.

동질의 형이상학에 의한 형제 동맹인 것은 아폴론 무대의 '2차 사건'이 투쟁하는 주인공의 미화가 아닌 주인공의 파멸에 관한 것이고, 즉 파멸에 의한 파멸의 정당화에 관해서이고, 마찬가지로 무대 전면 오케스트라석에서 터져나오는 디오니소스적 불협화음이 또한 파멸에 의한 파멸의 정당화에 관해서이기 때문이다

[24장 등에서 니체는 '2차적' 아폴론적 무대 영역에 관한 것으로서, 즉 고통받는 주인공에 관한 것으로서 아폴론적 형이상학 또한 파멸의 정당

화가 내용이라는 점을 분명히 알렸다. 디오니소스적 형이상학이 파멸의 정당화가 내용인 것처럼 말이다. 2차적 아폴론적 미학이 '추와 부조화'가 내용인 추의 미학에 관해서이고, 이와 유비로서 디오니소스적 미학이 불협화음이 '경악과 공포의 세계사'의 반영으로서 추의 미학에 관해서이다] 요컨대 (디오니소스적 지혜가 덮어쓴 것으로서) 아폴론적 파멸의 정당화와 (디오니소스적 음악에 의한 것으로서) 디오니소스적 파멸의 정당화가 아폴론과 디오니소스 두 예술 신의 '형제 동맹'을 말하는 것을 가능하게 했다.

②를 강조할 때, 형제 동맹에 의해 "디오니소스적 예술 의도"와 "아폴론적 예술 의도"는 "정점"(24장, 146)에 도달한다. 니체는 아폴론 주인공의 파멸이 말하는 것 또한 디오니소스 불협화음과 마찬가지로 '실레노스 지혜'와 유비인 것으로 말했다. 24장의 실레노스적 어투는 다음과 같다: '보아라! 잘 보아라! 이것이 너희의 인생이다! 이것이 너희들의 실존 시계의 시곗바늘이다!' [파멸의 정당화가 니체 철학의 열쇠어이다. 파멸의 정당화가 『비극의 탄생』에 기원을 둔 『차라투스트라』 철학에서도 열쇠어이다. 고통이 더 일반적이다. 고통의 정당화가 니체 철학의 화두이다]

그렇더라도 『비극의 탄생』 25장의 니체 논의를 감안할 때, 니체가 아폴론과 디오니소스의 엄격한 상호 균형을 주장한 것을 감안할 때, 형제 동맹은 ①의 의미에서의 형제 동맹이다. 아폴론적 '1차적' 미의 미학과 디오니소스적 '추의 미학'에 의한 형제 동맹이다. ②의 의미를 묵과할 수 없는 것은 역시 디오니소스적 지혜에 의한 것으로 아폴론 무대의 2차적 미학인 추의 유희로서의 미학과, 합창단의 디오니소스적 추의 유희로서의 미학을 '비극'의 '모두이고 하나인 것'으로 볼 때이다. 그렇더라도 동질의 형이상학을 내용으로 하는 점에서 최종적 형제 동맹으로 말하기가 불리한 것이 사실이다. 니체의 일반적 아폴론과 일반적 디오니소스 이해, 즉 아폴론적 꿈 예술과 디오니소스적 도취 예술이라는 상호 이질적 이해로부터 ②의 형제 동맹을 말할 때 아폴론과 디오니소스의 '지위'가 흔들린다.

②의 형제 동맹을 말하는 것은『비극의 탄생』 전반을 볼 때, 그리고 아폴론과 디오니소스에 대한 창작미학과 '이후의' 수용미학을 두루 고려할 때 상대적으로 설득력이 떨어진다. 아폴론과 디오니소스는 서로 다른 내용으로서 그 형제적 지위를 누린다. 1장에서 니체가 아폴론과 디오니소스의 '계보학적' 상호 침투 같은 뜻으로, 상호 대립적 의미에서의 아폴론과 디오니소스를 얘기하지 않았는가. 이 책 4장「'일반적' 디오니소스와 아폴론」이 그에 대한 부응이었다.

8) 아리스토텔레스와 레싱 비판

'격정으로서 연민–공포'의 배설[정화작용]을 통해 인생살이를 단단하게 해주는, 평상심을 유지하게 해주는, 특히 이후의 스토아Stoa나 쇼펜하우어의 용어로서 '마음의 평정'[아파테이아]을 유지하게 하는 것을 말한 아리스토텔레스의 비극 이해에서 구제 형이상학을 말하지 못할 이유가 없다. 연민을 '액면 그대로 同苦Mitleid'로 이해하여 비극에 의한 同苦연습이 '이웃에 대한 동고'로 이어지는 것을 말한 18세기 레싱의 계몽주의적 비극 이해에서 '도덕 형이상학으로서 구제 형이상학'을 말하지 못할 이유가 없다. '구제 형이상학으로서 도덕 형이상학'은 이후 주지하다시피 칸트의『순수이성비판』, 특히『순수이성비판』의 '초월적 방법론'에서, 그리고 이어지는『윤리형이상학정초』–『실천이성비판』에서 확고하게 자리잡는다.

니체에게 디오니소스적 음악 효과를 아는 '그'는 "심미적 청중 der 'aesthetische Zuhörer'"(139)으로 강조되고, 동시에 "비극적 예술가 자체"로 명명된다. 심미적 청중이라는 말에 이어 "심미적 유희 aesthetisches

Spiel"(138), "심미적 천성"(139)이라는 말이 등장한다. 다음은 3)절의 단락 인용문의 연장이다. "운명과 투쟁하는 영웅, 윤리적 세계 질서의 승리", 그리고 "선하고 고귀한 원칙"의 "승리"에 대(對)한 적대적 태도가 심미주의자로서의 니체를 말하게 한다.

> [⋯] 비극적 예술가[그]의 엄청난 디오니소스적 충동은 이 전체 현상 세계를 집어삼켜, 이 현상 세계의 배후에서 현상 세계를 파멸시킴으로써 근원적 일자 품 안에 있는 최고의 예술적인 원초적 기쁨을 예감하도록 한다. 우리의 미학자들은 이 원초적 고향으로의 귀향, 비극에서 두 예술신의 형제 동맹이나 청중의 아폴론적이고 디오니소스적 흥분에 대해선 아무것도 보고할 줄 모르고, 반면 운명과 투쟁하는 영웅, 윤리적 세계 질서의 승리, 혹은 비극의 작용에 의한 격정들의 발산을 진정한 비극적인 것으로 특징짓는 일에는 지칠 줄 모른다.(Ⅲ-1, 22장, 137-138)

> [⋯] 어떤 경우는 동정심과 공포가 아주 진지한 사건들에 의한 발산을 통해 마음이 가벼워지도록 해야 하고, 어떤 경우는 선하고 고귀한 원칙이 승리할 때, 주인공이 윤리적 세계관을 위해 희생할 때, 마음이 고양되고 감격을 느껴야 한다. 많은 사람들에게는 바로 이것들이, 단지 이것들만이 비극의 효과라는 것을 나는 확실히 알고 있다. 또한 비극을 해석하는 미학자들을 포함해서 이 모든 사람들이 최고의 '예술'인 비극으로부터 아무것도 경험하지 못했다는 결론이 이로부터 결과한다. 문헌학자들이 의학적 현상인지 도덕적 현상인지 제대로 알지 못했던 저 병리학적 발산, 즉 아리스토텔레스의 카타르시스는 괴테의 기이한 예감을 상기시킨다.(Ⅲ-1, 138)

니체의 비극론은 아리스토텔레스 비판과 레싱 비판으로 이어진다.[16]

---

16 『비극의 탄생』에 아리스토텔레스의 비극과 레싱의 시민비극에 대한 비판이 차고 넘친다. 니체는 아리스토텔레스의 비극론과 다른, 그리고 레싱의 시민비극

우선 주목되는 것은 22장 중반에서 아폴론적, 디오니소스적 "흥분Erregung"을 말한 점이다. 아폴론적 흥분은 무대주인공의 흥분이고, 디오니소스적 흥분은 파멸에 대한 쾌감의 다른 말이다. 그리고 "두 예술 신의 형제 동맹"을 말한 점이다. (그렇더라도) 다시 "현상 세계의 배후"를 말하고, 배후에서 현상 세계를 "파멸"시키는 것을 말하고, 이에 의한 것으로써 "근원적 일자의 품 안에 있는 최고의 예술적인 원초적 기쁨"을 말할 때 이것은 다시 아폴론에 대한 디오니소스의 우위에 관해서이다. '현상 세계'가 아폴론에 관해서이고, '파멸'이 디오니소스에 관해서이고, 또한 파멸에 의한 것으로서 '근원적 품 안에 있는 원초적 기쁨'이 디오니소스에 의해서이다.

두 번째 인용문 중간에서 니체는 비극을 "최고의 '예술'"이라고 명시적으로 밝혔다. 물론 조건은 아리스토텔레스식의 "감정의 발산"("의학적 현상")이 아니라, 레싱식의 "윤리적 세계 질서의 승리"("도덕적 현상")에 관한 것이 아닌, 아폴론과 디오니소스를 말할 때이다. 아폴론과 디오니소스의 형제 동맹을 말할 때이다. 아리스토텔레스 비극론에 의한 '의학적 현상'은 공포와 연민의 '배설', 곧 정화(淨化, 카타르시스)에 관해서이다.

18세기 계몽주의자 레싱의 시민비극론에 의한 "도덕적 현상"은 연민[Mitleid, 혹은 동고(同苦)]에 관해서이다. 시민이 주인공이 등장하는 시민비극은 시민적 주인공에 의한 같은 시민적 청중에 대한 (이웃에 대한) 동고 연습이 목표이고 목적이다. 물론 시민적 주인공은, 아리스토텔레스 비극론에서도 강조된, 결점hamartia에 의해 파국으로 치닫는다. 시민비극에서도 아리스토텔레스적 환상극을 강조할 수 있다.

문제는 계몽주의적 시민비극이라는 점이다. '최고의 인간은 최고로 동

론과 다른 니체 고유의 (그리스)비극론(論)을 개진한다. 벤야민이 그의『독일 비애극의 원천』(1924-1928)에서 니체의『비극의 탄생』을 비판했다. 니체가 19세기 말에 아리스토텔레스와 레싱을 넘어서려 했고, 벤야민이 20세기 초에 니체를 넘어서려 했다.

고할 줄 아는 인간이다.' 레싱의 말이다. 이웃에 대한 동고를 강조했다. 22장의 많은 부분이 아리스토텔레스 비극에 대한 비판이고, 레싱의 시민비극에 대한 비판이다. 물론 심미적 비극으로서 디오니소스적-아폴론적 미적 비극을 강조하기 위해서이다. 『비극의 탄생』의 주요 명제, '인생은 오로지 미적 현상으로서만 정당화된다'를 계속 상기할 필요가 있다.

22장에서 그래서 또한 주목되는 것이 니체의 '심미적 유희'를 내용으로 하는 '심미적 비극예술론'의 개진이다. 괴테 인용에 의한 것으로서 괴테를 통한 '심미적' 비극 예술론의 정당화이다. 다음은 니체에 의한 괴테 인용이다. (괴테가 1797년 12월 19일 실러에게 보낸 편지의 일부이다.)

> 말 그대로의 병리학적 관심이 없었기에 나는 어떤 비극적 상황을 만드는 데 한 번도 성공하지 못했다. 나는 그래서 비극적 상황을 찾기보다 회피하는 쪽이었다. **최고의 격정조차 고대인들에게는 단지 심미적 유희였다는 점이 그들의 장점 가운데 하나가 아니었나? 우리가 그런 작품을 생산하려면 자연의 진리가 협력해야만 했나?**(Ⅲ-1, 138) [강조는 필자]

다시 "병리학적 관심"은 아리스토텔레스의 비극론을 상기시킨 것으로서, 연민과 공포의 배설에 관해서이다. 물론 '병리학적 현상'으로서 카타르시스에도 형이상학이 있다. 인생으로 하여금 격정에 휘둘리게 하지 않고, 일상적 삶을 '잘' 영위하게 한다.[17] 니체는 그러나 괴테의 위대성으로서 그의 "심미적 유희"에 관한 선구적 혜안을 말하려고 한 것으로 보인다. 아폴론적 꿈 예술과 디오니소스적 도취 예술!이 말하는, 즉 '오로지 미적 현상만이 우리를 정당화한다'가 말하는 (형이상학적) 심미적 유희!

---

17 (연민과 공포의 카타르시스 역시 위대하다. 우리는 연민으로 잠을 못 이루고 공포로 잠을 못 이룬다. 연민과 공포가 격정 중의 격정이다. 격정의 쌍두마차이다; 연민으로, 못 볼 것을 본 듯 두 손을 가리고, 공포로, 못 볼 것을 본 듯 두 손을 가린다.)

"자연의 진리"가 말하는 것은 '자연은 무엇을 말하려고 하지 않는다. 다만 존재할 뿐이다'에 관해서이고, 니체의 어조가 담긴 어투로 말하면 '자연은 우리에게 관심이 없다. 자연은 표정이 없다'를 지시한다. 괴테의 『젊은 베르터의 고뇌』의 구절을 통해 말하면 자연은 '영원히 반추하고 영원히 삼키는 괴물 같은 것'이다. 니체는 인용문 바로 뒤에 "우리의 장엄한 경험에 따라 괴테의 심오한 마지막 질문을 긍정해도 된다"는 말을 덧붙인다.[18] "음악적 비극에서 최고로 격정적인 것이 단지 심미적 유희일 수 있다"(138)고 말한다. "(음악적) 비극의 부활과 함께 '심미적 청중'도 다시 태어났다"(139)고 말한다.

니체는 아리스토텔레스 비판과 특히 '레싱' 비판을 다시 시도한다. 22장 후반부를 니체는 레싱 비판에 할애했다.

> 비극의 대표적 영향들을 미학 바깥의 영역으로부터 설명해야 하고, 스스로 병리학적-도덕적 과정에서 벗어나지 못했다고 느끼는 사람은 자기의 심미적 천성을 의심해도 될 것이다 […] 예술가들 중에서 보다 고귀한 천성을 가진 사람들은 청중에게 도덕적-종교적 힘을 자극할 수 있다고 생각했으며, 하여, 본래적인 강력한 예술의 마법이 진지한 청중을 매료시켜야 할 곳에 '윤리적 세계 질서' 에 대한 호출이 등장했다.(Ⅲ-1, 119)

---

18 '심오한 질문'은 다름 아닌 괴테의 "최고의 격정조차 고대인들에게는 단지 심미적 유희였다는 점이 그들의 장점 가운데 하나가 아니었나? 우리가 그런 작품을 생산하려면 자연의 진리가 협력해야만 했나?"에 관해서이다. 좀 더 세분해서 말하면 괴테가 '최고의 격정조차 고대인들에게는 단지 심미적 유희였다는 점이 그들의 장점 가운데 하나가 아니었나?' 하고 묻고 이에 대해 "우리가 그런 작품을 생산하려면 자연의 진리가 협력해야만 했나? 하고 대답한 점이다. '자연의 진리'에 대한 그 끔찍한 통찰이 비극을 만들지 않았는가. '진리'가 아폴론적-디오니소스적 비극을 만들지 않았는가. '우리 세상은 오로지 심미적 유희로서만 정당화된다.'

"병리학적" 과정이 아리스토텔레스적 '격정'의 배설, 즉 카타르시스-론(論)을 직접적으로 겨냥했다. "도덕적 과정", 즉 도덕적 현상은 레싱을 직접적으로 겨냥했다. 레싱의 시민비극-론(論)은 18세기 후반 계몽주의 시대의 비극론으로서 정말이지 심미적 예술과 거리가 멀었다.[19] **레싱의 시민비극론에, 아리스토텔레스에 의해 근소하게 말해지는 비극의 형이상학이 없고, 니체에 의해 대규모로 말해지는 그 '비극의 형이상학'이 없다. 요컨대 시민비극은 형이상학적 위로의 예술이 아니다. 시민비극론에서 형이상학을 말할 때 그것은 도덕 형이상학이다. 동시대의 칸트에 의해 개진된 정언명령, '너의 의지가 보편적 입법 원칙과 일치하게끔 행동하라!'와 레싱의 '가장 동정적 인간이[동정을 가장 잘 느끼는 인간이] 최고의 인간이다'를 상호 유비 관계로 말할 수 있다.** "미학 바깥의 영역"이 니체에 의할 때 반(反)미학적 경향을 지시한다.

니체의 비극론은 레싱 비판에서 분명히 드러난다. 정치적 도구적 목적예술에 대한 단호한 반대이다. 경향예술에 대한 단호한 비판이다.[20] 니체는 극작가들의 "경향 예찬 Cultus der Tendenz"을 "진정한 예술 의도로부터 벗어난 것"(139-140)라고 비판했다. 니체는 "본래적인 강력한 예술의 마법"이 아닌, "도덕적-종교적 힘"을 강조하는 예술, 요컨대 "윤리적 세계 질서"를 지배적 내용으로 하는 '목적예술'을 반대했다.

니체의 예술론은 심미적 예술론이다. '인생은 오로지 미적 현상에 의

19 계몽주의자 레싱은 교육 효과와 사회 개혁의 장(場)으로서 극장을 '도덕 세계의 학교'라고 했고, 실러는 그의 논문 제목을 「도덕적 기관으로서의 연극무대에 관하여」(1802)라고 했다. 니체는 『비극의 탄생』 본문에서 계몽주의적 '실러'의 연극관을 '도덕적 대중 교양 기관으로서의 연극'이란 말로 드러내려고 했다.

20 하이네는 정치문학과 경향예술을 구분한 바 있다. '경향문학Tendenzliteratur'은 인류 보편적 정의를 외면하고, 당대의 정치 경제 사회적 상황에만 골몰한다. 당대의 정치 경제 사회적 상황에만 골몰해서 '거기'에 반대하는 문학이 경향문학이다.

해서만 정당화된다.' 니체의 심미적 예술론은 19세기 후반 역사적 '예술을 위한 예술'[유미주의=탐미주의] 운동과 무관하지 않으나, **니체의 심미적 예술론이 구원을 얘기할 때 예술을 위한 예술과 무관하다. 니체의 철학을 정당화의 철학이라고 할 때 니체의 심미적 예술론은 '예술지상주의'에서 많이 벗어난다. 넓은 의미의 구원을 말할 때, 니체 예술론에서 목적문학을 못 말할 이유가 없다. 마르크스주의 문학예술에서 프롤레타리아 혁명을 구원으로 말하는 것과 니체에서 예술 형이상학을 구원으로 말하는 것이 별로 다르게 느껴지지 않는다.** '구원'이 목적일 때 그것은 목적문학에 관해서이다.

『비극의 탄생』 후반부로 들어가면서 니체는 '그리스비극'의 연장선에 있는 "음악적 비극 musikalische Tragödie"(21장, 22장; 134–138)이라는 용어를 빈번히 사용한다. 그리스비극이 디오니소스적 음악을 기반으로 하는 비극이고, 음악적 비극이 음악을 기반으로 하는 비극이다. 빈번하게 등장하는 '비극적 신화'가 아폴론 무대에 관해서이고, 음악적 비극이 에우리피데스를 거스르는, 적어도 디오니소스 비극의 '계승'에 관해서이다. **니체가 언급한 음악적 비극은 예를 들면 바그너의 〈트리스탄과 이졸데〉(Ⅲ-1, 137)와 〈로엔그린〉(140), 〈니벨룽의 반지〉(150) 등이다. (그리스) 비극의 부활이다. 재탄생Wiedergeburt이다.**

9) '니체의 비극론'

다음 인용은 아리스토텔레스 비극론(論)과 레싱의 비극論을 넘어서려는 니체의 비극론을 간단하게 요약하면서 시작한다. 인용 앞부분의 "연민과 공포"가 말하는 것이 아리스토텔레스 비극론의 요체, 카타르시스와 관계하고, "도덕적 숭고"가 레싱의 [시민]비극論의 요체, '계몽주의'와 관계한다.

> 비극적 신화의 설명을 위해 첫째로 요구되는 것이 연민[同苦], 공포, 도덕적 숭고함의 영역으로 넘어가지 않고, 비극적 신화의 도저한 쾌락을 순수한 미적 영역에서 찾는 일이다. 비극적 신화의 내용으로서 추한 것과 부조화한 것이 어떻게 미적 쾌락을 일으킬 수 있는가?]……여기서 이제 과감한 행보로 단숨에 예술의 형이상학 속으로 뛰어들 필요가 있다. (나는) 현존과 세계는 오로지 미적 현상으로서만 정당화되어 나타난다는 앞에서의 명제를 되풀이 말한다. 이런 의미에서 비극적 신화는 추한 것과 부조화한 것조차 하나의 예술적 유희[미적 유희]라는 것을, 나아가 예술적 유희[미학적 유희]라는 것이 의지가 자기 쾌락의 영원히 충만한 상태에서 자기 자신과 노니는 유희라는 것을 확신할 필요가 있다. 디오니소스적 예술의 파악하기 힘든 이 근원적 현상은 그러나 직접적 방법으로서만 (오로지) 이해될 수 있다. 즉 '음악적 불협화음'의 놀랄만한 의미 속에서 직접적으로 파악된다. **세계와 나란히 한 음악만이 미적 현상으로서의 세계의 정당화가 어떤 뜻인지, 그 개념을 제공할 수 있다. 비극적 신화가 생산하는 쾌락은 음악의 불협화음에서 느끼는 쾌[락]의 충만함과 같은 고향을 갖는다. 디오니소스적인 것은 고통에서 느낀 자신의 근원적 쾌락과 함께 음악과 비극적 신화의 공통의 탄생지이다.**(24장, 148) [강조는 필자]

우선 주목되는 것은 인용 전반부(前半部) "여기서 이제 과감한 행보로 단숨에 예술의 형이상학 속으로 뛰어들 필요가 있다. (나는) 현존과 세계는 오로지 미적 현상으로서만 정당화되어 나타난다는 앞에서의 명제를 되풀이 말한다"이다.

이것은 의지의 직접적 발현인 음악만이 미적 현상으로서 세계를 정당화시킬 수 있는 것을 말하려는 사전(事前) 수순이다. 정확히 말하면, 디오니소스적 불협화음의 형이상학을 말하려는 사전 수순이고, 무엇보다도

'비극적 신화'가 불협화음의 형이상학에 동참하는 것에 관해서이다. "추한 것과 부조화한 것"로서의 아폴론적 (2차적) 변용은 미적 유희로서, 또한 미적 쾌락으로서("예술적 유희[미적 유희]라는 것이 의지가 자기 쾌락의 영원히 충만한 상태에서 자기 자신과 노니는 유희라는 것") 역시 디오니소스적 음악처럼 "근원적 현상"이다. **아폴론적 2차 변용, 즉 추한 것과 부조화한 것으로의 변용, 그리고 이러한 미학적 변용으로서 미적 유희가 미학적 쾌락을 선사하는 것은, 니체에 의할 때, 디오니소스의 "음악적 불협화음"이 미학적 쾌락을 선사하는 것과 같다.** 니체는 (디오니소스) 음악을, 쇼펜하우어의 음악 형이상학이 말하는바, "이 세계와 나란히 한 음악"으로 말한다. 음악은 '세계의 근원[물자체, 이념]'을 파악하는 "직접적 방법"이다(『비극의 탄생』 16장이 쇼펜하우어의 '음악 형이상학'이 주 내용이었다).

여기에서 주목해야 할 것은, 아폴론적 (2차적) 변용과[21] 디오니소스적

---

21 강조하면, 아폴론적 2차 변용은 '추한 것과 부조화한 것'[무대 주인공의 파멸]으로의 변용이다. '추의 미학'이다. 물론 형이상학적 구원이 있는 추의 미학이다. 아폴론적 1차 변용은 아폴론적 미화(美化)가 액면 그대로 말하는바 아폴론 무대의 '아름다운 주인공'에 관해서이다. 미의 미학이다. '미의 미학'에서 또한 형이상학적 구원을 못 말할 이유가 없다. 아름다움 역시 인생을 잠시나마 살 만하고 견딜 만하게 한다. 『비극의 탄생』 25장에서 니체는 1차적 의미의 아폴론적 변용을 강조한다. 아폴론적 변용이 '현존[실존, Dasein]을 대체로 살 만한 가치가 있도록 한다.'(25장, 151)
1차적 의미의 아폴론적 변용과, 추의 미학의 '절정'인 디오니소스적 불협화음 사이의, 아폴론과 디오니소스 사이의, "영원한 정의의 법칙에 따른 엄격한 상호 균형"(같은 곳)을 말한다. 두 예술가 신의 '행복한' 형제 동맹이다. 21장, 24장의 "형제 동맹"은 25장의 영원한 두 예술가 신의 '엄격한 상호 균형'을 말하기 위한 예비 수순이었다. '엄격한 상호 균형'은 니체의 철학적 글쓰기 방식을 감안할 때, 변증법적 '뒤집기 글쓰기 방식'을 고려할 때, 사실 의외의 결론으로 보인다. 『인간적인, 너무나 인간적인』(1878)으로 구체화되기 시작한 파편적 글쓰기, '디오니소스적 글쓰기'(?)를 감안하면 니체의 어울리지 않는 매듭말로 보인다.
'디오니소스=차라투스트라' 공식을 『이 사람을 보라』(1888)에서 강조한 것은 본 때, 니체의 글쓰기 방식은 A를 A로 대응하는 방식이다. 어깃장 방식으로서, 디오니소스적 상황을 디오니소스적 상황으로 대응하는 방식으로서, '신의 죽음'이라는 차라투스트라 상황을 '인간의 영원한 죽음의 수용'이라는 차라투스트라 상

'직접적 방법'의 차이이다. **음악은 언급한 바, 미적 유희이기도 하지만 음악은 세계와 나란히 한 것으로서, 음악과 세계는 같다. 음악은 '의지의 직접적 모사'(『비극의 탄생』, 16장)이다. 의지의 다른 말이 '세계'이고, '물자체'이고, 이념이다. 이념은(혹은 물자체는) 음악으로만 그 모습을 드러낸다. [음악적 불협화음은 디오니소스적 세계의 근원적 현상을 간접적이 아닌, "직접" 파악한다]**

인용 후반부를 되풀이 주목하자. **"세계와 나란히 한 음악만이 미적 현상으로서의 세계의 정당화가 어떤 뜻인지, 그 개념을 제공할 수 있다. 비극적 신화가 생산하는 쾌락은 음악의 불협화음에서 느끼는 쾌(락)의 충만함과 같은 고향을 갖는다."** '미적 현상으로서 세계의 정당화'는 2차적 의미의 아폴론적 변용에 관해서이다. 추와 부조화의 변용 예술(미적 유희에 의한 예술)에 관해서이다. 이것이 어떻게 쾌락을 주는가? 니체가 묻고, 니체가 대답한다. '간단하다.' '음악'이 이에 대한 답을 준다.

아폴론적 '미적 유희–미적 변용에 의한 형상예술'이 쾌락을 주는 것은 우선 그것이 '추한 것과 부조화한 것'을 내용으로 하고 있기 때문이다. 추한 것과 부조화한 것이 쾌락을 준다? 추한 것과 부조화한 것이 미학적 청중에세 쾌락을 주는 것은 '음악'이 그렇게 하는 것과 상호 유비이다. 아폴론적 2차적 변용이 추한 것과 부조화한 것이 그 내용으로서 쾌락을 주는 것은 '(디오니소스적) 음악'이 불협화음이 그 내용으로서 쾌락을 주는 것과 상호 유비이다. 음악적 불협화음이 근원적 세계 현상의 발로로서 쾌감을

황으로 대응하는 방식으로서, 니체의 글쓰기 방식을 말할 수 있다. **디오니소스적 상황이 말하는 것이 '죽음적(的)' 상황이고, 『비극의 탄생』에서 이 죽음적 상황을 디오니소스적 불협화음으로 정당화시켰고, 차라투스트라 상황이 말하는 것이 마찬가지 죽음적 상황이고, 『차라투스트라』에서 이 '죽음적 상황'을 차라투스트라적 '자발적 몰락 의지'로 정당화시켰다.** '나는 기꺼이 몰락해주리라'를 니체 철학의 전편을 꿰뚫는 격률로 말해야 한다. 니체 철학은 자발적 몰락 의지의 철학이다. 니체 철학은 인생의 그 끝모르는 '짓궂음'을 정당화하는 철학이다.

주는 것처럼 '아폴론적 추와 부조화'(주인공 무대의 고통—비통, 주인공의 파멸)가 근원적 세계 현상의 발로로서 (주인공의 파멸을 기대하는) 미학적 청중에게 쾌감을 준다. [음악적 불협화음이 근원적 세계 현상으로서 쾌락을 주는 것처럼 추와 부조화가 역시 근원적 세계 현상으로서 미학적 청중에게 쾌락을 준다]

"세계와 나란히 한 음악만이 미적 현상으로서의 세계의 정당화가 어떤 뜻인지, 그 개념을 제공할 수 있다. 비극적 신화가 생산하는 쾌락은 음악의 불협화음에서 느끼는 쾌(락)의 충만함과 같은 고향을 갖는다." 바탕은 근원적 일자에 의한 근원적 고통에 대한 통찰이다. 아폴론적 미적 가상에도 근원적 일자가 작용했고, 디오니소스적 음악에도 근원적 일자가 작용했다. 미적 현상으로서의 세계의 정당화는 '쾌락의 충만함'에 의한 정당화이다. '미적 쾌락'에 의한 정당화이다. 디오니소스적 일자["디오니소스적 능력"(24장, 149)=디오니소스적 지혜]의 통찰에 의한 것으로서, 음악과 비극적 신화 모두에서 근원적 고통과 근원적 모순이 지배적인 것을 확인시킬 때 미(학)적 청중은 쾌락을 느낀다. 이것이 미(학)적 청중에 의한 '미적 쾌락'의 전말기이다.

주지하다시피 '우리는 오로지 미적 현상에 의해서만 정당화된다'고 할 때 미적 정당화는 넓은 의미의 정당화로서 '아폴론적' 미적 정당화를 포함하면서, 동시에 '디오니소스적' 미적 정당화를 포함한다. 음악 또한 의지의 직접적 모사라고 해도 디오니소스적 도취 예술로서 미적 현상[미적 가상]인 것을 부인할 수 없다.

"세계와 나란히 한 음악만이 오로지 미적 현상으로서의 세계의 정당화가 어떤 뜻인지, 그 개념을 제공할 수 있다. 비극적 신화가 생산하는 쾌락은 음악의 불협화음에서 느끼는 쾌(락)의 충만함과 같은 고향을 갖는다." 이 말이 주목을 끄는 것은 바로 앞에서 얘기한 대로 디오니소스적 세계 정당화에 대한 명확한 선포인 동시에, 디오니소스적 세계 정당화가 원인

(原因)으로서, 아폴론적 '비극적 신화'에 의한 세계 정당화 또한 '탈은폐'시킨 점이다. 아폴론적 '비극적 신화'에 의한 세계 정당화와 디오니소스적 세계 정당화는 상호 병렬적이다. **디오니소스적 미적 정당화가 우리 현존을 정당화시키고, 아폴론적 '비극적 신화'의 미적 정당화가 우리 현존을 정당화시킨다. 디오니소스와 아폴론은 고향이 '디오니소스적 "개념"'(혹은 '디오니소스적 능력', 혹은 '디오니소스적 지혜')에 의해서 같다. 여기서 다시 상기되는 것이 디오니소스 제례로부터 그리스비극이 출현했다는 점이다.**

디오니소스 능력에 의한 강조로서, 아폴론적 쾌락을 디오니소스적 쾌락에 의해 보증시키는 방식을 말할 수 있다. 인용문 '세계와 나란히 한 음악만이 오로지 미적 현상으로서의 세계의 정당화가 어떤 뜻인지, 그 개념을 제공할 수 있다'에서 '음악만이 오로지'에 주목하는 것이다. **음악은 그리스비극 전반에서, 그리고 그리스비극 전반에서 디오니소스 합창단이 차지하는 비중을 볼 때 디오니소스적 음악이고, 그리스비극의 재탄생에 대한 기대로서 바그너의 '음악 드라마 Musikdrama'를 볼 때 여기에서의 음악 또한 디오니소스적 음악이다. '디오니소스 음악' 없는 그리스비극이 불가능하고, '디오니소스 음악' 없는 바그너 음악 드라마가 불가능하다.** 음악이 디오니소스적 음악으로서, 음악이 미적 정당화에 대한 개념을 준다고 할 때 여기에서의 미적 정당화가 디오니소스적 미적 정당화와 아폴론적 미적 정당화를 포함하더라도, 이것이 꼭 디오니소스적 미적 정당화와 아폴론적 미적 정당화를 상호 병렬적으로 말하게 하지 않는다(는 말이다). 디오니소스적 미적 정당화가 있고, 그 디오니소스적 미적 정당화에 의해 아폴론적 미적 정당화가 뒤따라 나온다고 말할 수는 없더라도[디오니소스에 대한 아폴론의 확고한 우위를 말할 수는 없더라도],[22] 적어도

22 『비극의 탄생』 전반(全般)에서 니체가 아폴론에 대한 디오니소스의 우위를 강조한 것을 부인할 수 없다. 꿈 예술[형상 예술]보다 도취 예술[합창단 예술]을 강조한 것을 부인할 수 없다. [『비극의 탄생』 원 제목이 『음악의 정신으로부터 비극

디오니소스적 미적 정당화가 아폴론적 미적 정당화를 보증한다고 말할 수는 있다. '음악만이 오로지 미적 현상으로서의 세계의 정당화에 대한 개념을 줄 수 있다'는 단언을 무시하지 않는다면 말이다.

[디오니소스적 불협화음이 주는 미적 쾌락에 의해 아폴론적 부조화가 주는 미적 쾌락을 보증시키는 방식이 A를 A로 대응하게 하는 니체 고유의 사유 방식 및 글쓰기 방식의 반영과 일치한다] 니체는 위의 단락 인용 마지막 문장들 "세계와 나란히 한 음악만이 오로지 미적 현상으로서의 세계의 정당화가 어떤 뜻인지, 그 개념을 제공할 수 있다. 비극적 신화가 생산하는 쾌락은 음악의 불협화음에서 느끼는 쾌(락)의 충만함과 같은 고향을 갖는다"에 붙여 다음과 같이 말한다.

> 디오니소스적인 것은 고통에서 느낀 자신의 근원적 쾌락과 함께 음악과 비극적 신화의 공통의 탄생지이다.(같은 곳)

앞에서는 디오니소스적 불협화음과 아폴론적 비극적 신화를 병렬 관계로 얘기하면서도 이 병렬 각각에 개념을 주는 것은 '오로지 음악뿐'이라고 했다. 디오니소스적 불협화음과 아폴론적 비극적 신화를 하나의 장(場) 속에 가둔 '넓은 음악'을 상상할 수 있다. 디오니소스적 불협화음 또한 음

의 탄생』이다] 8장에서 "비극은 오로지 합창이고 합창 이외의 아무것도 아니다"가 이를 강령적으로 요약한다. 『비극의 탄생』 후반(後半)에서 니체는 아폴론과 디오니소스의 관계에서 아폴론에 대한 디오니소스의 우위를 말하더라도 좀 더 조심스러운 행보를 보인다. 아폴론과 디오니소스의 형제 동맹, 혹은 상호 엄격한 '균형 관계[보완 관계]'를 말한 것이 그것이다.
1886년 서문 '리하르트 바그너에게 바치는 서문'을 빼고 새로운 서문 「자기비판의 시도」를 넣었을 때, 1888년 『이사람을 보라』에서 『비극의 탄생』에 대한 니체의 '심사'를 고려할 때, 우선 말해야 하는 것이 '아폴론'은 사라지고 '디오니소스'만 남은 점에 관해서이다. 니체는 '아폴론'에 대한 말을 끊었다. 「자기비판의 시도」의 끝자락을 구성하는 것이 디오니소스 정신으로서 '차라투스트라'에 관해서이고, 『이 사람을 보라』에서도 '디오니소스=차라투스트라'를 강조했다.

악적 불협화음이므로 디오니소스적 불협화음을 디오니소스적 불협화음의 음악이라고 할 수 있다. 디오니소스적 불협화음(의 음악)은 그 '넓은 음악의 장(場)' 안에 있으면서, 아폴론적 비극적 신화와 상호 병렬적으로 존재하면서, 동시에 음악의 장을 만드는 힘으로서, 즉 디오니소스와 아폴론에 '개념'을 주는 힘으로서 존재한다. 음악의 장(場)을 만든 (장 밖에 있는) 이것을 '음악적 디오니소스적 불협화음'으로 명명해본다. '음악적 디오니소스적 불협화음'이라고 하지만 장(場) 내의 '디오니소스적 불협화음의 음악'과 지시하는 것이 같다. 이를 ① 공식으로 나타내면 다음과 같고, 그리고 ② 그림으로 나타내면 다음과 같다.

① **디오니소스적 불협화음의 음악 + 아폴론적 비극적 신화**
= 음악적 디오니소스적 불협화음(혹은 디오니소스적 불협화음의 음악)

② 그림

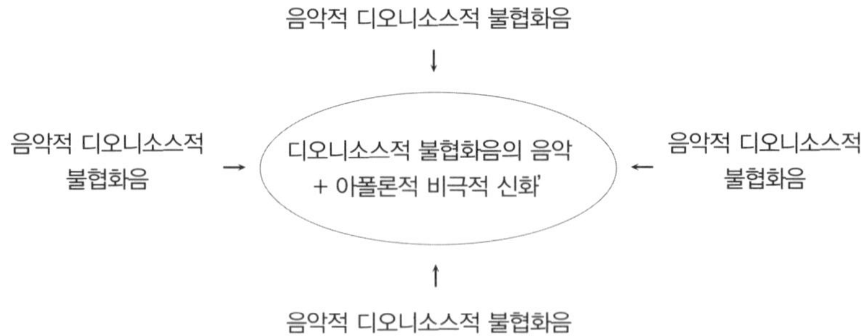

음악이 디오니소스와 아폴론을 묶는 힘이라고 말하면 간단하다. —문제는 디오니소스가 음악 자체라는 점이다. 그리스비극에서, 그리스비극의 재탄생에 대한 기대에서, 디오니소스는 아폴론과 병렬 관계에 있는 것을 말할 수 있다. 물론 제각각이라는 의미에서의 병렬 관계가 아니라 하

나의 장에 포섭된 병렬 관계이다. 아폴론과 디오니소스의 관계는 『비극의 탄생』 1장 이하의 『비극의 탄생』 앞부분에서의 논의를 강조할 때, 『비극의 탄생』이 발표된 이후의 아폴론과 디오니소스에 대한 여러 논의를 고려할 때, 아폴론과 디오니소스의 관계를 물론 계보학적 상호 침투의 관계, 혹은 상호 대립적 관계로 볼 수 있다.

『비극의 탄생』 뒷부분을 주목할 때, 21장에서 처음 명명된 아폴론과 디오니소스의 "형제 동맹"(136)을 주목할 때, 25장에서의 아폴론과 디오니소스의 "영원한 정의의 법칙에 따른 엄격한 상호 균형 관계"(151)를 주목할 때, 아폴론과 디오니소스는 상호 보완 관계라고 할 수 있다. 『비극의 탄생』 마지막 25장에서 니체가 엄격한 상호 균형 관계를 요구했을 때 이것은 '제각각으로 존재하는 병렬 관계'나 상호 대립 관계를 지시하는 것이 아닌—또한 같은 곳에서 '아폴론이 감당할 수 있을 만큼의 디오니소스의 발현'을 말한 점에서—아폴론과 디오니소스의 관계는 상호 보완의 관계로 보아야 할 것으로 보인다. 24장의 문제적인 부분을 다시 보자.

> 세계와 나란히 한 음악만이 오로지 미적 현상으로서의 세계의 정당화가 어떤 뜻인지, 그 개념을 제공할 수 있다. 비극적 신화가 생산하는 쾌락은 음악의 불협화음에서 느끼는 쾌(락)의 충만함과 같은 고향을 갖는다. 디오니소스적인 것은 고통에서 느낀 자신의 근원적 쾌락과 함께 음악과 비극적 신화의 공통의 탄생지이다.(같은 곳)

전반(前半)에서 음악이, '(디오니소스적) 불협화음이 주는 쾌락'과 '아폴론적 비극적 신화가 주는 쾌락'의 "같은 고향"이라고 했다. [음악이 고향이다] 디오니소스와 아폴론의 공통분모로 음악을 얘기했지만, 디오니소스가 음악을 또한 표상하므로, 디오니소스와 아폴론의 공통분모로 디오니소스를 말하는 것이 이상하지 않다. 디오니소스는 술어(빈사, 賓辭, P)이기로 하고 주어(주사, 主辭, S)이기도 하다. 이것을 보증하는 것이 후반에서 디오니소스를 음악과 비극적 신화의 공통분모("음악과 비극적 신화의 공통의 탄생지")라고 한 점이다. 앞에서는 '음악=디오니소스'를, 뒤에서는 디오니소스=음악을 이야기한 형국이다. 음악(=디오니소스)을 디오니소스와 아폴론의 공통분모로, 뒤에서는 '디오니소스(=음악)를 음악과 아폴론의 공통분모로 얘기한 형국이다.

물론 뒤의 인용, 마지막 문장에서 강조한 것은 디오니소스적 "고통"이라는 점, 이것이 강조되어야 한다. 근원적 일자로서 디오니소스적 고통이 합창단 음악의 불협화음이 내는 고통의 탄생지[고향]라고, 동시에 근원적 일자로서 디오니소스적 고통이 비극적 신화가 내는 신음(고통, 혹은 '추한 것과 부조화한 것')의 탄생지라고 한 것이 강조되어야 한다.

그렇더라도 액면 그대로 말할 때 강조되는 것은 디오니소스이다. 빈사이면서 주사인 디오니소스에 관해서이다. 정확하게 말할 때, 강조된 것은 '디오니소스 현상'이다. 아폴론과 디오니소스 위에 떠 있는 '디오니소스적 지혜'이다. (디오니소스 현상, 디오니소스 지혜, 디오니소스 개념이라고 하더라도 '디오니소스'가 강조된 것이 부인되지 않는다.) '비극은 디오니소스이다'라고 '다시' 중얼거리게 한다.

8장
비극: '비극적 세계 인식'에 대한 반주

(1) '비극의 탄생'(1872)이라는 제목에 아티카비극[(전성기) 그리스비극]의, 즉 '디오니소스적'/'아폴론적' 비극의 재탄생에 대한 염원이 담겨 있다. 비극은 생–로–병–사의 잔혹성—희–로–애–락의 변덕성을 넘어가는, 잔혹한 세계상과 변덕스러운 세계상을 넘어가는 방식에 관한 얘기이다.

(2)『비극의 탄생』이 그리스예술의 '성장–성숙–퇴폐'를 보여주는 점에서 토인비와 슈펭글러들의 역사형태학–문화형태학과 비동질적 유비이다.[1] 그리스예술은 호메로스–"아르킬로코스"(38)들에서 성장해서, 아이스킬로스–소포클레스로 대변되는 아티카비극에서 성숙을 맞이하며, 이후 (비극은) 소크라테스(주의)가 '후견인(後見人)'인 에우리피데스에서 몰락을

1 슈펭글러 Oswald Spengler의 문화숙명론(『서구의 몰락』, 1918)는 문화를 유기체에 비유한다. 탄생–생장–사망의 단계를 밟는다. 토인비 Arnold Toynbee의 문명사관(『역사의 연구』, 1934~1961)은 보다 거시적 접근으로 탄생–성장–쇠퇴–해체의 수순을 말한다. (토인비의) 창조적 소수에 이룩된 문명의 최종적 해체는 이른바 '내부의 도전자'(소수의 엘리트들에 저항하는 다수의 '내부의 프롤레타리아')와 야만인들로 표상되는 외부의 도전자[외부의 프롤레타리아]에 의해서이다.

맞는다. 니체는 에우리피데스 드라마를 "신(新) 아티카 희극 neuere attische Komödie"(Ⅲ-1, 11장, 72)이라고 불렀다.

프라이타크 Gustav Freytag가 『드라마의 기법』(1883)에서 정초한 비극 구조, '도입-상승-정점-전환-파국' 역시 인류문명의 반영이다.[2] 아리스토텔레스 이후 정초된 일반적 비극 구조도 '서막-급전-파국', 혹은 '(서막) 입장가-에피소드들(발단-갈등[급전]-파국)-퇴장가'에 관해서이다. 아티카비극의 몰락 역시 비극 구조의 반영으로 보는 것이다.—비극Tragödie 구조 자체가 '비극적 결말 Katastrophe'를 목적으로 진행된다. 비극 구조가 성장-성숙-몰락이라는 문화 · 역사구조의 반영이고, 무엇보다도 생-로-병-사의 인생 구조에 대한 반영이다. 아티카비극이 비극적 세계 인식의 반영이다. 비극적 세계 인식에 대한 아폴론적 잔잔한 반주/디오니소스적 광포한 반주이다. '멜로디가 흐르니까 형이상학이 그 뒤를 좇는다.'

(3) 호메로스 서사 양식에서 '디오니소스'에 對(대)한 아폴론의 우위를 말한다. '아폴론적' 서사라 하더라도, 호메로스 서사시Epos들은 '줄거리의 힘'뿐 아니라, 장면의 힘[이미지의 힘]으로도 '청중'을 압도한다. '아폴론적 꿈 예술'이라고 할 때 꿈은 1차적으로 조형예술[공간예술]을 표상한다. [2차적으로 시간예술을 표상한다]

호메로스와 핀다로스 사이에 아르킬로코스Archilocus[3]가 있었다. 아

2 "내 두뇌는 피라미드, 그지없는 지하 매장소."(보들레르, 「우울Spleen」); 프라이타크가 정초한 '비극 구조'의 다른 말이 피라미드 도식 Pyramidenschema이다. 피라미드에 일일이 장사지내지 못한 많은 주검이 담겼다. 피라미드 도식에 특히 많은 주검이 갇혔고, 갇힐 것이다. 피라미드 도식은 비극 구조의 아이콘이면서 그 자체 '인류비극의 상징'이다—인류 개개인의 유골함이 안치된 곳으로서, '애도 (불)가능성'의 상징이다. 인류 멜랑콜리의 상징이다.

3 BC 7세기. 그리스의 서정시인. 이오니아 파로스 섬 출신. 대략 100개 정도의 싯귀가 인용을 통해 남아 있다. '장단(長短) 형식'을 발전시켰다. 약강격-단장격[iambus], 즉 약한[짧은] 음절 하나에 강한[긴] 음절 하나가 따라 나오는 율(律)로

르킬로코스의 "민요"(Ⅲ-1, 44)로 대변되는 [그리고 낭만주의 시대의『소년의 마적 Des Knaben des Wunderhorn』(아르님Arnim, 브렌타노Brentano, 1806~1808)으로 대변되는] 서정 양식에서 '디오니소스'의 우위를 말한다. 디오니소스적 도취 예술이라고 할 때 도취는 '의지의 직접적 발현'으로서 음악을 표상한다. 서정시Lyrik 또한 '음악의 정신'[4]에서 나온 것이다.

아티카비극이 종합예술작품으로서[5] 아폴론적인 것과 디오니소스적인 것을 '같이' 포함한다. 음악 서정시는 아티카비극의 합창과 유비 관계이다. 아티카비극에서 합창이 '모두이고 하나 Alleinheit(전일성, 全一性)'이다. 아티카비극에서 '인간 삶의 보편성으로서 생-로-병-사의 잔혹성'이 첨예하게 드러난다—아티카비극이 생-로-병-사의 잔혹성을 담담하게, 혹은 당당하게 넘어가게 한다. 니체의『비극의 탄생』이 그리스예술에 대한 계보학적 고찰이다. 아폴론과 디오니소스의 계보학적 고찰이고, 그리스비극과 소크라테스의 계보학적 고찰이다. 결론은 아이러니하지만, 그리스문화에 한정시킬 때, '비극의 죽음'이고, '학문의 탄생'이다. 그리고 바그너를 통한 (그리스적) 비극의 재탄생에 대한 기대이다.

이후의 서정시에 영향을 끼쳤다. 아르킬로코스가 서정시에 끼친 영향은 호메로스가 '서사시'에 끼친 영향에 비견된다. 아르킬로코스 서정시의 내용[형식]과 모티브는 '감정의 압축', 그리고 '개인적 체험'으로 요약된다. 서정시 일반을 벌써 요약했다.

4 『비극의 탄생』 초판본 원래 제목이『음악 정신으로부터 비극의 탄생 Die Geburt der Tragödie aus dem Geiste der Musik』(1872)이다.

5 종합예술작품으로서 아티카비극은 그리스지역을 지칭하는 아티카Attika를 고려한 그리스비극 일반을 가리킨다. 아티카비극은 비극이해에 관한 역사철학적-계보학적 고찰이라는 고려를 담는다. 특히 그리스비극 양식으로서, 니체가 명명한 아폴론적/디오니소스적 양식에 관한 역사철학적-계보학적 고찰이라는 함의를 담는다. 그리스비극의 시원(始原)으로서 디오니소스 제례를 고려하는, 즉 그리스지역 외곽까지 고려하는, 아울러 '그리스 이후'를 고려하는 차원을 포함한다. 좁은 의미의 아티카비극은, 역시 니체에 주목하는 것으로서, 전성기 아테네 그리스비극에 대해서이다. 특히 아이스킬로스-소포클레스-에우리피데스 비극 일반에 관해서이다.

(4) 니체 철학이 형이상학적 '평가철학—명명의 철학'이다. 그의 용어들, 아폴론적인 것/디오니소스적인 것,[6] 소극적/적극적 니힐리즘, 노예도덕/군주도덕, '마지막 인간 letzterer Mensch'/초인간, 영원회귀, 그림자/위대한 정오, 권력의지[힘에의 의지], 전도된 플라톤주의, [관점주의] 모두 형이상학적 평가 및 명명이다. '관점주의' 자체를 평가-명명하는 힘으로 보면, 위 용어들은 모두 관점주의에 의한 평가-명명이다. 『비극의 탄생』의 주요 개념 쌍 '디오니소스적인 것—아폴론적인 것'에 관점주의가 작용했다.

니체가 평가철학자—명명의 철학자인 것은 그가 '힘'을 의식했기 때문이다. 평가철학—명명의 철학은 '힘에 대한 의식(意識)'의 반영이다. 관점주의적 평가가 힘에의 의지[권력의지]를 주고 '힘에의 의지'를 보존하게 한다.

평가하는 자아—'관점주의'의 탄생을 말할 때 주목되는 부분이 『차라투스트라』의 「배후세계론자들에 관하여」 章(장)이다. 니체 철학의 몇 개의 키워드들이 '뭉쳐서' 등장한다. "창조하는 자아, 의욕하는 자아, 평가하는 자아 dieses schaffende, wollende, wertende Ich" 등이다. 모두 사물의 척도

---

6 『즐거운 학문』(1882)에서 "우리는 그러나 우리인 자, 우리인 자가 되려고 욕구한다—새로운 자, 단 한 번인 자, 비교될 수 없는 자, 그 자신이 입법하는 자, 그 자신이 창조하는 자!"(Ⅴ-2, 243)라고 말한다. '그 자신이 입법하는 자, 그 자신이 창조하는 자'가 함의하는 것은 과거의 철학에서 벗어난, 새로운 철학을 하겠다는, 스스로의 철학을 하겠다는, 욕구의 표현이다. '욕구하다[의지(意志)하다]'는 독일어 (조)동사 wollen의 번역어이다.
니체가 1872년의 『비극의 탄생』에서 '자신의 길을 가기 시작했다'는 것은 분명하다. 비슷한 무렵, '1872년 여름-1973년 초반' 유고에서, 니체는 무서운 야심을 피력한다. "나는 인류 차원적 철학자의 인식을 의욕한다. '한' 철학자의 '거대한' 발전을 보여주기를 의욕하고, 느끼기를 의욕한다. 대부분의 자(者)들이 충동에 이끌려서 본다. 그들이 무엇이 일어나는지 간파하지 못한다. 내가, 일어난 게 무엇인지를 말하게 하고, 간파하게 하려고 한다."(『유고 단편들. 1872년 여름-1974년 후반』, Ⅲ-4, 51)

와 가치들에 관한 것이다. 정확한 문장은 다음과 같다.

> [···] 모든 사물들 중 가장 놀랄 만한 것이 가장 잘 증명되는 것이 아닐까? ······ 그렇다, 자아와 자아의 모순과 혼란이 가장 정직하게 자기 존재에 관해 말한다. 여러 사물들의 척도이자 가치인, 창조하는 자아, 의욕하는 자아, 평가하는 자아가. ······ 그리고 이 가장 정직한 존재, 즉 자아 그것이 육체에 관해 말한다. 자아가 시(詩)를 쓰고 몽상하고, 그리고 부수어진 날개로 날아갈 때도 육체를 의욕한다.(Ⅵ-1, 32)

'창조하는 자아'는 명명하는 자아에 관해서이다. '초인간'이 창조하는 자아에 의한 것이다. '의욕하는 자아'는 "육체"에 대한 긍정, 대지에 대한 긍정에 관해서이다. 무엇보다 죽은 신(神)—사망이 선고된 신에 대(對)해, 즉 가장 큰 진공상태에 처(處)한 상황에서, 스스로를 일으키는 자아에 관해서이다. 神(신)의 유골함을 가슴에 합체시킨 니체를 말할 때, 멜랑콜리커로서 니체를 말할 때, 니체를 멜랑콜리의 늪에서 꺼내는 자아이다. 신이 없어도 인생을 살 만한 것으로 만들게 하는 자아이다.

평가하는 자아는, 강조하면, 니체 철학 전반과 관련시켜 볼 때 관점주의에 관해서이다. '칸트 철학'이 이전의 고전 형이상학과 크게 다른 것 중의 하나가 '대상의 본질을 묻지 않은 것'이다. 칸트 인식론에서 문제는 인식주체이지 대상이 아니다. 고전 형이상학의 명제 '형상이 먼저 가고 질료가 그 뒤를 쫓는다'는 통사론적 구조를 빌려 말할 때 '인식주체가 먼저 가고 대상이 그 뒤를 쫓는다'가 된다. 칸트는 그러나 (인식구조를 말하면서) 감각 직관에 기여하는, 공간과 시간이라는 직관 형식을, 그리고 지성 개념(화)에 기여하는, 이를테면 '인과성'으로 대변되는 범주 형식을, 인식의 선험적apriori 제한조건으로 보았다. 문제는 '선험적 제한조건'이다. 선험적 제한조건이라는 '조건'이 인식가능성을 현상에 한정 짓게 했다. '물자체'를 알 수 없는 것으로 말하게 했다. 물자체가 칸트에게 비록 부차적 문제였다 하더라도 이것은 이후의 칸트 철학 수용에서 칸트 철학의 중요한 의의 중의 하나가 된 것을 부인할 수 없다.

현대 인지과학에서 선험적 제한조건들을 대신하는 것이 뇌의 해석이다. '뇌'가 선험적 제한조건으로서, 칸트식으로 다시 말하면 물자체는 알 수 없고 뇌가 해석한 사물, 그러니까 뇌가 해석한 현상만을 알 수 있을 뿐이다. (100여 년 전) 니체의 관점주의가 돋보이는 까닭이다.[7)]

> 세계는 '흘러가는 강 속에' 있다. 생성되는 것으로서, 늘 새롭게 연기(延期)되는 환영 같은 것으로서, 결코 진리에 접근할 수 없다. 그럴 것이 진리는 존재하지 않기 때문이다.(『유고 단편들. 1885년 가을-1887년 가을』, Ⅷ-Ⅰ, 112)

니체가 이렇게 말했을 때 이것은 물자체에 대한 부정을 내포한다. '그럴 것이 진리는 존재하지 않기 때문이다'가 또한 함축하는 것이 이를테면 관점주의, 혹은 '많음으로서 관점주의'이다. '코끼리라는 눈이 있고, 인간이라는 눈이 있고, 그리고 스핑크스라는 눈이 있다.' 많음Vielheit이 진리의 탈은폐를 말할 수 있게 하고, 많음이 진리의 영원한 은폐를 말할 수 있게 한다.

인지과학이 칸트의 인식론과 다른 것은, 우리가 (칸트의 말대로) 공간-시간-인과성이라는 똑같은 안경을 쓰고 이 세상을 보는 것에 관해 말하지 않는 점이다. 인지과학은 인간이 서로 다른 뇌를 가지고 있고, 따라서 서로 다른 해석을 하는 것에 주목한다. 서로 다른 뇌를 가지고 있어서

7 물론 니체에서 전도된 칸트주의를 말한다. 니체는 칸트의 '물자체-현상'에서 고전 형이상학 및 기독교 형이상학에서 말하는 본질철학과의 유비를 보았고, 그리고 '본질-현상'의 이항대립체계를 뒤집었다. 물자체가 아닌 현상에 우위를 부여했다. 물론 본질에 대한 현상의 우위보다 '현상에 대한 전면적 긍정'을 말하는 것이 니체의 대지 철학, 즉 '대지에 대한 전면적 긍정'에 아주 가깝다.

서로 다른 해석을 하는 것! 물론 신경회로망에 의한, 이를테면 서로 다른 '환경'에 의한 서로 다른 해석을 말할 수 있다.[8)]

또 하나, 서로 다른 해석으로 보이게 하는 이유 중의 하나가 이른바 영향미학적 이유로서, 언어적 한계에 의한 '많음으로서 관점주의'이다. 같은 것을 보았으나 다르게 '표'현하는 점이다. 스핑크스의 눈, 인간의 눈, 코끼리의 눈이 있다. 여기에 더 추가해서, 같은 인간의 눈에 철수의 눈이 있고 영희의 눈이 있고 영자의 눈이 있다고 말해야 하는 점이다. 니체의 관점주의가 말하는 것도 사실 철수의 눈–영희의 눈–영자의 눈에 관해서이다. 물론 주체 철학으로서의 관점주의가 아니라, '많음으로서의 관점주의'에 대해서이다.

니체에게 있어서 많음으로서의 관점주의가 진리를 탈은폐시키는 것을 의미하는 것이 아니라, 많음으로서의 관점주의가 제각각 힘을 주는 것을 의미한다. 물론 제각각 힘을 주는 것이 모여 많은 힘이 된다. 하나의 관점주의가 하나의 힘이고 두 개의 관점주의가 이를테면 두 개를 '합한' 힘이다. 양의 관점주의를 말할 수 있는 이유이다. 질의 관점주의가 양의 관점주의로 지양된다.

인지과학과 니체의 공통분모로 '서로 다른' 많음으로서의 관점주의를 말할 수 있다. 니체의 관점주의에서 그러나 강조되어야 할 것이 철학적 관점주의, 무엇보다 형이상학적 관점주의이다. 니체의 많음으로서의 관점주의에는 한 개체가 가질 수 있는 '많음으로서의 관점주의'가 포함된다. 한 개체가 가질 수 있는 '많음으로서의 관점주의'가 구제 형이상학인 것은

8 서로 다른 뇌를 가지고 있어서 서로 다른 해석을 한다는 것은 사실 19세기 후반부터 대두한 유전자결정론 및 환경결정론과 상호 유비적이다. '뇌 결정론'을 말할 수 있는 점에서 말이다. 뇌 결정론과 유전자 결정론이 '같이' 결정론을 말하는 점에서 다르지 않다. 생래적 뇌와 생래적 유전자를 말하는 점에서 다르지 않다. 둘을 같은 것으로 말해야 할지 모른다. 뇌의 메커니즘과 유전자의 메커니즘이 전혀 다르게 가동하는 점을 인정하더라도 말이다.

인생을 살 만한 것으로 만드는 '의욕Wollen', 혹은 의욕의 표상으로서 권력의지 Wille zur Macht를 느끼게 해주기 때문이다. 양이 질을 압도한다.

> 가치평가는 양(量)에 관계하는 것이지 질(質)에 관계하지 않는다. 우리는 '크기'를 중시한다. 크기는 물론 상식적 차원을 뛰어넘은 것이다 […] 전율은 인류의 최고 일부이다 […] 지성의 제국에서 質적인 것 전부가 하나의 '量적인 것' 일 뿐이다.(『유고 단편들. 1872년 여름–1874 후반』, Ⅲ–4, 34–35)

(5) 니체가 『비극의 탄생』 맨 끝(25장) 뒷부분에서 한 말, 이 글의 모토 (1) '이 민족이 그렇게 아름답게 될 수 있기 위해 얼마나 많이 고통을 겪어야 했겠는가!'는 고스란히 '니체'를 반영한 것이다. 니체는 '중증' 멜랑콜리커Melancholiker일 수밖에 없었다. 중증 멜랑콜리커는 '자발적 죽음'으로 끝나게 돼 있다.[9] 니체가 토리노에서 말Pferde을 붙잡고–넘어졌고, 정신이상이 왔고(45세)—11년간 주욱, 그가 높이 평가했던 횔더린–하이네들이 그랬듯, '매트리스 인생 Matratzenleben' 같은 것을 살았다. 니체 철학이 2,500여 년의 역사를 상실한–여기에는 신(神)의 상실을 포함한다–니체 인간(人間) [니체 자신(自身)]에 대한 애도가이다. 2,500여 년의 역사를 애도하는 일이 가능한 일인가. 神의 죽음을 애도하는 일이 가능한 일인가. '상실한 2,500여 년 역사'의 유골함을, '죽은 神'의 유골함을, 자신의 가슴에 안치시킨 니체. '神의 유골함'이 아주 큰 유골함일 거다.

두 가지 추론이 가능하다. 멜랑콜리커의 양가성 [양면감정병존Ambivalenz]이다. '애도 대상에 대한 애도 불가능성에 빠져, 애도 대상의 유골함

---

9 자발적 죽음에 대해서는 『차라투스트라』(Ⅵ–1) 「머리말」 참조. 몰락 예찬이 전경화(前景化)되었다. "몰락에의 의지"(11)라는 말이 등장한다. 무엇보다도, 89–92의 「자유로운 죽음에 대하여」 장(章)이 주목된다.

을 자기 가슴에 안치시킨, 종국에는 자신(自身)을 상실한 정태적 멜랑콜리커? 그러면 니체 철학은 정태적 멜랑콜리커의 '비가'이다.' 애도 대상의 유골함을 가슴에 안치시켰지만, 애도 가능성에 대한 희망을 잃지 않은, 혼신의 힘을 다해 자신(自身) 및 '自身'을 상실한 인류를 애도하려는, 즉 멜랑콜리를, 인류 보편적인 것으로서, 진리에 의한 구제의 대상으로 간주하는 동태적 멜랑콜리커.[10] "영원한 상실의 비가적 고통"(『비극의 탄생』, 19장, 121)[11]을 받아들이면서—긍정하려던 '비극적 인간', 디오니소스 정신 및 차라투스트라 정신의 니체를 강조한다.

(6) 고대 그리스시대에는 '영원한 고통'에 대한 인식이 없었는가?—그리스인의 명랑성은 "자연의 내부 안 그 끔찍함을 들여다본 시선이 만든 필연적 소산이다."(Ⅲ-1, 9장. 61); 결과가 '삶의 광학[관점, Optik]으로 본 예술의 탄생'이다. 실러가 「소박문학과 성찰문학에 관하여」에서 '비가적(的)'을 말한다. 그리고 '좁은 의미의 비가'와 '넓은 의미의 목가'를 구분한다.

> 시인이 자연과 인공(人工), 이상과 현실을 비교한 후, 자연과 이상에 대한 서술을 우위에 둔 경우, 혹은 자연과 이상에 대한 호의가 지배적인 정서가 된 경우, 나는 그것을 비가적이라고 부른다. 이 장르에도 풍자와

---

10 적극적 니힐리즘, 몰락에의 의지, 영원회귀, 힘에의 의지, 관점주의 등을 동태적 멜랑콜리커의 반영으로 보는 것이다; 멜랑콜리의 양면감정병존에 관한 글로서, 졸고 「양면감정병존—멜랑콜리의 현상학—벤야민의 『독일 비애극의 원천』 감상」, 『멜랑콜리커들』, 연세대학교 대학출판문화원, 2014 참조.

11 실러는 「소박(素朴)문학과 성찰(省察)문학에 관하여 Über naive und sentimentalische Dichtung」(1795~1796)에서 "좁은 의미의 비가"와 "넓은 의미의 목가"를 구분한다. 자연이 상실된 것으로, 이상이 도달할 수 없는 것으로 묘사되면 좁은 의미의 비가이다(실러, Sämtliche Werke in 5 Bänden, 1981, Ⅴ, 728). '영원한 상실의 비가'에서 '영원한'에 주목하는 것은 멜랑콜리에 주목하는 것이다.

> 마찬가지로 두 개의 하위 개념이 있다. 하나는 자연과 이상이 비탄의 대상이 되는 것이다. 이 경우 자연은 잃어버린 것으로, 이상은 도달할 수 없는 것으로 서술된다. 다른 하나는 자연과 이상이 기쁨의 대상이 되는 경우이다. 이때 자연과 이상이 실재적인 것으로 표상된다. 전자는 좁은 의미의 비가를 낳고, 후자는 넓은 의미의 목가(牧歌)를 낳는다.(실러, 같은 곳)[12]

니체가 오페라와 아티카비극을 구분한다. 니체 당대의 오페라는 '명랑성'이 "본연의 예술형식"인 듯 목가풍(風) 일색이었다. 비극적 세계 인식이 전혀 없었다(19장, 121–122). 니체는 실러의 '좁은 의미의 비가 개념'과 '넓은 의미의 목가 개념'을 끌어들인다(120–121). 실러에게 소박(素朴)문학은 자연 그 자체로서, 素朴문학은, 위의 인용문을 따르면, 목가의 다른 말이고, 素朴문학을 대변하는 것이 고대 그리스의 호메로스라고 본 점에서(실

---

12 "비가적(的)"이라고 하는 것을 "시인(詩人)이 자연과 인공(人工), 이상과 현실을 비교한 후, 자연과 이상에 대한 서술을 우위에 둔 경우, 혹은 자연과 이상에 대한 호의가 지배적인 정서가 된 경우"라고 명명했다. '비가적'의 '하위' 부문으로서의 "좁은 의미의 비가"가 과거지향적이다. "자연"은 이제 잃어버렸고, "이상"은 이제 도달할 수 없는 것으로서, 즉 비가的 인식을 전제하기 때문이다. "자연과 이상이 비탄의 대상이 되는 것"이기 때문이다. 반대로, "자연과 이상이 기쁨의 대상이 되는 경우"—"자연과 이상이 실재적인 것으로 표상"되는 경우, "넓은 의미의 목가(牧歌)를 낳는다." 실러는 인용문 앞에서 '자연-시인(詩人)'과 '자연을 찾는 詩人'을 구분하고, "전자를 素朴(소박) 시인", 후자를 "성찰(省察) 시인"으로 명명했다(같은 곳, 716).
자연이 詩人을 포함한 인간 모두를 통일된 존재로 만들고, '人工'이 인간을 분리-분열된 존재로 만든다. 실러는 그러나 성찰 詩人에 대(對)해 素朴 詩人의 우위를 말하지 않는다. 省察 詩人이 있고, 素朴 詩人이 있다. 분리-분열된 존재는 이상das Ideal을 통해 통일체가 된다.(같은 곳, 718); '통일체'가 자연과 이상에 대한 호의를 지배적인 정서로 느끼지 않고('비가的'이지 않고), 자연과 이상을 비탄의 대상으로 여기지 않고('좁은 의미의 비가'에 해당되지 않고), 자연과 이상을 기쁨의 대상으로 여기고—실재적인 것으로 표상하는 한, '넓은 의미의 목가'이다. 실러가 목표로 하는 것이 자연-소박문학과 '정신-성찰문학'의 일치로서, 완성된 인간성이다. 일치, 완성, 인간성—이상주의의 목록들이다. 아름다운 인간성의 이상이 '독일 이상주의'의 이상이다.

러, 같은 곳, 713) 고대문학 또한 목가의 다른 말이다. [고대문학을 대변하는 것이 호메로스인 점에서 素朴(소박)문학은 또한 고대문학을 가리킨다]

니체는 당대의 '오페라'가 목가풍(牧歌風) 일색인 것을 고대 세계에 관한 잘못된 이해라고 본다. 여기에 큰 몫을 한 것이 "그리스 하모니—그리스 미—그리스 명랑성"을 얘기한 괴테, 실러, 빙켈만의 "교양 투쟁 Bildungskampfe"이다(20장, 125-126). 니체가 고대 "그리스 본질의 핵심"(125)에 대(對)해 당대의 "낙원 예술가"(118)—오페라 예술가가 이해하는 것과 전혀 다르게 인식한다. **괴테-실러-빙켈만들이 "원초적 인간을 천성적으로 선량하고 예술적 인간으로서 파악한 것"(19장, 118)을 뒤집는 시도를 한다. 여기가 『비극의 탄생』의 가장 의미 있는 부분 중 하나이다.**[13] 고대 그

---

13 괴테가 고대 그리스에서 '순수한 인간성 reine Menschlichkeit'을 보았고, 실러가 인간과 신의 공존을 보았고, 빙켈만이 '고귀한 단순과 고요한 위대'를 보았다(괴테가 빙켈만의 「라오콘」 해석과 다르게 접근하긴 했다. 스토아적(的) 라오콘이 아닌, 비명을 지르는 라오콘, 즉 예술에서 "전체적으로 지나가는 순간"을 선택하는 것을 불가결한 것으로 간주했다. 이탈리아 여행에서 돌아와 15년쯤 되었을 때, 예술연구지 『프로필레엔 Propyläen』(1798~1800)의 라오콘-론(論)에서 피력한 것을 쇼펜하우어가 그의 『의지와 표상으로서의 세계』 46章에서 주목하고, 인용했다).
"神들이 더 인간적이었을 시절,/ 인간은 더 神적이었네." 실러의 「그리스의 신들」(1788) 초고에 있었다는 부분. '잃어버린 낙원'이 있었다는 이러한 평면적 인식으로부터 자유로웠던 者가 누가 있었을까. 헤겔이? 횔더린이?
마르크스가 『정치경제학 비판』(1857)에서 노예제도로부터 탄생한 "그리스예술과 서사시"를 말하면서, 왜 이것이 "미적 즐거움"을 주는지, 왜 "도달하기 힘든 본보기"인지 궁금해했다. 문제는, "[그리스] 사회의 미(未)발전단계"와 모순되지 않은 것이라고 말하면서도, 보다 높은 수준의 재생산을 희망해야 한다고 말하면서도, 그리스예술의 "어린이 같은 소박함 Naivität des Kindes"을 인정한 점이다(마르크스-엥겔스, Über Kunst und Literatur in 2 Bänden, 1968, 1, 125). 노예사회에서 탄생한 '어린이의 소박함'? '역사발전단계의 미성숙'과 '어린이의 소박함'의 양립?
니체가 그리스예술에서 주목한 것은 결과가 아닌 원인이었다. '실존의 공포와 경악'에 처해 있던, 그래서 예술을 통해, 특히 '비극'을 통해, 실존의 공포와 경악을 넘어서려고 했던, 원인으로서 '그리스인-인간'이었다. 그리스인의 素朴性은 그냥 얻어진 것이 아니다. 아티카비극은 형이상학적 투쟁의 결과이다; '생성

리스는, 다시 말하면, '영원한 상실의 비가적 고통'이 지배하는 시대이다. 여기서 '비가적'이라는 말이 목가적이라는 말의 상대어가 아니라, 혹은 목가 이후의 비가를 지칭하는 것이 아니라, '영원한 비가로서 비극적 세계 인식'을 말한다. 니체에게 고대 그리스인들의 "멋진 소박성"은 "암울한 심연에서 성장한 아폴론적 문화의 봉오리"(17장, 111)였다. '멋진 素朴성'이 '조건'이 아니라, 결과였다.

호메로스는 '암울한 심연'에 "아폴론적 문화의 최고의 작용"이 거두어 올린 승전가였다. 실러가 생각하는, "인간과 자연의 통일"이 반영된 호메로스의 素朴성-素朴문학은, 그 "예술어 나이브naiv"는, "모든 문화의 입구에서, 인류의 낙원에서, 마주쳐야만 하는 몹시 단순하고, 자생적이고, 필연적인 것이 결코 아니다."(Ⅲ-1, 3장, 33); 호메로스 예술가의 서사시가 그냥 나온 것이 아니다. 전성기의 아티카비극 역시 그냥 나온 것이 아니다.[14] 모토 (1)을 되풀이한다. '이 민족이 그렇게 아름답게 될 수 있기 위해 얼마나 많이 고통을 겪어야만 했겠는가!'

니체가 생각하는 호메로스 이전의, "인류 초기의, 원초적 근원 풍경"(121)은 '암울한 심연'이고, '영원한 고통'이고, "진짜 자연의 무서운 진지함"(121)이 지배하는 곳이었다. 고대는 '인류가 낙원에 살던 시절'이 아니었다. "지고의 순수함, 최고의 힘Macht과 최상의 무고(無故, Unschuld)"(118)가 지배하던 곳이 아니었다. "인간의 태고 시대", "원초적 인간"(19장, 120)이 곧잘 상징하는 유토피아 시대가 아니었다.[15]

하는 모든 것이 고통에 찬 몰락을 준비해야만 한다'는 것을 인식해야 한다.(이 글 모토 (2))

14 이 지점에서 니체의 변증법적 관점으로서, 역사철학적 관점-계보학적 관점을 다시 말한다.

15 루소의 『인간불평등기원론』(1754)이 원시자연 상태를 '쇠사슬로 표상되는 지배구조'가 없는 곳으로 본다. 니체가 볼 때, '지배구조'가 없는 원시자연 상태에 대한 이러한 언급은 아주 단순한(?) 접근이다. 인간은 지배구조를 상징하는 쇠사

중요한 것이 니체의 고대(古代) 이해이다. 니체 어조로 얘기할 때, '영원한 고통'을 자신의 고통으로 느끼지 않았던 때가 있었나? 古代 또한 끔찍한 자연 상태—'생-로-병-사의 잔인함'을 '날것'으로 보여주던 시대이지 않았나? 실러가 생각하던 것처럼 인간이 곧 '자연=인간'인 곳이 아니고, 오페라 예술가들이 생각하는 것처럼 목가가 울려 퍼지는 곳이 아니었다. 고대 그리스는—생-로-병-사의 잔인성에 대한 대응으로서, 비극적 세계 인식의 대응으로서, '디오니소스 제례 음악'이 울려 퍼지는 곳이었다. 디오니소스 제례의 '합창-댄스-악기'가 내는 "음악적 불협화음"(24장, 148), 그 "불협화음"(24장-25장, 148-151) 자체는 '끔찍한 자연 상태의 불협화음'에 對한 대응이었다. 디오니소스 제례가 끔찍한 자연 상태를 견딜 만한 것으로 해주었다면, 디오니소스 제례가 벌써 형이상학이다. [인류는 형이상학적 동물이다]

비극적 세계 인식이 인류예술의 근원이라는 것, 형이상학이 인류예술

슬보다 더 큰 쇠사슬에 묶여있다. '생-로-병-사의 잔혹성'이 그 내용인 자연의 잔혹성이 더 큰 쇠사슬이다. '자연은 인간에 관심이 없다.'

니체는 "인간이 부패하고 타락했다는, 저 중세교회의 인간관에 맞서 싸운 휴머니스트들"을 언급하면서 다음과 같이 말한다. "이 '선한 원초적 인간 Urmensch'이 자신의 권리를 찾으려 한다. 저 낙원 같은 전망! […] 우리 모두가 어떤 완벽한 원초적 인간으로부터 유래했고, 우리 모두 그와 똑같이 닮은 형상이라는 것. 우리 자신이 그대로 이 원초적 인간이라는 것을 인식하려면 과잉 학식과 과잉 문화를 자발적으로 내놓을 수 있어야 한다. 우리가 가진 몇 가지를 내던져버려야 한다."(19장, 119-120).

니체가 여기서 비아냥거리는 투로 말하는 '선한 원초적 인간'의 화신(化身)이 루소이다. 루소에게 자연 인간—원초적 인간이 '선한 인간'이다. 루소에게 원시 자연 상태의 원초적 인간이 '완벽한 인간'이다. "천성적으로 선하고 예술적인 인간"(118)이다.

니체는 루소를 다음과 같이 요약한다. '자연 상태'가 함의하는 '진지한 형이상학'에 대해 무지했던 루소, 평민에게 지배권을 넘겨준 민주주의자 루소, 인간 천성을 무시한 '사회주의운동'의 원조 루소. 니체에게 요컨대 루소는 "이상주의자와 천민Canaille을 한 몸에 지닌, 전형적 '근대 인간'"(『유고 단편들. 1887년 가을-1888년 3월』, Ⅷ-2, 66)이었다. [니체는 인간이 부패하고 타락했다는 중세교회의 인간관 또한 부정한다]

의 근원이라는 것. 목가를 예술의 근원으로 볼 수 없다는 것. 잃어버릴 자연이 아예 없고, 도달하지 못할 이상이 아예 없던 곳, 목가와 비가의 경계가 없던 곳, 오로지 생-로-병-사의 잔혹성이 있던 곳, 그곳이 인류예술의 발원지라는 것. 니체는 素朴사회(고대는 '소박예술'을 요청하고, 현대는 '성찰예술'을 요구한다?), 그리고 '원시공산사회'에 제동을 건다.

"4개의 커다란 예술단계"(4장, 49)로 나눌 때, 잔혹한 인간사(人間史)에 대한 대응으로서 디오니소스 제례 예술이 있었고, 디오니소스 제례 예술에 대한 승전가로서 아폴론적 꿈 예술, 호메로스 서사시가 있었고—그리스의 소박문학을 말할 수 있고, 다시 잔혹한 人間史에 대한 대응으로서, (그리스인들의) 실존의 공포와 경악에 對(대)한 대응으로서, '광란의 주신찬가'를 절대적으로 반영한 합창단비극이 있었고, 이 처절한 실존 비극이 아폴론적 도리스 예술에 의해 지양되었다.

그렇더라도 니체는 아폴론의 표상인 '도리스 예술 dorische Kunst'을 두 가지 예술 충동의 "정점과 궁극적 목적"으로 인정하기를 주저한다. 아폴론적 예술 충동과 디오니소스 예술 충동, 두 가지 예술 충동의 "생성과 활동의 최후의 계획"을 말하면서, 즉 아폴론과 디오니소스라는 두 예술 충동의 공통의 목표가 아티카비극이고 극형식의 주신찬가라는 것을 강조한다. 그리스비극으로서 '아티카비극 attische[n] Tragödie'을 여기에서 특히 강조한다.

[아폴론과 디오니소스의 관계에 대해서『비극의 탄생』발행 당시에도 논란이 많았다.『추의 미학』의 저자 로젠크란츠 Karl Rosenkranz가 중심이 된 문헌학적 논란이었다. 이후에도 계속 논란이 되었다면, 이것은 아폴론과 디오니소스의 상호 위상 관계 때문이다. 이것은 니체 특유의 변증법적 글쓰기에서 기인하는 것이라고 본다. 4장에서도 확인되었듯이, '반듯한' 도리스 예술로 표상되는 아폴론 예술이 마지막 단계라고 하면서도, 궁극으로는 도리스 예술이 아닌 아티카비극을 강조하고, 비록 극형식이라는

단서를 달았지만 '디티람보스'를 강조한다. 디티람보스는 광란의 주신찬가 아닌가? 디오니소스의 표상 아닌가?[16)]

문제는 호메로스 서사시의 소박성(素朴性)이고, 그리스인들의 명랑성이고, 문제는 아티카비극의 심미성이고, 그리스인들의 명랑성이다. **빙켈만-괴테-실러들이 본 것은 素朴性과 명랑성이고, 보지 못한 것은 素朴性과 명랑성의 조건으로서 실존의 잔혹성이다.** '그리스민족이 그렇게 아름답게 될 수 있기 위해 얼마나 많이 고통을 겪어야 했겠는가!' 저 아름다운 올림포스를 만들어내기 전까지 얼마나 많이 고통을 겪어야 했겠는가. **태초에 素朴문학의 말씀이 있었던 것이 아니라, 실존의 잔인한 공포가 있었고—디오니소스 제례 예술의 혼돈이 있었다.**[17)]

(6) [神(존재) 증명 Gottesbeweis은 크게 우주론적(혹은 인과론적) 신증명, 존재론적 神증명으로 나눈다. 우주론적 神증명이 '질서'의 원인에서 시작

---

16 『비극의 탄생』 4장은 다음과 같이 끝난다. "'아티카비극'과 극형식의 디티람보스라는 높이 상찬되는, 숭고한 예술작품이 우리 시야에 나타났다. 오래 선행된 (상호) 투쟁 끝에, 두 충동의 공통의 목표로서 두 충동의 신비스러운 결혼 동맹은 이러한 자식으로—그것은 안티고네이면서 동시에 카산드라이기도 하다—영광스러운 모습을 띠게 되었다."(38); '두 충동'은 물론 아폴론적 충동과 디오니소스적 충동이다.

17 "멋진 素朴성"(111)이 이후, 그러니까 '미학적 소크라테스주의'의 화신 에우리피데스 등장 이후, "노쇠한greisenhaft"—"그리스적 명랑성"(17장, 110)으로 전락했지만 말이다. (니체의 논의를 좇아갈 때) 『비극의 탄생』에서 등장하는 명랑성은 세 가지이다. 첫째 올림포스산 및 '비극 예술'에 의한 정당화된 인생의, 즉 그 '정당화 효과'로서의 그리스인 일반의 명랑성(과 소박성)이고, 둘째 '미학적 소크라테주의'의 화신 에우리피데스에 의한 합창단의 쇠락. 그 쇠락의 결과인 "분홍빛 명랑성 blassrohte Heiterkeitsfarbe"(11장, 74)이다. 삶의 심층적 이해에 무관심한, 이로 인한 '구원'(혹은 형이상학적 위로)에 육박하지 못한, 말 그대로 표층적-피상적 노예들의 '명랑성'이고, 셋째 소크라테스의 학문지상주의—학문만능주의 이후 막연한 명랑성이다. 세 번째 명랑성은 전혀 새로운 형식의 그리스적 명랑성이었다. 소크라테스의 이론적 낙천주의에 의한 명랑성이다. "사물의 본성", 즉 일반적 존재 이해에 대한 낙관주의, 지식과 인식이 "만병통치약 Universalmedizin"이라는 낙관주의에 의한 명랑성이다.(15장, 96)

하여 인과론의 도움을 받아 최고의 원인으로 거슬러 올라가는 방법이고, 존재론적 神증명이 경험과 무관하게 개념으로 神존재를 증명하는 방법이다. 전자의 경우, 플라톤의 이데아론이 모범적 예이다. 존재론적 신증명은 안셀무스, 데카르트, 라이프니츠, 볼프, 멘델스존, 칸트까지 이어진다. 칸트에서 '神이념' 증명의 불가능성이 천명된다(『순수이성비판』, '초월적 변증론')]

니체의 『비극의 탄생』에, 데카르트가 그의 주저 『철학적 근거에 대한 성찰』(1628~1629, 1641)에서 그의 神증명을 유인한, "神의 진정성 Wahrhaftigkeit des Gottes"이라는 말이 두 번(12, 82) 출현한다. [데카르트는 '신의 현존은 신의 완전성 개념에서 필연적으로 도출된다'고 했다. 완전성은 완전성의 현현을 포함한다] 먼저, 1886년 『비극의 탄생』(1872)에 '서문' 형식으로 덧붙인 「자기비판의 시도」에 나온다. 물론 신의 확실성에 대한 부정이다. 니체는 기독교 가르침이 '신의 확실성'을 빙자하여 예술을 모두 "거짓 제국"(12)에 둔다고 했다.

문제는, 1872년 『비극의 탄생』 본문에 나오는 데카르트 神증명에 대한 불편한 어조이다. 아티카비극을 '등장인물의 수사학 수준'으로 떨어뜨린 에우리피데스가 그 드라마 줄거리의 실재성을 보증하기 위해 중간중간 데카르트식(式)의 '神의 진정성[확실성]'을 '사용'한 것. 특히, 에우리피데스가 드라마 막바지에서 주인공의 미래를 보장하기 위해 "악명 높은 '기계–神 Gott aus der Maschine'"(82)을 사용한 것이다. '악명 높은 berüchtigt'이라는 형용사에 神에 대한, 혹은 신의 확실성[진정성]에 대한 니체의 불편한 태도가 드러났다. 여기에서도 기독교적 신에 대한 선취를 말할 수 있다. 물론 신에 대한 부정이다. 『비극의 탄생』은 니체 철학의 저수지이다.

9장
탈(脫)장르 매체 양식
-아폴론적 양식/디오니소스적 양식

(1) 서정시, 서사시, 드라마로 나누든가, 혹은 슈타이거의 제안에 따라 서정 양식, 서사 양식, 드라마 양식으로 나누든가, 크로체 Benedetto Croce의 '생각'대로 아예 나누지 말든가—. 슈타이거 Emil Staiger가 서정시-서사시-극시가 아닌, 서정 양식—서사 양식—드라마 양식으로 나눈 것이 규범시학Regelpoetik을 넘어 확장된 여러 양식 구분을 용이하게 했다. 서정적 서사 양식, 서사적 서정 양식, 드라마적 서정 양식, 드라마적 서사 양식, 서사적 드라마 양식, 서정적 드라마 양식 등 하위 양식들을 역사철학적으로, 혹은 규범적으로 설명 가능하게 했다.

헤겔은 서정시-서사시-극시들을 변증법적 순환운동으로 파악한다. '주관성의 구현-객관성의 구현-총체성의 구현'들이 한데 어우러져서 순환한다. 규범적 접근과 역사철학적 접근을 합해놓았다.

규범적 접근과 역사철학적 접근이 니체의 장르 구분에서도 감지된다. 서사 양식-서정 양식-비극 양식은 각각각 규범 양식이면서, 역사철학적-변증법적 접근을 허용한다. 아폴론적 양식과 디오니소스적 양식이 규범적 접근과 역사철학적 접근을 매개한다.[1] 아폴론적 양식과 디오니소스적 양식이 서사–서정–'비극'을 규범적으로 규정하면서, 이에 대한 역사철학적–변증법적 접근을 허용한다. 아폴론적 양식과 디오니소스적 양식이 최상위양식이다. 소박문학과 성찰문학을 최상위양식으로 보는 것과 유비이다. 아폴론적 양식과 디오니소스적 양식은 서사적–서정적–드라마적 양식을 규정하고, 혹은 매개하는, 탈장르적 매체 양식이다. 나아가 예술 장르들인, 음악, 미술, 문학 등을 규정하고, 혹은 매개하는, 탈장르적 매체 양식이다. 아폴론적 꿈 양식과 디오니소스적 도취 양식의 '원천'에 주목하는 것이다.

꿈 양식이 조형예술[미술]과 관계있고, 그리고(혹은 따라서) 서사적 양식과 관계있고, 도취 양식이 음악과 관계있고, 따라서 서정적 양식과 관계있다. 비극은 꿈 양식과 도취 양식이 함께 전개된 곳이다. 헤겔의 '문학 장르 미학'은 객관성의 구현으로서 서사적 양식[서사시], 주관성의 구현으로서 서정적 양식[서정시], 이것들이 지양(止揚)된, 객관성과 주관성의 총체적 구현으로서 드라마적 양식[극시]을 내용으로 한다. 니체의 '문학 장르' 미학과 구분되는 것이 니체가 아폴론적 서사적 양식을 객관성의 구현으로 보고, 마찬가지로 디오니소스적 서정적 양식 또한

1 '아폴론적인 것'과 '디오니소스적인 것'의 구분이 규범적 구분이고, 심지어 자의적 구분이라는 혐의를 받을 수 있다. 이것을 해결해주는 것이 형이상학적 발생론이다. 디오니소스적 상황, 즉 실존의 잔혹성이 디오니소스 제례를 필요하게 했고—형이상학적 발생론이다. 호메로스 이후의 그리스인들의 경우 역시 그들의 디오니스소적 상황, 즉 실존의 잔혹성이 아티카비극(디오니소스적인 것과 아폴론적 인 것)을 요청하게 했다.

객관성의 구현으로 보는 점이다.[2) 3) 4)]

---

2 “내면으로 침잠한 백발의 꿈-예술가, 아폴론적이고 소박(素朴)한 예술가의 전형, 호메로스가 지금 실존을 거칠게 통과해온 전투적 뮤즈의 시종 아르킬로코스의 열정적 머리를 놀라서 쳐다본다. 여기에 대해 최근의 미학은 아르킬로코스에 대한 것으로서 ‘객관적’ 예술가에 최초의 ‘주관적’ 예술가가 대립적으로 나타난 것이라는 해석을 첨가할 줄만 알았다. 이러한 해석은 별로 도움 될 게 없다. 우리는 주관적 예술가를 오직 나쁜 예술가로 알 수 있으며, 예술의 모든 종류 및 단계에 있어서, 무엇보다도 먼저 주관적인 것의 극복을, ‘자아’로부터의 해방을, 모든 개인적 의지와 욕망의 억제를, 요구할 수 있기 때문이며, 나아가 객관성이 없다면, 즉 순수한 무관심의 관조가 없다면, 결코 진정한 예술가적 생산이 아니라고 생각하기 때문이다 […] 서정시인의 ‘자아’는 그러니까 존재의 심연으로부터 울려 나온다. 근래의 미학자들이 말하는 서정시인의 주관성은 하나의 망상이다.”(5장, 38-40). 『비극의 탄생』의 의미 있는 부분 중의 하나이다.
니체는 호메로스 서사양식을 객관성의 구현으로 보고, 또한 아르킬로코스의 서정양식 또한 객관성의 구현으로 본다. 주관적 예술가가 아닌 객관적 예술가일 것을 강령적으로 요구한다. 서정양식이 객관성의 구현인 것은 서정시의 ‘자아’가 ‘존재의 심연으로부터 울려 나온 것’이기 때문이다. 쇼펜하우어가 예술-이념을 ‘객관적 의지의 표상’이라고 보는 것과 같다; 실러의 말도 시사적이다: ‘어떤 음악적 정조가 먼저이고, 다음에 비로소 문학적 이념이 떠오른다.’ 실러가 1786년 3월 18일 괴테에게 보낸 편지에 있는 말이다. 쇼펜하우어는 다른 예술과 달리 멜로디-음악은 ‘의지의 직접적 발현’이라고 했다; 디오니소스적 도취 음악이 아폴론적 조형미술을 덮어쓰면 아폴론적 조형미술이 강화된다. 꿈 예술이 강화된다. 신비와 환영(幻影)의 예술이 된다.

3 예술 양식을 말할 때 “순수한 무관심의 관조 reines interesseloses Anschauen”(39)는 생산미학/영향미학 모두에 관계하는 것으로, 쇼펜하우어의 예술관, 무엇보다도 칸트의 예술관을 따르는 것이다. 『판단력비판』 2章(장)의 제목이 “미적취미판단을 규정하는 만족은 모든 관심에서 벗어난 무관심영역이다”이다. 예술미는 “인식능력의 자유로운 유희”(『판단력비판』 9章, V217)에서 생겨난다. 미적 판단은 인과관계에서 벗어난, 그때그때마다 달라질 수 있는, ‘미적 취미’에 근거한다. 미적 취미를 산출해내는 자격이 천재에게 주어진다. “천재는 예술에 규칙을 부여하는 능력이다.”(46章, V307); 천재는 하나의 개념에 결코 종속되지 않은 “미적 이념”을 발휘하는 자, 미적 이념은 “상상력의 노출되지 않은 표상“이다(57章-주해 1, V342-344).

4 각주 2)의 ‘여기에 대해 최근의 미학은 아르킬로코스에 대한 것으로 ‘객관적’ 예술가에 최초의 ‘주관적’ 예술가가 대립적으로 나타난 것이라는 해석을 첨가할 줄만 알았다 […] 최근의 미학자들이 말하는 서정시인의 주관성은 하나의 망상이다’에서, ‘최근의 미학’과 ‘최근의 미학자들’이 가리키는 것이 헤겔—헤겔 미학이다. 따라서 이 문장은, 특히 ‘서정시인의 주관성은 하나의 망상이다’라고 한 것은 헤겔 미학에 대한 직접적 공격이다. 헤겔은 서정시의 내용이, “‘객관적

비극양식 물론 객관성의 구현이다. 문제는 디오니소스적 도취 양식이다. 디오니소스적 도취 양식이 최종적으로 표상하는 것이 '총체 음악'으로서—종합예술작품으로서, 광란의 주신찬가, 디티람보스이다. 노래-댄스-악기가 어우러진 디티람보스는 그 자체 육체예술로서 육체성의 구현이고, 객관성의 구현이다. 서정적 양식이 디오니소스적 도취 양식의 탈을 쓴 곳으로 보는 것은, 육체의 탈, 즉 '객관성'의 탈을 쓴 곳으로 보는 것이다. "시인 自身(자신)의 다양한 객관화"가 서정적 양식이다. "주관적으로 의욕하고 욕망하는 인간이라면 아르킬로코스는 결코 시인(詩人)일 수 없다."(『비극의 탄생』, 5장, 41): 객관성이 함의하는 것이 '인생의 잔인한 진리'이다. 서사적 양식—서정적 양식—드라마적 양식이 객관성 양식—객관성 양식—객관성 양식으로서, '실존의 잔혹성'을 넘어가게 하는 육체 예술이고, 실존의 잔혹성을 넘어가게 하는 형이상학적 예술이다. 니체가 "예술가-형이상학 Artisten-Metaphysik"(Ⅲ-1, 「자기비판의 시도」, 11)을 말하는 까닭이다.

니체는 형이상학의 빗금을 넘어선 적이 없다. 형이상학을 부인(否認)할 때도 그는 형이상학적이다. 니체 고유의 형이상학에 의한, (일체의) 전통 형이상학에 대한 否認이다. [신에 대한 사망선고→'인간의 영원한 죽음' 수순으로 끝내지 않은 것이 그의 차라투스트라 형이상학이다. 초인간 사상과 영원회귀 사상이 '신에 대한 사망선고=인간의 영원한 죽음'에 대한 대응 방식으로서, 자발적 몰락 의지가 많이 포함된 초인간 사상이고 영원회귀 사상이다. 기존의 플라톤이나 기독교에서의 형이상학적 확고한 발판이 없는 '니체 고유의 형이상학'이다]

인 것' 자체가 그 객관성에서 생산되는" 서사시와 반대로, "주관적인 것, 내면세계", 즉 "숙고하면서, 느끼는 정감 betrachtend, empfindende[s] Gemüt"이라고 했다.(Vorlesungen über die Ästhetik Ⅲ, 1970, Werke 15, 322)

(2) 헤겔에 의한 '변증법적 순환운동으로서 장르' 고찰이 역사철학적 고찰이면서 계보학적 고찰이다. 호메로스의 우세, 아르킬로코스의 우세, 아이스킬로스의 우세를 얘기하는 것이 변증법적-역사철학적 고찰-조(調)이고, 만약 여기에 주관성/객관성, 혹은 '아폴론적'/'디오니소스적'이라는 계기를 적용해서 상대적 우세를 말하면 계보학적 고찰調이다. 주관성과 객관성으로 나누고, 혹은 용어를 달리해서 포이에시스poiesis와 미메시스mimesis로 나누고, 한쪽의 우세를 말하는 것—文學史 기술에서 흔히 보는 것—이것이 계보학적(혹은 발생학적) 고찰調이다. 차이는 헤겔이 서정시-서사시-극시에서 주관성-객관성-총체성의 전개 양상을 본 것. 니체가 객관성-객관성-객관성의 전개 양상을 본 것.

(3) '이데아', '선험적 형식', '정신', '이유율'이라는 설계안이 없는 점에서 니체가 플라톤-칸트-헤겔-쇼펜하우어 등과 다르다. 니체와 그들이 다르다. 그들을 묶을 수 있는 게 '이념'인데—쇼펜하우어의 경우, 이념이 이유율 Satz vom Grund에서 독립해 있고, 객관화된 의지라는 점에서, 그리고 예술로 표상되는 점에서, 본질 철학에서 벗어나 있기는 하지만—니체에게 과연 이념이라 부를 수 있는 게 있을까. 쇼펜하우어에서 이념이 '경험적 실재'가 아닌 점에서, 미적 표상으로만 존재하는 점에서, 플라톤의 이데아 이념과 다르다. 플라톤의 이데아는 실체Ousia로서, 개별자를 표상하지 않는다. 개별자들이 이데아의 분유(分有, methexis) 정도에 따라, 이데아의 대한 기억(anamnēsis) 정도에 따라, 이데아의 '유비적 존재'로 존재한다.

칸트의 선험적 직관형식과 선험적 범주형식이 물자체에 관계해서 물자체를 알 수 없게 한 점에서, (칸트가 의도한 바는 아니지만) 물자체와 본질이 무관하다고 볼 수 없다; 칸트는 인식구조를 해명함으로써 데카르트에 이어 주체를 이념의 반열에 올려놓았다. 나아가 '자아' 혹은 영혼을 '이성이념'에 의해 구제하였다. 도덕 형이상학의 정립이다. '초월적 변증론'에서 증명 불가능으로 선고된 영혼이념–자유이념–神(신)이념을, 이어지는 '초월적 방법론'에서 다시 구제하였다.[5] 도덕이념[정언명령]을 神이념–불멸성(不滅性)–영혼이념에 의해 보증(혹은 보장)하기 위해서였다. 칸트 철학에서 '물자체'와 함께 '정언명령'이 플라톤 형이상학의, 그리고 기독교 형이상학의 유비라는 혐의를 받는다. 물론 니체에 의해서이다.

헤겔에서 이념은 神的(신적) 이성, 혹은 절대정신으로서, 세계사가 절대정신의 구현과정이다. 『법철학강요』 서두(序頭) '이성적인 것은 현실적인 것이고, 현실적인 것은 이성적인 것이다'는 절대정신의 구현에 대한 요청이다. '관념론의 정상으로서 헤겔'을 말하는 까닭이다. 神的 이성은 어디서 왔는가?; 다시, 쇼펜하우어에서 이념이 공간–시간–인과율이라는 이유율에서 독립한—그러므로 실재할 수 없다—순수객관성의 차원에 있는 것으로서, 미적 표상으로만 존재한다. 예술가 천재는 개별자 의지에서 벗어나 "대상의 선명한 거울"(『의지와 표상으로서의 세계』, 34章)이 되어야 한다. "세계의 모든 본질적이고 변함이 없는 것을 표현하는 것이 바로 예술이다."(36章)

니체가 그리스예술에 대한 계보학적 고찰에서 강조한 것이 '객관성으로서 예술'이다. 『파우스트』로부터 말할 때, '삶의 가장 안쪽에 있는 것'을 보여주어야 한다. 그 어떤 것이라도 객관성의 서로 다른 모습이어야 한다. 자연에는 경계가 없다.[6] 경계가 있으면 객관성이 아니다. 경계가 없

5 졸고 「관점주의: 니체의 칸트 비판[전도(顚倒)된 칸트주의]」, 『시와표현』, 2014. 봄 참조.

6 『유고 단편들. 1872년 여름–1874년 초』에 있는 말이다. 『비극의 탄생』을 간행하고 얼마 되지 않았던 때이다. "'언어의 대체물'로서의 '음악': 언어가 서술할 수 없는 많은 '자극들', 자극적 상태들을 음악이 재현한다. […] 자연에는 '형식'이 없다. 그럴 것이 내부와 외부가 없기 때문이다. 모든 예술이 눈의 '거울'에 근거한다."(Ⅲ–4, 53)

는 것을 보여주어야 한다.

(4) 니체가 신화에 대해 천명한 곳이 『비극의 탄생』 12장에 이어 『비극의 탄생』 후반, 23장이다. 23장이 '신화의 장'이다. 소크라테스-알렉산드리아 문화의 '기적(奇蹟) 부인'에 의한 것으로서 '신화의 몰락'이 언급되었고, 따라서 신화를 내용으로 하는 '비극적 신화', '아폴론적 주인공 무대의 몰락'이 언급되었다. 디오니소스적 합창단 무대의 몰락에 이어진 것으로서 비극의 몰락이 완성되었다. 이외 신화의 형이상학이 언급되었고, 마지막에—루터의 등장이 최초의 동인(動因)으로서—신화의 부활이 언급되

중기의 문제작 『인간적인 너무나 인간적인 Ⅰ』 15절의 다음과 같은 말: "'세계에는 내면과 외면이 없다.'—데모크리토스가 상(上)/하(下) 개념을 그 속에서 [정말] 아무 의미가 없는 무한한 공간에 갖다 놨듯, 철학자들 일반이 '내면과 외면' 개념을 그 속에서 아무 의미가 없는 세상Welt 속의 본질과 현상으로 옮겨놨다. 철학자들은 깊은 감정들에 의해 내면 깊숙한 곳, 그러니까 자연의 심장부에 접근할 수 있을 것으로 생각한다. 그러나 깊은 감정이 그렇게 쉽지 않다. 깊은 감정은 우리가 깊은 것이라고 부르는 어느 복잡한 사상의 복합체들에 의해, 알아챌 틈도 없이, 규칙적으로 자극 받을 때만, 그리고 그런 사상 덩어리들과 함께 할 때만 가능하다. 감정의 깊이는 동행하는 사상의 깊이가 조건이다. 문제는 깊은 사상이라는 것이 그럼에도 불구하고, 예를 들어 모든 각각의 형이상학적 사상이 그런 것처럼, 진리에서 매우 떨어져 있을 가능성이다."(『인간적인 너무나 인간적인 Ⅰ; 유고 단편들. 1876~1877년/1878년 겨울』, Ⅳ-2, 31)
주목해야 할 것이 위 인용 끝에 피력한 것: '깊은 사상이라는 것이 그럼에도 불구하고, 예를 들어 모든 각각의 형이상학적 사상이 그런 것처럼, 진리에서 매우 먼 곳에 있을 가능성이다.' 형이상학적 사상에 대한 의심이고—깊은 사상에 대한 의심이고, 깊은 사상에 의해서만 그 깊이가 보증되는 깊은 감정에 대한 의심이다. 깊은 감정에 의해 내면 깊숙한 곳, 자연의 심장부 같은 곳에 도달할 수 있는 것도 아니다. 내면과 외면을 세상 속의 본질과 현상으로 옮겨놓은 것이 부질없다. 데모크리토스에 이미 저질러진 바, 위/아래 개념을 무한한 공간에 놓은 것과 마찬가지로 부질없다. 최종적 결론이 첫 문장에서 제시됐다. '세상에는 내면과 외면이 없다.' 내면과 외면이 없는 세계를 말하는 것은 '척도 없는 세계'를 말하는 것으로서, 사실 진리에 대한 부인(否認)이다. 단 하나의 관점이 아닌 수많은 관점이 말하는바, 진리의 부인이다. 그 멜로디 "그럴 것이 진리는 존재하지 않기 때문이다."(『유고 단편들, 1885년 가을-1887년 가을』, Ⅷ-1, 112)

었다(Ⅲ-1, 141-145).

12장에서 니체는 아낙사고라스가 마치 "최초의 술 취하지 않은 자(者)" 처럼, 그의 (전승된) 첫 단편Fragmemt이 다음과 같은 것임을 알린다. "처음에 모든 것이 함께 있었다. 그리고 이성이 왔고, 질서를 창조했다."(Ⅲ-1, 83): 여기에서의 '함께 있었다'는 것은 이를테면, 합리/비합리, 선/악, 미/추가 함께 있었다는 것이 아니라, '혼돈의 원초적 세계'로서 합리-비합리 구분, 미-추 구분, 선-악 구분이 없었다는 것이다. 신화 시대는 그렇다면 선악과(善惡果)에 의한 타락 이전의 '천지창조 시대'와 상호 유비이다.

아낙사고라스에 의한 '함께 있었다'를 가장 잘 대변하는 말이 '전체성'이라는 말일 것이다. 헤겔적 의미에서의 조화의 총체성이 아닌, 모순의 총체성이다. [천지창조 시대가 '모순 총체성'의 시대가 아니었을까? 시니피에의 언어가 아닌, 시니피앙의 언어 일색이었던 곳. 이른바 상징 시대의 언어로서 아담 언어 일색이었던 곳. 신약에서 '모순으로서 예수의 언어'를 말할 수 있을 때 그것이 천지창조 시대의 언어, 시니피앙의 언어이기 때문이다]

이외 니체가 신화를 표현(表現, expression, Ausdruck)한 말들로 "압축된 세계상", "현상의 축도"(23장, 141), "무한적인 것 내부를 응시하는 보편성과 진리"(17장, 108) 등이 있다. 표현의 본래적 의미는 말할 수 없는 '사태'를 드러내려는 시도로서, 내부에 쟁여놓은 것이 외부로 폭발할 때의 언어이다. 라이프니츠가 최초로 이런 정의를 내렸다. '표현 Ausdruck'은 19세기까지 시학의 주요 개념이었다. 묘사Beschreibung와 대립적이고, 아리스토텔레스의 미메시스-론 Mimesis-Lehre과 대립적이다. 니체는 '물을 수 없는 물음의 언어'인, 그리고 '답할 수 없는 답의 언어'인 표현Ausdruck을 탄생 곳곳에서 사용한다.[7]

7 『비극의 탄생』 곳곳에 등장하는 니체의 '표현' 또한 라이프니츠 이래의 일반적

(5) 니체가 말하는 '비극적 신화'가 논란이 많은 용어이다. '신화'를 지시하는 것으로 우선 받아들이게 되기 때문이다. '신화가 비극적이란 것?' 비극적 신화는 신화를 다르게 표현한 말이 아니라, 아폴론적 주인공 무대를 다르게 표현한 말이다. 비극적 신화 Tragischer Mythus는 신화 이야기가 내용인 좁은 의미의 '아티카비극', 아폴론적 아티카비극의 다른 말이다; '비극의 신화'도 괜찮다. 그리스비극이 신화가 되었다. 그리스비극이 전설이 되었다. '전설적' 그리스비극?

신화적 비극이 사실 본래의 의도에 가장 잘 맞는 용어이다. 아폴론적 비극이 신화를 내용/형식으로 하기 때문이다. "기적"(23장, 141)과 이적, 즉 '신화' 고유의 형식/내용을 수용했기 때문이다. 그러나 신화적 비극과 비극적 신화는 같은 말이다. 신화를 내용으로 하는 비극, 특히 좁은 의미의 아폴론적 주인공 무대로 표상되는 비극이다.

"비극적 주인공"(130-132)이란 말도 쉽지 않다. 인간은 다 비극적 주인공이기 때문이다. 그리스비극 장르에서의 주인공들도 비극적 최후를 맞기 때문이다. 그래도 '여기'의 비극적 주인공은 그리스비극의 주인공이다. 아폴론적 무대, 즉 '비극적 신화'의 주인공이다.

니체가 『비극의 탄생』에서 말하는 2,500년 전—기원전 6-5세기, 고대 그리스의 "비극적 신화"(Ⅲ-1, 103, 130, 137, 148 등)는 신화의 비극성이 아니라, 신화의 '비극-화(化)'이다. 신화의 비극화가 '항진명제' 위상이다. 神들의 거처(居處), 올림포스가 아폴론적 비극의 형식을 가지면서, 비극적 결말을 내용으로 한다. 물론 올림포스 神의 세계가 인간세계처럼 비극 구조를 갖고, 인간세계처럼 희로애락에 휩쓸리는 것을 강조할 수 있다. 신들의 아버지 크로노스처럼 많은 神들이 고통스러운 '종말'로 향해 간다.

'표현 이해'와 다르지 않다. 표현은 감각 지각 가능성 너머에 존재하고, 묘사는 오로지 현상 세계에 관계할 뿐이다.

그래도 '비극적 신화'는 신화를 지칭하면서, 그러나 무엇보다도 아폴론적 주인공 무대를 지칭하는 말이다. 비극적 신화는 신화[이야기]를 내용으로 하는 비극이다. 디오니소스 합창단—오케스트라 무대를 지칭하는 말이 아니라는 것 또한 강조해야 한다.

니체는 그리스비극 탄생에 대한 독특한 역사철학적 시각을 보여주었다. 니체는 신화[종교]의 변증법을 말한다. 신화를 "역사적 토대" 위에 세울 때 신화는 사멸한다. [소크라테스주의의 만연에 의한 것으로서, (소크라테스-알렉산드리아 문화가) 신화의 기적 행위를 부정할 때 신화는 또한 사멸한다] 그러나 니체는 디오니소스 제례가 그 출발인 디오니소스적 음악이 신화를 붙잡은 것을 말한다.

> 사멸해가는 신화를 이제 디오니소스 음악의 새로 탄생한 영혼이 붙잡는다.(70)

니체의 고유한 역사철학적 관점을 말해야 한다. 1차적 '신화'를 넘어서는 2차적 "형이상학적 세계"(70)의 탄생이다. 아티카비극 탄생의 새로운 전말기가 추가되었다. 역사철학적 전말기이다.

사티로스 합창단이 신화를 수용한 것이, 아폴론 무대를 신화로 채운 것이, 신화의 소생을 불러왔고, 신화는 이후 자가 발전했고, 결과는 아티카비극의 탄생!이었다. 무엇보다 비극적 신화[아폴론 무대]의 탄생을 말해야 한다. ①비극은 원래 디오니소스 제례에 의해 촉발되었다. ②합창단이 비극의 모태였다. ②합창단 무대에 신화를 내용으로 하는 드라마 무대, 즉 아폴론 무대[비극적 신화]가 추가되었다. 이것이 아티카비극 탄생의 전말기이다.

비극을 통해 신화는 자신의 가장 심원한 내용 및 자신의 가장 표현이 풍부한 형식에 도달한다. 한 번 더 신화는 부상당한 영웅처럼 몸을 일으킨다. 죽어가는 자의 지혜에 넘치는 고요와 함께하는 것으로서, 넘쳐나는 힘이 그의 눈 속에서 마지막 강력한 빛을 발한다.(Ⅲ-1, 10장, 70)

인용 전반부가 말하는 것이 '올림포스산'에 이은 '비극적 신화'에 관해서이다. (신화의) 비극 속으로의 입장으로 신화가 거듭난 것에 관해서이다. 그러므로 온전한 아티카비극=그리스비극의 탄생에 관해서이다. 주목되는 것은 뒤에서 신화, 그 '비극적 신화'를 "마지막 강력한 빛"이라고 한 것이다. 니체의 신화[종교], 즉 비극에서의 신화, 즉 '비극적 신화'에 대한 또 하나의 역사철학적 고찰로서(혹은 역사철학적 상상력에 의한 것으로서) 비극적 신화의 비극적 대미(大尾)를 미리 알렸다. 정확히 말하면, 그리스비극에 대한 '변증법적 파국'을 알렸다. 아이스킬로스-소포클레스의 '반대 명제 Antithese'로서 소크라테스-에우리피데스의 등장을 미리 알린 것. (비극적) 신화의 변증법적 대미는, 에우리피데스에 의한 것으로서, 디오니소스 합창의 몰락이고, 아폴론적 신화 무대의 몰락이다. 기적을 내용으로 하는 신화의 몰락은 (디오니소스 합창단 효과에 의해 발생한) 아폴론적 환영의 퇴장을 포함하고, 디오니소스 합창단 효과(혹은 디오니소스 지혜)에 의해 발생한 그리스비극 고유의 '형이상학'의 퇴장을 포함한다. 비극 형이상학의 퇴장을 포함한다. **고통과 파멸을 미적으로 정당화하는 그리스비극의 퇴장은 요컨대 '정당화의 철학'의 퇴장이다.** 고통과 파멸을 진리로써 정당화하는 정당화 철학의 퇴장이다.

10장
형상과 디오니소스
-전도된 플라톤주의

니체는 존재에 대한 변증으로서 현상을 주목했고, 종국에는 현상만 주목했고, 플라톤은 현상에 대한 변증으로서 존재에 주목했고, 종국에는 존재만 주목했다.

—졸고 「유물론적 변증철학 —플라톤에 대한 가정적 접근」

어느 것으로도 아닌, 오직 개인으로서만 몰락을 감당할 것을 요구 당(當)하는 시대가 아닌 적이 있을까. 니체에 의할 때, 어느 것으로도 아닌, 오직 개인으로서만 몰락을 감당할 것을 요구하는 시대가 처음 온 곳이 헬라스였다. 그 성과가 에우리피데스 이전 비극, '그리스비극'이었다. '도대체 인간이 비자연적 방법을 써서 자연에 저항해서 승리하지 않는 것 말고, 인간이 자연으로 하여금 그 비밀을 털어놓도록 강요할 방법이 달리 있겠는가!'(Ⅲ-1, 63)

1) 개별화의 원리에 대하여(쇼펜하우어)

'개별화의 원리'를 주조하는 것이 공간-시간-인과성이다. 이때 개별화의 원리는 세계를 세계 그대로 두는 원칙이라는 뜻을 갖는다. '현상을 그대로-의지를 그대로' 둔다.[1] 쇼펜하우어가 『의지와 표상으로서의 세계』에서 본격적으로 거론했다(61장-63장) 개별화 원리의 세계는 이기주의가 그 표상으로서 세계 의지의 어마어마한 상극(相剋)이 드러난다. 세계 의지의 연관 속에서 보는 것은 바로 [이유율], 즉 공간-시간-인과성을 등에 업은 것이기 때문이다. '근거율을 따르는 인식'이 개별화 원리의 행보이다. 이때 근거율로서 공간-시간-인과성은 '스스로 움직이지 않으면서 움직이게 하는 신(神)'과 같다.

"자기 삶에 나타나는 의지의 긍정"과 "다른 사람 신체에 나타나는 의지의 부정", 즉 "자신의 의지 긍정"과 "타자의 의지 부정", 이 相剋이 개별화 원리의 속성이다(62장). 개별화 원리의 행보에서 "괴롭히는 자와 괴롭혀지는 자가 한 가지이다."(63장). 홉즈가 원용되기까지 한다. '만인의 만인에 대한 투쟁 bellum omnium contra omnes'이 '세계'이다. 개별자-개별자 모두가 건곤일척의 자세로, 목숨을 내놓는 식의 싸움을 벌인다. 쇼펜하우어가 『의지와 표상으로서의 세계』를 "세계가 나의 표상이다."(1장)로 열었을 때, 이것은 '세계가 내 의지의 표상이다'로 연 것이다. 개별화 원리의 행보를 쇼펜하우어는 '모두이면서 하나인 것'을 통해 극복되어야 할 것으로 봤다. "바로 물-자체에 영원한 정의가 근거한다."(63장)

> 이것은[인간의 운명은] 결핍, 비참, 비탄, 고통 그리고 죽음이다. 영원한 정의는 존재한다.(63장)

영원한 정의는 "최후의 심판 Weltgericht"이다. 인간은 오로지 현상일 뿐이고 이유율[선험적 제한조건]에서 자유로운 물자체에 입장할 수 없다.

---

1 "이것은 전적으로 의지에 복무하는 인식 형식이다."(『의지와 표상으로서의 세계』, 62장)

"이유율을 따르는 인식에, 개별화의 원리 principium individuationis에 포박당한 시선에 영원한 정의가 보일 리 없다."(63장). 쇼펜하우어는 바로크 시대 스페인의 비극작가 칼데론의 『인생이 꿈』을 인용한다. 그리고 한마디 덧붙인다.

그럴 것이 인간의 가장 커다란 죄가
그가 태어난 사실이란 점이다.

영원한 법칙으로서 죽음이 탄생에 근거하니 어찌 탄생이 죄가 되지 않을 수 있을까? 칼데론 역시 원죄에 관한 기독교 도그마를 위의 詩句로 표명했을 뿐이다.(63장)

쇼펜하우어가 하이데거와 마찬가지로 '던져진 존재', 즉 '벌써 세계-내-존재'로서 인간을 이해한다. 하이데거에서 피투성Geworfenheit에 의한 자각이 미래를 향해 자기를 던지는 동력으로, 이를테면 '죽음으로의 선구(先驅) 의지' 등 그 이전과 전혀 다른, '가능성으로서 삶'으로 이어지는 데 반해, 쇼펜하우어에서 피투성에 의한 자각은 '의지의 단념'으로 빠진다.[2] 의지의 단념이 "태어난" 죄에 대한 벌인 것이다. 68장에서 '개별화의 원리를 깨는 것—마야의 베일을 벗는 것'의 파노라마가 펼쳐진다. '삶에의 의지 부정'이 열쇠어이다.[3]

---

2 쇼펜하우어가 '삶의 의지 부정'을 요청했고(1818), 하이데거가 세인(世人)[세상사람]이 아닌 '존재'로서 살 것을 요청했다(『존재와 시간』, 1927). 중간의 니체가 적극적 의지로서 '비자연적 방법'을 쓸 것을 요청했다. 그 첫 번째 수확이 '디오니소스적 그리스비극'이라는 비자연적 형식의 발견이다(1872).

3 쇼펜하우어는 의지의 순간적 진정과 의지의 영원한 진정을 말한다. 의지의 순간적 진정은 "아름다운 것에 대한 미학적 즐거움"에 의해 가능하고, 의지의 영원한 진정은 '삶에의 의지 부정'에 의해 가능하다. 예술에 의한 진정은 순간적 진정-순간적 평정이라는 것이 쇼펜하우어의 예술이해로서 예술 평가이다. 쇼펜하우어의 예술이해가 독특한 것은 예술을 이유율에서 벗어난 "이념의 상관

이를테면 다음과 같이 말하는 식이다. "자발적이고 완벽한 동정(童貞)이 금욕의 첫걸음이다. 삶에의 의지 부정의 첫걸음이다." 63장 후반부에서 "금세기 최대 선물"로 베다-우파니샤드를 말하고 우파니샤드의 "결코 다시 태어나게 되지 않을 것이라는 언약(言約)"을 인용하고, 또한 불교를 다음처럼 인용한 것은, 68장과 69장에서 이어지는 '자발적 죽음의 예들'에 대한 긍정적 태도(68장), 혹은 "의지의 全的 부정"으로서 금욕 단계를 넘어선 "자살"-"금식"-"아사(餓死)"(69장)에 대한 긍정적 입장의 예비수순이었다.

> 혹은, 베다도 부인하고 카스트도 부인하는 불교도들이 이렇게 발언한다: "너는 열반으로, 즉 4가지가 없는 상태로 들어간다. '탄생-늙음-병고-죽음' [生老病死]이 없는 상태로 들어간다." (63장)

개별화의 원리에 대응하는 방식이 쇼펜하우어에게는 '삶에의 의지 부정'으로서 개별화의 원리를 부수는 방식이고, 니체에게는, 『비극의 탄생』에 주목할 때, 디오니소스적 "파열Zerreissung"(29)의 방식으로 개별화의 원리를 부수는 방식이다. '자연과 인간의 하나', '신과 인간의 하나', 곧 광란의 주신찬가, 디티람보스로 표상되는 '신들림'[4]이다.

개념"으로 간주하는 점이다. 예술이 개별화의 원리 행보를 벗어난, 세계 의지를 벗어난, "순수한 정관상태"에 도달하게 한다.(예술 형이상학—음악 형이상학은 『의지와 표상으로서의 세계』 3권에서 개진된다. 음악 형이상학은 특히 52장에서 개진됐다; 여기 인용은 4권의 68장)

4 신들림Besessenheit은 루카치의 초기 작품「심령의 가난에 관하여」(1912)에서 차용한 것이다.

2) 파우스트와 디오니소스

니체가 『파우스트』(1831) 2부 2막의 '고전적 발푸르기스밤' 「페네이오스강(江) 하류」 장면을 인용한 것은? 「페네이오스강(江) 하류」 장면은 파우스트가 히론Chiron과 대화하는 장면이다. 인용 앞뒤를 보자. 강조한 곳은 니체가 『비극의 탄생』 18장에서 인용했던 부분이다.

> 히론,
> […] 신화 속 여자는 아주 특유한 존재야.
> 시인(詩人)이 제게 필요한 만큼 展示하지;
> 그 여자는 자라지도, 늙지도 않지,
> 늘 몸매Gestalt가 입맛 당기는,
> 젊어선 마음 뺏기고, 늙어서도 게걸대게 해;
> 詩人이 시간에 구애받지 않지 않나.
>
> 파우스트,
> 그러니 그 여자도 시간에 구애받아서 안 돼!
> 망자 아힐이 페레에서 그 여자를 찾았을 때,
> 시간이 전혀 맞지 않았어! 그 얼마나 묘한 행운인지;
> 운명을 거슬러서 성취한 사랑!
> **나도 그래서는 안 되는가, 동경의 가장 큰 힘으로 말이야,**
> **유일무이한 인물Gestalt을 생명에 끌어들여서는?**
> 神과 동등한 그 영원한 존재를 말이야.
> 위대하고 부드럽고, 고귀하고 사랑스러운! […]
> 그 여자 획득할 수 없거든 난 살지 못하오!

여기서 파우스트가 생명을 다시 부여하려는 "인물"은 그리스의 아름다움, 헬레나이다. 헬레나의 "영원"성에 그 앞의 것들은 속수무책이다.

시간성, 그러니까 죽음마저 속수무책이다. 그는 "神과 동등"하다. [망자 아힐Achill은 죽은 후이나 어미 테시스Thesis에게 청원하러 다시 지상세계에 올 수 있었고, 마찬가지로 귀환한 헬레나와 결혼할 수 있었다] 아름다움이 개별화 원칙으로 '위장'된 자연, 혹은 극악무도한[무상(無常)한] 자연을 시인시킨다. 아름다움이 디오니소스적 황홀경[명정(酩酊)과 성적(性的) 엑스터시]과 만날 때 이것은 벌써 그리스의 디오니소스 축제로서, 괴테의 발푸르기스 축제가 버금가는, 형이상학적 구제의 빌미를 제공한다.

'멈추어라 너무 정말 아름답다', 이렇게 말하고 파우스트는 죽겠다고 메피스토펠레스에게 약속한 적 있다. 아름다움은 '세계의 비밀'과 같은 것으로서 파우스트-인간을 죽고 싶게 만든다. 파우스트가 물은 것이 '이 세계의 가장 안쪽을 붙잡은 것이 무엇인가?'였고, 답이 '그 아름다움'이었다. 디오니소스 비극예술이 형이상학인 것이 바로 이 때문이다. [현존이 미적 현상으로만 是認(시인)된다] [시-음악이 '비극의 신화-비극적 세계상'에 대한 광포한/잔잔한 반주이다] 니체[괴테]가 문학 신학, 즉 신화학 Mythologie에 미학과 형이상학의 위엄을 부여했다 했을 때, 이것은 『파우스트』의 작가 괴테[혹은 니체]에게도 해당된다. 니체의 『비극의 탄생』 이후, 신화학은 자연신학[철학 신학], 즉 존재-신-론Onto-Theo-Logie에 합류한다.

『파우스트』 인용문에서 "몸매"로 옮겨지고, 또한 "인물"로 옮겨진 게슈탈트Gestalt는 서양 형이상학에서 형상, 즉 에이도스(플라톤)의 독일어 버전이기도 하다. 에이도스는 이데아의 가시적 모습이다. 에이도스는 제1실체 질료를 움직이게 하는 '제1실체로서 제2실체'이다. 형상이 먼저이고 질료가 나중일 때, 질료가 형상을 갈망한다 할 때(아리스토텔레스 『자연학』), 사실상 제1실체는 형상이다. 제1실체가 니체에게 헬레나로서 아름다움이고, 몸매이고, "입맛 당기는" 몸뚱어리이다. 이렇게 말할 때 이것은 '전도(顚倒)된 플라톤주의'로서 니체[혹은 괴테]를 말하는 것이다.[5] 플라톤에게 실체는 에이도스이고, 니체에게 실체는 플라톤이 그림자[허깨비]라고 규정한 현상세계이다. 게슈탈트가 니체에게 이데아-게슈탈트, 즉 초감각적 세계가 아닌, 몸매-인물-게슈탈트, 즉 감각적 세계로 표상됐다.

3) 형상과 질료의 변증

형상은 현상의 근거이고, 생성의 근거이다. 부분이 전체를 존재케 하는 것이 아니라, 전체가 부분을 존재케 한다. 형상이 존재론적 관점에서 본질이다. 아리스토텔레스에게 에이도스로서 제1실체인 형상은 세상 안에 있다. '플라톤의 에이도스'와 완전히 다르다. 이데아가 세상 밖에 있지 않고, 세상 안에 있는 형세이다. 이데아가 보편성-보편자이나 개별성-개별자로 표상된다. 문제는 이데아-에이도스이다. 밖에 있건 안에 있건 '보편자로서 이데아'는 그대로이다. 『자연학』의 '질료Materie가 형상을 갈망한다'(A, 9; 192a 17-25)는 아포리즘도 이 관점 하에 있다. 질료를 제1실체로 보고 형상을 제2실체로 볼 수 있으나 이것은 레토릭의 수준이다. **제2실체[형상]가 제1실체[질료]를 규정하는 것으로 말할 때—질료인(因)-운동因-목적因-형상因을 말할 때—간단히, 없던 일로 된다.** 그렇더라도, '보편자로서 형상'이 개별자로 표상되는 한, 형상을 '개별화의 원리 Individuationsprinzip으로서 질료' 없이 따로 두는 것이 불가능하다. 표상되지 않는 것이 '존재하지 않는 것'이다. 형상이 개별화의 원리인 질료와 합해

5 『유고 단편들 1887』에서 니체가 묻고 대답한다. "니힐리즘이란 무엇인가?"—"최고의 가치가 가치 없어지는 것."; 니체의 금언 중 하나, '종래의 모든 가치들의 전도 Umwetung aller bisherigen Werte'에 대해 하이데거가 그의 「니체의 말 "신은 죽었다"」(하이데거, Holzweg, 특히 205 이하)에서 상론한다.

진 것으로서 실체 Ousia를 말하는 까닭이다. '질료-형상이 제1실체이다.' 하나님은 스스로가 원인인 (최고존재자-실체로서) '형상으로서 존재'이다. '질료형상주의Hylemorphismus'의 최종지점이다. 일반존재자의 경우는 다르다. 형상 없이 질료 없고 질료 없이 형상 없다. 최고존재자와 대비해서 일반존재자를 合의 존재자로 말하는 것이다. 질료와 형상의 합이 일반존재자이다. 제1실체로서 '질료형상'과 제1실체로서 '형상-에이도스'가 유비인 것은 제1실체로 말하기 때문이다. 아리스토텔레스는 플라톤의 본질철학에 합류했다. 형상-질료가 상호 분리될 수 없는 것이 역설적으로 '분리로서 형상', 그리고 '분리로서 질료'를 말하게 한다. 물론 고찰의 수준(水準)이다. 그때 '형상'과 '질료'는 각각 의미 없는 것으로서 실체를 말할 수 없기 때문이다.

질료형상주의가 물론 부분들의 합을 말하지 않는다; 플라톤의 이데아 형상은 부분들[존재의 유비 analogia entis-유비적 존재들]의 합이 절대 아니다; 부분들의 합으로서 제1실체를 말할 수 없을까? 아리스토텔레스에서? 엔텔레케이아-에네르게이아가 합(合)하게 하는, '合에 대한 명명[명령]'이 아닌가? 플라톤에서 '예지적 세계로서 이데아'의 '가시적[감각적] 세계 mundus sensibilis로부터의 분리, 혹은 '이데아의 간계'를 말하지 않는가?[6] 파르메니데스의 경우 '동일한 것의 장(場)'에서 사유와 존재가 '사유하는 존재'로 표상되더라도(하이데거, 「동일성의 명제」, 『동일성과 차이』, Pfullingen 1957, 8), 성(聖) 토마스의 경우 '사고와 존재의 일치'를, 혹은 "진리가 지성과 현실의 일치이다 veritas est adaequatio rei et intellectus."를 말했더라도(『신학대전』, Ⅰ, 16, 1), 하이데거의 경우 사유[인간-언어]와 존재가 '공속성Zusammengehörigkeit의 장(場)'에서 詩人(시인)이 존재가 내는 소리를 받

6 하이데거는 플라톤-기독교에 이어 칸트에서도 물리적 세계와 형이상학적 세계의 분리, 즉 감각적 세계와 초감각적 세계의 분리를 진단했다. 하이데거, Holzwege, Frankfurt/M. 1957, 199-200.

아 적는다 했더라도(「동일성의 명제」, 하이데거, Erläuterungen zu Hölderlins Dichtung, Frankfurt 1944, 2012, 42), 벤야민이 「단자론」과 「이념으로서 말」에서 '극단으로서 단자들[본질들]'의 상호"공명관계"를 도출해 '하나로서 진리'를 시도했다 하더라도(『독일 비애극의 원천』, Ⅰ-1, 218), 부분들의 합으로서 제1실체를 말할 수 없을 것 같다. (안 되는 것이 안 되는 것이다) '전체로서 부분'을 피해가기 쉽지 않다. '전체로서 부분'을 피해가기 쉽지 않기 때문이다. 부분에 전체가 탑재된 경우 (질료에 형상이 탑재된 경우) 그것은 부분이 아니라, 벌써 전체이다. 하나님[형상]이 탑재된 경우, 이제 '나'의 영혼이 아닌, 하나님의 영혼으로 산다.

니체에게 질료와 형상은 아폴론적인 것과 디오니소스적인 것으로 나타난다. 아폴론을 '개별화의 원리'로서 말하고, 『비극의 탄생』 마지막 25장에서 아폴론적인 것과 디오니소스적인 것의 "엄격한 상호균형"(151)을 말하는 데서 '질료형상주의'의 유비를 구경할 수 있다. 특히 '아폴론적인 것과 디오니소스적인 것의 상호 엄격한 균형'을 말하는 것은 질료와 형상의 관계처럼 (특히 전성기 그리스비극에서) '아폴론 없으면 디오니소스 없고, 디오니소스 없으면 아폴론 없다'가 말하는 바와 같다. 앞서 지적한 바대로, 형상과 디오니소스를 수평적 유비로 말하는 것은 '전도된 플라톤주의'의 입각점에서이다. 이 글의 모토를 읽자.

> 니체는 존재에 대한 변증으로서 현상을 주목했고, 종국에는 현상만 주목했고, 플라톤은 현상에 대한 변증으로서 존재에 주목했고, 종국에는 존재만 주목했다.

플라톤의 존재-이데아에 해당하는 것이 니체의 현상-그림자이다. 니체가 『차라투스트라』에서 "위대한 정오"(Ⅵ-1, 404)와 "뜨거운 정오"(339)를 말한 것은, 『우상의 황혼』에서 "가장 짧은 그림자의 순간; 아주 긴 오류의 종말; 인류의 정점; 차라투스트라의 출현"(Ⅵ-3, 75)을 말한 것은, 플라톤주의의 가장 극명한 가시적 전도이다. 남중(南中) 상태에서 그림자[허깨비]가 주인[실체]과, 즉 '에이도스로서 이데아'와 하나가 된다. 니체 입장에서 말할 때, 사실대로 말할 때, 그림자가 주인[실체], 즉 '에이도스로서 게슈탈트'를 덮어쓰고 스스로 '게슈탈트[헬레나]로서 에이도스'가 된다. 그림자가 주인을 접수하고 그림자가 주인이 되는 진경이 연출됐다. 그림자가 본체를 접수하고 그림자로만 걸어가는 진경이 연출됐다.[7]

니체가 '아폴론적인 것과 디오니소스적인 것의 상호 엄격한 균형'을 말하더라도, 즉 아폴론적인 것과 디오니소스적인 것의 상호 변증을 말하더라도, 개별화의 원리를 부수는 디오니소스가 더 강조되는 것을 부인할 수 없다.[8] 형이상학적 구제의 강약(强弱)을 말하는 것으로, 형이상학적 구제를 말할 때, 이것은 아폴론적 '대사(臺詞)'에서보다, 디오니소스적 가무합창단에서이다. 명확하게 나타나는 곳이 『비극의 탄생』 후반부에서 그리스비극의 몰락으로서 '소크라테스주의의 득세-에우리피데스의 탄생'을 말할 때이다. 에우리피데스 드라마에서 가무합창단의 역할은 급격히 축소되고, 아폴론적 대사(臺詞)의 역할은 현저히 증가하였다.

니체가 형이상학적 구제를 말할 때 이것은, 오케스트라[가무합창단]의 기악-율동-합창이 특히 대변하는, 오감(五感) 모두를 빨아들이는 '장면의 힘'을 말하는 것이지, '줄거리의 힘'을 말하는 것이 아니다. 그리스비극을

7 졸고 「유물론적 변증철학—플라톤에 대한 가정적 접근」, 『예술가』, 2012 여름, 275.

8 마야의 베일을 벗기고("마야 베일의 파괴"), 개별화의 원리를 파열시키고("개별화 원리의 파열"), "자연의 민낯"(29)을 날것 그대로, '그' 자연을 '그' 자연 그대로, 보여준 것이 전성기 그리스비극이다. 자연의 민낯은 '탄생 늙음 병고-죽음'이다. 개별화의 원리는, 강조하면, '세계 의지로서 상호이기주의'의 극대를, 혹은 '만인에 대한 만인에 대한 투쟁'을 표상한다. 상호이기주의에 형이상학이 없다[없을지 모른다].

"비극적 신화 tragischer Mythus"(103, 130, 137, 148)라고 할 때 이것은 비극에서 거행되는 신화 이야기이다. 이미 관객들은—합창단원들은—배우들은 '신화'를 알고 있다. 문제는 늘 장면, 압도적 장면이다. 그리스비극의 몰락을 말할 때 이것은 '디오니소스주의의 몰락'을 말하고, 동시에 '변증술로서 소크라테스주의'의 승리를 말한다.

4) 형이상학적 위로의 예술

비극은 본래 형이상학적 위로의 예술이었다. 괴테의 비극[Eine Tragödie] 『파우스트』 함의'가 많기는 하겠지만 초월 형이상학이든—윤리 형이상학이든 구제 형이상학을 벗어나지 않는다.

> 이런 인식과 동행해서 내가 감히 비극문화라고 명명하는 문화가 시작한다. 이 문화의 가장 중요한 특징은 학문의 자리에 지고의 목표로서 지혜가 들이닥치며, 이 지혜가 학문의 유혹적 꼬임에 속지 않고 강건한 시선으로 세계의 전체상에 주의를 기울이고, 이 안에서 공감과 사랑을 통해 영원한 고통을 자신의 고통으로 이해하려고 한다. 우리 한번 떠오르는 세대가 이처럼 흔들리지 않는 시선으로 괴수를 향해 영웅적으로 가는 행차를 생각해보자. 우리 한번 용-퇴치자의 대담한 걸음걸이와 다부진 행동을 생각해보자. 완전하게 전적으로 "결연하게 살아가기" 위해 저 낙천주의의 나약한 독트린에 등 돌린 용-퇴치자[지그프리트]. 이러한 문화의 비극적 인간이, 자기계발을 통해 진지성과 공포심을 익혀서는, 새로운 예술, **형이상학적 위로 예술**, 즉 그에게 적합한 헬레나-비극을 열망하면서, 그리고 파우스트와 함께 [다음과 같이] 외쳐대는 것은 불가피한 일이 아닌가? [나도 그래서는 안 되는가, 동경의 가장 큰 힘으로 말이다, 유일무이한 인물을 생명에 끌어들여서는?](114-115) [강조는 필자]

"비극문화"라고 할 때, 이것은 '그리스비극'에서 연원하는 것으로서 그리스비극을 의식한 것이다. 괴테의 "헬레나-비극"에 이은 바그너의 음악극 '〈용(龍)-퇴치자〉'에 기대하는 것으로서 그 내용이 미적 가상을 통한 "영원한 고통"의 "자신의 고통" 삼음이다. "새로운 예술"로서 "형이상학적 위로 예술"이다. 요컨대 '비극문화'는 '비자연적 방법으로서 형이상학적 위로 예술', 그 (그리스비극)풍토를 말한다. 역시 '니체'의 본류가 감지된다. 비극적 인간은 영원한 고통을 자신의 고통으로 이해하는 자이다. 다른 것을 발판으로 삼지 않고[9] 자신을 발판으로-자신의 방식으로 그 고통을 넘어가려고 한다. (난해한) 수학 문제 하나를 풀기 귀찮아 해답 보고 이해하는 방식이 아니다. 자신이 대면하여-견뎌내며 스스로 풀어내는 의지(意志)방식이다.

'영원'이 늘 열쇠어이다. 고대 형이상학에서 그랬고, 근대 이상주의미학에서 그랬다. 전혀 다른 대응 방식으로서 니체 철학의 열쇠어이기도 하다. "그럴 것이 나는 너를, 오, 영원을 사랑하기 때문이다!"가 『차라투스트라』 3부 「일곱 봉인(혹은: 예스-노래와 아멘-노래」 장(章)에서 7번(?) 반복된다(Ⅵ-1, 283-287). 영원의욕은 영원한 고통 의욕이다. '영원한 고통 의욕'-'신의 사망선고'에서 대지에 대한 전면적 긍정이 나오고, '자발적 몰락으로 의지'가 나오고, 위버멘쉬가 나오고, 영원회귀가 나오고, '힘으로 의지'가 나온다. 관점주의-평가주의가 나온다. 『비극의 탄생』 18장에서 "현대문화의 원초적 고통"(115)을 말한다. 물론 '인공(人工)형식으로서 그리스의 비극문화'에 대(對)해서이다. 니체는 (소크라테스적) 이론적 인간의 무오류성이 이미 불가능한 것으로 판명 난 것을 알린다. '쇼펜하우어와 칸트의 지혜'를 알린다. 인용이다.

9 '영혼'을 발판으로, 넘어서려고-넘어가려고 한 소크라테스, 500년 후 똑같이 영혼을 발판으로 넘어서려고-넘어가려고 한 예수. 형이상학은 '신에 관한 학문'(Theologik)이(기도 하)다.

[…] 칸트는 이것들[공간–시간–인과성]의 의미를 확실히 했다. 공간–시간–인과성의 의미는 단순한 현상을, 즉 마야작품을, 유일한 최고 실재로 높이는 데에 있고, 현상을 사물의 가장 내밀하고 진실한 본질 자리에 두는 데에 있고, 이를 통해 사물의 본질에 대한 실제 인식을 불가능하게 하는 데에 있고, 다시 말해—쇼펜하우어의 진술에 따르는 것으로—꿈꾸는 자를 확실히 더 잠들게 하는 **데에 있다, 오로지.**(114)

"공간–시간–인과성"이라는 선천적 제한조건들에 의해 그동안의 변증법[문답술]–"인과론"을 통한 "사물의 가장 내밀하고 진실한 본질" 규명 가능성은 허구로 판명 났다. 칸트–쇼펜하우어의 승리는 소크라테스 이후의 낙천주의에 (대對)한 승리이다. 소크라테스 이후의 "낙천주의는 의심할 바 없는 영원한 진리 aeternae veritates를 밑받침으로 해서 모든 세계 수수께끼를 인식할 수 있고—증거할 수 있다 믿었고, 공간–시간–인과성을 보편타당한 절대가치를 지닌 절대적 법칙으로 사용했다."(114).[10] 이를테면 소크라테스의 인과론은 13세기 토마스 아퀴나스에 의해 '전제되는 것이지 증명의 대상이 아닌 것'으로 시인되기까지 '우주론적 신–증명'의 절대수단으로 사용됐다. '본질 중의 본질로서 신'을 증명하는 전가의 보도로 사용됐다.

스스로가 원인인, 움직여지지 않는(아리스토텔레스–토마스), 그러나 최초의 움직임(플라톤–토마스), 그러니까 '움직여지지 않는 최초의 움직임 erste unbewegte Bewegung'으로서 신을 최고 존재자로 확보하게 했다. 일반존

10 플라톤주의와 스콜라철학자들이 표상하는 공간–시간–인과성 등의 선험성 Apriorität은 근대의 칸트–쇼펜하우어의 유물론적 선험성이 아닌, 관념실재론 Idealrealismus의 관념론적 성격을 갖는다. 그 선험성은—니체의 말을 더 돌려 말할 때—소박한 낙천주의로서 '칸트식 인식방식'에 대한 이해와 전혀 무관하다. 선험적 종합판단 synthetisches Urteil a priori 가능성에 의한 공식, '인식=감각직관+지성개념'에 대한 개념이 전혀 없다.

재자를 유비적으로 거느리게 했다. 플라톤 형이상학 이후의 신 증명은 인과론적 신증명이 대세로서 그 안에 존재론적 신 증명과 목적론적 신증명을 포함한다. 이를테면 안셀무스–토마스–데카르트까지 이어지는 것으로, '완전성은 실존를 포함한다.', 말하는 식이다. 인과론에 의한 신증명은 '무한한 후퇴'의 부정을 전제하는 점에서 '명목'의 칼날에서 자유롭지 못하다.[11]

선험적 제한조건인 '공간–시간–인과성'들로 해서 "마야작품"[12]–"현상"이 "유일한 최고 실재"이고, "사물"–자체["본질"]는 알 수 없다. 칸트가 '초월적 변증론'에서 알린 것은 영혼–세계–신–자아의 판독 불가능성이다. 영혼–세계–신–자아는, '후대(後代)'의 말씀을 섞어 말할 때, 그림 그려질 수 없는 것으로서, 그 자체 창문 없는 단자로서, 증명 불가능성이다. 이론적 인간의 "무오류성"(115)이 한계에 봉착한 것이다. 쇼펜하우어는 시간–공간–인과성 등 소위 이유율에서 벗어난 것으로서 '이념'을 말한다. 이념은 오로지 음악—예술로만 표상되는 것으로 그 실재를 보장받는다(『의지와 표상으로서의 세계』, 34장–36장, 51장–52장). 인간은 '상극적 의지'[맹목적

---

11 무한한 후퇴[무한히 거슬러 올라가는 것—사다리]는 '무한한 후퇴의 부인'을 포함한다. 무한한 후퇴는 최종원인을 상정한 '것으로서 개념'이기 때문이다. 무한한 후퇴의 부인은 플라톤의 이데아론, 혹은 무전제론[전제Hypothesis에서 전제로 올라가 무전제Anhypotheton까지 가는 것]에 잇대어, 아리스토텔레스에 의해 가시화되었다. 아리스토텔레스는 플라톤의 이데아론에서 '무한한 후퇴'를 보기도 한다. 물론 '그' 이데아론에 대한 반박이다. 무한한 후퇴 regressus in infinitum는 (유비적) 존재자들을 '근본 없는 자식'으로서 설명 불가능하게 한다.

12 쇼펜하우어가 『의지와 표상으로서의 세계』에서 토출한 개념이다. 마야Maja는 '물–자체'에 맞서는 '현상'이다. 쇼펜하우어는 베다Veda–푸라나Purana 경전들에서 수없이 봤다며 다음과 같이 쓴다. "그것은 죽음에 처해 있는 인간의 눈을 두른 속임수의 베일, 마야이다. 그것은 하나의 세계를 보게 하는데, 그 세계에 대해 있다고 말할 수 없고, 또한 없다고 말할 수 없다. 그럴 것이 꿈과 같은 것이기 때문이다. 방랑자의 눈에 멀리서 수면으로 보였는데, (그게 아니라) 모래 위에 반짝이는 햇빛이던 것, 혹은 뱀으로 보였으나 아무렇게 던져놓은 밧줄이던 것."(『의지와 표상으로서의 세계』 3장)

의지]를 가진 존재로 인간은 '의지 부인(否認)-동고(同苦)-금욕-금식' 등으로 넘어가야 한다. 다시 『비극의 탄생』이다.

이것이 바로 모두가 현대문화의 원초적 고통이라고 말하곤 하는 저 '단절'의 특징이다. 즉 이론적 인간이 자신이 초래한 결과물에 놀라 만족하지 못하며, 실존의 무시무시한 빙하에 감히 자신을 맡기지 못한 채, 해안에서 극도의 불안을 느끼며 이리저리 헤맨다는 것. 그는 이제 사물들의 자연적 잔혹성 모두를 포함해 어떤 것도 전혀 감당하려 하지 않는다. 낙천주의적 사유가 그를 그토록 나약하게 만들었다.(115)

"현대문화의 원초적 고통"이 등장했다. "칸트와 쇼펜하우어의 지혜"(114)를 다시 원인으로서 말하지 않을 수 없다. "실존의 무시무시한 빙하"-"사물의 자연적 잔혹성"에 대해 속수무책 당하는 '단절'을 '현대문화의 원초적 고통'이라고 명명한다. 문제는 단절Bruch이다. 그리스 비극적 문화로서 '비극'과의 단절이다. 니체는 소크라테스를 "이론적 인간"의 표상으로 본다. 소크라테스는 '무지(無知)에의 의지'에 의한 진리 확보 가능성을 말한 자이다. 영혼 세계에 의한 진리 확보를 가능성이 아닌, 확신으로 말한 자이다.[13] 이론적 인간의 무오류성이, 즉 소크라테스식 진리 확보 확신이, 무색해진 당대(當代), (자연과학적 형이상학이 진리 확보에 대한 기대를 어느 정도 채워주는 지금) 니체가 요구하는 것은 단절된 그리스비극 정신의 회복이다. 그리스비극은 그리스비극 형식이다. 궁극적으로 니체가 요

13 '이론적 인간의 표상'이란 말, 소크라테스를 위해 있는 말이다. 플라톤의 『변명』-『크리톤』-『파이돈』으로 이어지는 법정 장면—감옥 장면의 그 화려한 변증술-문답술을 상기하라. 그의 변증술 위용은 비극적 주인공의 면모를 보인다; '無知에의 의지'를 '無知의 지(知) docta ignorantia-wissendes Nichtwissen'로 다시 사용한 자가 15세기의 쿠사누스이다. 쿠사누스는 '신의 부재' 증명 불가능성을 내용으로 하는 '부정신학'을 통해 '신의 존재'를 이끌어낸다. 신의 부재 증거를 아무리 많이 모아놓아도 '그것만으로는' 신의 부재 증거가 될 수 없다.

구하는 것은 그리스비극 형식이 범례인 '비자연적 방법', 즉 '형식'에 의한 구원이다.

니체가 말하는 것은 "과감하게 비극적 인간이 되는 일"(152)—"결연하게 살아가기"[14]이다. 소크라테스는 이론으로 세상을 설명하려고 하고, 니체가 세계를 설명하려는 것이 아닌, 세상을 넘어서려고—넘어가려고 한다. 칸트가 선험적 범주로 말한 공간-시간-인과성 등을 마야의 베일과 같은 것으로 간주하고, 물자체, 즉 "사물의 본질에 대한 실제 인식을 불가능"하게 만든 것을 니체는 높이 평가한다. 위위 인용문에서 봤듯이 쇼펜하우어가 칸트 철학을 "꿈꾸는 자를 확실히 더 깊게 잠들게 하는 데에 있다"라고 본 것 역시 칸트 철학에 대한 쇼펜하우어의 높은 평가로 봐야 한다(쇼펜하우어, 『의지와 표상으로서의 세계』, 부록: 「칸트 철학 비판 Kritik der Kantischen Philosophie」). 칸트의 『순수이성비판』(1781, 1787)의 모든 지점에서[15] 진정한 비극적 문화가 재개시(再開示)될 가능성의 토대가 마련됐다.[16] 칸트의 선험적 제한조건 및 초월적 변증론에서, 그리고 이를 이어받은 쇼펜하우어의 이유율에서, "사물의 가장 내밀한 본질을 증거할 수 있을 것이라는 [⋯] 망상"(114)에 빠진 "소크라테스적 문화", "이론적 문화", "학자 종교"(113), 그 '낙천주의'에 대한 승리를 예감하는 니체. 본질에 대한 인식 불가능성

14 결연하게 살아가기, 혹은 "결연하게 사는 것"은 니체 형이상학의 핵심에 접근하는 말이다. 니체는 비극적 상황, 나중의 말로 말할 때, '신 없는 gott-los', 그 무신론적 상황을 가장 인간적 상황으로 본다. 신 없는 상황은 디오니소스적 상황으로서 '결연한 삶'을 요구한다. "결연하게 사는 것"은 괴테의 시 「총체적 고해성사(總體的 告解聖事)」(1802)의 일부이다.

15 '초월적 transzendental 감성론'에서 선험적 공간과 선험적 시간을 제한조건으로 말하고, '초월적 분석론'에서 인과성을 비롯한 여러 범주들을 선험적 제한조건으로 말하고, 무엇보다도 '초월적 변증론'에서 그동안의 영혼-세계-신에 대한, 인식의 낙천주의에 대한, 비판을 쏟는다.

16 칸트의 이른바 '범주적 명령'이 기독교 형이상학의 유비로서 단죄된다.

은 기존의 플라톤-아리스토텔레스의 본질 철학에 대한 거부를 포함하고, 기독교 형이상학에 대한 거부를 물론 포함한다. 『비극의 탄생』이 니체 철학의 저수지이다.

5) 소크라테스의 죽음

소크라테스의 죽음에서 -『변명』, 『크리톤』, 『파이돈』에서, 특히 『변명』에서-비극적 죽음을 본 것은 벤야민이다. 비극적 죽음인 것은 '의무로서 죽음'이기 때문이다. 소크라테스의 죽음은 국가 법, 즉 국가 신학에 의한 죽음을 포함한다. 시민 신학—국가 신학은 국가를 절대시하는 것으로서 형이상학과 무관하다. 구제와 관계하지 않기 때문에 형이상학이 없다. 이런 소크라테스의 죽음이 '완전한 죽음'에서 그렇다고 완전히 제외되는 것이 아니다. 국가를 위한 죽음은 무지막지한 인간 윤리학의 한 부분으로 고려될 수 있다. 기독교를 위한 죽음, 즉 순교의 유비로 볼 수 있다. '무리 본능'[17]이 만든 것으로서 국가, 그 국가를 위한 죽음은 물론 니체에게는 상상할 수 없는 일이다. 강자 der Stärkere에 의한 원한감정이 무리들을 부추켜 기독교를 앙양하듯이, 강자에 의한 원한감정이 무리들을 부추켜 민주주의국가—사회주의국가를 앙양한다. '민주주의-사회주의'에도 노예계급이 필요하다.

---

17 니체가 "현존재에 의해 지금까지 오로지 긍정되었던 측면", 즉 '달리' 긍정된 측면, 3가지 본능을 폄하-경멸한다. 이른바 '弱의 염세주의', '몰락으로서 염세주의'에 대한 개진이다. 1. "괴로워하는 인간들의 본능", 2. "무리 본능", 3. "예외에 대적하는 대다수 인간들의 본능"을 말한다. 괴로워하고—무리[교회]를 만들고—'합세하지 않은 예외'[강한 자]에 품는 "원한감정 Ressentiments-Gefühl"-"원한의 도덕성"은 정확히 '기독교 과정'의 유비이다.(『유고 단편들. 1887년 가을—1888년 3월』, Ⅷ-2, 120-121)

아니, 물러서서 말해, 필요(?)하지 않은가? 알렉산드리아 문화를 유지하기 위해서 노예계급이 필요할 텐데……. 다른 맥락에서이지만, 소크라테스주의를 비판하기 위해서이지만, 『비극의 탄생』(1872)에 이미 이런 말이 나온다.[18] 『차라투스트라』(1885)는 권력을 평민에 넘겨준 민주주의에 대한 비판으로 소크라테스의 후손들에 의해 비판받는다. 인간의 욕망을 무시한 사회주의에 대한 비판으로 역시 소크라테스의 후손들에 의해 비판받는다. 본래적(?) 의미의 기독교가 아닌, '원한감정의 정립으로서 기독교'에 대한 비판으로 역시 소크라테스-플라톤의 후손들에 의해 비판 받는다. 소크라테스는 죽지 않았다. 다만 건강하게 살아 있을 뿐이다.

'소크라테스'에게 왜 구원이 없는가? 『변명』에서 영혼 세계에 대한 언급들이 있었고, 이것은 플라톤 중기(中期)의 『파이돈』에서 영혼세계에 대한 확신으로 토로되었다. 소크라테스의 '독배'는 완전한 죽음을 상징한다.[19] 소크라테스는 영혼의 세계를 믿었고, 또한 정화된 삶을 살았으므로 영혼의 세계에 입성할 수 있을 것이라고 믿었다. 500년 후의 기독교 형이상학의 정확한 유비이다. 마찬가지 성서종교인 유대교의 유비이다. 유대교는 유대인들의 구원을 말하고, 기독교는 예수를 영접한 자들의 구원만 말한다. 유대교와 기독교의 종말론-심판론이 말하는 것은 그 제한성으

---

18 니체는 '알렉산드리아'(기원전 3세기~기원후 2세기)가 소크라테스 문화를 가장 잘 계승한 것으로 본다. 알레산드리아 문화가 소크라테스 문화이다. 『비극의 탄생』 18장에서 노예계급에 대한 언급은 정확히 다음과 같다. "꼭 알아야 할 것: 알렉산드리아 문화는 그 문화가 계속 존재할 수 있으려면 하나의 노예계급이 필요하다. 알레산드리아 문화는 그러나, 현존에 대한 낙관적 사유형식 하에서, 하나의 그런 계급의 필요성을 부인한다. 저 아름다운 유혹적인 말들, 저 아름다운 위안의 말들, 즉 "인간의 존엄"이니 "노동의 존엄"이니 하는 말들이 주는 효력이 상실될 때, (그 문화는) 서서히, 가혹한 파멸에 이르게 된다. 하나의 야만적 노예계급보다 끔찍한 것은 없다. 자신의 실존은 부당한 것으로 사유하는 법을 배운, 자신뿐만 아니라, 후세세대를 위해 복수하려고 했던, 하나의 야만적 노예계급."(113)

19 그동안, 소크라테스의 죽음은 완전한 죽음의 빔형으로 간주돼왔다.

로 해서 같다. 소크라테스는 정욕–물욕–지배욕에서 벗어난 삶을 살았으므로 영혼세계의 입성을 확고하게 믿었다. 소크라테스의 문답술–산파술 Hebammenkunst이 표상하는 '무지(無知)에의 의지'[20]대로 말할 때, 여기에도 '완전한 죽음'이 있다. 『변명』 17장에서 토로되었다.

> 죽음을 두려워하는 것은 지혜를 가장하는 것으로서 진정한 지혜가 아니다. 알지 못하는 것을 아는 체하는 것이다. 죽음이 최대의 선summum bonum인지 아닌지 아는 사람은 없다. 두려운 나머지 죽음을 최대의 악이라고 생각한다. 알지 못하는 것을 아는 것으로 생각하는 것은 힐책 받아 마땅하다.(29a)

'나는 사후의 세계에 대해 아무것도 모른다. 無知의 세계를 두려워할 수 없다', 말할 때, 소크라테스의 독배 또한 완전한 죽음을 상징시킨다. 사실 '영혼의 세계'에 대한 확신과 '사후 세계의 無知'는 양립될 수 없는 것으로 해서 역시 유명(唯名)의 혐의에서 자유롭지 못하다. 완전한 죽음?

말했듯, 벤야민이 「틀로서 비극적 죽음」에서 '소크라테스의 완전한 죽음'에 비극적 죽음을 물타기 했다(『독일 비애극의 원천』 I -1, 293).[21] 소크라테스의 죽음은 완전한 죽음만이 아니다. 소크라테스의 죽음은 『안티고네』에서의 안티고네의 죽음과 마찬가지로 의무에 의한 죽음으로서 비극적 죽음이다.[22]

---

20 소위 '소크라테스 아이러니', 즉 '나는 내가 아무 것도 모르는 것을 알고 있다'가 그 결론이다.

21 벤야민이 『파이돈』에서의 소크라테스–죽음을 "피타고라스적 분위기"로 말할 때, 물론 이것은 영혼불멸로서 소크라테스의 영혼에 대한 믿음에 대해서이다. 여기서 소크라테스의 죽음은 어떠한 비극적 연관으로부터도 면제된 것으로 본다(같은 곳).

22 『변명』 23장, 24장, 29장에서 소크라테스는 목숨을 구걸하는 것을 국가에 대한 불명예라고 말한다. 나아가 목숨을 회피하는 것은 전쟁에서 도망가는 것과 같은 것으로 말하고, 법률에서 도망가는 것과 같은 것으로 말한다. 국법을 중시하

'소크라테스'에게 왜 구원이 없는가? 구원이 없다. 소크라테스식(式) 학문에 의한 구원이 없고, 전성기 그리스비극式 지혜의 예술에 의한 구원이 있다. 비자연적 예술형식에 의한 구원이 있다. 니체 생각이다.

는 국가신학이 분명 개진되었다.

11장
호메로스 소박문학의 탄생
–그리스 의지로서 '고통의 재능'

(1) 니체에 의할 때 루소(1712~1728)의 『교육소설. 에밀 혹은 교육에 관하여』(1762)가 주장하는 인위적 교육이 아닌, '자연적 교육 natürliche Erziehung'은 망상이다. 지연은 '끔찍한 자연' 아닌가? 루소의 자연관을 요약하는 격률 '자연으로 돌아가라'는 계급 없는 자연을 요청한 것으로서, 프랑스 시민혁명의 가장 큰 원동력이었다. 여기서의 자연은 '정치적 자연'이다. 자연으로 돌아가자는 것은 계급 없는 자연으로 돌아가자는 것. 개나리 진달래 철쭉 사이에 계급이 없다. 개나리 진달래 철쭉 순으로 피어도 상호 간에 계급이 없다. 철쭉들 사이에도 계급이 없다. 니체가 주목하는 것은 이런 정치적 자연이 아니라, 존재론적 함의의 자연이다. 생–로–병–사가 그 표상인 난폭성–잔인성–잔혹성의 자연이다.

(2) 그리스인은—호메로스 예술가와 호메로스 예술가의 『일리아스』 및 『오디세이아』가 그 증거이다—"올림포스 세계의 아버지"(『비극의 탄생』, 3장, 30) 아폴론, 그 아폴론적 작용에 의해 "찬란한 올림포스 존재들의 사회"를, "올림포스라는 찬란한 꿈의 산물"을 만들었다. '올림포스'라는 이른바 "마(魔)의 산"(30–31)을 통해 신들이 인간의 삶을 살아가게 함으로써

인간의 삶을 정당화하게 했다. "회의와 번덕"(64)의 삶을 살아가게 함으로써 인간의 회의와 변덕을 정당화하게 했다. 난폭성 잔혹성 잔인성의 삶을 살게 하면서, "공포와 경악"의 삶을 살게 하면서, 인생의 난폭성 잔혹성 잔인성을 정당화하게 했다. 인생의 공포와 경악을 정당화하게 했다. 신(神)의 생(生)에 의한 인(人)의 생(生)의 정당화. 니체는 이것만으로 "충분한 변신론Theodicee[Theodizee]"(31-32)이라고 했다(신에 대한 충분한 변명이 된다고 했다). 변신론은 원래 인생에 악을 선사(?)한 신에 대한 변명이 그 내용이다.

니체에 의한 것으로서, 수동적 의미의 변신론이 아닌, 능동적 의미의 변신론이 탄생했다. 신은 인간에게 구원을 선사했다. '그가[신이] 인간의 삶을 살면서 인간의 삶을 정당화하게 하는 적극적 구원'을 선사했다. 적극적 변신론이다. 신에 대한 적극적 옹호이다. 인간의 삶을 사는 신의 삶에 물론 악이 포함된다. 신은 악을 살면서 인간의 악을 정당화했다. [악은 인간의 수용해야 할 자산의 일부이다] 악은 진리로서 반박 불가능하다. 신에 의한 악은 진리에 의한 악과 같다.

올림포스산의 신들은 "마법의 술"(31)을 마신 자들이 분명하다. 신들이 어찌 인간의 삶을 사는가? 인간의 삶을 살면서 인간의 삶을 정당화하는가?; 사실 마법의 술을 마신 것은 신들이 아니라, 그리스인들이다. 호메로스 작용이다.—아폴론 작용이다. 그리스인들의 지혜이다.—그리스인들의 의지이다. 니체의 관점주의에 의한 것으로서, 사실 올림포스의 신들로 하여금 인간의 삶을 살게 해서 인간의 삶을 정당화하게 한 것은 그리스인들이기 때문이다. [그리스인들이 '마법의 술'을 마시고, 올림포스산이라는 '마의 산 Zauberberg'을 만들었다]

주목되는 것이 올림포스산의 신들의 세계를 "예술적 중간세계Mittelwelt"로 지시하고, 예술적 중간세계에 의한 고통의 '극복'을 말한 것이다. 물론 니체에 의해서이다. 위에는 실레노스의 지혜로 표상되는 냉혹한 실존적 현실에 대한 지적이 있었고, 아래에는 그 냉혹한 실존적 현실을 바라본(혹은 통찰한) 그리스인이 있었다. 결론은 그리스인의 지혜—그리스인의 의지에 의한 아폴론적 올림포스 신들의 창조이고, 즉 예술이라는 중간세계의 창조이고, 올림포스 신들에 의한 인간의 냉혹한 실존적 현실의 정당화이다. 올림포스 신들의 세계는 예술 그 자체를 지시한다. 아폴론적 신들에 의한 정당화하는 (아폴론적 꿈–)예술에 의한 정당화이다.

문제는 예술에 의한 정당화이다. 비예술적 자연주의에 의한 인간의 생–로–병–사의 정당화가 아닌, 인위성이 표상인 말 그대로 예술(Kunst, art)에 의한 정당화이다. 비예술적 자연주의–사실주의에 의한 정당화가 가능한가? 사실적으로 말해, 가공의 (올림포스) 신들에 의한 정당화가 아닌, (다른) 정당화의 상상, 그 상상력의 표상이 가능한가? 가공의 (올림포스) 신에 의한 정당화가 가능하고, '신'을 강조하는 것으로서 '가공의 신'이라는 존재자에 의한 정당화가 가능하다.

아폴론적 꿈의 작용에 의한 구제예술로서 호메로스 예술, 그리고 비극예술이 예술에 의한 정당화이고[미적 가상에 의한 정당화이고], 아폴론이라는 신적 권위에 의한 정당화이다. 디오니소스 도취 작용에 의한 구제예술로서 아르킬로코스의 서정시 예술, 그리고 비극예술—그리스 비극 합창단이 예술에 의한 정당화이고[미적 가상에 의한 정당화이고], 디오니소스라는 신적 권위에 의한 정당화이다. **신적 권위가 개입한 미적 가상에 의한 정당화가 '정당화'를 실현한다.**

'정당화'에도 조건이 있다. '약한 정당화'—강한 정당화를 말할 수 있다. 자연주의적 '예술', 예술 냄새가 안 나는 예술, 즉 아우라를 느끼기 힘든 '복사(複寫)' 예술을 통한 정당화가 약한 정당화이다. 생–로–병–사의 고통을 (자연주의 예술의) 자연주의적 인간의 삶을 통해 보여줄 때, (자연주의 예술을 통해) 있는 그대로의 생–로–병–사의 고통을 보여줄 때, 그것은 생–로–병–사의 고통에 대한 약한 정당화이다. 혹은 생–로–병–사의 고통의 이중적 되풀이로서, 생-로-병-사의 고통을 이중적으로 겪게 하는 것과 같다. 이에 반해 신들의 삶이 인간의 삶을 사는 것을 보여줄 때, 신들이 인간의 생-로-병-사에 버금가는 삶을 사는 것을 보여줄 때, 그것은 생-로-병-사의 고통에 대한 '강한 정당화'이다. 신들에 의한 생-로-병-사의 고통이 인간의 생-로-병-사의 고통을 강하게 정당화시킨다.

신이 무엇인가? 애니미즘의 신도 신이고, 다신교의 신도 신이고, 일신교의 신도 신이다. 그리스인들의 '인생의 정당화'라는 구제 형이상학은 다신교의 '다신'에 의한 정당화이다. [많음Vielheit이 진리에 육박한다] 많은 신들에 의한 정당화이다. '많음'에 의한 정당화이다. 어쨌거나 신들의 고통이 인간의 고통을 정당화시킨다.[1)]

그리스비극으로서 프로메테우스-오이디푸스-오레스테스를 말할 때 다른 관점이 가능하다.[2)] 역시 정당화에 의한 구원이다. 『비극의 탄생』의 주제문을 의식하는 것으로서, 미적 현상에 의한 인생의 정당화에 관해서이다. 프로메테우스-오이디푸스-오레스테스가 아폴론적 주인공 무대에서 극단적 인간의 삶(프로메테우스의 극심한 고통, 오이디푸스의 잔혹한 운명, 오레스테스 일가의 저주받은 삶)을 살면서 인간의 삶을 정당화한다. **아폴론적 호메로스의 언어[서사시의 언어]에 의한 것으로서**, 아티카비극의 비극적 인물들이 인간의 삶을 살면서 인간의 삶을 정당화한다.

요체는 올림포스 신들에 의한 정당화에 덧붙여 비극예술의 주인공에

---

1 예술적 중간세계에 의한 정당화가 말하는, '예술'에 의한 정당화에 물론 '미적 쾌락-미적 감동에 의한 정당화를 강조해야 한다. 무엇보다 미적 가상에 의한 정당화를 강조해야 한다. 『비극의 탄생』의 격률 '인생은 오로지 미적 현상에 의해서만 정당화된다'에서 '미적 현상'은 미적 쾌락-미적 감동을 포함하고, 무엇보다 미적 가상을 많이 포함한다. 아폴론적 꿈을 포함하고, 디오니소스적 도취를 포함한다. 꿈과 도취는 각각 형상예술 가상과 음악예술 가상에 관해서이다.

2 『비극의 탄생』 3장에서 니체는 "인간의 위대한 친구 프로메테우스Prometheus를 공격하는 저 독수리"를 말하고, "현명한 오이디푸스Oedipus의 잔혹한 운명"을 말하고, 이어서 '오레스테스 가문(家門)'에 내려진 저주를 말한다.(31-32)

의한 정당화를 말하는 것. 자연주의적 정당화가 아닌 것이 평범한 이웃으로서의 주인공에 의한 정당화가 아니기 때문이다. 인간에게 불을 전해준 거인족 프로메테우스 주인공을 차치하고서라도, 평범하지 않은, 스핑크스의 수수께끼를 푼 고귀한 오이디푸스가 주인공이기 때문이다. 고귀한 태생인, 그러나 저주받은 아트레우스 가문의 오레스테스[3]가 주인공이기 때문이다.

'올림포스 신들이 인간의 삶을 살면서 인간의 삶을 정당화한다'와 '비극의 주인공들이 인간의 삶을 살면서 인간의 삶을 정당화한다'를 따로 구분해서 말하기가 곤란한 것이 올림포스 신화의 대부분이 신과 인간의 상호 작용이 주요 내용이기 때문이다. 무엇보다도 족보를 거슬러 올라갈 때 오이디푸스의 근원이 신적 세계이고, 오레스테스의 근원이 신적 세계이다! 오이디푸스와 오레스테스에게는 신의 피가 흐른다. 맨 위에 제우스가 있다. 그렇더라도 '비극예술의 주인공이 인간의 삶을 살면서 인간의 삶을 정당화한다'를 따로 강조해서 말할 수 있다. 특히 고귀한 오이디푸스를 보라. 니체가 "신비스러운 삼위일체"(9장, 62)로 말한 오이디푸스의 고난을 보라. 비극의 주인공, 오이디푸스의 고난이 인간의 고난을 정당화한다.

(3) 소박성Naivität으로 표상되는 소박문학(자연=예술)은 천지창조 시대

3 오레스테스의 아버지가 그리스군 총사령관이었던 아가멤논이고, 아가멤논의 아버지가 아트레우스이다. 아가멤논이 트로이 전쟁에서의 승리를 위해 딸 이피게네이아Iphigeneia를 희생양으로 희생시키고, 아가멤논의 부인이자 이피게네이아의 어머니 클뤼타임네스트라Klytaimnestra가 이에 대한 복수로 정부 아이기스토스와 공모해서 트로이 전쟁에서 귀환한 아가멤논과 '카산드라'를 살해하고, 이에 대한 분노로 아들 오레스테스가, 아폴론의 신탁이 있었지만, 어머니 클뤼타임네스트라와 아이기스토스를 살해한다. 오레스테스에 의한 어머니 살해 과정이 아이스킬로스의 삼부작 '오레스테이아'의 주제이다; 니체는 이것을 3장에서 "오레스테스로 하여금 어머니를 살해하도록 강요하는 아트레우스[아트리덴Atriden] 가문에 내려진 생식의 저주"라고 요약한다.(『비극의 탄생』, 32)

이후, 에덴 동산의 시대에, 선악과 사태 이전에, 한 번쯤 있었을지 모르겠다. 그러나 아폴론적 작용에 의한 호메로스의 최초의 승전가는 말해도 된다. 『일리아스Ilias』–『오디세이아Odyssee』의 승전가로서 최초의 소박문학을 말해도 된다. 호메로스, "소박한 예술가der naive Kuenstler"(34)의 탄생을 말해도 된다. ["아폴론적 환상의 완전한 승리"가 호메로스의 승리로서, "호메로스적 소박성"(33)의 탄생이다.[4] 아폴론적 환상과 『비극의 탄생』 24장의 "아폴론적 착각 apollinische 'Täuschung'"(145)은 액면으로 볼 때 같은 곳을 지시한다]

호메로스 예술은 비자연적 방법으로서 올림포스–산(山)의 탄생이 조건이다. 아폴론적 미적 작용—아폴론적 착각!에 의한 올림포스산이라는 가공의 탑이 조건이다. 올림포스산의 신들의 세계가 조건이다.—호메로스 예술은 액면 그대로 난폭성–잔인성–잔혹성이 극복된(혹은 정당화된) 처음으로서의 소박예술이고, 처음으로서의 성찰예술이다. 자연과 인간이 합일된 의미에서 소박예술이고, 그 합일이 인간에 의한 인위적 합일이라는 점에서 성찰예술이다. 호메로스 예술은 '성찰예술로서 소박예술이다.' 자연의 경악과 공포와 대면한 인간 호메로스 의지에 의한, 인간 그리스인

---

4 니체에 의하면 "아폴론적 최고의 문화 작용"(33)에서 비롯되는 인위적인 것이 소박문학이다. 언급했던 실러의 「소박문학과 성찰문학에 관하여 Über naive und sentimentalische Dichtung」가 있다; 소박문학을 니체가 "인간과 자연의 통일"(33)로 말했을 때 이것은 실러의 소박문학에 대한 니체 (고유의) 이해 반영이다. 실러의 목가(牧歌, Idylle)에 대한 니체 이해의 반영이기도 하다. 자연이 눈앞에 펼쳐져 있는 것으로 나타날 때, 이상이 현실과 괴리가 없는 것으로 나타날 때, 나타나는 것이 목가이다.
계속 강조해야 할 것이 자연 그대로의 반영이 소박문학이 아닌 점이다. 자연 그대로의 반영으로서 소박문학은 불가능하다. 자연은 잔혹한 자연이기 때문이다. 잔혹한 자연의 반영이 소박문학이 아니기 때문이다. 다시 말하면 인간과 자연의 일체감이 소박문학에 관해서이기 때문이다. 자연의 잔혹성에서 잔혹성이 극복된, 혹은 잔혹성이 시인된[정당화된] 문학이 소박문학이기 때문이다! **소박문학은 자연적 소박문학이 아니라, 인위적 소박문학이다. 니체의 새로운 관점이다.**

의지에 의한『일리아스』-『오디세이아』의 탄생이므로 액면 그대로 자연과 예술의 일치로서 자연예술[소박예술]을 말할 수 없다.『일리아스』-『오디세이아』는 자연과 예술을 일치하게 만든 '성찰예술로서 소박예술[자연예술]'이다. 자연에서 분리되지 않고 이상에서 괴리되지 않은 자연적 목가가 아니다. 자연에서 분리되지 않게 한, 이상에서 분리되지 않게 한, 인위적[비가적] 목가이다.

(4) '올림포스산의 형이상학'은『비극의 탄생』 3장에서 적절하게 표상되었다. '그리스인들은 신들로 하여금 인간의 삶을 살게 하면서, 회의와 변덕의 삶을 살게 하면서, 인간의 삶[회의와 변덕의 삶]을 정당화시켰다.' '신들은 스스로 인간의 삶을 살면서 인간의 삶을 정당화한다.'『비극의 탄생』의 주제문 중의 주제문, '세계 현존은 오로지 미적 현상에 의해서만 정당화된다'에 방불하는 또 하나의 주제문으로 손색이 없다. '세계 현존 Dasein der Welt'은 간단히 인간의 삶, 인생(人生)이다. [세계의 현존재라고 해도—하이데거 고유의 용어 다자인(현존재, Dasein)을 의식하더라도—'현존재'는 인간이다] 올림포스산의 전제는 물론 삶의 잔혹성-난폭성-잔인성이다. 잔혹성-잔인성을 돌파하기 위해 그리스인들은 아폴론적 작용에 의한 것으로서, 아폴론적 꿈의 결과물로서, 올림포스산을 승계했고, 혹은 올림포스산을 새롭게 만들었고, 그곳의 신들이 인간의 삶을 살면서 인간의 삶을 정당화하게 했다.

『일리아스』-『오디세이아』는 호메로스에 의한 아폴론적 작용으로서, 역시 아폴론적 작용인 '올림포스산의 올림포스-신들'의 반영으로서, 소박문학의 모범적 예로 간주되었다. 호메로스 역시 자연적으로—물론 니체 고유의 해석 덕분으로—'소박한 예술가'의 모범적 예가 되었다.

니체 고유의 해석인 것은 니체는 자연 그대로의 예술로서의 소박문학을 말하지 않기 때문이다. 자연 그대로의 예술로서의 소박문학은 니체에 의할 때 존재할 수 없었고, 따라서 존재한 적이 없었다. **루소가 말하는 원초적 자연에 의한 원초적 인간, 이를테면 자연과 인간의 행복한 합일은 존재한 적이 없었다. [원초적 소박문학은 존재한 적이 없었다]** 자연은 난폭한 자연이었다.

소박문학의 조건이 역설적으로 난폭한 자연이었다. 난폭한 자연이 난폭한 자연 및 난폭한 삶을 통찰하게 했다.[5] 그리스인의 지혜가—호메로스의 지혜가 그리스인 의지의 소산으로서—호메로스 의지의 소산으로서, 난폭한 자연—난폭한 삶의 '인위적' 정당화에 도달하게 했다. 이른바 '비자연적 방법'에 의한 난폭한 삶의 정당화로서 소박문학의 탄생이었다. 난폭한 자연—난폭한 삶의 정당화로써 그리스인의 명랑성과 소박성의 탄생이었다. (서양 역사에서 빙켈만, 괴테, 실러, 헤겔, 마르크스, 프로이트, 하이데거 등에 의해 유례없는 것으로 언급된) 이상한 그리스—이상한 그리스인, 그리스인의 명랑성과 소박성은 거저 주어진 것이 아니라, "그리스 의지" [헬레니즘 의지 der hellenische Wille(32)]에 의한 '투쟁'의 결과이다.[6] [7]

---

5 운명의 여신 모이라Moira는 난폭한 삶에 대한 통찰에 의한 것으로서, 그리스인들의 '현존의 공포와 경악'의 모범적 예이다. 인간의 운명을 결정하는 '운명의 여신들 Moiren'은 셋. ① 클로토Klotho: 생명의 실 Lebensfaden을 잣는다. ② 라케시스Lachesis: '생명의 실'의 길이를 정한다. ③ 아트로포스Atropos: 생명의 실을 끊는다.

6 의지의 동의어가 직관이다. '감각적 직관'이란 말을 상기하면, '의지의 직접적 발현'이란 말을 상기하면 그렇다. 그리스 의지는 그리스 직관이다. 올림포스는 그리스 직관—그리스적 의지의 '꿈의 소산 Traumgeburt'이다. '꿈의 소산'의 다른 말이 "거울 영상"(34)이다. "그리스적 의지는 (거대한 공포를 아름답게) 변용시키는 거울을 앞에 들고 있다."(32); 그리스적 헬레니즘 의지는 삶에 대한 긍정의 의지이다. 니체가 1886년「자기비판의 시도」에서 드러낸 쇼펜하우어(혹은 붓다 철학)의 의지는 삶에 대한 부정의 의지였다.

7 "그래서 그리스인 앞에서 부끄러워하고 두려워한다."(Ⅲ-1, 93); 니체의 말이다. '섬뜩한' 느낌이 든다. 실제 '이상한' 그리스적 분위기에 대해, 지구(地球)의—역설적 의미의—'이방인'으로서 이국적 느낌을 주는 '그리스인-그리스'에 대해, 요컨대 그 그리스-그리스인을 확증하는 듯한 기분에 휩싸이기 때문이다. 『비극의 단생』 15장을 니체는 그리스 문화예술의 위대성을 다시 확인하는 것으

강조하면, 그리스 의지는 "고통의 재능과 고통을 지혜로 치료하려는 재능"(34)의 구체화이다. 고통의 재능과 고통을 지혜로 치료하려는 재능

로 시작한다. 그리스 문화예술은 주지하다시피 빙켈만 괴테 실러 헤겔 쇼펜하우어 마르크스 프로이트 하이데거를 흥분시켰다. [하이데거가 그리스를 연속적으로 간 것은 이상한 느낌의 실체를 알아내기 위해서였다] 니체가 그리스 문화예술을 다른 시대, 다른 지역의 문화예술을 압도하는 "자족적selbstgenügend 장려함"의 문화예술이라고 말했을 때 이는 다른 이들의 '반복'이었다.

니체는 계속 말한다. 그동안 다른 시대 다른 지역의 문화예술은 '그리스'의 "복제품Copie", '그리스'의 "희화화Caricatur"(93) 아니었나? 니체는 다시 묻는다. '그리스'는 ① 일시적 역사적 영광 아니었나? ② 편협한 제도 같은 것이 있었지 않나? ③ 풍습상의 미심쩍은 유능함Tüchtigkeit도? ④ 추악한 악덕 같은 것도 있지 않았나?(93 참조)

니체가 그러나 정작 말하려고 한 것은 그리스 전성기의, 그리스비극 전성기의 아이스킬로스와 소포클레스였고, 무엇보다도 소크라테스였다. (15장도 소크라테스의 장이다.) 그리스는 위대한 그리스 고유의 문화예술을 낳았고(사실 이것이 포인트이다), 처음부터 그리스인이 이상한 그리스인이 아니었고, 이상한 그리스인이 된 것은 위대한 문화예술을 '낳게 했기' 때문이다. 위대한 문화예술 때문이 아니라, 위대한 문화예술을 낳게 했기 때문에 이상한, 혹은 위대한 그리스인'이었다'. 명랑하고 소박한 그리스인이었다. 그리스인은 강조하면 '고통의 천재'였다. 고통에, 그 인생의 잔혹성에 눈을 떴고, 그렇지만 손놓고 가만히 있지 않았고, 그것을 넘어설 '비자연적 방법'을 썼다. 올림포스산을 만들고, 그리스 고유의 비극예술을 만들었다. 니체 얘기의 『비극의 탄생』 앞쪽에서의 요점은 이것이었다. 니체의 '고통'과 일치하는 것으로서, 액면 그대로 말하면 니체의 해석으로서, 그리스인들은 생-로-병-사의 '고통'에 휩싸였고, 그리고 위대한 형이상학적 건조물을 만들었다. 니체 이전까지 사실 이런 식으로 그리스와 그리스인, 장려한 그리스 예술의 '근거'를 묻지 않았던 것으로 보인다. 다만 그리스와 그리스인, 그리스 예술에 놀랄 줄만 알았지, 물은 자가 없었던 것으로 보인다.

그리고 그리스는 파우스트 이전 '학자비극'의 모델로서, 그리스는 또한 위대한 그리스 철학을 낳았는데, 그 정점에 소크라테스가 있다. 이뿐만이 아니다. 그를 기록한 '플라톤'이 있고, 또한 아리스토텔레스가 있었다. 그리스는 다시 말하면 호메로스-아르킬로코스-아이스킬로스-소포클레스로 이어지는 문학예술의 나라, 특히 비극의 나라였고, 또한 철학자의 나라였다. 소크라테스뿐 아니라, 피타고라스, 파르메니데스, 헤라클레이토스, 데모크리토스, 탈레스 등이 있었다. 서양 철학을 '만물의 근원'을 묻는 철학이라고 할 때, 특히 '정체쟁의'의 역사라고 할 때, 정체성을 두고 다투는 정체쟁의를 특성으로 한다고 할 때, 그 처음에 그리스가 있었고, 특히 소크라테스의 변증술-문답술-산파술이 있었다.

은 '천재적 재능'에 다름 아니다[8]; 고통의 재능과 고통을 처리하는 재능이 동전의 앞뒷면인 것으로서, 또한 형이상학적 재능이다. 정확히 말하면, 고통을 감지하는 재능이 천재적 재능이고, 고통을 지혜로 치료하는 재능이 '천재적 재능으로서 형이상학적 재능'이다. 형이상학적 재능이 세상을 살 만하고 견딜 만하게 하는, 세상을 사뿐히 건너가게 하는, 특출한 재능이다. 고통을 처치하는 방식이 아폴론적 '꿈의 영상'에 의한 것이므로 '예술적 재능' 또한 말할 수 있다. 호메로스의 재능 말이다.

호메로스가 고통의 재능이고(난폭한 자연을 느끼는 재능이고—난폭한 자연을 통찰하는 재능이고), 그러므로 천재적 재능이고, 고통을 자혜로 치료하려는 재능이고, 그러므로 천재적 재능이고—형이상학적 재능이고, 꿈의 영상예술『일리아스』-『오디세이아』를 건설했으므로, 올림포스 신들의 세계를 건설했으므로 '예술적 재능'이다. [고통의 재능과 고통을 지혜로 치료하려는 재능은 예술적 재능과 '상관적korrelativ'이다]

'올림포스 신들로 하여금 인간의 삶을 살게 해서 인간의 삶을 정당화한 것'은? 천재적 예술가의 재능, 무엇보다도 천재적 형이상학적 재능이다. 그리스(인) 형이상학의 탄생이고, 호메로스 형이상학의 탄생이고, 합해서 말하면 그리스(인)-호메로스 형이상학의 탄생이고, 무엇보다도 니체 형이상학의 탄생이다. '예술가—형이상학'으로서, 예술 복음으로서, 니체 고유의 예술-형이상학의 탄생이다. "승리의 기념물로서 호메로스가, 소

8 고통의 재능이라고 한 것이 주목된다. 고통의 재능은 범상하지 않은 비범한 재능에 대한 니체 고유의 탁월한 명명이다. 고통의 재능을 니체에게 적용시킬 때 고통의 재능이 니체 철학의 위대한 견인차 역할을 한 점을 부인할 수 없다. 특히 신에 대한 사망 선고가 고통의 재능을 견인한 점을 부인할 수 없다. 고통의 재능 Talent zum Leiden이란 말은 니체 고유의 탁월한 조어이다. 하이데거의 '죽음으로의 존재 Sein zum Tode' 및 '죽음으로의 선구 Vorlaufen zum Tode'를 떠올리게 한다. 거꾸로 고통의 재능이 신이 죽음을 통찰하게 한 것을 말할 수 있다. 신에 대한 사망 선고가 또한 고통의 재능으로서 차라투스트라 사상을 견인한 것을 말할 수 있다.

박한 예술가로서, 우리 앞에 서 있다."(34)

호메로스뿐만 아니라, '아이스킬로스'와 아이스킬로스의 '프로메테우스'도 고통의 재능, 고통을 지혜로 치료하려는 재능의 결과이고, 궁극적으로는 천재적 예술적 재능의 결과이고, 천재적 형이상학적 재능의 결과이고, 소포클레스와 소포클레스의 '오이디푸스'도 고통의 재능이고, 고통을 지혜로 치료하려는 재능의 결과이고, 궁극적으로는 천재적 예술적 재능의 결과이고. 천재적 형이상학적 재능의 결과이다.

호메로스 서사시에서 천재적 아폴론적 작용을 말할 수 있고, 아이스킬로스와 소포클레스의 비극에서 천재적 아폴론적 작용과 무엇보다도 천재적 디오니소스 작용을 말할 수 있다. 아폴론적 꿈 예술과 디오니소스 도취 예술의 합으로서 전성기 그리스비극 말이다. [디오니소스 도취 예술이 먼저 가고, 아폴론적 꿈 예술이 그 뒤를 따랐다] 그리스 의지—그리스 지혜는 올림포스산[올림포스 신들의 세계], 호메로스, 전성기 그리스비극을 모두 포함한다. 다시 말하자. 그리스인의 소박성은 "자연발생적 상태"(7장, 49)를 말하는 것이 아니다. "이 민족이 그렇게 아름다울 수 있기 위해 얼마나 많이 고통을 겪어야만 했겠는가!"(25장, 152, 모토 (1))

니체 철학의 '선취'는 『비극의 탄생』 3장에서도 압도적이다. 3장 앞에서 악을 정당화하고, 고통을 정당화하는 올림포스 신들을 말할 때 이는 기독교 유일신에 대한 간접적 비판이다. [인간의 삶을 정당화하는 올림포스 신들을 말했고, 인간의 삶을 정당화하지 '않는' 기독교의 유일신을 말했다] 여기에서도 특유의 니체 논법이 적용됐다. 인간의 악덕을 올림포스 신들이 똑같이 살면서 인간의 삶을 정당화하는 것이 A를 A로 대응하는 방식이고, (기독교 형이상학 등이) 인간의 악덕에 대해 도덕-금욕-의무 등을 강조하고 도덕 금욕 의무에 구원이 있다고 하는 것이 A를 -A로 대응하는 방식이다.

'고통의 재능'을 말할 때 이것은 니체 본인에게도 해당된다. 그리스인들이 고통의 재능을 가진 만큼 그들의 올림포스와 서사시와 비극예술을 만들었고, 니체가 고통의 재능을 가진 만큼 올림포스와 서사시와 비극예술을 해석했고, 그의 철학을 정당화의 철학으로 명명하게 했고, 마찬가지로 고통의 재능으로 '신들'에 대한 사망선고를 내려 그의 고유한 형이상학적 보충물을 주조했다. '고통'의 철학의 다른 말이 정당화의 철학이다.

12장
'정당화의 철학'에 관한 '중간' 정당화

(1) 니체 철학을 정당화의 철학으로 명명할 때, 이것은『비극의 탄생』에서『차라투스트라』를 거쳐,『도덕의 계보』-『반그리스도』에 도달하는 니체 철학 전반을 아우르는 개념이 된다. 미적 가상에 의한 인생의 정당화(『비극의 탄생』), 대지의 철학으로서, 즉 초인간 사상 및 영원회귀 사상에 의한 인생의 정당화, 혹은 삶에 대한 전면적 긍정(『차라투스트라』), 선악을 넘어, 양심의 가책을 넘어, '금욕적 이상'을 넘어, 즉 기독교적 요구를 넘어 인생 그 자체의 정당화(『도덕의 계보』)—정당화가 니체 철학 전반을 아우르는 개념이 된다. '인간의 삶을 정당화하는 것'에 그리스인들의 의지를 넘어 니체의 의지가 반영된 것을 강조해야 한다. 정당화는 긍정으로서, 벌써 니체 철학의 본류이다.

[『비극의 탄생』은 벌써 대지에 대한 전면적 긍정으로서 '대지 철학의 탄생'이다] 인간 삶의 정당화로서 니체가『차라투스트라』에서 벌인 눈물겨운 투쟁을 상기하라. 그의 초인간 사상 및 영원회귀 사상[1]은 모두 긍정

1 영원회귀 사상이 초인간 사상을 많이 포함한다. '인생이여, 다시 한 번'이라고 외치게 하는 것이 영원회귀-론(論)의 핵심이다. '동일한 것의 영원한 반복 ewige Wiederkehr des gleichen'이 이루어져도 똑같이 살아주겠다, 봄-여름-가을-겨울 똑같이 살아주겠다, 생-로-병-사(를) 똑같이 살아주겠다, '용기를 실어' 이렇게

의 철학이다. 『비극의 탄생』의 언어로 말하면 정당화의 철학이다. 시인(是認, Rechtfertigung)의 철학이다. 니체에 의할 때, '호메로스'에서 이미 삶에 대한 전면적 긍정으로서 삶에 대한 정당화의 철학이 탄생했다.

올림포스산과 올림포스산의 반영인 호메로스는, 호메로스의 서사시 『일리아스』-『오디세이아』는 인간 삶에 대한 의지, 곧 그리스적 의지의 첨예한 반영이다. (자연의) 잔혹성에 직면해, 자연의 잔혹성을 넘어서려는(정당화를 통해 넘어서려는) 그리스 의지의 반영이다.[2] 그리스인의 명랑성과 소박성은 거저 얻어진 것이 아니다.

> 그리스 '의지' hellenische 'Wille'에 의한 것으로 […] 신들은 인간의 삶을 스스로 살아감으로써 인간의 삶을 정당화한다. […] 신들의 밝은 햇볕

말할 때 이것은 영원회귀에 관해서이다.
영원회귀의 핵심은 '똑같이 그대로 살아주겠다!'이므로, 사실로 말할 때 다시 살아주는 경우는 오지 않으므로, 영원회귀 사상은 '다시 태어나도 똑같이 이대로 살아주겠다'이므로, 영원회귀의 핵심은 '이' 생에 대한 무한한 긍정이다. 속류적(俗流的)으로 말하면, 생명에 대한 무한한 긍정이다. 영원회귀의 핵심은 '다시 똑같이 살아주리라'에 있지 않고, 지금 인생에 대한, 하나뿐인 생에 대한 무한한 긍정이다. 차안(此岸)에 대한 무한한 긍정은 피안(彼岸)에 대한 거부를 포함한다. '거피취차(去彼取此)'가 말하는 바다. 차안을 희생시켜 피안에 들어가는 것에 대한 거부를 포함한다.
'—사실 피안은 존재하지 않는다. 그럴 것이 진리란 존재하지 않기 때문이다. 그럴 것이 신은 존재하지 않기 때문이다.' 니체 어조이다; 다르게 말해보자. 동일한 것이 (동일한 순서로) 영원히 반복되므로 처음 그 순간은 얼마나 소중한가? 최선을 다하지 않은 삶(?)이 영원히 동일하게 반복된다면 최초의 그 순간이 얼마나 비싼가? 영원회귀 사상의 핵심은 그러므로 동일한 것의 영원한 반복에 있지 않다. 지금 이 순간에 영원의 무게를 얹어 살라. 이것이 한편으로 '영원회귀'의 격률이다.

2 다음은 벤야민의 말이다. "셸링이 그래서 서사시를 알레고리적으로 해석하려는 프로그램을 저 유명한 말로 표명했다. 『오디세이아』는 인간 정신의 역사이고, 『일리아스』는 자연의 역사이다."(벤야민, 『독일 비애극의 원천』, Gesammelte Schriften Ⅰ-1, Frankfurt/M. 1978, 2. Aufl., 344) '자연의 역사'이든 '인간 정신의 역사'이든 역사는 몰락의 역사이다. 몰락의 자연사(自然史)—몰락의 인간사(人間史)이다. '잔혹성'이 말하는 게 그것 아닌가?

속에서 인생은 그 자체 추구할 만한 가치가 있는 것으로 느껴진다. 그리고 호메로스적 인간의 본래적 '고통'은 인생으로부터 헤어짐, 무엇보다도 머지 않아 다가올 죽음과 관계있는 것이 된다. 따라서 이제 우리는 실레노스 지혜를 뒤집어서 그리스인들에 대해서 이렇게 말할 수 있을 것이다. '그들에게 가장 나쁜 일은 곧[반드시] 죽는다는 것이며, 그다음 나쁜 일은 누구나 언젠가 죽는다는 것이다.' 이러한 비탄이 일단 울리게 되면 그것은 단명한 아킬레우스에 대해서도, 나뭇잎과 같은 인간 종족의 무상함에 대해서도, 영웅시대의 몰락에 대해서도, 즉 다시 불러들이게 된다. 비록 날품팔이로서라도 더 오래 살고 싶은 것은 가장 위대한 영웅에게조차도 불명예스러운 일이 아니다. (그리스적) '의지'는 아폴론적 단계에서 이렇게 강력하게 삶을 갈망하며, 호메로스적 인간은 삶과 자신이 일체라고 느끼기 때문에 (위에서 언급한) 비탄마저도 삶에 대한 찬가가 된다 [···] 그리스인들 속에서 '의지'는 예술가 천재Genius와 예술세계를 통해 (현실을) 변용시킴으로써 자기 자신을 직관하려고 했다. '의지'의 피조물이 스스로를 찬양하기 위해서는 자기 자신을 찬양할 만한 가치가 있는 것으로 느껴야 한다. 그들 자신을 더 높은 곳에서 재회해야만 한다. 관조된 완벽한 신적 세계가 (자신들에게) 명령이나 비난으로 작동하게 해서는 안 된다.(3장, 32-34)

신들이 정당화하는 것은 인생, 인간의 삶이다. 생로병사-희로애락의 삶이다. 적극적으로 말하면, 사실대로 말하면, 그리스 의지에 의한 것으로서, 신들이 인간의 삶을 살게 함으로써 신들이 인간의 삶을 정당화하게 하는 것을 말해야 한다. 인생을 "그 자체 추구할 만한 가치가 있는 것 das an sich Erstrebenswerthe"으로 말하게 해야 한다. 구원의 주체는 신이 아니라, 그리스 의지이다. 구원의 주체도 그리스인이고, 구원의 객체도 그리스인이다. 헬레니즘 문화는 인간이 주체인 전성기 호메로스 시대, 전성기 그리스비극 시대에 관해서이다.

"숲의 신의 (전체) 철학 (ganze) Philosophie des Waldgottes"(32)에-실레노

스는 디오니소스의 시종장이며, 또한 숲의 신이다-니체 철학이 더해졌다. 인용 중반부에서 실레노스 지혜의 패러디가 뜻하는 것이 '많다'. [실레노스 지혜는 니체 철학과 배리 관계이다] 실레노스 지혜는 '가장 나쁜 것은 태어난 것이며, 이것은 어쩔 수 없고, 차선책이 있으니 바로 죽는 것이다. 바로 죽으라!'였다.(31 참조); 이것을 뒤집은 그리스인들의 새로운 버전을 니체는 다음과 같이 말한다. "가장 나쁜 것은 곧[반드시] 죽는 것이며, 그다음 나쁜 것은 누구나 언젠가 죽는 것이다." 가장 나쁜 것이 태어난 것이 아닌, '곧[반드시] 죽는 것'이 되었고, 차선책 '바로 죽으라!'가, 두 번째 나쁜 것으로서 '언젠가 죽는 것'이 되었다. 차선책 바로 죽으라!는 '(계속) 살지 말라!'는 것이다. 즉 실레노스 지혜의 두 번째 나쁜 것이 '계속 사는 것'이다. 실레노스 지혜의 패러디로 두 번째 나쁜 것이 '언젠가 죽는 것'일 때 이 또한 첫 번째 나쁜 것과 마찬가지로 실레노스 지혜의 뒤집기이다. 두 번째 나쁜 것인 '계속 사는 것'이-그리스인 의지에 의해-(두 번째 나쁜 것으로서) '언젠가 죽는 것'으로 뒤집어졌다.

'실레노스의 지혜'가 기본적으로 자연의 잔혹성에 관해서이다. 회피할 수 없는 생-로-병-사의 잔혹성에 관해서이다. 구체적으로 말하면 실레노스 지혜는 그리스인 지혜로서 자연의 잔혹성에 대한 통찰에 의한 것이다. 통찰이 있고, 통찰의 결과가 그 뒤를 따른다고 할 때 이것은 분명 자연의 잔혹성에 대한 역전 드라마일 것이다. 실레노스에 의한 통찰의 결과는 '태어나지 않는 것이 가장 좋은 것'이었고, '바로 죽는 것이 두 번째 좋은 것'이었다. 실레노스 지혜가 시사하는 바가 많다. 실존의 잔혹성에 대한 명료한 처방이기도 하다. 존재론의 첫 번째 페이지에 오를 만하다. 물론 여기에서 인생을 살 만하고 견딜 만하게 하는 구원의 형이상학을 말할 수 없다

'실레노스' 대신 그리스인의 지혜—그리스 의지가 구원의 형이상학을 말한다. 첫 번째 역전 드라마가 주지하다시피 '신들이 인간의 삶을 살면

서 인간의 삶을 정당화시킨다'이다. 호메로스의 서사시『일리아스』-『오디세이아』가 말하는 바이다. 첫 번째 역전 드라마에 뒤따르는 두 번째 역전 드라마가 실레노스 지혜의 패러디인 곧[반드시] 죽는 것을 가장 나쁜 것으로, 언젠가 죽는 것을 두 번째 나쁜 것으로 보는 것. 이 또한 그리스 의지에 의한 것이고, 확실하게 말하면, 그리스 의지를 발견한 니체의 통찰에 의한 것이다. 계속되는 언급은 벌써 니체 철학의 본류이다.

인용문 후반부가 말하는 것이 그리스 의지로서 삶에의 의지에 관해서이다. "삶에 대한 찬가"에 관해서이다. 피안을 부정하고, 차안을 무한히 긍정하는 것이 니체 철학의 본류에 관해서이다. 피안을 위하여 차안을 희생하지 않는 것이, 피안을 위해 차안을 볼모로 하지 않는 것을 말할 때 니체 철학의 본류에 관해서이다.[3)]

인용 마지막 부분 또한 시사하는 바가 크다. 그들이 만든 신은 그들 그리스인들에게 명령하는 신이 아니다. 그들 그리스인들을 비난하는 신이 아니다. 신들의 명령Imperativ을 받기 위해, 신들의 꾸짖음Vorwurf을 받으려고 그들을 만든 것이 아니다. 신들을 통해 그리스인들 자신을 "찬양할 만한 가치가 있는" 것으로 느끼기 위해 그들[신들을]을 만든 것이다; 인생을 찬양할 만한 가치가 있게 한 것이 저 장려한 올림포스 신들의 세계, 호메로스 신들의 세계이다. 물론 신들이 인간의 삶을 살면서 인간의 삶을 정당화해주기 때문이다.

'인생은 찬양할 만한 가치가 있는 것'이 시사하는 바가 많다. 니체 철학의 본류로서 인생에 대한 무한한 긍정을 역시 내포하고 있지만, 한편으로

---

3 물론 여기에서 차라투스트라 철학의 열쇠어들인 '자발적 몰락 의지'-"제때의 죽음 Tod zur rechten Zeit"(『차라투스트라』, Ⅵ-1, 90), 그리고 이것이 포함된 초인간 사상과 영원회귀 사상을 말할 수 없다. 초인간 사상은 '기꺼이 몰락해주리라'가 주요 내용이고, 영원회귀 사상은 이의 연장에서 '똑같은 것이 영원히 계속되어도 생-로-병-사의 삶을 똑같이 살아주리라, 똑같이 몰락해주리라'가 주요 내용이다.

'인생은 찬양할 만한 가치가 있다'는 그 이상을 지시한다. 예술－형이상학의 탄생이다. 그리스인들의 예술 형이상학의 탄생이고, 니체의 예술 형이상학의 탄생이다. '찬양할 가치가 있는 인생'은 예술에 의한 것으로서, (역시 예술에 의한 것인) '견딜 만하고 살 만한 인생'의 다른 버전이다. '예술'에 의한 긍정의 철학이라는 점에서 같다.

니체의 예술 형이상학에는 아폴론적 단계가 포함되고, 디오니소스적 단계가 포함된다. 니체가 인용 후반부에서 "아폴론적 단계 appolinische[n] Stufe"를 굳이 말한 것은 디오니소스 단계를 의식한 것이다. '인생은 오로지 미적 현상에 의해서만 정당화된다'는 니체 고유의 예술 형이상학의 격률에서 '미적 현상'에 아폴론적 미적 현상이 포함되고, 디오니소스적 미적 현상이 포함된다. 니체의 예술 형이상학은 호메로스 서사시에서 전개된 아폴론적 꿈 예술에 관해서이고, 무엇보다 전성기 그리스비극에서 전개된 디오니소스적 도취 예술과 아폴론적 꿈 예술에 관해서이다. 전성기 그리스비극에서 압도적인 것이 디오니소스적 도취 예술이었고, 쇠퇴기의 그리스비극에서 (상대적으로) 주도적인 것이 아폴론적 꿈 예술이었다.

(2) '호메로스'는 대지의 예술이고, 삶의 예술이고, 대지에 대한 전면적 긍정의 예술이고, 그 반영의 예술이라는 점이 계속 강조되어야 한다. 니체에 의한 것으로서 차라투스트라 철학의 분명한 '선취'를 강조해야 한다. [그리스 의지가 올림포스 신들을 만들고, 올림포스 신들로 하여금 인간의 삶을 살게 했다. 신들의 삶이 인간의 삶을 정당화하게 했다. 나아가 '삶을 그 자체로 추구할 만한 가치가 있는 것'으로 느끼게 했다. '삶을 강력하게 갈망하게 했다.'; '인생을 찬양할 만한 가치가 있는 것'으로 느끼게 했다, '삶에 대한 찬가'를 부르게 했다. 요컨대 삶을 살 만하고 견딜 만한 것으로 긍정하게 했다.—'긍정의 철학'[정당화의 철학]이 계속 강조되어야 한다]

니체의 '호메로스' 해석에서 차라투스트라를 본다. 차라투스트라 철학의 선취를 본다.[4]

4 '정당화의 철학'을 위해 『비극의 탄생』 3장을 다음과 같이 재구성한다. ① "올림포스 세계"의 탄생이다("살아낼 수 있기 위해 그리스인들은 이러한 신들을, 깊숙한 내적 필요에 의해 창조해낼 수밖에 없었다.", 32) ② "신들이 인간의 삶을 살면서 인간의 삶을 정당화한다." 생로병사—희로애락을 정당화한다. ③ 인생은 살 만하다. 삶은 "그 자체 추구할 만한 가치가 있는 것"이 되었다. ④ 니체 철학의 선취이다. 죽음에 대한 욕구가 아닌, 삶에 대한 욕구가 분명히 전경화(前景化)되었다

다음은 "찬가 Preisliede"에 관해서이다. 신에 대한 찬가가 아니라, 삶에 대한 찬가이다. 『비극의 탄생』에서 차라투스트라 철학의 등장이다. ① 니체는 죽은 아킬레우스가 오디세우스에게 하는 말을 슬쩍 돌려서 인용한다. "비록 날품팔이로서라도 더 오래 살고 싶은 것은 가장 위대한 영웅에게조차도 불명예스러운 일이 아니다." ② "비탄Klage"이 삶을 정당화시킨다. 삶을 예찬하게 한다; 호메로스 인간에게 비탄도 삶의 일부이다. "호메로스 인간"은 비탄이 거기에 포함된 삶을 전면적으로 긍정한다. '호메로스 인간'은 『비극의 탄생』에서의 니체 논의에서 비록 그리스비극의 전(前) 단계로서, 아폴론적 단계에 국한되지만 1883년 이후의 차라투스트라 철학에서 볼 때 '차라투스트라'의 선취이다.

『비극의 탄생』에서 서사시인 '호메로스'는 마치 차라투스트라의 전생(前生)인 것 같다. 물론 단서를 붙여야 한다. '좁은 의미의 차라투스트라'이다. 「비극의 탄생』에서 차라투스트라를 말할 때, 차라투스트라가 가장 많이 분유(分有)된 것은 '디오니소스'이다. 호메로스에서 삶[대지]에 대한 전면적 긍정이 차라투스트라를 떠올리게 하지만, 디오니소스에서는 '인간의 영원한 죽음'이 포함된 대지에 대한 전면적 긍정이 차라투스트라를 떠올리게 한다. 디오니소스가 '근원적 일자'의 통찰에 의해 '근원적 고통과 근원적 모순'과의 합일을 부추길 때 분명 이것은 '자발적 몰락에의 의지 freiwilliger Wille zum Tode'가 그 표상인 차라투스트라의 모습이다. 디오니소스적 미적 가상에 의한 세계의 정당화에 자발적 몰락에의 의지가 포함된다. ③ 아킬레우스의 경우에서 보듯 영원한 죽음이 오히려 삶에 대한 의지를 강화한다. 삶에 대한 욕망을 강화한다. ④ 『비극의 탄생』은 벌써 니체 철학의 본류이다.

13장

비극의 형이상학

—합창의 문예학

(1) 신화가 '내용—형식'인 비극은 또한 비극적 결말을 향해 가파르게 진행한다. 비극은 그러므로, "우리는 생성하는 모든 것이 고통에 찬 몰락을 준비해야만 한다는 것을 인식해야 한다"(이 글 모토 (2); 『비극의 탄생』, 17장, 105)는 요구에 대한 답변이다. 인간사(人間史) 또한 소멸의 인간史로서, 소멸을 목적으로 진행된다. 비극이 소멸의 人間史에 대한 반주이다; '음악의 정신'으로부터 비극이 탄생했으므로 '비극의 음악'이 소멸의 인간사에 대한 반주이다. 아티카비극에서 이러한 예술 형이상학이 대개 가리키는 것이 합창이므로 합창이 몰락의 인간사에 대한 반주이다. '음악으로서 합창'은 '최고의 의지 현상'이다. 합창은 '가무합창단—광란의 주신찬가 합창단'에 의한 합창이므로, 소멸의 인간사에 대한 반주라기보다 '소멸의 인간사 그 자체'이기도 하다. 그 자체 "광란의 말발굽 소리"(『반시대적 고찰』 Ⅲ-1, 178)로서 '소멸'의 가시적 모습을 보여준다.

『비극의 탄생』이 '합창의 원초적이고 놀라운 의미'를 말했을 때 바로 이를 두고 하는 말이다. 소멸(혹은 몰락)의 인간사 자체인 합창! 니체가 "음악의 정신으로부터 비로소 우리는 개체의 소거(消去)라는 슬거움을 이해한다"(16장, 104)라고 말했을 때 바로 이를 두고 하는 말이다. 광란의 주신찬가가 파멸에 대한 찬가이다. '성적 엑스터시가 영원히 계속되기를 바라노라.' 보편적이지 않은가. 바타유가 그의 『에로티즘』「서문」 마지막에서 "죽음까지 파고드는 삶"이라고 했을 때 이것은 에로티즘의 황홀경에 대해서였다. '죽음과 같은 상태가 영원히 계속되기를 바라노라.'

합창단은 기꺼이 죽어줄 것을 요구한다. 합창단 스스로에게 요구하고, 아이스킬로스에게 요구하고, 두 명의 배우에게 요구하고(소포클레스에게 요구하고, 세 명의 배우에게 요구하고), 합창단의 지휘자에게 요구하고, 무엇보다도 관객[청중]에게 요구한다. 합창이 비극이다. 합창이 스스로를 삼키고, 아이스킬로스를 삼키고, 배우들을 삼키고, 무엇보다도 관객을 삼킨다. 합창단이 춤을 추며 노래 부른다. '가자, 가자, 같이 가자.' 저 '불협화음'이라니, '저 불협화음 속으로 사라지지 못하면 영영 사라지지 못하리.' 몰락에의 의지가 니체 철학을 견인하는 탱크. 그러므로 『비극의 탄생』이 니체 철학을 견인하는 탱크이다.

"형이상학적 위로"(『비극의 탄생』, 15, 52, 105, 110-111)의 예술이라고 말한다, '비극적 신화'를, 무엇보다도 '디오니소스 가무합창단!'을. '저곳 Jenseits'으로 데려다주기 때문이다. 저곳으로 가는 방법에 대한 얘기가 형이상학이다. 합창이 형이상학이다. 합창이 형이상학인 것은 또한 합창이 소멸의 인간사에 대한 광포한 반주라는 것. 광포한 반주를 넘어 비극 그 자체라는 것: 합창이 형이상학이다.—항진명제이다. 주부가 술부를 '이미' 포함한다; '합창이란 무엇인가', '합창이 왜 있는가'라는 미학적 질문에 합창이 '저곳으로 가는 법'을 얘기해주는 것이라고 대답할 때, 이것은 '합창의 미학'에 관해서이다. 그리고 합창의 철학에 관해서이다. 합창의 미학이 형이상학 자체이다.[1] 합창 속에 있으면 두렵지 않은 것인지, '고통에

1 예술가들이 '예술이 구원이다'라고 할 때, 이것은 문학예술의 형이상학을 말하려는 것. 문학예술이 왜 존재했는가? 세계는 왜 존재했는가?—유익함과 즐거움을 주기 위해?—인류를 탄생시키기 위해? 이것만이 아니라는 것.

찬 종말'을 잊는 것인지.[2)]

(2) 그리스비극에서 '합창'이 함축하는 여러 문예학적 의의 중 하나가 생산자-텍스트-수용자의 경계를 무너뜨린 점이다. 2,500년 전(前) 일이다. 작가비평-텍스트비평-독자반응비평으로 나누는 것이 합창에 해당되지 않는다. '저자의 죽음'을 「저자의 죽음」에서 얘기한 것은 1967년의 바르뜨. '누가 말하든 무슨 상관이야?'라는 베케트의 말로 끝내버린 「저자란 무엇인가」(1969)의 푸코. 디오니소스 예술[그리스비극]에서 주체를 말할 수 없다. 그리스비극은 아폴론 무대의 '신화'가 그 내용이고, 디오니소스 무대의 합창단이 그 내용이다. 근대적 의미의 저자를 말하기 곤란하다. 호메로스 이전의 디오니소스 제례, 호메로스 서사시, 아르킬로코스 민요 서정시에서 근대적 주체[저자]를 말하기 곤란하다. '텍스트'를 따로 말하기가 곤란하다. 니체 철학에 주체 부정의 철학이라는 단초가 제시된다.

니체가 서정시인 아르킬로코스를 포함해 예술가 일반에 대해 한 말, "그는 주체인 동시에 객체이며, 시인(詩人)인 동시에 배우이고 관객이기도 하다."(Ⅲ-1, 44)는 디티람보스[광란의 주신찬가]에서 특이나 그렇다. 주체는 예술의 조건이 아니다. 주체를 말할 수 있다면 그것은 인류보편성에 관해서이다. (디티람보스) 합창이 말하는 것은 인류보편성에 관해서이다;

---

2 디오니소스 송가—광란의 주신찬가[디티람보스]—사티로스 합창 Satyrchor들은 같은 곳을 향(向)한다. 아티카비극의 시원(始原)으로서 디오니소스 제례를 향한다. 디오니소스는 주신(酒神), 디오니소스 송가는 그러므로 酒-황홀경을 기리는 노래. '酒' 안에서 세계는 있는 것인가 없는 것인가? 사티로스와 인간의 암컷들이 '디오니소스' 속으로 기꺼이 사라져준다(디오니소스 제례에 인간 중에는 '여성'만이 참여했다). '디오니소스'가 그들을 '꿀꺽' 삼킨다. 생-로-병-사의 잔혹성과 함께. '酒'와 '성적 엑스터시'에 형이상학적 의미가 부여됐다.
문제는 디오니소스가 니체의 '디오니소스적'이라는 말로 다시 태어났다는 것, 도취, 혹은 도취 예술을 표상한다는 것; 박정만 시인의 노래 「종시(終詩)」는 다음과 같다. "나는 사라진다, 저 광활한 우주 속으로." 독창이지만 합창 같다. "'우리는 영원한 생명을 믿는다'라고 비극은 부르짖는다."(Ⅲ-1, 16장, 104)

문제는 니체 철학이 주체 부정의 철학으로서, 그 단초가 『비극의 탄생』에서 확고하게 제시된 점이다.

디오니소스 도취 예술과 아폴론적 꿈 예술로 나눈 것이 모방 종류와 문학 매체의 일대일 대응 관계를 와해시킨 것이 강조되어야 한다. 감정 모방이 서정적 양식, 줄거리 모방이 서사적 양식, 행위 모방이 드라마적 양식이라는 등식을 와해시킨 것이 강조되어야 한다. 아폴론적 꿈 예술이 비극, 희극, '시각예술[회화-조각-서사문학]' 등 다양한 매체를 포함하고, 디오니소스적 도취 예술이 비극, 희극, 음악 일반을 넘어 모든 감관예술을 포함한다. 합창으로 대변되는 디오니소스적 도취 예술이 종합예술작품을 지시한다.

합창으로 대변되는 디오니소스적 도취 예술이 재현의 미학에 대한 온전한 거부이다. 합창은 어떤 것의 재현이 아니라, 어떤 것 자체이다. 육체 그 자체로서, 삶 그 자체이다. 육체 예술을 표상한다. "예술작품은 그 자체로 시인(是認)되어야 한다."(실러, Sämtliche Werke in 5 Bänden, Ⅱ, 819); 니체에게 또한 예술이 그 자체로 시인(혹은 정당화)되어야 한다. 니체의 심미적 예술관은 '소크라테스주의 부정'에서 분명히 드러난다; 니체가 '[이쪽에서 저쪽으로] 넘어가는 것'을 말할 때, 구제 형이상학을 말할 때, 이것은 예술의 시인(是認)에 관해서가 아니라, 세계의 是認, 곧 '인간 삶의 是認(혹은 정당화)'에 관해서이다. '삶의 정당화'가 궁극이다.

(3) 니체 예술론에서 또한 '추에 대한 是認(시인)'을 말한다. 동시대에 로젠크란츠 Karl Rosenkranz의 『추의 미학』(1853)이 있었다. 동시대에 자연주의 문학(특히 '추하고 역겨운 것'에 대한 묘사로서 자연주의 문학)이 있었지만, 니체가 구체적으로 시인한 것은 올림포스[아폴론 주인공 무대]의 "추한 것과 부조화한 것"(24장, 147-148)이다. 디오니소스 합창단의 불협화음으로서 '추한 것과 부조화한 것'이다. 앞서 살폈듯이 올림포스 神(신)들이 인

간의 삶을 살게 하면서, 인간의 세계를 정당화하게 하는 것—이것이 그리스인들의 형이상학이다—니체 형이상학의 반영이다.

니체가 시인한 것은 무엇보다도 그리스비극의 사티로스 합창단의 거대한 '불협화음'의 세계이다. 사티로스 합창단의 세계를 是認함으로써 인간의 세계를 是認[정당화]하게 하는 것—마찬가지로 그리스인들의 형이상학이다—니체 형이상학의 반영이다. '이 민족이 그렇게 아름답게 될 수 있기 위해 얼마나 많이 고통을 겪어야 했겠는가'가 니체 형이상학의 출발점이다. 비극적 세계 인식이 니체 형이상학의 출발점이다. 고통에 대한 양식이 그리스인들을 요동시켰고, 마찬가지로 고통에 대한 인식이 니체를 '철학하게' 했다. '이제 과감하게 비극적 인간이 되는 일이다.'

> 비극은 숭고한 황홀경에 빠져 넘쳐흐르는 삶과 고통, 그리고 쾌락의 정중앙에 앉아 있다. 비극은 멀리 들려오는 우울한 노래에 귀를 기울인다—그들의 이름이 망상, 의지, 고통인 존재의 어머니들에 대해서 얘기한다.(Ⅲ-1, 128)[3)]

비극을 요약했다. 비극은 과잉의 "삶", 과잉의 "고통", 과잉의 "쾌락"을 보여준다. 물론 "황홀경" 속에서다. 삶이 고통이고, 고통이 쾌락인 것은, 특히 고통이 '황홀경의 쾌락'인 것은 '고통'이 진리이기 때문이다. 특히 진리를 진리로 나타냈기 때문이다. "우울한 노래에 귀를 기울인다"가 말하는 것도 마찬가지이다. 우울한 노래가 말하는 것이 망상-의지-고통이기 때문에 비극은 우울한 노래에 귀를 기울인다. 더 주목되는 것은 존재의 어머니들로서, 즉 진리 중의 진리로서 '망상 의지 고통'을 얘기한 점이다.

3 인용문은 3문장으로서 각각 같은 내용을 얘기한 것으로 말할 수 있다. ① 비극은 "고상한 황홀경에 빠져 넘쳐흐르는 삶과 고통, 그리고 쾌락의 정중앙에 앉아 있다." ② 비극은 "멀리 들려오는 우울한 노래에 귀를 기울인다." ③ 비극은 "망상, 의지, 고통인 존재의 어머니들에 관해 얘기한다."

'진리로서 망상 의지 고통'이 '인생으로서 망상 의지 고통'을 정당화한다. 진리는 반박 불가능성이 특징이다. 진리는 수용 및 긍정의 대상이다.[4]

---

4 『비극의 탄생』 20장에서 또한 주목되는 것은 디오니소스 정신 및 디오니소스 삶에 대한 대답으로서 화가 뒤러 Albrecht Dürer의 동판화 〈기사, 죽음 그리고 악마〉(1513)의 등장이다.

뒤러의 동판화 〈기사, 죽음 그리고 악마〉(1513)

디오니소스 정신(혹은 디오니소스적 삶)이란 무엇인가? 절망적인 사람이 선택하는 "최고의 상징"(127)으로서 죽음과 악마와 함께 하는 삶이다. '죽음과 악마와 함께 하는 삶'이 디오니소스 삶이고, 그것이 디오니소스적 정신이다. 죽음과 악마에 아랑곳하지 않는 삶을 사는 것이 디오니소스 삶이고, 즉 죽음과 악마까지 수용–긍정하는 것이 디오니소스적 삶이다. 뒤러의 동판화 「기사, 죽음 그리고 악마」에서 기사는 악마가 보여주는 '모래시계'의 의미를 알고 있고, '해골들'이 표상하는 의미를 알고 있는 기사이다. 그림 전면의 늠름한 기사와 그가 타고 있는 늠름한 말이 말하는 것은?
무서운 진리라고 하더라도 그것이 진리로 시인(是認)될 때, 특히 미적 진리(혹은 미적 유희)로 시인될 때 그 진리는 미적 쾌락을 동반한다. 수용의 대상이지 거부의 대상이 아니다. 뒤러의 기사에 대한 결론이 의미심장하다. "희망이 없다. 그러나 그는 진리를 원한다. 그와 필적할 사람은 없다. Es giebt nicht seines-

"합창단이 오로지 비극과 비극적인 것 일반의 '원인'"(14장, 91)이다. 비극적인 것이 비극적인 것을 시인(혹은 정당화)하게 한다. 최고가치의 죽음은[5], 아름다움에 '최고가치—최고선'을 부여한 플라톤 형이상학에 등을

---

gleichen."(127): 강조하면 잔혹한 진리에 대한 인식이 구원이다. 잔혹한 진리가 진리로서, 배척의 대상이 아니고, 비애의 대상이 아니다.

20장의 명료한 언어 중의 하나가 디오니소스적 삶과 '소크라테스적 인간'의 대조이다. "나와 함께 디오니소스적 삶"["비극의 부활"]을 믿어라. 소크라테스적 인간의 시대는 지나갔다 […] 이제 과감히 비극적 인간이 되는 일이다." 디오니소스적 삶을 요구하는 것이 비극이다. 비극의 부활이 다시 디오니소스적 삶을 요구한다. 물론 요구하는 것은 '니체'이다. 니체 철학이다. 디오니소스적 삶에 비극이 있기 때문이고, 소크라테스적 인간에게 비극이 없기 때문이다. 근원적 일자의 시선으로 근원적 고통과 근원적 고통을 인식하는 능력이 소크라테스적 인간에게는 없고, "디오니소스적 마력"(127-128)의 인간에게는 있다. [근원적 일자의 시선으로 근원적 고통과 근원적 모순을 인식한 자가 디오니소스이다] 근원적 고통과 근원적 모순을 인식한 자에게 근원적 고통과 근원적 모순이 진리로서, '쾌Lust'를 선사한다. '진리로서 근원적 고통과 근원적 모순'이 수용이 대상이고 긍정의 대상으로서 쾌를 선물한다. 진리는 반박 불가능이 속성이다. [진리의 속성은 반박 불가능성이다]

'과감하게 비극적 인간이 되라'고 한 것 또한 니체 철학의 ABC 공식에 근거한다. 비극적 사태에 비극적 인간이 되는 것이 피할 길 없는 수순이고, 그것을 피할 길 없는 수순으로 말할 때 이것이 벌써 차라투스트라이고 차라투스트라 사상이다. 자발적 몰락 의지의 사상이다.

5 니체는 1870년『비극의 탄생』을 탈고할 무렵, "나는 원초적 게르만(인)의 말, 모든 신은 죽어야만 한다"고 노트했다(하이데거, Holzweg, Frankfurt, 1957, 197에서 재인용); 하이데거는 같은 책에서『즐거운 학문』(1882) 125章「미친 사람」전문을 인용한다. 주목되는 것은 끝부분, "교회가 신의 무덤과 묘비가 아니라면 도대체 이 교회가 무엇이란 말이오?"(『즐거운 학문』, Ⅴ-2, 160); 교회가 신의 무덤을 품고 있다. 교회가 멜랑콜리커이다. 멜랑콜리에서 빠져나오려면 神을 살려내거나, 神을 대체할 만한 존재를 곁에 두어야 한다. 그에게서 상실을 위로-보장 받아야 한다.

앞쪽에서 니체는 "신은 죽었다 […] 모든 살인자 중에서도 살인자인 우리가 어디서 위로를 받을까?"(159)라고 비통해했다. 첫째, '살인자 중의 살인자'라는 말: 신을 죽인 것이 바로 우리들이다; 둘째, 니체가 교회이다. 신의 무덤을 품은 그가 '어디서 위로를 받을까?' 탄식한다 —비슷한 어조가 횔더린의 詩「반평생」에 나온다. "마음이 아프다, 겨울이 될 때/ 어디에서 꽃을 받을까 어디에서/ 햇볕을 받을까/ 그리고 대지의 그림자를 받을까"(「반평생 Hälfte des Lebens」 부분); 하이데거가 횔더린 해석에서 자주 사용한 말 중 하나가 '존재 망각의 시대'이다.

돌리는 것으로서, '아름다움의 죽음'을 포함한다. 동시에 추의 탄생을 포함한다. 미의 죽음과 추의 탄생—선Gut의 죽음과 악Böse의 탄생, 혹은 '선악을 넘어서'[6] [7]가 니체 미학이면서 니체 철학이다. 추에 대한 시인(是認)은 이후 악덕에 대한 전면적 是認으로 이어진다. 주지하다시피 『차라투스트라』에서 꼭 집어 얘기하는 '세 가지 악덕'이 '육욕', '지배욕', '자기욕Selbstsucht'이었다. 이것들을 예찬, 그리고 是認시켰다.(『차라투스트라』, Ⅵ-1, 231-236). 『비극의 탄생』에서 '추의 미학'의 절정은 거대한 사티로스 합창단의 '불협화음'이다.[8] [불협화음은 거대한 고통의 표상이다] 이미 '포스트모던'으로서 니체이다.

횔더린이 여러 시편들에서 존재 망각에 관해 얘기했다. "우리는 너무 늦게 왔도다 […] 궁핍한 시대에 시인(詩人)은 무엇을 위해 존재하는가?"는 비가(悲歌) 「빵과 포도주」 7절에서 읊은 것. 하이데거가 강연문건을 정리한 「동일성의 명제Der Satz der Identität」에서 존재에 응답하는 '사유'가 조건으로서, '존재와 사유의 상호 공속 Zueinandergehören'을 얘기했다(『동일성과 차이』, Pfullingen 1957, 1978, 8-12).

사유가 인간의 사유로서, 하이데거는 존재의 소리를 받아 적는 '인간'을 "詩人 중의 詩人"으로 명명한다.(「횔더린과 문학의 본질」, 『횔더린 시문학의 해명』, 1944, 2012, 34); 존재 상실을 느낀 점에서 횔더린과 니체에서 상호유비를 말한다. [횔더린에서 존재 상실은 神性 상실이다] 하이데거에 의해 횔더린-르네상스가 완수됐으나, 사실 '횔더린 발견'은 니체에 의해 시작됐다. 『비극의 탄생』에 반복해서 등장하는 말 중 하나가 '형이상학적 위로'라는 말이다. 기독교 형이상학의 죽음[살해] 이후 니체가 니체 고유의 형이상학을 세우려고 했다.

6 최고가치의 몰락과 '개별화의 원리'의 몰락은 같은 곳을 향한다. 최고가치의 몰락은 "존재하는 모든 것은 하나라는 근본 인식"의 몰락이다. 개별화는 "악(惡)의 원초적 근거"이다(여기서 惡은 고통이다. 비극적 몰락의식이다). 비극Tragödie이 여기에서 "개별화의 속박을 분쇄할 수 있다는 기쁜 희망"을, 그리고 "다시 재건되는 하나에 대한 예감"(10장, 69)을 준다. 니체는 이를 "비극의 미스터리한 가르침 Mysterienlehre"이라고 명명한다. 비극의 형이상학이다—니체의 예술 형이상학이다.

7 '최고가치의 죽음으로서 惡의 탄생'에 대한 '수평적' 대응이 니체 철학이다

8 하버마스는 디오니소스 제례-신화에서 '이성의 타자'가 가시화된 것으로 봤다. 『현대성의 철학적 담론』, 이진우 옮김, 문예출판사, 2002, 114-116 참조.

(4) 니체 예술론에서 비동일자 예술을 말할 때, 이것은 많은 것을 얘기하게 한다. 아이스킬로스 비극에 대한 언급에서 니체 철학론—니체 예술론—니체 언어관의 중요한 실마리가 나타난다. 명확한 서사 및 분명한 성격 뒤에 숨겨진 "난해한 깊이, 무한한 배경"(혹은 "불가해성", "불확실성") [합창단 위에 떠 있는 "불편한 안개"], '윤리' 해결에서 나타나는 "여러 문제점들"로서, 특히 "행복과 불행의 불공정한 배분", 그리고 "불쾌하고 수수께끼 같은" 언어, 간단한 상황에 대한 "지나친 과장", 단순한 성격에 대한 "도(度)를 넘어선 비유"(『비극의 탄생』, 11장, 77) 등등. 동일자 철학에 대한 부인(否認)이고, 동일자 철학에 대한 否認으로서 동일자 예술에 대한 否認이고, 동일자 예술에 대한 否認으로서 동일자 언어에 대한 否認(부인)이다. 요컨대, '동일자 언어의 否認—동일자 예술의 否認—동일자 철학의 否認'이다.[9] 멀리 갈 곳도 없이, 소크라테스주의에 대한 부인이고, 무엇보다도 플라톤주의에 대한 부인이다. 플라톤이 '이데아로서 예술'을 요구했다(!). 주지하다시피 『국가』 10권에서 '침대의 비유'를 통해 '모방의 모방으로서 예술'을 말하고, 예술가추방론을 펼쳤다.(597a-598b); 플라톤에게 '예술 그 자체(혹은 자율적 예술)'에 대한 인식이 전혀 없었다. '현실 그 자체'(혹은 '존재-神-론'이 아닌, 고유한 존재자 철학)에 대한 인식이 전혀 없었다.

9 동일자 언어의 부인(否認)은 이후 '언어 위기'-'진리 부정'으로 분명하게 표상된다. 1877년의 『인간적인 너무나 인간적인 Ⅰ』, 특히 "일컬어 학문으로서 언어"라는 타이틀로 시작하는 아포리즘 11절에서 단초가 마련됐다. 인간이 "언어 속에서 세계 인식을 가지는 것"이 아니다. 사물의 이름을 "영원한 진리 aeternae veritates"로 믿어왔는데 사물의 이름이나 개념이 그런 것처럼 영원한 진리가 아니다. "언어가 사물에 대한 최고지식"이라는 믿음이 망상이고, 언어에 의해 "진리가 발견됐다는 믿음"이 망상이다. "이제와서야, 아주 나중에" 알게 된 것: "언어에 대한 믿음이 엄청난 오류인 것"으로 판명 난 것.(니체, Ⅳ-2, 26-27); '언어 비판으로서 니체의 글쓰기'에 대해서는 졸고 「아담 언어로서 '디오니소스 음악'—니체의 글쓰기」, 『현대시학』, 2013. 9, 특히 4章 이후 206-214. 참조.

'언어의 대체물' 로서의 '음악' : 언어가 서술할 수 없는 많은 '자극들', 자극적 상태들을 음악이 재현한다. […] 자연에는 '형식' 이 없다. 그럴 것이 내부와 외부가 없기 때문이다. 모든 예술이 눈의 '거울' 에 근거한다.(니체, 『유고 단편들. 1872년 여름-1873년 초반, Ⅲ-4, 34-35)

나는 모든 체계들과 체계론자들을 불신하고, 그들을 피한다.(『유고 단편들. 1887년 가을-1888년 3월』, Ⅷ-2, 114)

예술 일반은 의지의 객관적 발현을 요청당한다. 반면에 음악은 의지의 직접적 발현이다. 음악이 '기표-육체-세계' 그 자체로서 세계의 심장에 그대로 육박한다.—음악이 상징이다; 언어예술을 포함한 예술 일반이 객관적 의지를 요구당하는 것은-물론 '이 세계의 심장에 육박하라'는 의미에서이다-언어의 2차적 성격 때문이다. 언어가 음악처럼 세계의 중심에 직접 육박할 수 있기 위해서는 공간-시간-인과성에서 독립해 있는, 이 세계의 가장 깊은 안쪽을 붙들고 있는 이념을 필요로 한다. 이념은 미적 이념으로만 표상된다(혹은 이념이 예술을 필요로 한다). 이념이 미적 비유로서 표상된다; '음악이 상징이고, 언어가 비유이다.' 음악이 상징으로 직접적으로 '세계'의 심장으로 들어가고, 언어가 비유를 매개로 해서 세계의 심장을 두드린다.[10] 니체의 말: "음악이 이 세계의 진정한 이념이다."(Ⅲ

---

10 앞에서 서사적 양식-서정적 양식-드라마적 양식이 객관성 양식-객관성 양식-객관성 양식이라고 짚었다. 객관성이 함의하는 것이 '인생의 잔인한 진리'이다. 객관성에 대(對)한 객관성에 의한 대응으로서, '객관성-양식'이 인생의 잔인한 진리를 넘어가게 한다. '실존의 가파름'을 넘어가게 한다. 객관성 양식이 세계의 심장에 육박하게 한다. 서사적 양식은 언어 비유를 매개로 해서 세계의 심장에 육박하고, 서정적 양식 또한 음악 비유를 매개로 해서 세계의 심장에 육박하고, 드라마적 양식은 음악과 언어 비유를 통해 세계의 심장에 육박한다.
니체는 서정적 양식-서정시를—서사적 양식-서시시와 다르게—음악의 정신에서 출발한 것으로 본다. 서정시는 근원이 음악이라는 점에서 음악처럼 출발지가 객관적 의지로서—그러므로 '세계 상징'과 무관하지 않다—"[…] 아폴론

-1, 21장, 134).

'삶은 오로지 미적 현상으로서만 정당화된다.' 니체의 예술관으로서, 여기에도 니체 특유의 대응방식 'A에 대한 A로서의 대응'이 나타난다. 이를테면 불투명한 세상에 대해 불투명한 예술로 대응하는 것이다. 기표와 기의의 자의적 관계의 세계를 기표와 기의의 자의적 관계의 예술로 대응하는 것이다. 위의 인용들을 그대로 따라 하면 '내부와 외부가 없는 자연'을, '서술할 수 없는 것'을, 내부와 외부가 없는 것으로, 서술할 수 없는 것으로, 대응하는 것이다. "형식"-"체계"가 없는데, 체계를 세우는 것은 니체풍(風)으로 말할 때 '하나의 망상이다.' 아폴론적 영상[형상, 꿈]의 언어가 비유이다. 호메로스의 서사시 언어, 아르킬로코스의 서정시 '언어', 아이스킬로스 드라마에서의 '언어' 모두 이 세상에 대한 비유이다. 비유가 아닌, 사물의 표상, '그 자체'가 불가능하다. 언어는 비유를 필요로 한다.

아폴론적 영상 언어를 이 세계의 알레고리로 볼 수 있는 것은 기표-기의의 자의적arbitrary 관계에서도 기인하지만, 무엇보다도 그 알레고리가 몰락-파국의 알레고리이기 때문이다. 알레고리는 몰락의 자연사-몰락의 인류사에 대한 알레고리이다. 벤야민의 17세기 바로크 비애극에 대한 역사철학적 고찰이 알레고리에 관한 한, 규범적 고찰을 가능하게 했다. 문학예술은 몰락의 자연사-몰락의 인류사에 대한 알레고리이다.[11] '비극적

적 꿈의 영향을 통해 가시화된다. 음악 속에서, 이미지 없이, 개념 없이 이루어진, 저 근원적 고통의 반영은 이제 가상 속에서 구원받음으로써 개별적 비유로서, 혹은 본보기로서, 두 번째 반영을 생산한다."(5장, 41): 첫 번째 반영으로서 디오니소스적 음악이 먼저 가고, 두 번째 반영으로서 아폴론적 비유 형상이 그 뒤를 따른다.

11 알레고리를 몰락의 자연사-몰락의 인류사로 주저하지 않고 말할 수 있게 된 것은 벤야민의 『독일 비애극의 원천』 덕분이다. '몰락의 자연사'를 확고하게 알린 부분이 3부 '알레고리와 비애극'의 「폐허Ruine」 앞부분이다. "무대 위에 비애극에 의해 세워지는 자연사Natur-Geschichte의 알레고리적 외양은 생생한 모습의 폐허이다 […] 주목할 것은, 역사가 이런 모습 하에 영원한 생명의 과정으로서가 아닌, 이렇게 말해도 좋은 것으로, 끊임없는 몰락의 과정으로 각인되는

신화'를 포함한 비극Tragödie 전반적 구조가 몰락에 대한 잔잔한/광포한 반주로서, 이를 넘어 몰락의 잔잔함/광포함 그 자체로서, 몰락의 알레고리라고 할 수 있다. 니체의 비극-비극론을 크게 보아 '몰락의 알레고리로서 비극-비극론'이라는 명명이 가능하다.

알레고리가 몰락의 필연성-몰락의 보편성이라는 것은 알레고리 특성에서 이미 예고된 것이다. 알레고리는 역사적 알레고리로서 일회적 알레고리를 특징으로 한다. 알레고리가 원래 덧없는 알레고리였다. 벤야민이 '덧없는 알레고리'에, 거기에 걸맞는 '덧없음에 대한 알레고리'라는 성격을 부여했다. 몰락의 자연사-몰락의 인류사라고 하면 알레고리 또한 예외가 아니다. 알레고리 그 자체 또한 '몰락의 알레고리사(史)'로서—인간이 몰락하듯—몰락하게 되기 때문이다. '몰락하지 않은[않는] 것이 없다.' 여기에 알레고리도 포함된다. **알레고리는 덧없는 알레고리에서 시작해서, 덧없음에 대한 알레고리를 거쳐, 인간이 몰락하듯 몰락한다. 디오니소스적 음악 언어는 의지의 직접적 발현으로서 세계의 심장에 직접적으로 관여한다. 디오니소스적 음악언어는 "세계상징Weltsymbolik"이다. 음악언어는 "근원적 일자의 심장 속에 있는 근원적 모순 Urwiderspruch과 근원적 고통 Urschmerz"(『비극의 탄생』, 6장, 47)의 상징이다.**

(4) 디오니소스적 합창을 구조적으로 보증하는 것이, '합창의 가상'을 가상으로 보증하는 것이, 아폴론적 꿈 예술이다. 아폴론적 꿈 예술이 조형미술을 표상한다. 무대 장면, 주인공들의 대사-억양-템포-리듬, 걸음걸이, 의상 등에서 관객들이 좌우를 돌아보며 묻는다. 여기가 어디야? '술'에서 깨어난 자들을 다시 미혹하는, 장면-목소리-동작-의상, 별천지

점이다."(벤야민, 『독일 비애극의 원천』, Gesammelte Schriften[GS], Ⅰ-1, 1974, 1978, 353)

이다. 사실은 디오니소스적 도취 예술이 아폴론적 꿈 예술을 강화시키는 것이 맞다. 디오니소스적 도취 예술의 여진 속에서 아폴론적 꿈 예술의 '꿈 효과'가 강화된다. 꿈 예술을 환영으로 이끈다.

> 사티로스 합창단은 무엇보다 디오니소스적 대중이 떠올리는 환영이고, [배우] 무대 세계는 사티로스 합창단이 떠올리는 환영이다 [···] **합창단 자리 Orchestra가 무대 앞쪽에 있는 것이 항상 수수께끼였다. 그러나 우리는 이제 무대가 연기Action와 함께 근본적으로, 근원적으로 오로지 '환영Vision' 으로밖에 생각되지 않았고, 유일한 '실재Realität' 는 환영을 자신으로부터 생산해내고, 이 환영에 대해서 댄스와 음향과 언어라는 모든 상징법을 사용해서 이야기하는 합창단이었다는 사실을 통찰하게 되었다 [···] 원래 비극은 '합창' 이었을 뿐 '드라마[연극]' 는 아니었다**. 나중에 [···] 보다 좁은 의미의 '연극' 이 시작된다. 이제 주신찬가의 합창단의 과제는 관객의 기분을 디오니소스 차원으로 고취시켜, 비극의 주인공이 무대 위에 등장하게 될 때 관객은 흉측한 가면을 쓴 모습을 보는 것이 아니라, 관객들 자신의 황홀 상태로부터 태어난 환영의 모습을 보게 하는 것이다.(8장, 56-59) [강조는 필자]

사티로스 합창단이 관중이 떠올리는 환영이다. 왜 아니겠는가. 배우 무대가 사티로스 합창단이 떠올리는 환영이다. 왜 아니겠는가. 요컨대, 배우 무대는 사티로스 합창단의 환영이다. 사티로스 합창단은 배우 무대에 계속적으로 "댄스와 음향과 언어" 등 "모든 (음악) 상징법"을 동원해서, 환영을 유지시킨다. 이를테면 사티로스 합창단은 등장가parodos를 통해 배우 무대를 석권하고, 이어서 간가(間歌, Standlied)를 통해 지속적으로 배우 무대를 석권한다. 석권한다는 것은 배우 무대를 환영으로 덮는다는 뜻이다. 주인공 무대는 자립적 무대가 아닌, 사티로스 합창단에 의한 환영이다. 강조하면, 니체의 뜻에 의하면, 배우 무대가 환영이고, 사티로스 합창단이 "유일한 실재"라는 것이다. 문제는 관객이다. 사티로스 합창단이 관객의 환영이나, 이 황홀 상태[환영 상태]의 연장에서, 배우 무대의 주인공을 관객 또한 "환영의 모습"으로 만난다. [비극의 주인공은 관객에게 환영이다]

(5) 자립적 아폴론적 꿈 예술을 말할 수 있다. 규범적으로 아폴론적 꿈 예술을 이해하는 것이다. 아폴론적 꿈 장면이 '꿈속'을 가리킨다. 꿈속이 실재인가 가상인가? 생시인가 꿈인가? 삶인가 죽음인가?[12] 합창이 형이상학이고, 무대 장면을 표상하는 아폴론적 꿈 예술 또한 '형이상학'이다. 합창 예술이 미적 가상으로서 '가상으로서 세계 현존'을 是認(시인)시킨다—견딜 만한 것으로 놔둔다. 꿈 예술이 미적 가상으로서 세계 현존을 是認시킨다. 디오니소스는 '디오니소스로서의', 즉 '근원적 일자로서의 개체'의 고통을 극복하게 하고, "아폴론은 '현상의 영원성'에 대한 빛나는 찬미를 통해 개체의 고뇌를 극복하게 한다."(104)[13]; 아폴론에 음악이 없는

---

12 아폴론적 꿈 예술이 '형이상학'을 말할 때 이것은 1차적 아폴론적 효과와 2차적 아폴론적 효과 모두에 해당된다. 1차적 아폴론적 효과는 아름다운 무대 주인공[꿈 예술, 환영 예술]에 의해서이다. 1차적 아폴론적 효과는 미화[변용], 마야의 효과, 개별화의 원리[가상]에 의해서이다. 아폴론적 미적 현상[가상]에 의해 인생은 정당화된다—구제 형이상학이 아닐 리 없다.
2차적 아폴론적 효과는 "본능적, 무의식적 디오니소스 지혜"가 "형상의 언어"로 번역된 것에 대한, 요컨대 "비극적인 것에 대한 형이상학적 기쁨"이다(16장, 104). 개체의 비극적 파멸(혹은 주인공의 파멸)이 형이상학적 기쁨인 것은 파멸이 보편적 파멸이기 때문이다. 파멸이 진리로서 정당화되었기 때문이다. 역시 아폴론적 미적 현상에 의해 인생은 정당화된다. 디오니소스 오케스트라(혹은 디오니소스 지혜)가 형이상학을 품는 것처럼, 그것이 번역된 아폴론적 형상이 형이상학을 품는다.

13 '아폴론이 현상의 영원성에 대한 빛나는 찬미를 통해 개체의 고통을 극복하게 한다.'(16장): 여기에는 사실 아폴론적 미의 미학, 아폴론 무대의 아름다운 주인공에 의한 미의 미학만 포함된다. 사실 아폴론적 미화(美化) 및 아폴론적 변용(變容)은 1차적 아폴론적 효과에 관해서이다. [아폴론적 1차적 효과에는 주인공 무대의 주인공의 아름다운 목소리, 그 선율-템포-강약-리듬이 포함되고, 걸

것이 아니다. 무대 배우는 언어에 내용을 부여하기보다, 다시 강조하면, 억양–리듬–템포–멜로디를 부여한다. 디오니소스 합창이 풍만한–광포한 육체예술이고, 아폴론 무대가 날씬한–잔잔한 육체예술이다.

음걸이 및 의상이 포함된다. 듣도 보도 못한 '목소리, 걸음, 의상'을 통해 이른바 '마야의 베일' 효과를 극대화시킨다] 1차적 아폴론 고유의 효과는 아름다움에 대한 침잠Kontemplation 및 아름다움에 대한 관조Anschauung가 주는 효과이다. 침참 및 관조의 효과를 형이상학적 효과라고 못 말할 이유가 없다.

『비극의 탄생』 16장 및 24장(여기에 더해서 8장, 21장–22장)에서 명백해진 것으로서 2차적 아폴론적 효과는 16장에서는 "의지의 최고의 현상인 주인공은 우리의 쾌감을 위해 부정된다"(104)[아름다운 주인공이 아닌 파멸하는 주인공으로 나타난다]로 간단히 요약되고, 24장에서는 "추한 것과 부조화한 것"(147, 148)이 주는 쾌감으로 요약된다. '미적 관객'이 기대하고 있던 무대 주인공의 파멸이 실제 '거행'되었을 때 일어나는 쾌감으로서 이른바 '추의 미학'이 생산하는 쾌감이다. **주인공의 고통과 파멸은 현존의 근원적 '고통과 파멸'을 반영하고, 따라서 현존의 근원적 고통 및 근원적 파멸을 정당화한다. 아폴론적 2차 효과에 의한 미학적 정당화는 디오니소스적 합창단에 의한 미학적 정당화와 상호 유비이다. 근원적 고통과 근원적 모순의 정당화로서 상호 유비이다. 역시 정당화의 철학이다.**

'의지의 최고의 현상인 주인공은 우리의 쾌감을 위해 부정된다'에 이어지는 니체의 말은 다음과 같다. "왜냐하면 주인공은 오로지 현상일 뿐이며, 의지의 영원한 생명은 주인공의 파멸로 손상되는 것은 아니기 때문이다. '우리는 영원한 생명을 믿는다.' 비극은 이렇게 부르짖는다. 음악이 이러한 생명의 직접적 이념이다."(104); 정당화의 철학이 말하는 것은 아폴론적 형상예술에 의한 정당화이고, 무엇보다도 디오니소스적 음악 예술에 의한 정당화이다. '의지의 영원한 생명'이 지시하는 것은 디오니소스적 의지(혹은 디오니소스적 지혜)에 의한 것으로서 '직접적 이념으로서 음악'이다. 아폴론적 형상예술에 의한 파멸과 고통의 정당화를 다시 '정당화'하는 것으로서, 의지의 영원한 생명으로서, 즉 이념의 구체화로서 (디오니소스적) 음악을 강조해야 한다. '우리는 영원한 생명을 믿는다'라고 할 때, 이것은 의지의 직접적 모상인 음악, 즉 '세계 그 자체인 음악'에 의한 정당화이다. 세계 그 자체가 말하는 것은 물론 고통과 모순이고, 고뇌의 파멸이다.

'우리는 영원한 생명을 믿는다!'는 우리는 영원한 파멸과 고통을 믿는다!이다. 영원한 파멸과 고통의 정당화이다. 파멸과 고통의 정당화가 '정당화의 철학의 격률'이다. 차라투스트라 철학의 '자발적 몰락 의지'가 정당화의 철학의 격률인 것과 같다. [1차적, 2차적 아폴론적 효과가 있다. 강조되어야 한다. 이 둘에 모두에 디오니소스적 지혜, "디오니소스적 능력"(149), 디오니소스적 개념이 작용한다. 역시 강조되어야 한다.

(6) 디오니소스 도취 예술이 가상이고-형이상학이고, 아폴론적 꿈 예술이 가상이고-형이상학이다. 디오니소스 도취 예술이 '많은' 형이상학을 준다. ―양(量)이 질(質)을 압도한다. 코러스가 역학주의의 표본이다. 니체가 코러스에서 주목한 것은 量으로서 質을 '통제'하는 방안이다. 삶이라는 量으로 죽음이라는 質을 통제하는 방안이다. 『유고 단편들. 1872년 여름-1874년 말(末)』이 이를 명료하게 밝힌다. '재인용'이다.

> 가치평가는 量(양)에 관계하는 것이지 質(질)에 관계하지 않는다. 우리는 '크기'를 중시한다. 크기는 물론 상식적 차원을 뛰어넘은 것이다 […] 전율은 인류의 최고 일부이다 […] 지성의 제국에서 質적인 것 전부가 하나의 '量적인 것' 일 뿐이다.(Ⅲ-4, 34-35)

『비극의 탄생』이 출간되고 얼마 안 돼 쓴 이글에서 우리는 합창(단)을 묘사한 '실러'의 저 압도적 합창론, 「비극에서의 합창의 사용에 관하여」를 떠올리면서, '잔혹한 인생'이라는 質을 합창단의 量으로 돌파하려는 니체의 '비극적 방식'을 본다. '잔혹한 인생'이라는 質을 '"전율" 그 자체'인 量을 통해 돌파하려는 니체의 '방안'을 본다. [방안 역시 '비자연적 방법'이다] 아티카비극은, 디오니소스적 광포한 억양-리듬-템포가 반영된 주신찬가의 합창이고, 육체예술이고, 아폴론적 잔잔한 억양-리듬-템포가 반영된 시(詩)-대사(臺詞)이고, 육체예술이다. 아티카비극은 내용을 말하기보다 '그 자체로서 '그 자체''를 말한다.

아티카비극 경연대회에서는 한 작가의 작품 3부작을 하루 동안 공연했다. 비극 맨 뒤에 설정된 사티로스극까지 포함하면 9~10시간 걸렸다. 그만큼의 시간 동안 관객-청중은 시달린다(?). 가상 예술이 실재인가, 실재가 가상 예술인가. 분별하기가 쉽지 않다. 그것보다도, '고통에 찬 몰락'이라는 것이 '있는 건가 없는 건가?'-비극의 형이상학이다. 미적 현상으로만 삶[세계 현존]이 시인(是認)된다. 고통에 찬 몰락이라는 건 있다!-비극의 형이상학이다. 미적 현상으로만 삶은 정당화된다.

(8) 디오니소스 이념? 디오니소스 의지? 디오니소스적 의지의, 혹은 디오니소스적 이념의 구체화로서 합창단 비극? 합창단 비극이 인간을 이쪽에서 저쪽으로 사뿐히 건너가게 한다? 쇼펜하우어의 '이념'과 무엇이 다른가? 이유율에서 독립된, 의지의 객관적 구현으로서, 예술 그 자체로 표상되는 쇼펜하우어의 이념과 다르지 않다. 칸트의 '물자체'가 함의하는 것에 대해[14] 니체가 처음 환호한 것은 "마야의 작품"을 실재 자리에, 즉 "단순한 현상"을 "사물의 가장 안쪽에 있는, 진실한, 본질 자리"에 두었기 때문이다. 현상에 의한 '본질 대체 가능성'을 보았기 때문이다.(18장, 114)

니체는 '물자체를 다만 현상으로만 이해할 수 있을 뿐이다'는 명제를 특유의 관점다원주의에 의해 간단히 내파시킨다. 사람이라는 안경이 있을 뿐, 스핑크스라는 안경이 있을 뿐, 부엉이라는 안경이 있을 뿐—이다. '물자체'가 선험적 형식들에서 독립해서 존재하는 이념에 의해, 이념의 구체화인 예술(쇼펜하우어)을 통해, 아폴론적 예술 충동-디오니소스적 예술 충동을 통해 구체적으로, 표상된다. 니체 특유의 A를 A로 대응하는 방식이다. 물자체를 물자체로(여기서는 '이념'으로) 대응해서 물자체의 형이상학적 의미를 탈취하는 것이다. 물자체는 선험적 제한조건에 의해 도출된 것이다. 현상 인식이 조건적(공간-시간-인과성에 의한) 인식일 때 현상에서 물

14 칸트 인식론의 두 가지 큰 특징이 주관주의와 현상론Phänomenalismus이다; 칸트는 『순수이성비판』 2부 '초월적 변증론'에서 '神(신) 자체, 세계 자체, 영혼 자체'를 이성이념이 대변할 수 있다는 종래의 형이상학적 인식낙관주의를 비판한다. 칸트는 여기에서 전통적인 모든 형이상학을 파괴하는 일에 집중한다(『순수이성비판』, B392, A335 이하). 물론 이어지는 4부 격(格)인 '초월적 방법론'에서, 보다 높은 차원의 구제방식일지 모르는 도덕 형이상학적 입장에 의해, 신이념-세계이념-영혼이념을 되살려낸다. 도덕이념의 탄생이고, 보다 높은[넓은] 의미의 이성이념의 탄생이다.

자체를 말할 수 없다.

이념은 선험적 제한조건에 독립해 존재하는 것으로서, 물자체를 지시하는 것으로 볼 수 있다. 쇼펜하우어의 '이념'이 칸트의 물자체에 대응한다. 물자체와 이념이 다른 것은 물자체는 어떤 것으로도 표상되지 않고, (쇼펜하우어의) 이념은 예술로 표상된다는 점이다. 선험적 형식, 곧 선험적 제한조건에서 독립한 이념의 설정은 쇼펜하우어의 『의지와 표상으로서의 세계』에서이다. [이념은 실제 존재하는 것이 아닌, 예술 표상으로서 존재한다.—강조돼야 한다. 쇼펜하우어에서 '이념=의지=물자체'를 말할 수 있다] 쇼펜하우어의 '미적 상태'가 의지가 직접적으로 구현된 상태이긴 하지만, 미적 상태가 맹목적 개인 의지가 초래하는 고통으로부터 벗어나 있는 상태이긴 하지만, 쇼펜하우어에서 '의지'는 또한 맹목적 의지로서 상극의 의지이기도 하다. 만인에 대한 만인의 투쟁으로 나타나는 의지이기도 하다. 의지가 없는 상태를 '삶에의 의지 부인(否認)'[혹은 맹목적 의지 부인]이 지배적인 상태로 말할 수 있는 이유이다.

'삶에의 의지 否認(부인)'은 그 표상이 이를테면, (고통에서 벗어나게 하는 해방구 역할을 하는) 금욕, 자살, 동고 같은 것이다. 니체는 주지하다시피 1886년 「자기비판의 시도」에서 쇼펜하우어의 "삶의 否認(부인)에 대한 의지"를 약의 염세주의로서, 같은 약의 염세주의인 기독교와 유비로서, 강하게 비판했다. "삶의 부인에 대한 의지"(13)는 『비극의 탄생』의 니체'와 전혀 다르고, 더욱이 '악덕들'까지 거기에 포함되는, 대지 긍정의 중기-후기 철학을 고려할 때 '니체'와 '쇼펜하우어'는 양립 불가능하다. [쇼펜하우어의 '삶의 부인에 대한 의지'는 기독교적 '삶에의 의지 부인'과 상호 유비이다. 그 연장선에 있는 쇼펜하우어의 동고(同苦)와 '금욕' 또한 니체 철학과 철저한 배리 관계에 있다][15])—아폴론적 꿈 예술이 목적이 마야의 베

15 쇼펜하우어의 "삶에의 의지 부인(否認)"(『의지와 표상으로서의 세계』, 70章)을

일의 무차별성이 말하는 것과 같은 구제 형이상학이지, 삶에의 의지의 부인—삶에의 의지의 단념이 아니라는 점이 물론 강조되어야 한다. 삶을 견딜 만하고 살 만하게 만드는 것과 삶에의 의지 부인 및 단념은 무관하다.

니체는 『비극의 탄생』 서문 「자기비판의 시도」에서 "삶의 否認에 대한 의지"(『비극의 탄생』, 13)로 변용시켰다. 니체는 '삶의 否認에 대한 의지'를 기독교 도덕철학의 유비로 간주한다. 쇼펜하우어의 '금욕'은 기독교 도덕철학이 상기시키는 바와 같다; **'몰락에의 의지'를 나중에 '차라투스트라'를 통해 니체가 말할 때 이것은 전혀 다른 맥락에서이다. '몰락에의 의지가 삶을 是認(시인)시킨다.' 몰락에의 의지는 '대지'에 대한 전면적 긍정으로서, 니체 철학의 표찰이다.**

14장
음악 형이상학

디오니소스 음악 자체가 가장 나쁜 실존에 관해서이다. 나아가 가장 나쁜 실존을 정당화하는 것에 관해서이다

비극을 대신하는 말이 "음악적 비극"이다. 22장 모두(冒頭)에서 처음 등장한다. 비극은 음악적 비극이다. 그리스비극은 음악의, 음악에 의한, 음악을 위한 비극이다. 음악이 '전반적'이고, 음악이 비극을 비극이게 한다. 음악이란 무엇인가? 묻게 한다. 쇼펜하우어가 정립한 음악 형이상학을 근거로 해서 니체는 비극을 디오니소스 음악 합창단 자체로 간주했다. 디오니소스 음악이 이른바 물자체이고, 이념이다. 이념은 증명 불가능성이 아니라, 음악으로 표상된다. 디오니소스 음악이 의지의 직접적 발현으로서 근원적 일자와 접촉하게 한다. 아니, 디오니소스 음악이 근원적 일자로서, 근원적 고통과 근원적 고통과 접촉하게 하고, 근원적 고통과 근원적 모순을 정당화한다. (디오니소스) 음악이 인생을 살 만하고 견딜 만하게 한다. 니체의 음악 형이상학은 디오니소스 음악 형이상학이다. (우리는) 비극 음악을 만들어야 한다. 음악적 비극을 만들어야 한다. 그리스비극이 '음악을 위한 비극'이기 때문이다.

1) 학문과 예술

음악 정신으로부터 비극이 탄생했다면, 음악 정신이 소멸하면 비극도 몰락하는 것이 이치이다. [『비극의 탄생』 16장이 이른바, 쇼펜하우어 인용에 의한, '음악 형이상학'의 장(章)이다. 디오니소스-음악-합창단 정신을 『비극의 탄생』 전편에서 진지를 펼쳐놓고 진지전을 벌이는 유일한 당사자라고 할 수 있을 것이다]

니체는 16장 서두에서 "우리 시대의 유사한 현상들"(Ⅲ-1, 98)이라는 말을 쓴다. 관심이 그리스 음악 예술을 바탕으로 당대의 음악 예술로 옮겨갔다.

"만족을 모르는 낙천주의적 인식"과 "비극적 예술에 대한 욕구"(98-99) 사이에서 벌어지고 있는 싸움을 말한다. 낙천주의는 학문적 지상주의로서 소크라테스적 낙천주의를 가리킨다. 니체는 이 싸움을 "세계 최고의 영역들"(99)에서 벌어지는 싸움으로 본다. 학문이 구원이냐, 예술이 구원이냐, 둘 다 구원이냐? 금석지감이 든다. 4차 산업혁명의 시대, 코로나 시대에 문자에 의한 구원을 말한다? 4차 산업혁명은 디지털 전환의 첨단화에 관해서이다. 디지털 전환 Digital Transformation의 첨단화로 산업 간의 경계가 무너졌다. 이른바 '산업 융합 Big Blur'이다.

애플이 자율주행 전기차를 만든다. 농가(農家)가 아닌 실험실에서 식량을 만든다. 맞춤형 식량을 만든다. 넷플릭스가 '게임' 시장에 뛰어들었다. 2차원 인터넷이 아닌 3차원 메타버스Metaverse[확장현실 eXtended reality]에서 산업은 모두 소프트웨어 기반 산업이 된다. 모든 것의 '디지털 전환'은 문자의 시대가 가고 숫자의 시대가 가시적으로 육박했음을 알린다. 17세기 과학-기술-수학 혁명 이래 비가시적 '암묵적 소문'이던 것이 일상으로 자리잡은 것을 말해야 한다. 코로나 시대에 '하루 확진자 수', 혹은 코로나에 의한 하루 사망자 수(數)는 낯선 용어가 아니다. 일시적 용어가 아니다. **코로나는 문자로 자리잡은 것이 아니라, 숫자(혹은 숫자 용어)로 자리잡았다.**

학문에 의한 구원? 예술에 의한 구원? 그래도 그때는 그랬다. 적어도 니체에 의해 대못이 박혀진 것으로서, 이후 철학에서의 예를 들 때, 하이데거 사르트르 푸코 들뢰즈 하버마스 데리다 등에 있어서 문자에 의한 구원을 말할 수 있었다. 로고스에 대해 '문자'를 주장할 수 있었다. 학문과 예술 둘 다 구원인 것을, 이미 니체는 학문과 예술이 공히 '존재'에 대해 묻는 것, 그리고 존재에 대한 구원에 관심을 가진 때문인 것으로 이미 (앞서)[1] 말했다. 문제는 '정도(程度)'이다.[2] 니체는 학문에 대한 예술의 우위를

---

1 『비극의 탄생』의 중요한 의의가 주지하다시피 '디오니소스'의 등장이고, 또 하나 '소크라테스'의 등장이다. 디오니소스 합창단 음악은 전체 25장에서 빠짐없이 등장한다. 『비극의 탄생』은 디오니소스(와 아폴론)에 관한 '책'이다. 그동안 미학에서 거의 언급되지 않은 '디오니소스'를 중심으로 '새로운' 미학이 전개됐고, 새로운 미학이 정립됐다. 그리고 『비극의 탄생』은 니체 철학의 저수지였다; 11장 이후의 모든 장들에서—마지막 장 25장을 빼고—소크라테스(혹은 소크라테스주의)가 등장한다. '소크라테스의 낙천주의'에 대한 비판이 계속 이어진다. 소크라테스의 낙천주의가 요컨대 그의 변증술로써, 인과성으로써, 그리고 그 인과성이 반영된 '학문'으로써 모든 것에 대한 설명 가능하다고 믿게 한다. 그리고 학문에 의한 구원이 가능하다고 믿게 한다. 이 점에서 주목되는 장이 '원주의 비유'가 등장한 15장이고, 소크라테스의 인과성을 칸트를 통해 훼손시킨 18장이다.

2 니체는 『비극의 탄생』 15장에서 소크라테스의 "의미심장한 '망상' tiefsinnige 'Wahnvorstellung'", 그리고 그의 '한계'를 말한다. ①인과율의 실마리를 따라 존재의 가장 심연에 도달해서 ②존재를 인식할 수 있을 뿐만 아니라, 존재를 수정할 수도 있다는 확고한 믿음을 말한다. ['존재의 가장 깊은 곳'은 철학 사상에서뿐만 아니라, 예술 일반에서도 주요한 화두이다. '이 세계의 가장 안쪽을 붙들고 있는 것은 무엇인지[?]'는 주지하다시피 『파우스트』에서의 화두였다. 존재를 인식하는 일, 그리고 수정하는 일은 구원에 관해서이다. 그러나 이것도 예술 일반에서의 주요한 화두이다] 그러나 니체는 한계를 먼저 말한다. 물론 학문의 한계이다.

미리 말하면 학문은 '구원과 치료의 만병통치약'이 될 수 없다. 예술이 구원과 치료약의 만병통치약이 될 수 있다. 니체는 학문이 한계에 봉착한 후, '예술로의 전환'의 불가피성을 말한다. 한계에서 왜 꼭 예술이어야 하는가? 왜 예술을 지

말한다. 학문과 예술이 '최고의 영역들'인 것은 뒤집어 말하면, 존재에 관심을 갖는 학문과 예술인 때문이고, 존재의 구원에 관심을 가진 학문과 예술인 때문이다.

니체는 당대의 익살극[Posse, 희극] 및 발레는 무시하자고 한다. 비극에 대한 적대적 관심을 가진 쪽에 대해, 즉 "'가장 존귀한 적대 세력'"에 대해 집중하자고 한다. '가장 존귀한 erlauchtest' 적대 세력은 물론 소크라테스를 조상으로 한 '낙천주의적 학문'이다. 여기에는 니체의 "비극의 재탄생"(Ⅲ-1, 99)에 대한 염원이 담겨 있다. 그리스 비극예술의 재탄생에 대한 염원이다.

아폴론과 디오니소스의 계보학적 투쟁이 니체의 『비극의 탄생』 전편(前篇)을 견인했으나, 이제 아폴론적인 것과 디오니소스적인 것의 투쟁과 함께 학문과 예술의 계보학적 투쟁이 『비극의 탄생』 후반부를 견인한다. 물론 디오니소스의 우위이고, 예술과 '소크라테스'의 막상막하이다. 전성기 그리스비극의 대변자 소포클레스, 특히 아이스킬로스의 비극예술은 대부분 합창단의 입장가로 시작해서, 합창단의 퇴장가로 끝났다. "'비극은 비극적 합창에서 발생했다는 것' 그리고 근원적으로 오로지 합창이고 합창 이외 아무것도 아니었다는 것." 『비극의 탄생』 7장에서의 니체의 단언이었다.

니체는 당대의 음악예술로 바로 들어가지 않고, "여태까지 획득한 인

향하는가? 학문도 "본능"(『비극의 탄생』, Ⅲ-1, 95)이고, 예술도 본능이다. 그런데, 설명할 수 없는 것을 설명하는, 논리를 넘어서는 것이 예술이다. 학문은 논리에 갇혀 있다. 학문의 한계, 논리의 한계를 15장 후반에서 니체는 그 유명한 '원주의 비유'로 설명했다. 원의 중심에서 원주(圓周)를 향해 가지만 도착한 곳은 원주의 한 점일 뿐이다. 다시 시도해도 마찬가지이다. 그 한 점에서 이동해 보지만 그 한 점으로 다시 돌아올 뿐이다.

식의 갑옷"(99)을 입는다. 『비극의 탄생』 16장은 앞서의 여러 인식들에 대한 '재정비'로 시작한다. '음악 형이상학'에 관해서이고, 디오니소스적 음악예술에 관해서이고, 아폴론적 형상예술에 대(對)한 디오니소스적 음악예술에 관해서이다. 이후 전개되는 쇼펜하우어의 '음악 형이상학 소개'가 백미이다. 그렇더라도 디오니소스 음악예술과 아폴론적 형상예술의 상호관계에 대한 니체의 진술은 끊이질 않는다. 여기서는 쇼펜하우어의 음악 형이상학, 그리고 니체에 의한 쇼펜하우어 수용, 이에 집중하고자 한다.

2) 쇼펜하우어의 음악 형이상학

니체는 쇼펜하우어를 높인다. 쇼펜하우어는 아폴론적 조형예술과 디오니소스적 음악 예술의 "거대한 대립"(99)을 본 '단 한 사람'이었다.[3] 그는 음악 형이상학을 정립한 자였다. 다음은 니체가 '쇼펜하우어'에서 가져온 것이다. 『의지와 표상으로서의 세계』 52장의 유명한 구절이다. 니체는 인용 끝에 "(쇼펜하우어, 『의지와 표상으로서의 세계』, 1권, 310)"[4]이라고 명기했다.

> […] 음악은 다른 모든 예술처럼 현상에 대한 모사가 아니라, 의지 자체

3 니체의 말은 다음과 같다. "아폴론적 예술로서 조형예술과 디오니소스적 예술로서 음악을 가로지르는 저 거대한 대립을 말할 때 그것은 위대한 사상가들 가운데 분명히 단 한 사람에게 돌아간다 […]" 여기서 니체에 의한 '단 한 사람'이 쇼펜하우어이다; 쇼펜하우어는 아폴론과 디오니소스의 대립을 직접적으로 드러냈다기보다 (디오니소스적) 음악 형이상학을 드러낸 최초의 철학자로 말하는 게 낫다. 음악을 '의지의 직접적 발현'이라고 할 때 의지 대신에 물자체를 넣을 수 있고, '디오니소스'를 넣을 수 있다. 이념을 넣을 수 있다. 의지는 근원적 일자, 그리고 근원적 일자의 구체화로서 근원적 모순과 근원적 고통을 아주 많이 포함한다. 의지는 쇼펜하우어가 '상극(相克)에의 의지'를 말할 때 그 의지이기도 하다.

4 『의지와 표상으로서의 세계』(1818)는 총 4권 71장으로 구성되어 있다.

의 직접적 모사이며, 그러니까 '세계의 모든 물질적인 것에 대(對)해 형이상학적인 것'을, 모든 현상에 대(對)해 물자체를 서술한다.(Ⅲ-1, 100)

니체는 쇼펜하우어의 이러한 인식이 가장 중요한 미학적 성취라고 말한다. 쇼펜하우어에서 "미학은 비로소 시작된다."(100) 시문학과 조형예술은 의지의 객관적 모사가 아닌, "의지 자체의 직접적 모사 unmittelbar Abbild des Willens selbst"인 그 음악으로부터 의미를 부여받는다. 시문학 및 조형예술은 "다른 모든 예술"로서, 인용 그대로 말하면, "현상에 대한 모사"이다. 그렇더라도 의지 자체의 직접적 모사의 변형으로서, 혹은 "의지 자체의 직접적 모사"가 반영된 '비유적 모사'를 말할 수 있다. '음악에의 종속성'으로서의 '비유 Gleichnis'가 시문학 및 조형예술의 특징이다.

[쇼펜하우어와 니체에 근거할 때 20세기 전반(前半) 이른바 추상화(抽象畵)의 선구자들인 칸딘스키, 마케, 마르크, 클레 등의 작품들에서 '의지'의 직접적 모사를 말한다. '비유'가 (음악에의 종속성으로서) 의지 자체의 직접적 모사와 관계한다고 볼 때 '추상' 또한 의지 자체의 직접적 모사와 관계한다고 볼 수 있다. '예수'가 비유를 통해서 진리를 말했다. 의지의 직접적 모사에 의해 물자체가 드러나는 것처럼, 비유에 의해 진리가 드러난다. 칸딘스키들이 '추상'을 통해 그동안 아무 생각없이 지나쳐온 '일상'에서 빠져나와(탈맥락화) '그 이상'을 혹은 '생활의 진리' 같은 것을 목도할 것을 요구했다. 니체 철학은 압도적인 생철학이다]

『비극의 탄생』 16장에서 바그너가 명시적으로 등장한다. 바그너의 「베토벤(론)」을 니체는 '음악은 모든 조형예술과는 아주 다른 미학원리에 따라 측정되어야 한다. 결코 아름다움의 범주에 따라 측정되어서는 안 될 것이다'라고 요약한다(100). 음악은 조형예술과 아주 다르다. 음악에 조형예술에나 어울리는 "아름다운 형상들에 대한 쾌감"(100)을 요청해서는 안

된다. 음악은 그 반대로서, 드러내기 불편한, 그러나 드러남으로써 즐거움-쾌감 및 '권력의지'를 발생시키는 그 근원적 고통과 근원적 모순을 포함한다.

근원적 모순과 근원적 고통의 해소가 아니다. 근원적 고통과 근원적 모순이 '살아갈' 힘을 준다. '나는 근원적 고통과 근원적 모순이다.' 이것을 깨닫게 하는 것이 합창단비극이고, 이것이 힘을 준다면 이것이 멋진 형이상학이 아닐 리 없다.

니체에게 문제는 거대한 대립이고[5], 따라서 그리스비극의 본질이고, 따라서 "통속적 미학의 상투어 Phraseologie"를 넘어서는 일이다. 니체는 자기 자신의 '마법적 능력'을 말한다. 자신의 "그리스학 das Hellenische"에 대한 "고유한 시선"(100)을 알린다.[6]

중요한 것은 디오니소스적인 것과 아폴론 적인 두 가지 예술적 힘을 나란히 놓는 일이다. 여기서 니체는 이들과 유비로서 음악과 '개념'의 관계를 말한다. 음악과 '형상'의 관계를 말한다. 음악의 개념화가 형상이다. '음악의 개념화로서 형상은 부인된다.' 니체는, '바그너'에 동의하는 식으로, 쇼펜하우어의 미적 형이상학을 길게 인용한다. 16장에서 쇼펜하우어 인용 두 번째이다. 앞 인용과 같은 것은 출처를 명확히 밝힌 것이고(『의지와 표상으로서의 세계』 1권 309면), 다른 것은 (앞의 인용은 간접인용 형태였으나) 이번에는 큰따옴표를 앞뒤에 붙인 직접인용인 점이다. 일련번호로 요약해본다. 필자의 말이 많이 들어갔다.

① 쇼펜하우어는 현상 세계와 음악, 자연과 음악의 "유사성Analogie"을

5 조형예술과 음악의 거대한 대립이고, 따라서 아폴론과 디오니소스의 거대한 대립이다.

6 니체가 스스로에 대한 무한한 자부심을 얘기할 때도 『비극의 탄생』이 원조(?)이다.

말한다. 분명하게 말하면, 세계와 음악은 같은 것으로서, 동일한 물자체이다. "동일한 사물의 두 개의 서로 다른 표현"(101)이다. ['세계' 대신에 난폭한 자연을 대입할 수 있다. 세계고Weltschmerz, '난폭한 자연'과 음악은 동일한 사물의 두 개의 서로 다른 표현이다. '세계고'와 자연은 동일한 사물의 두 개의 서로 다른 표현이다]

② '동일한 물자체가 이 둘을, 즉 세계와 음악을 매개하는 유일한 것이다.' '동일한 것'이 이를테면 공통분모 같은 것으로서 둘을 매개한다; 음악은 세계와 동일한 물자체이나, 음악은 움직임으로서, 음악은 "세계의 표현"이 된다. 음악이 그러므로 "최고의 보편적 언어"(101)이다. '음악이 음악 자체와 세계 자체를 매개한다.' [음악이 세계를 매개하는 유일한 것이다]

③ 음악은 최고의 보편적 언어로서, 세계에 대해서 음악이 갖는 관계는 개물(個物)에 대해서 "개념의 보편성 Allgemeinheit der Begriffe"(101)이 갖는 관계와 유비이다. [세계에 대한 보편적 언어인 음악과 개물에 대한 보편적 파악인 '개념'이 상호 유비이다]

④ 음악 보편성[보편적 언어로서 음악]이 개념의 보편성보다 상위(上位)에 있다. 쇼펜하우어는 개념의 보편성을 "공허한 추상적 보편성"으로 말한다. 음악은 "명료한 규정성"이 특징으로서, "기하학적 도형이나 숫자"(101) 같은 것이다.

⑤ 음악은 "추상적abstract"이지 않다. 음악은 (매개되지 않은 것으로서) '직관에 의한 anschaulich' 것이다. [칸트가 공간과 시간을 직관 형식이라고 했다. 공간과 시간은 추상적 형식이 아니다. 직관 형식이다] 음악은 "직관

에 의한 것이며, 철저하게 규정적bestimmt이다."(101)

⑥"인간 내면"의 모든 감정 상태를 "이성"(혹은 개념)이라는 동일자에 의해 훼손시키지 않고, "무한히 가능한 많은 멜로디 die unendlich vielen möglichen Melodien"(101)로 표현한다. '무한히 많은 물자체'로 표현한다.

⑦ 음악은 그 감정 상태라는 "소재Stoff"를 사용하지 않고, "현상"에 따르지 않고, 순수한 형식에 의해 "물자체Ansich"[7]를 표현한다. "현상의 가장 안쪽의 영혼"(201)을 "형체 없이 ohne Körper"(소재를 직접 '말하지' 않고) 멜로디 형식으로 표현한다. [감정 상태라는 소재를 사실 무엇으로도 드러낼 수 없다. 시문학적 비유나 형상 예술적 묘사는 항상 힘에 부친다. 음악을 쇼펜하우어가 '의지의 직접적 발현'이라고 하고, 무엇보다 음악과 세계를 동일한 물자체라고 할 때, 이것은 음악에 '소재'를 드러내게 하는 권위를 부여한 것이나 다름없다. 단서를 달아야 할 것은 '소재의 직접적 사용'이 아니라, "순수한 형식의 보편성"(201)으로서 멜로디에 의해서이다. '순수한 형식인 멜로디'에 의해서 세계는 그 모습을 그대로, 추상이 아닌—직관으로 감득할 수 있는—물자체를 드러낸다. 직관으로 감득한 것으로서, 수용자가 직관(直觀)-직각(直覺)으로 감득하게 한다]

⑧ "모든 사물들의 진정한 본질"에 음악이 관계하나, 그 사물들과 음악Tonspiel에 "어떤 (외면적) 유사성"이 없다. 기이한 것은 장면-줄거리-사건-환경의 "가장 비밀스러운 의미"을 보여주는 것이고, 그것들에 대한

7 안지히 an sich는 an sich selbst, 혹은 an und für sich와 동의어로 '본질적으로' '그 자체'를 말한다. 헤겔 용어로서 변증법의 '테제These'에 해당한다. 혹은 '즉자'에 해당된다. 니체는 헤겔의 an sich를 명사로 만들어 칸트의 물자체, 즉 Ding an sich와 동일한 의미로 사용했다.

"가장 올바르고 가장 명료한 주석"(101)인 점이다. 음악이라는 현상이 말이다. [음악은 기하하적 도형 및 숫자처럼 상징이다. 음악은 '세계 상징'이다. 상징은 물샐틈없이 전부, 남김없이 전부 표현하는 것에 의해서이다. 이를테면 아담에 의한 사물 명명에서, 이른바 '이름 상징'에서, 그 이름 치하에 그 이름이 갖는 모든 것이 표현된다. 그 이름을 통해 그 이름 당사자가 남김없이 포현된다]

⑨ 이제 쇼펜하우어의 음악 형이상학은 다음과 같이, 쇼펜하우어에 의한 것으로서, 그 쇼펜하우어에 대한 니체의 되풀이 인용에 의한 것으로서 (다음과 같이) 요약될 수 있다. 니체에 의한 되풀이 인용이다(니체에게 '매우 중요하게 간주됐던' 부분, 그러므로 쇼펜하우어 음악 형이상학의 핵심을 담당한다). 일련번호는 계속된다.

⑩ (음악은) "현상의 모사가 아니라, 정확하게 말해, 의지의 적절한adäquat 객관성의 모사가 아니라, 의지 자체의 (매개되지 않은) 직접적 모사이다." [의지의 개념적 모사가 아니라는 말이다. 음악은 개념보다 상위에 있다. 음악은 세계의 표현으로서 최고의 보편적 언어이다. 개물들에 대한 개념화에 관한 것으로서 '개념의 보편성'과 유비이나, 차원이 다른 유비이다] 물론 쇼펜하우어는 음악과 개념의 상호 유비를 다음과 같이 말했다. "인간 생활의 개개의 이미지들이 음악에 대해서 갖는 관계는 하나의 임의적 실례가 하나의 보편적 개념에 대해서 같는 관계와 같다."(102)

⑪ 역시 『의지와 표상으르로서의 세계』 52장에서 쇼펜하우어의 계속되는 주요한 언급이다. 이 부분만 떼어서 본 때 니체에 의한 두 번째 반복 인용이다.

(음악은) 세계의 모든 물질적인 것에 대해 형이상학적인 것을 서술하며, 사물의 모든 현상에 대해, 물자체를 서술한다.(102)

세계는 "구체화된 의지"이고, "구체화된 음악"이다. [음악은 추상화(抽象化)가 아닌, 구체화이다. 규정성과 명료성이 특징이다; 의지의 직접적 발현이 음악이더라도, 추상을 완전히 빼고 음악을 말하기가 곤란하지 않을까? 음표들의 현란한 선율이 세계 의지의 구체화라고 하더라도 추상화(抽象畵)의 그 추상화(抽象化)와 완전히 무관하다고 할 수 있을까?] "선율은 보편개념과 마찬가지로 어느 정도는 현실의 추상체이다."(102): 쇼펜하우어의 부연이다.

음악은 역설적으로 말할 때, 최고의 보편적 언어이고, 의지의 직접적 발현이고, 따라서 '개념화'와 다른 것으로서, 추상이 아닌, 명료성과 규정성이 특징이라 하더라도, 바로 이러한 특성으로 해서 (음악은) 최고의 추상예술, 추상체Abstractum이기도 하다. 가장 큰 것을 가장 작은 것으로 잡아낼 때 그것을 추상화(抽象化)라고 말한다. '멜로디[선율]는 소재의 직접적 사용이 아니나, 물자체를 드러낸다'고 할 때 이것은 추상예술의 절정에 관해서이다. 가장 큰 것이 ('사물의 가장 깊은 본질'인) 물자체이다.

칸딘스키의 추상예술이 물자체를 드러내려고 시도하고, 칸딘스키 회화를 보는 사람이 물자체를 감득하려고 시도한다. 생산자-소비자 모두 직관에 의해서이다. 순간적으로 중지(中止)가 발생하고, 자기로부터의 거리distance 및 일탈이 발생한다. 메타인지, 성찰, 탈맥락화Enttextualisierung가 그것에 대한 수용미학적(감상자 차원에서의) 명명이다. 고도로 추상화(?)된 예술인 음악에서도, 직관에 의한 것으로서, 중단 및 거리가 순간적으로 발생하고, 마찬가지로 순간적으로(혹은 찰나적으로) 메타인지가 발생하고, '탈맥락화된 인생' 같은 것이 발현된다.

⑫ "사람들이 한 편의 시를 노래로서 음악에, 혹은 구체적 묘사를 무언극으로서 음악에, 혹은 이 둘을 오페라로서 음악에 종속시킬 수 있는 것."(Ⅲ-1, 102); 노래, 무언극, 오페라가 모두 '음악(성)'이다. 시를 노래에, 묘사[형상예술]를 무언극에, 즉 시문학과 형상예술 모두 음악에 '종속Unterlegung' 시킬 때, 강조하면, 시와 묘사예술을 '음악에의 종속성'에 의해, 이를테면 시와 묘사예술을 오페라 음악에 종속시킬 때, 음악 형이상학과 마찬가지의, 즉 음악 형이상학적 효과를 낸다.

시문학과 형상예술에서 (음악에서처럼) '의지의 직접적 발현'을 말할 때, 그것은 음악에서의 상징과 유사한 것으로서, '비유'에 의해서이다. 시문학과 형상예술은 비유에 의해 의지[물자체]를 직접적으로 발현시킨다. 비유가 물자체를 개념화-객관화시키는 것이 아닌, (음악에서처럼) 물자체의 직접적 모사가 된다.

[비유가 간접적이 아닌, 직접적으로 보여주는 것이라고 할 때, 이것은 전통적 수사법에 대한 거부처럼 들린다; 돌려서 말하는 것이 직접적으로 말하는 것으로서, 세계 자체를, 진리 자체를, 물자체를 (물샐틈없이) 드러내기 때문이다. 그대로 말하는 것이 '간접적으로' 말하는 것과 같아서, 말 그대로 돌려 말하는 것과 같아서, 이때 물자체는 발현되기 어렵다. 어찌 그대로 말할 때 물자체가 발현되는가? 진리가, 그 전체 모습이, 드러나는가? 돌려서 말하는 것이, 있는 그대로 말하는 것과 같아서, 즉 전체를 통째로 말하는 것과 같아서 이때 진리가 발현된다. 물자체가 발현된다]

⑬ 니체의 쇼펜하우어 인용 후반부에서 개념과 음악은 다시 구별된다. "그러나 개념과 선율의 보편성은 어느 점에서 서로 대립된다." 쇼펜하우어는 개념은 추상하된 형식의 "추상체Abstracta"에 불과하고, 음악은 이에 반해 "모든 형태에 선행하는" 사물의 핵심으로서 "사물의 심장"을 드러낸다. 이제 그 유명한 보편사 논쟁 Universalienstreit이 쇼펜하우어 인

용문에서 날것 그대로, 격률적으로, 제시된다. 보편자 논쟁은 보편 개념 universalia과 사물들Dinge[res]과의 관계를 둘러싼 논쟁이다.

> 개념들은 사물 이후의 보편이나, 음악은 사물 이전의 보편이다. 현실은 사물 속의 보편이다.(Ⅲ-1, 102-103)

이것을 음악을 강조해서 재구성해서 말하면, 음악은 "사물 이전의 보편 개념 universalia ante rem[das Allgemeine vor dem Dinge]", 현실은 "사물 속의 보편 개념 universalia in re", 개념은 "사물 이후의 보편 개념 universalia post rem[das Allgemeine nach dem Dinge]"이 된다. 문제는 음악과 개념이다. 음악은 사물을, '이전의 보편'으로 제시한다. 즉 의지의 직접적 발현에 의해 '물자체'를 직접적으로 제시한다.

[음악은 세계 자체로서 세계 자체에 대해 벌써 알고 있다. '음악은 세계 자체이다'] 이에 반해 개념은 사물 이후의 보편을 제시하는 것으로서, 개념의 보편성은 '사물의 (사후) 개념화에 그친다. 사물이 먼저 가고, 보편화[개념화]가 뒤를 따를 때 이것이 개념의 보편성에 관해서이고, 보편화(혹은 물자체)가 먼저 가고, 사물이 그 뒤를 따를 때 이것이 음악의 보편성에 관해서이다. '사물 속의 보편'은, 토마스 아퀴나스 등 스콜라 학자들에 의할 때, 개념의 내용은 개별자[개물]에 대한 사실적 규정이다. 개별자들은 그때마다의 현상 현실이 특징으로서 원칙상 서로 다르게 나타난다.

⑭ 음악이 '사물 이전의 보편'을 어떻게 구현하는가? 니체의 쇼펜하우어 인용 마지막이다.

> […] (어느) 음악가가 주어진 사건의 핵심을 이루는 의지의 동요(動搖)를 음악이라는 보편적 언어로 표현할 수 있다면 그 노래의 멜로디, 오페

라의 음악은 풍부한 표현력을 갖게 될 것이다. 음악가가 양자 사이에 유사성을 찾아낼 경우 이러한 유사성은, 그의 이성이 의식하지 못한 상태에서, 세계의 본질에 대한 직접적인 인식으로부터 부상해야 하며, 그러나 의식적 의도와 함께하는, 즉 개념에 의해 매개된 모방이 되어서는 안 된다. 그렇지 않을 경우 음악은 내적인 본질, 의지 자체를 발언하는 것이 아니라, 그것의 현상만을 불충분하게 모방할 뿐이다. 이런 일은 원래 모방하는 모든 음악이 하고 있는 것이다.(103)

첫 문장에서 쇼펜하우어의 천재론이 드러났다. 사건의 핵심적 의지를, 즉 "주어진 사건의 핵심을 이루는 의지의 동요"를 "보편적 언어"인 음악으로 표현할 줄 아는 자가 천재이다. 이것이 앞서 '의지의 직접적 발현으로서 음악'에 대한 설명이라면, 의지를 직접적으로 발현시킬 수 있는 자가 천재이다. **'의지'는 세계의 의지이면서 동시에 음악의 의지이고,[8] '주어진 사건의 핵심을 이루는 의지의 동요 Willensregungen'는 다름 아닌 물자체로서, 물자체를 드러내는 예술가 의지가 천재이다.** 시문학Poesie에 전용시키면 음악에서의 '의지의 직접적 발현'이 시문학의 비유에 해당되므로, 비유로서 사건의 핵심을, 즉 물자체를 표현할 줄 아는 자가 천재이다.

이어지는 둘째 문장은 첫째 문장에 대한 부연이다. **'의지의 직접적 발현'이 "세계의 본질에 대한 직접적 인식"으로 보다 강조되었다. "이성"이 개입하지 않은, 즉 "개념에 의해서 매개된 모방Nachahmung"이 아닌 '직접적 모사Abbild'를 강조한다. 음악은 사물의 "현상"이 아닌 "내적인 본질", 즉 "의지"[물자체]를 발언하는 것이다.** 쇼펜하우어는 부연한다. 그런데 그러지 못한, 즉 현상을 "모방하는 모든 음악"들을 말한다. '모방하는

8 세계와 음악은 동일한 것이다. 쇼펜하우어 인용 ①에서 말한 대로다. 세계와 음악은 같은 것으로서, 동일한 물자체이다. "동일한 사물의 두 개의 서로 다른 표현"이다.

모든 음악'은, 요청되는 천재적 음악이 '결코' 아니다.

결론적으로, 음악은 개물의 모방이 아닌, 혹은 개념[이성]에 의해 매개된 모방이 아닌, 물자체에 대한 모사이어야 한다. 물자체[의지]의 직접적 발현이어야 한다. 그런데! 그렇지 않은 예술들이 대부분이다. 쇼펜하우어는 "모방이 하는 모든 음악"이 현실이라고 말한다. 물론 현상의 모방에 관해서이다.

3) '음악으로서의 비극예술'

니체는 『비극의 탄생』 16장에서 쇼펜하우어의 『의지와 표상으로서의 세계』 52장을 길게 인용하며 쇼펜하우어의 음악론, 음악 형이상학을 수용, 승인했다.

『비극의 탄생』 16장 말미에서 또한 니체는 쇼펜하우어에 동의하는 식으로 음악에의 종속예술, 즉 음악종속성으로서의 예술을 말한다. 음악종속성에 '비극 이야기[신화, 비극적 신화]'가 아폴론적 형상예술로서 거기에 포함되는 것은 물론, "서정시인의 현상" 또한 아폴론적 형상으로서 거기에 포함된다. '거기'가 음악이고, 정확히 말하면 거기가 '음악에의 종속성'이다.[9)]

9 니체가 여타 문학 및 예술(혹은 아폴론적 문학 및 예술)을 음악종속성으로 말할 때, 세계상징Weltsymbolik으로서의 음악과 비유예술로서의 (넓은 의미의) 형상예술과의 관계 때문이다. '비유로서 이야기[신화] 및 서정시들'이 상징으로서 음악에 종속된다. 요컨대 비유의 상징종속성이다. '여타 문학 및 예술의 음악종속성'을 아폴론적 형상예술의 음악종속성으로 말할 때 이것은 엄격히 말하면 '그리스비극'에서의 아폴론적 형상예술에 국한되나, 이야기 문학의 음악종속성, 서정시 문학의 음악종속성, 그리고 '회화예술'의 음악종속성을 말한 것에 특별히 주목할 때, 음악종속성의 외연은 확장된다. 말 그대로 '여타 문학 및 예술'의 음악종속성을 보다 넓게 일반화시킨 것을 말할 수 있다.

"음악은 디오니소스적 보편성을 '비유의 형식으로 관조'하게 자극한다."; 비극 이야기[신화]는 물론, 서정시 또한 "비유 형식의 형상 das gleichnissartige Bild"을 가진 것으로서, 음악이(혹은 음악 역할이) '신화'와 서정시 Lyrik 등 '비유 형식의 형상' 예술을 "최고의 의미"(103)를 가지게 한다. 시 문학의 음악 종속성을 시인한다. 여러 형상예술[회화 및 서사]의 음악에의 종속성을 시인한다. 음악은 아폴론적 형상, 즉 서정시, 신화 이야기 등을 통해 자기 자신을 드러낸다고 할 때 이 또한 음악이 다른 예술의 주체가 되는 음악종속성에 관해서이다. 인용이다.

> 디오니소스적 (음악) 예술은 아폴론적 예술 능력에 두 가지 영향을 미친다. 첫째, ① 음악은 디오니소스적 보편성을 '비유의 형식으로 관조' 하게끔 한다. 둘째, 그렇게 함으로써 ② 음악은 비유 형식의 형상 Bild[image]을 '최고의 의미' 를 갖고 나타나게 한다 […] ③ 음악의 능력은 '신화', 즉 가장 의미 있는 전범으로서 바로 '비극적' 신화를 낳는 데 있다. **음악의 능력은 디오니소스적 인식에 대(對)해서 비유로 말하는 신화를 낳는 데 있다.** ④ 서정시인의 현상으로부터, 나는 음악이 서정시인 속에서 아폴론적 형상을 빌려 자신의 본질을 알리려고 분투한 점을 서술했었다. ⑤ 이는 음악이 최고로 고양되었을 때 최고의 형상화Verbildlichung에 도달하려고 해야 한다는 것이다. **음악이 자기 본래의 디오니소스 지혜에 대한 상징적 표현 또한 발견할 수 있으리라 생각하는 것도 가능한 일이다.** 이러한 상징적 표현을 비극에서, 그리고 일반적으로 '비극적인 것' 이라는 개념에서 찾지 않는다면 어디에서 찾을 것인가?……[…] 보통 허구Schein와 미(美)라는 유일한 범주에 의거해 파악되는 예술의 본질로부터는 비극적인 것을 결코 도출해낼 수 없다. **우리는 음악의 정신으로부터 개체의 파멸이라는 즐거움을 이해한다.**(Ⅲ-1, 103-104) [편의상 번호를 붙였다] [강조는 필자]

아폴론적 형상 apollinische Bilder으로 표상되는 시문학 및 이야기[신화]

들도, 즉 회화를 포함한 여타 예술들도 음악과 마찬가지로, 이른바 음악 종속성으로서, 의지 자체[물자체]의 직접적 표현이 되어야 한다. 다르게 말할 수 있다: 음악은 아폴론적 신화(이야기, 혹은 시문학, 혹은 형상예술 일반)라는 비유 Gleichnisse에 의해 최고의 비극적 효과를 달성한다. 인용문 ③이 말하는 바다. "음악의 능력은 '신화', 즉 가장 의미있는 전범으로서 바로 '비극적' 신화를 낳는 데 있다." 음악의 능력은 디오니소스적 인식을 비유로 말하는 신화를 낳는 데 있다.

⑤를 다시 말하자. "이는 음악이 최고로 고양될 때는 필연으로써 최고의 형상화에 도달하려 한다는 것이다. 음악이 자기 본래의 디오니소스 지혜에 대한 상징적 표현 또한 발견할 수 있으리라 생각하는 것도 가능한 일이다. 이러한 상징적 표현을 비극에서, 그리고 일반적으로 '비극적인 것'이라는 개념에서 찾지 않는다면 어디에서 찾을 것인가?"(여기에서 니체는 음악의 영토에서 주요 사용되는 '상징'과 형상예술의 영토에서 주로 사용되는 '비유'를 상호 구별하지 않고 일반화시켜서 '상징 Symbol'으로 말했다.) 후반부가 결론이다. 아폴론적 형상화에 이르게 하는 것이 바로 "디오니소스 지혜"이다. 이것이 "비극적인 것의 개념"이다. 디오니소스적 지혜가 작용하는 곳이 '아폴론적 형상화'이다. 디오니소스 지혜가 무대 주인공의 '미화로의 형상화', 대파국에 의한 것으로서 무대주인공의 '추화(醜化)로의 형상화'에 관여한다.

이어서 니체는 문단을 바꾸어 중요한 단서를 단다. 아폴론적 형상화, 즉 "미(美)"나 "허구"만이 (그리스비극의, 혹은 예술 일반의) 유일한 범주가 아닌, 더 근원적 범주로서 디오니소스 근원적 일자의 반영인 근원적 고통 및 근원적 모순이 반드시 드러나야 한다는 것이다. "개체의 파멸"이 드러나야 한다는 것이다. 아폴론적 형상예술에 대(對)해 다시 디오니소스적 '파멸예술'을 강조했다. (다음 인용문 역시 압도적이다.)

4) 무의식적 디오니소스적 지혜

> **비극적인 것에 대해 우리가 형이상학적 기쁨을 느끼는 것은 본능적 무의식적 디오니소스적 지혜가 형상의 언어로 번역되어 있기 때문이다. 의지의 최고의 현상인 주인공의 파멸은 우리의 쾌감이다.** 왜냐하면 주인공은 오로지 현상일 뿐이며, 주인공의 파멸로 해서 의지의 영원한 생명이 손상되지 않기 때문이다. '우리는 영원한 생명을 믿는다.' 비극은 이렇게 부르짖는다. 음악이 이러한 생명의 직접적 이념이다.(Ⅲ-1, 104) [강조는 필자]

의지의 직접적 발현인 음악, 생명의 "직접적 이념"인 음악[10], 이것이 "형상의 언어"로 번역되면, "의지의 최고 현상인 (비극의) 주인공"이다. 그 주인공의 "파멸"이다. 음악은 최고 현상인 주인공의 파멸에 대한 광포한 반주이다. 음악은 근원적 일자로서 근원적 고통과 근원적 모순을 직접적으로 반영한다. '최고의 현상인 주인공'의 '파멸'에서, 즉 "비극적인 것에 대해 우리가 형이상학적 기쁨을 느끼는 것은 본능적 무의식적 디오니소스적 지혜가 형상의 언어로 번역되어 있기 때문이다."

디오니소스 지혜 역시 근원적 일자로서, 근원적 모순과 고통에 관한 깨달음이다. 주인공[개별화의 원리, 개별자]의 파멸은 근원적 고통과 모순의 반영이다. 근원적 일자가 된 관객에게 주인공의 파멸은 그 근원적 고통과 근원적 모순의 반영으로서 오히려 '쾌감이 대상'이다. **비밀을 깨달은 자에게! 비밀이 확인된 순간 그 비밀은, 그 비밀이 그 무엇이라 해도, 쾌감을 준다. '근원적 모순 및 근원적 고통'이 발생할[구체화될] 때 쾌감이**

10 쇼펜하우어에게 이념은 음악으로만 표상된다. 칸트의 '초월적 변증론'에서처럼 신이념-세계이념-영혼이념 등 '이념'은 증명 불가능성이 아니라, (이념Idee은) 음악으로만 가시화된다.

아울러 발생한다. 그 '구체화'가 비극 주인공이다. 비극적 주인공의 파멸이다. 비극적 주인공의 파멸이 쾌감을 준다.

'우리는 영원한 생명을 믿는다'라고 비극이 부르짖는다고 할 때 '영원한 생명'은 디오니소스적 지혜에 의한 것으로서 역시 근원적 일자에 관한 것이다. "근원적 어머니"(104)에 관한 것이다. 근원적 고통과 근원적 모순은 근원적 어머니 품에서 긍정의 대상이다; **주인공의 파멸, 개별자의 파멸, 개별화 원리의 파멸(혹은 파열)을 정당화시키는 것은 물론 음악이다. 디오니소스적 지혜가 반영된 디오니소스적 (합창단)음악이다. 불협화음으로서 음악이다. '영원한 생명으로서의 디오니소스'에 의해 '파멸로서의 아폴론'은 정당하다.**

물론 니체는 아폴론 그 자체를 정당화시키는 것 또한 잊지 않는다. "(아폴론적) 조형예술가의 예술은 이것과 아주 다른 목표를 가지고 있다. 여기서 아폴론은 '현상의 영원성'을 빛나게 찬미하면서 개체의 고통을 극복하게 한다. 여기서는 아름다움이 삶에 내재하는 고통에 대해 승리한다. 고통은 어느 정도로는 자연의 얼굴에서 말끔히 씻겨나간다."(104); 아폴론적 "조형예술가의 예술"이 말하는 것이 신화 이야기이고, 시문학이고, 회화 및 조각 예술이다. 아폴론적 형상예술, 아폴론적 "조형예술가"의 역할에 대한 짤막하고도 분명한 요약이다.

앞의 긴 인용문(3절)과 위의 인용문을 통해 다시 강조하자. 디오니소스 음악이 "개체의 파멸"(혹은 주인공의 파멸)을 정당화한다. 왜냐하면 디오니소스는 근원적 일자로서 근원적 고통과 근원적 모순을 본 자이기 때문이다. 디오니소스 음악은 개체의 파멸에 대한 광포한 반주(혹은 라이트모티브)이다. 진리를 본 자는 진리를 부인하지 않는 자가 된다. 진리를 향유하는 자가 된다. 진리는 반박 불가능성이 특징이다.

위위 인용문 뒷부분에서 또 주목되는 것이(강조하자!) 니체가 "허구"와

"미"라는 "유일한 범주"를 말하고, 이를 부인한 점이다. '허구와 미의 유일한 범주에 "최고의 예술로서의 비극"(Ⅲ-1, 22장, 138)이 들어설 자리가 없다': 다름 아닌 '픽션으로서의 예술' 부정이고(존재 이해와 무관한 픽션에 대한 부정이고), 칸트의 '미의 미학'에 대한 부정이다. 정말이지 '근원적 추'로서 근원적 고통과 모순을 비극이 드러내는 것을 말할 때 이는 칸트 미학에 대한 정면 부인이다. 공통점을 말할 때 그것은 (자본주의적) 이해관계에 관해서이다. 탈이해관계Interesselosigkeit라는 점에서 칸트의 '미의 미학'과 니체의 비극 미학은 공통적이다.

15장
마야의 베일, 개별화의 원리, '형이상학적 위로'

1) 마야의 베일

아티카비극, 마야의 베일, 개별화의 원리, '형이상학적 위로' 등이 『비극의 탄생』의 열쇠어들이다. 디오니소스적(的)-아폴론的이 아티카비극을 말한다. 아티카비극이 현존(재)의 잔혹성을, 즉 생-로-병-사로 표상되는 삶의 잔혹성을 건너가게 하는 '비자연적' 형식이다. 디오니소스적 도취 예술의 표상으로서 디티람보스[주신찬가] 합창단이 실존의 잔혹성을 건너가게 하는 예술 형식이다.

"마야의 베일"(『비극의 탄생』, 1장, 24; 쇼펜하우어, 『의지와 표상으로서의 세계』, 3장(章))[1)]이—니체에 의할 때—아폴론적 꿈 예술의 표상으로서 역시 현

---

1 마야의 베일은, "아폴론적 착각[아폴론적 기만, apollinische Täuschung]"(Ⅲ-1, 21장, 133-135; 24장, 145)과 비동질적 유비로서, 환영(幻影, Vision)과 같은 것으로서, 생리학적 교란을 일으키는 '곳'에 대한 명명이다, "계시 zu offenbaren"와 "은폐 zu verhüllen"의 변증이 '표상'이다.(24장, 146); 아폴론적 착각[마야의 베일]이 묻는다: "현존[Dasein, 실존]의 공포와 경악"(31), 즉 생로병사의 공포와 경악이 있는 것인가 없는 것인가?; **마야의 베일은 쇼펜하우어에게 형이상학적 구원을 뜻하지 않는다. 『의지와 표상으로서의 세계』 뒤쪽의 쇼펜하우어를 고려하면 마야의 베일은 '미혹'의 마야의 베일로서 현상계의 '상극(相克)의 의지'나 '만**

존재의 잔혹성을 넘어가게 하는 형식에 관해서이다. '마야의 베일'은 '상호 배리(背理)의 2개의 가능성'을 지시한다. 그것의 '분별 불가능'을 지시한다. 꿈인가 생시인가?—'일렁이는 물결인 줄 알았으나 햇빛에 반짝이는 모래였다. 햇빛에 반짝이는 모래인 줄 알았는데 일렁이는 물결이었다.' 디오니소스 도취 예술의 '근원', 특히 아폴론 꿈 예술의 '근원'이 말하는 바다. 생리학적 증상으로서 도취가 말하는 바이고, 생리학적 증상으로서 꿈이 말하는 바다. 형이상학이 아닐 리 없다. 삶인가 죽음인가? 있는 것인가 없는 것인가?

『비극의 탄생』 18章에서 니체는 칸트-쇼펜하우어를 거론하며, "꿈꾸는 자를 아주 더 잠들게 하는 것"(쇼펜하우어, 『의지와 표상으로서의 세계』, 부록: 「칸트 철학 비판 Kritik der Kantischen Philosophie」)으로서 "마야의 작품 Werk der Maja"(114)을 얘기한다. 꿈의 꿈으로서 이중의 마야의 베일을 얘기한다. 있는 것인가 없는 것인가? [본질에 대한 인식을 근본적으로 불가능하게 하는 것이 비극 효과 중의 하나이다]

마야의 베일이 그 광포한 선율에 의한 것으로서 디오니소스적 도취 예술과 관계하고(광포한 불협화음의 도취 예술이 마야의 베일과 무관하지 않다. 저것이 현실인가 아닌가? 묻게 한다, 불협화음의 광란의 주신찬가 합창단이 말이다), 또 그 광포한 선율에 의한 것으로서, 광포한 선율에 의한 '아폴론적 마야 베일의 파열'로서도 디오니소스 도취 예술과 관계한다. 마야 베일의 파열이 마야 베일의 극단화로서, 이것이 근원적 일자에 관해서이다.

근원적 일자가 지시하는 것이 근원적 모순(혹은 근원적 고통)일 때, '마야

인에 대한 만인의 투쟁'과 유비가 된다. '두 가지'[있는 것인가 없는 것인가?]는 상호 분열과 상호 투쟁을 포함한다. 『의지와 표상으로서의 세계』 뒤쪽의 쇼펜하우이에게 '구원'은 동고(同苦)의 금욕 등에 의한 '의지의 단념'에 있다. 의지의 단념은 니체 용어로는 '약의 염세주의 Pessimismus der Schwäche이다. 소극적-부정적 염세주의이다. 강의 염세주의 Pessimismus der Stärke가 권력의지가 모범적 예로서 '의지에 대한 전면적 긍정'이다.

베일의 파열'이 지시하는 것은 근원적 모순의 정당화이다, 다름 아닌 마야 베일의 정당화이다. 두 개의 양립 불가능성의 파열이 '두 개의 양립 가능성'으로 시인된다. 세계는 근원적 모순으로서, 근원적 모순이 근원적 모순을 시인시킨다. 근원적 일자에 의한 통찰로서 근원적 모순이 마야의 베일을 시인시킨다. 디티람보스 합창단이 마야의 베일을 파괴하면서 마야의 베일을 보존한다.

역설이다. 역설이 아닌 것이 모순에 의한 모순의 정당화이기 때문이다. 근원적 모순에 의한 근원적 모순[마야의 베일]의 정당화이기 때문이다. 근원적 일자 das Ur-Eine가 지시하는 것이 근원적 모순일 때 이것이 마야의 베일 자체이다. 근원적 일자가 말하는 것이 (삶의) 근원적 모순이면서 또한 (삶의) 근원적 고통일 때, 이것이 마야의 작품에 관한 것일 때 마야의 베일이 쇼펜하우어의 '절한 망'[절망(絕望)]인 것은 당연하다.

2) 개별화의 원리

개별화의 원리는 미리 단정할 때 아폴론적 꿈 예술에 대해서이다. 또한 마야의 베일의 파열과 유비로서 "개별화의 원리의 파열 Zerreissung des principii individuationis"(Ⅲ-1, 2장, 29)을 말할 때 이것은 개별화 원리의 극단화로서 디오니소스적 도취 예술에 관해서이다. 개별화의 원리는 파열이 운명이다. 파열이 운명인 개별화의 원리에서 현실태로서 아폴론적 꿈 예술을 말하고, 잠재태로서 디오니소스적 도취 예술을 말한다.

개별화의 원리를 만드는 것은, 개별자를 지탱하고 상호구별하게 하는 것은, 아리스토텔레스 '형이상학'을 액면 그대로 따르면 '질료형상주의Hylemorphismus'에서 질료이다. '형상(ēidos)이 먼저 가고 질료가 그뒤를 따른다.' 칸트에게—칸트 인식론의 비동질적 계승자 쇼펜하우어의 '근거율'(혹은 이유율)을 통해 칸트를 말하면—개별화의 원리를 만드는 것은, 개별자를 지탱하는 것은, 곧 현상들을 지탱하는 것으로서 공간–시간–인과성이다. 칸트에게는 선험적 제한조건이고, 쇼펜하우어에게는 근거율이다. **개별자는 공간–시간–'인과성Kausalität'에 의해 그 모습을 유지한다. 문제는 모든 개별자들에 이것이 해당하는 점이다. 공간–시간–인과성이 모든 개별자에게 형상을 부여하는 개별화의 원리인 셈이다.** [개별화의 원리는 안정적 개별화의 원리이다. 개별화 원리의 표상으로서 아폴론적 꿈 예술을 말할 때 아폴론적 꿈 예술은 '안정적' 꿈 예술이다]

클라이스트 Heinrich von Kleist(1777~1811)의 '녹의(綠衣)의 안경–론'으로 말하면[2], 개별자–현상 '하나'가 모두에게 똑같이 보이는 이유가 모두가 공간 시간 인과성이라는 안경, 그 똑같은 안경을 쓰고 있기 때문이다. 마야의 베일과 다른 의미에서의, 개별화 원리의 무차별성이다. 개별화 원리의 무차별성은 보편적 무차별성이다. 모두가 개별화 원리의 화신(化身)이다. [모두가 공간–시간–인과성에 의존한다] 개별화의 원리를 말하지만, 이것이 모든 종들에 관계하는 점에서, 개별화의 원리는 개별화의 원리이면서, '하나이면서 모두인 원리'—'모두이면서 하나인 것'이다.

다시, 니체에게 개별화의 원리는 우선 '아폴론'으로 표상된다. 아폴론적 꿈 예술을 상기할 때, 쇼펜하우어의 주요 용어, 마야의 베일이 말하는 것과 유비이다. 삶인가 죽음인가? 꿈인가 생시인가? 칸트의 선험적 제한조건과 관계있는 것이, 인식내용이 선험적 제한조건에 의한 '조건적 인

---

2 모든 인간이 눈 대신 녹색 안경을 가질 때, 그 녹색 안경을 통해 바라보는 대상들을 녹색으로 판단해야만 할 것이오. 인간의 눈이 사물을 있는 그대로 보여주고 있는지, 아니면 사물들이 가지고 있지 않은, 인간 눈이 가진 어떤 것을 사물들에게 부가하는지, 결코 결정할 수 없을 것이오 […] 우리가 진리라고 부르는 것이 정말 진리인지, 아니면 단지 그렇게 보이는 것인지, 결정 내릴 수 없다 이 말이오.(1801년 3월 클라이스트가 약혼녀 첸에 Wilhelmine von Zenge에게 보낸 편지 중에서): '칸트 위기'의 모범적 사례라고 할 만하다.

식 내용'이라는 점이다(『순수이성비판』의 '선험적 감각론'과 '선험적 분석론'에 의할 때 '감각직관화+지성개념화(化)=인식'이 도출된다). 공간-시간이라는 선험적 직관 형식 및 '인과성들'이라는 선험적 범주 형식에 의한 조건적 인식이라는 점이다. 모두에게 동일하게 작용하는 조건에 의해 모두에게 동일하게 보이는 개별자들[현상들Phänomene]을 '본래적 존재(자)'라고 할 수 없다. 조건적 존재(자)를 본래적 존재자라고 할 수 없다. 조건적 존재(자)는 현상-가상 Erscheinung-Schein이다. 선험적 제한조건에 의해 개별자-현상이-보는 자도 포함해서-'보는 자'에게 똑같이 보인다면 모두가 가상이다. 칸트의 인식론이 현상들만 알 수 있을 뿐이지 물자체는 알 수 없는 것으로 말하게 할 때, 이것은 개별자들-현상들을 가상(假像)이라고 한 것과 같다.

3) 아폴론적 배우 무대의 '환영Vision'

니체는 『비극의 탄생』 8장에서 배우[무대]를 '환영'으로 느끼게 하는 것에 관해 말했다; 무대 주인공 무대를 개별화의 원리의 구체화로 표상시키는 것과 별도로 말이다. "사람들은 심지어 아폴론을 개별화의 원리의 장려한 신상이라고까지 이름 짓고 싶어 한다."(1장, 24)라고 말하기까지 했는데도 말이다.

배우 무대의 환영Vision은 합창단의 등장가와 합창단의 퇴장가 말고도 배우 무대에 끊임없이 간섭하는 (디오니소스) 합창단에 의해서이다. 무대 위의 프로메테우스에 끊임없이, 무대 위의 오이디푸스에 끊임없이, 간섭하는 합창단에 의해서이다. 니체는 이것을 합창단의 간가(間歌)에 의한 "방출"(8장, 58), 혹은 합창단의 '방사'로 표현했다. 니체는 배우 무대에서 발생하는 아폴론적 꿈 예술, 즉 아폴론적 형상예술, 즉 아폴론적 대사 및

'서사 예술'을 디오니소스적 합창단에 의해 발생하는, 디오니소스 광란의 주신 찬가가 덮어써서 생긴 '환영'이라고 했다.

> 마법화Verzauberung가 모든 드라마 예술의 전제이다. 마법에 걸린 상태에서 디오니소스적 열광자는 자신을 사티로스Satyr로 보고, '그리고 사티로스로서 그는 다시금 신을 바라본다.' 즉 디오니소스적 열광자는 변신한 가운데 아폴론적 완성 상태로서 새로운 환영을 자기 밖에서 본다. 이 새로운 환영에 의해 드라마는 완성된다.(Ⅲ-1, 8장, 57-58)

> 환영은 전적으로 꿈의 현상이며, 그러는 한에 있어서 서사적 성격을 갖는다. 그러나 다른 한편으로 그것은 디오니소스적 상태의 객관화로서, 가상 속에서의 아폴론적 구원이 아닌, 정반대로 개체의 파괴와 개체의 근원적 존재와의 합일을 나타낸다.(58)

사티로스 및 디오니소스 신에 의한 "새로운 환영 neue Vision"의 탄생이 "아폴론적 완성 상태"이다. 새로운 환영이 아폴론의 완성이고 '드라마의 완성'이다. 본래적 아폴론적 꿈 장면 또한 환영을 말하나, 이 환영으로서의 꿈 장면이 사티로스 및 디오니소스 신에 의해 훨씬 강화된(혹은 "새로운") 환영으로 바뀐다. 디오니소스가 '객관화'된 아폴론적 완성 상태는 그 아폴론적 꿈이 말하는 환영이 아니라, 새로운(혹은 훨씬 강화된) 환영이다.

개별화 원리의 구체화로서 아폴론적 꿈과, 그리고 합창단의 합창-댄스-기악에 의해 점유된 무대의 환영, 즉 합창단의 '방출' 및 방사에 의한 '환영'을 상호 엄격하게 구분하는 것보다 아폴론 본래의 꿈의 환영과 디오니소스 합창단에 의해 생긴 새로운 환영을 상호 비례적으로 말하는 것이 낫다. 환영은 아폴론적 꿈의 완성으로서, 아폴론적 완성 상태로서의 환영이다,

하단 인용에서 '전환'이 일어난다. 이른바 아폴론의 2차적 '변용'이다.

아폴론적 새로운 "환영"은 디오니소스 효과에 의한 것으로서, "디오니소스적 상태의 객관화"이다. 니체는 (새로운) 환영은 그 본래의 아폴론적 꿈에 의한 "아폴론적 구원"이 아닌, "개체의 파괴와 개체의 근원적 존재 Ursein와의 합일"로서 디오니소스적 구원이라는 점을 분명히 했다. 디오니소스 근원적 일자가 드러나게 한 근원적 존재와의 합일, 즉 근원적 모순과 근원적 고통과의 합일을 분명히 했다.—디오니소스적 구원이다. **아폴론 배우 무대의 새로운 환영이 근원적 존재와의 합일을 나타낸다면, 이것은 앞서 논의한 디오니소스 힘에 의한 (아폴론적) 마야 베일의 '파괴'와 유비이고, 디오니소스적 힘에 의한 (아폴론적) 개별화 원리의 '파열'과 유비이다. 마야 베일의 파괴와 개별화 원리의 파열이 근원적 존재와의 합일을 나타내기 때문이다. 역시 디오니소스적 구원이기 때문이다.**

니체는 디오니소스적 힘에 의한 것으로 무대의 '재환영화(再幻影化)[두 번째 환영화]'를 말하면서도 환영이 여전히 (아폴론적 꿈의 현상으로서) 아폴론적 서사적 성격을 간직하는 것을 말한다. 아폴론과 디오니소스의 관계에서 이 부분이 '난경'으로 보이나, 아폴론 주인공 무대에서 디오니소스 합창단 효과를 강조하면서 동시에 '본래적 아폴론'의 보존을 얘기하려는 것, 이것이 니체의 의도이다. 니체는 위 인용문에 이어 다음과 같은 말을 남긴다.

> 드라마는 디오니소스적 인식과 활동의 아폴론적 감각화이며, 이로써 서사시와는 깊은 협곡을 통해 분리되어 있다.(8장, 58)

드라마(Drama, 연극)는 "디오니소스적 인식과 활동의 아폴론적 감각화"라고 다시 명확히 한다. 방점은 디오니소스적 인식과 활동이다. '아폴론적 감각화'는 이에 따른 부수적인 표현으로 '디오니소스'의 객관화, 즉 '디오니소스 합창단'의 아폴론 무대에 대한 '영향'을 지시한다. 요컨대 '개체의 파괴와 개체의 근원적 존재와의 합일'이다. 문제는 새로운 의미의 아폴론적 환영에 사티로스-디오니소스 작용이 결정적이고, 이로써 드라마 무대는 아폴론적 서사시와는 "깊은 협곡"을 통해 분리-존재한다고 흘린 점이다. ('아폴론적 "서사시"의 보존'을 얘기한 점이다.)

아폴론적 꿈 장면이 있었고 아폴론적 꿈 장면이 "본래적 무대 주인공이며 환영의 중심인 '디오니소스 신(神)'"(59)에 의해 강화된 것은 계속 강조되어야 한다. '두 번째' 환영은 아폴론적 꿈 장면이 '디오니소스 신'에 의한 것으로서, 즉 디오니소스 신의 표상인 '디오니소스 합창단 효과에 의한 것으로서, 개체의 파괴와 개체의 근원적 존재와의 합일에 의해 훨씬 강화된 환영이다, 강조되어야 한다. 위위 인용문이 말하는 것이 그것 아닌가? "그러나 다른 한편으로 그것은[환영은] 디오니소스적 상태의 객관화로서, 가상 속에서의 아폴론적 구원이 아닌, 정반대로 개체의 파괴와 개체의 근원적 존재와의 합일을 나타낸다." 니체는 8장 끝을 다음과 같은 말로 장식한다.

> 디오니소스 신은 아폴론적인 현상 속에 객관화되는 것이지만 […] 이제 무대로부터 명료하고 확고한 서사적 형상이 디오니소스 시종에게 말을 한다. 이제 디오니소스는 더이상 힘을 통해서가 아니라, 거의 다 서사적 주인공으로서 호메로스 언어를 통해 말을 하는 것이다.(8장, 60)

간단하다, 혹은 쉽지 않다. 디오니소스는 아폴론 속에 투영되어 디오니소스는 아폴론을 통해 객관화된다. "디오니소스 신은 아폴론적인 현상(Erscheinungen, 가상) 속에 객관화되는 것"이 말하는 바다. **[아폴론이 디오니소스의 육화(혹은 투영)인 것을 말할 때, 이것은 아폴론이 디오니소스로 나타난 것을 말한다. 디오니소스가 아폴론에 의해 객관화된 것을 말할 때 이것은 디오니소스가 아폴론으로 나타난 것을 말한다]** 인용문의 포인트는 또 있다. 아폴론은 디오니소스의 아폴론이나[3], 디오니소스는 아폴론의 언어로, 아폴론적 "서사적 주인공"의 언어로, 즉 "호메로스 언어"로 말한다고 한 점이다. 디오니소스 무대 합창단["디오니소스 시종"]을 향해, 디오니소스 청중을 향해, 아폴론의 언어로 말한다. 아폴론 무대 주인공은 아폴론의 언어인 호메로스의 언어로 얘기한다. 물론 무대 주인공은 디오니소스가 그 몸에 들어간 무대 주인공이다.

이것이 그리스비극—'비극적 신화'의 또 하나의 전말기이다. 디오니소스 힘에 의해 마야의 베일이 파괴되었지만, 무대 언어는 어디까지나 아폴론적 호메로스의 언어에 의한 것. 디오니소스 힘에 의해 개별화의 원리가 파열되었지만 무대 언어는 어디까지나 아폴론적 호메로스 언어에 의한 것. [추함과 아름다움의 병존을 넘어. 추함의 아름다움으로의 변용을 말할 수 있다]

디오니소스와 아폴론의 변증, 아폴론과 디오니소스의 변증 이것을 보증하는 것이 『비극의 탄생』 21장의 마지막 말이다. 디오니소스와 아폴론은 "형제 동맹" 관계이다. 디오니소스는 아폴론의 언어로 말하지만, 마지막에는 아폴론이 디오니소스의 언어로 말한다. 디오니소스적 효과, 곧 "디오니소스적 지혜"에 의한 효과는 "너무나 강력하므로" 결국은 아폴론을 "디오니소스의 언어"로 말하게 한다. 그렇더라도 그 말은 서사적 주인공에 의한 "호메로스의 언어"이다.

> 디오니소스적 효과는 너무나 강력하므로 끝날 무렵에는 아폴론 드라마 자체가 새로운 국면으로 돌입, 드라마가 디오니소스적 지혜를 가지고

---

3 다시 강조한다. '그것은[환영은] 디오니소스적 상태의 객관화로서, 가상 속에서의 아폴론적 구원이 아닌, 정반대로 개체의 파괴와 개체의 근원적 존재와의 합일을 나타낸다.' '아폴론은 개체의 파괴와 개체의 근원적 존재와의 합일을 나타낸다. 바울[아폴론적 꿈 예술]이 '사울'로 변한 것을 계속 강조해야 한다. 사울은 근원적 일자에 의한 통찰로서 근원적 고통과 근원적 모순을 지시한다.'

말하기 시작하며, 자기 자신과 자기의 아폴론적 가시적 거리를 부정한다. 따라서 실제로 비극에서 아폴론적인 것과 디오니소스적인 것 사이의 난해한 관계는 두 신의 형제 동맹으로 상징될 수 있을 것이다. 디오니소스는 아폴론의 언어로 말하나, 마지막에는 아폴론이 디오니소스의 언어로 말한다. 이와 함께 비극과 예술 일반의 최고 목표가 달성된다.(Ⅲ-1, 135-136)

이것은 디오니소스(적 지혜)에 의한 (우선) 아폴론 무대에서 일어나는 1차적 미화(美化) 작용과 (다음) 아폴론 무대에서 일어나는 2차적 '추한 것과 부조화한 것의 작용'[주인공의 고통과 '주인공의 파멸']과 정확히 일치한다.

4) 니체: 쇼펜하우어와 개별화의 원리

아폴론적 꿈(예술)은, 『비극의 탄생』에 나타난 일반적 아폴론-디오니소스 관계에 의할 때, 디오니소스적 작용에 의한 것으로서 파열이 운명이다.

> 쇼펜하우어는 사람들이 갑자기 현상의 인식 형식들에 대해 신뢰를 상실할 때, 즉 이유율에 의한 어느 하나에서라라도 예외를 감수하게 될 때 그들을 엄습하는 엄청난 '전율' 에 대해서 말하고 있다(Ⅲ-1, 1장, 24)

쇼펜하우어의 이유율 붕괴에 말하고 있지만, 우선적 전제가, 모든 현상물이 똑같은 조건하에 있는 경우로 해서 (똑같은 조건에 있는 인식주체에 의해) '똑같이' 보이고, 무엇보다도 '제한조건'으로 인해 물자체에는 도달할 수 없게 된다는, 이른바 '칸트 위기'이다. 인식 공식, '감각 직관(형식) + 지성 범주(형식)'의 파열은 선험적 제한조건, 곧 "인식 형식들"인 공간과 시간, 그리고 인과성의 파열에 관해서이다. [니체가 인식 형식들을 말한 것은 '쇼펜하우어'는 물론이고, 혹은 쇼펜하우어를 통한, 특히 그의 주저『의지와 표상으로서의 세계』를 통한『순수이성비판』에 대한 숙지를 반영한다]

엄격하게 말하면 인용문은 이유율 하나의 붕괴, 혹은 선험적 제한조건 "어느 하나"의 붕괴에 의한 개별화의 원리의 파괴를 말하고 있다. [공간 시간 인과성이 개별화의 원리이다] 시간과 공간 형식의 붕괴, 인과성 형식의 붕괴는, 개별화의 원리의 파괴로서, '알 수 없는 물자체'의 목도(目睹)를 포함하는 것으로서(혹은 물자체의 파괴로서) "엄청난 '전율' das ungeheure 'Grausen'"을 동반한다. 논리상으로 그렇다.

선험적 직관 형식들인 시간과 공간의 파괴, 선험적 범주 형식인 인과성의 파괴는 사실 '디오니소스'에 의한 아폴론적 개별화 원리의 파괴이다. 선험적 제한조건이 무너질 때 개별화의 원리 또한 무너진다. 개별화 원리의 구체화인 '안정적 (미적) 가상'의 파열이다. "개별화 원리의 파열이 (또 하나의) 예술적 현상이 된다."(『비극의 탄생』 2장, 29); 디오니소스적 불안정적 실체의 등장이다. 근원적 일자에 의한 근원적 고통과 근원적 모순의 등장이다.

'칸트의 인식론은 개별자들-현상들을 가상(假像)이라고 한 것과 같다'는 문장을 비슷하게 반복하면 '아폴론적 꿈은 아폴론 무대를 가상으로 느끼게 하는 것과 같다'가 된다. '아폴론'은 있는 것인가 없는 것인가? 삶인가 죽음인가? 꿈인가 생시인가? 칸트의 개별자들, 공간-시간-인과성에 의해 모두이면서 하나로 보이는 개별자들에게도 같은 말을 한다. 있는 것인가 없는 것인가? 삶인가 죽음인가? 꿈인가 생시인가?[4)]

4 물론 칸트는 주지하다시피 '경험적 실재 empirische Realität'를 말한다. 이 말에는 영국의 경험주의가 반영되어 있으면서, 또한 데이비드 흄의 회의주의가 반영되어 있다. 실재를 말하나 경험적 실재이다. 경험은 끝없이 이어지는 경험으로서 확정되지 않는 경험이다. 여기에서도 '개별화의 원리'에서처럼 '물자체는 알 수

선험적 제한조건과 '아폴론'은 같은 곳을 가리킨다. 물자체가 아닌 개별자들–현상들–가상들과 아폴론(혹은 아폴론적 꿈 예술)은 같은 곳을 가리킨다. 개별자들이 똑같은[똑같이 보이는] 형상들로서 간신히 자신의 몸을 가누고 있다고 할 때 그것은 공간–시간–인과성[개별화의 원리]에 의해서이다. 니체는 쇼펜하우어를 직접적으로 인용, 다음과 같이 말한다. 쇼펜하우어의 말이지만, 니체 고유의 논리 전개를 위한 디딤돌이다.

> 미친 바다 위에, 모든 곳으로 끝없이 펼쳐 있고, 울부짖는 듯 산더미 같은 파도를 들었다 놨다 하는 미친 바다 위에, 거룻배를 탄 뱃사람 하나가 그 빈약한 탈것을 의지하며 앉아 있는 것처럼, 고통의 세계 한가운데 개별자가 개별화의 원리를 믿고 의지하며 조용히 앉아 있다.(『비극의 탄생』 1장, 24; 쇼펜하우어, 『의지와 표상으로서의 세계』, 63章)

"거룻배"는 누구나 타고 있는 거룻배로서, 공간–시간–인과성을 표상한다. 거룻배를 의지하는 것은 공간–시간–인과성이라는 선험적 제한조건을 의지하는 것이고, 인용문 말마따나 "개별화의 원리"를 믿고 의지하는 것이다. 공간–시간–인과성에 의해 삶을 지탱하며, 그리고 삶을 사는 개별자들. 타의적–조건적 삶이라는 점에서 가상이 아닐 리 없다. 니체 고유의 용어로는 아폴론적 꿈(가상)이 아닐 리 없다. 있는 것인가 없는 것인가.—니체의 아폴론적 비극론이 구제 형이상학일 수밖에 없는 단초가 칸트의 선험적 형식들이 조건인 인식론에 의해 그 단초가 마련됐다. 사실은 개별화의 원리는 쇼펜하우어의 '개별화의 원리'이다(『의지와 표상으로서의

없다'를 말해야 한다. 실재이면서 실재가 아니다. '가상으로서의 허구'를 분리해서 말할 수 있다. 앞에서도 말했지만, 회사가 망하더라도, 회사는 고통을 겪지 않는 허구이나, 망한 회사의 노동자는 고통을 겪는 실재이다. 여기에 니체의 관점을 넣을 수 있다. 영원한 생명으로서의 근원적 고통과 근원적 모순은 실재이다. 경험적 실재이나 '실재'이다.

세계』, 61장-63장)

쇼펜하우어에게 개별화의 원리는 맹목적인 의지를 개개의 형상으로 나타나게 하는 원리이다(이 책 9장 「형상과 디오니소스」 참조). 쇼펜하우어에게 개별화의 원리는 가상으로서 '개물Einzeldinge'이 아닌, '실제 개물(個物)'-개별자로 표상된다. 개별자는 개별화의 원리가 덮어쓴 그 개별자이다.

쇼펜하우어가 칸트의 선험적 제한조건을 진전(?)시켜 개별화의 원리를 정립하려고 한 것은 분명하다. 쇼펜하우어에게 선험적 제한조건은 '이유율 Satz vom Grund'이 되었다. 선험적apriori이라는 말이 제외되었고, 제한조건을 더 구체화-세분화시켰다. 쇼펜하우어에게 이유율의 다른 말이 충족이유율이다. 쇼펜하우어는 학위논문 『충족이유율의 4가지 기반』에서 생성의 충족이유율인 인과성, 존재의 충족이유율인 공간과 시간, 인식의 충족이유율인 '논리성', 그리고 행위의 충족이유율인 '동기' 등 충족이유율을 4가지로 나누었다. 칸트의 선험적 제한조건인 인과성 및 공간과 시간이 각각 생성과 존재의 이유율[충족이유율]이 되었다. ['선험적'이라는 에피세트가 제외되었다]

칸트에서 개별화의 원리는, 쇼펜하우어식(式)으로 말하면, 선험적 제한조건으로서 인과율-공간-시간이다. 개별화의 원리가 직관 형식인 공간-시간, 그리고 범주 형식인 인과성이다. 쇼펜하우어에게 개별화의 원리는 인과성-공간/시간-논리성-동기 등 4가지 이유율이다. 물론 개별화의 원리로서 순수직관인 공간과 시간이 강조되었다('거룻배의 비유'는 칸트의 선험적 제한조건인 공간-시간-인과성이라는 개별화의 원리가 아닌, 쇼펜하우어의 근거율인 인과율, 공간/시간. 논리성, 동기들이라는 개별화의 원리에 관해서라는 것을 상기하자).

짚어야 할 것은 칸트에게 개별화의 원리, 즉 선험적 제한조건은—조건적 인식을 포함하는 것으로서—'가상(혹은 현상)으로서 개별자'를 생산하는 점이고, 특히 니체의 칸트 수용으로서, 긍정해야 할 '가상으로서 개별자'를 생산하는 점이고, 쇼펜하우어에게 개별화의 원리, 즉 이유율로서 '인과율-공간/시간-논리성-동기'는 개별화의 원리 자체로서, 마찬가지로 '현상(혹은 가상)으로서 개별자'를 생산하나, 니체가 쇼펜하우어를 거부하는 이유가 되는 것으로서, '(쇼펜하우어에 의해) 부정되는 현상으로서 개별자'를 생산하는 점이다.

개별자는 개별화 원리의 화신이다. 쇼펜하우어에게 가상이 그 결과인 개별화의 원리는 부정-지양(止揚)된다. 쇼펜하우어는 주지하다시피 '상극(相剋, Entzweiung)'의 개별자, '만인의 만인에 대한 투쟁으로서 개별자', 개별화의 원리에 의한 그 개별자들을 말했다.

쇼펜하우어는 이유율로부터 자유롭지 못한 '개별자 현상' 대신에 이유율로부터 자유로운 '이념'을 말한다. 쇼펜하우어에서 문제는 이념이다. [이념은 이유율(혹은 선험적 제한조건)에서 자유로운 것으로서, 칸트의 물자체와 유비이다. 이념은 예술로서만 그 존재가 드러난다. 예술이 이념의 표상이다. 칸트의 물자체는 어떤 것으로도 표상되지 않지만 쇼펜하우어의 이념은 예술로 표상된다. 니체에 대한 쇼펜하우어의 영향은, 음악 형이상학이 담긴 주저『의지와 표상으로서의 세계』의 영향은—니체의 초기작『비극의 탄생』을 볼 때—음악 형이상학에 관한 한 절대적이다.

『비극의 탄생』 21장에서 니체는 "신화의 비유적 형상"과 "최고의 세계이념에 대한 직접적 관조"(133)를 구분한다. 전자가 아폴론적 형상예술에 관해서이고, 후자가 최고의 세계이념이 음악으로서, 디오니소스적 음악예술에 관해서이다. '음악은 (세계) 이념이다.' 같은 21장에서 니체는 "음악은 세계의 진정한 이념이고, 드라마는 이 이념의 반영일 뿐이다, 이 이념의 개별적 그림자일 뿐이다"(134)라고 했다. 음악에 있어서 니체에 대한 쇼펜하우어의 영향은 직접적이다. [쇼펜하우어의『의지와 표상으로서의 세계』에서 '예술로만 표상되는 이념'이 설명된 곳은 34장-36장, 51장-52

장이다]

5) 칸트, 쇼펜하우어, 니체

쇼펜하우어에게 개별화의 원리는 첫째, 이유율로부터 자유로운 '이념'에 의해, 이념의 표상인 음악에 의해 지양된다. [개별자는 예술에 의해 이유율을 넘어 '평정apatheia'에 입장한다] 둘째, '이유율로서(쇼펜하우어), 혹은 선험적 제한조건으로서(칸트)의 그 개별화의 원리'는 같은 개별화의 원리라고 해도 쇼펜하우어에게는 '벗어나야 할 상극의 원리'이다. 먼저 '첫째'에 관해서이다. 칸트와 '칸트를 기반으로 한 쇼펜하우어'가 다르다.

쇼펜하우어가 목표하는 것이 개별화의 원리에서 벗어나, '하나이면서 모두인 상태－모두이면서 하나인 상태'를 말할 때 이것은 칸트식 개별화의 원리에 관해서가 아니다. 칸트의 '하나이면서 모두인 것－모두이면서 하나인 것'은 '가상'['선험적 제한조건=개별화의 원리'에 의한 개별자=현상]으로 귀결되지만, 쇼펜하우어에게 하나이면서 모두인 것－모두이면서 하나인 것을 말할 때 이것은 물자체와 유비인 '이념'으로 귀결된다. **칸트와 쇼펜하우어가 결정적으로 갈라지는 지점은 쇼펜하우어가 이유율[근거율, 선험적 제한조건]에서 벗어난 이념을 설정한 점이다.**

칸트에게 이념은 우선 그가 『순수이성비판』 '초월적 변증론'에서 논하는 신이념－세계이념－영혼 이념이고, 『순수이성비판』 마지막 '초월적 방법론'에서 등장하는 도덕 이념이다. 쇼펜하우어의 이념이 선험적 제한조건과 유비인 그 이유율로부터 벗어난 이념을 말할 때, 쇼펜하우어의 이념은 칸트의 물자체와 유비이다. 쇼펜하우어가 '의지의 직접적 발현[모상]'으로서 음악 예술을 말하고, 이념을 오로지 예술에 의해 표상되는 것으로 말할 때 이념은 의지와 유비이다.

요컨대 쇼펜하우어가 칸트와 갈라질 때, 강조하면, 그것은 우선 쇼펜하우어가 우선 그의 고유한 용어로서 '이유율 Satz vom Grund'(『충족 이유율의 4가지 기반』, 46장)을 말한 것이고, 둘째 이유율에서 벗어난 '이념'을 말한 것이고, 셋째 이러한 이념을 표현하는, 즉 "세계의 모든 현상의 본질적이고 변함없는 것"(『의지와 표상으로서의 세계』, 36章)을 표현하는 '예술'[음악]을 말한 것이다. 쇼펜하우어가 삶에의 의지의 부인인 "금욕"(『의지와 표상으로서의 세계』, 70장)을 말할 때 이것은 (칸트와) 두 번째 다른 부분에 관한 것이다; **금욕과 칸트의 정언명령과의 관계는? 서로 전혀 다른 것인가? 삶에의 의지의 부인인 금욕은 '니체'와 대립적으로 대립적이다. 정언명령 또한 니체에 의해 기독교의 도덕 형이상학과 유비로서 부인된다.**

니체와 쇼펜하우어의 예술관을 말할 때, 문제는 쇼펜하우어가 대응하는 개별화의 원리와 니체가 이해하고-대응하는 개별화의 원리가 서로 다른 점이다. 언급했듯, 니체의 칸트 수용이고[5] 니체의 쇼펜하우어 거부이다. [쇼펜하우어에게 예술이 이유율로부터 벗어난 이념으로서, 예술이 그 표상인 이념을 말할 때 가상으로서 이념을 말할 수 없고, 더욱이 가상으로서 예술을 말할 수 없다. 아폴론적 가상 예술 및 환영(幻影, Vision) 예술을 말할 수 없다. 니체와 쇼펜하우어가 같이 이유율(혹은 선험적 제한조건)에서 출발했더라도 서로 다른 예술론을 발언한다. 같은 구제 형이상학으로서 음악 형이상학을 말하지만 '쇼펜하우어'에 니체의 아폴론적 환영

5 니체의 칸트의 『순수이성비판』 수용을 처음 분명하게 알린 부분이 『비극의 탄생』 4장이다. "시간, 공간, 인과성"을 말하고, 또한 "경험적 실재"(Ⅲ-1, 35)를 말하고, 경험적 실재를 현상 및 가상으로 이해하고자 했다. 시간-공간-인과성으로 한정시켜 말한 것이 칸트의 선험적 제한조건에 관해서이고, 경험적 실재 또한 선험적 제한조건에 따르는 칸트의 고유 용어이다. 니체의 개별화 원리의 이해가 쇼펜하우어와 칸트에서 나왔고, 가상의 가상으로서의 아폴론적 꿈(예술) 또한 여기에서 비롯한 바 크다.

이 느끼게 하는 그 섬세함이 없다; 쇼펜하우어는 '있는 것인가 없는 것인가?', 즉 개별화의 원리와 마야의 베일에 함축된 그 형이상학을 끝까지 밀고 가지 않았다]

6) 개별화 원리(의 파열)—『비극의 탄생』 16장

디오니소스 '근원적 일자'("진정으로 존재하는 근원적 일자 das Wahrhaft-Seiende und Ur-Eine", 34)가 본 근원적 고통 및 근원적 모순, 그리고 그에 대한 깨달음이 존재에 대한 이해이고, 존재의 구원이다. 그 표상인 디오니소스 합창단에 의한 '존재 이해'이고 '존재 구원'이므로 가상에 의한 이해이고, 무엇보다도 가상에 의한 존재 구원이다. 아폴론적 개별화의 원리는 형상 예술적 변용[미화(美化)]에 의한 '아름다움'이 특성이다. 그리고 디오니소스에 의한 것으로서 '파열'이 특성이기도 하다. '개별화 원리의 파열'이 말하는 바다.[6] 개별화 원리의 파열에서 '개별화 원리'는 아폴론과 '파

---

6 다음은『비극의 탄생』 22장 앞부분이다. "[…] 조각가나 서사 시인들, 진정한 아폴론적 예술가들은 그로 하여금 자신들의 작품을 통해 [이런] 행복한 머무름에, 다시 말해 관조에 의한 것으로써 개체 세계의 정당화에, 그 자체 아폴론적 예술의 정점이며 총합에 도달하게 한다. 그런데 그는 무대의 미화(美化)된 세계를 보지만 그것을 부정한다. 그는 앞에서 서사적으로 명료하고 아름다운 비극의 주인공을 보지만, 그러나 주인공의 파멸에 쾌감을 느낀다. 그는 무대 장면에서의 사건을 가장 깊은 데까지 이해하지만, 기꺼이 이해할 수 없는 것으로 도피한다. 그는 주인공의 행동이 정당하다고 느끼지만 이 행위가 주인공을 파멸시키면 그의 기분은 훨씬 고양된다. 그는 주인공들이 겪는 고통에 공포를 느끼지만 그 고통에서 더 높고 더 압도하는 쾌감을 예감한다 […] **'비극적 신화'는 오로지 디오니소스적 지혜가 아폴론적 예술 수단을 통해 형상화된 것으로 이해되어야 한다. 그는 현상 세계를 그 경계까지 몰고 간다. 그 (극한의) 경계에서 현상 세계는 자기 자신을 부정하고, 다시 진정하고도 유일한 실재의 품속으로 도망치는 것이다.**(Ⅲ-1, 136-137. 강조는 필자); 여기서 '그'는 디오니소스적 불협화음(혹은 근원적 일자)에 의한 것으로서, 아폴론 무대의 '주인공의 파멸'에 비극의 진정한 의미가 있음을 아는 자를 지시한다.

열'을 디오니소스와 관계한다.

그리스비극에서 개별화의 원리는 그 자체로 존재하지 않는다. ① 칸트적 의미에서의 개별화의 원리는 (선험적 조건의 제한에 의한 것으로서) 현상[가상]을 내용으로 한다. (개별화의 원리는 그러므로 선험적 제한조건의 원리이다. 간단히 개별화의 원리는 '선험적 제한조건'이다.) 시간-공간-인과성을 간신히 붙잡고 있는, 그 시간-공간-인과성이라는 '거룻배'를 간신히 의지하고 있는 개별자는-공간 시간 인과성이 개별화의 원리이다-이를테면 오이디푸스 개별자와 프로메테우스 개별자는, 아드메토스 개별자는, 그리스 비극에 의해, 특히 아폴론적 '형상예술'(혹은 아폴론적 꿈 예술)에 의해 시인되고, 정당화된다. 아폴론적 미적 가상에 의해 시인되고 정당화된다. (미적) 가상에 의한 '가상의 정당화'이다. 정당화 철학으로서, 니체 형이상학의 탄생이다. '현존[삶]은 오로지 미적 현상[미적 가상]에 의해 정당화된다.'

그리스 비극에서. 칸트적 의미에서의 '현상[가상]으로서의 개별자'를 순전히 말할 수 없는 이유이다. 개별화의 원리는 그리스비극에서 시인되고 정당화되는 개별화의 원리이다. 물론 아폴론적 꿈 예술에서이다.

② **또 하나의 개별화 원리를 말한다. 필자의 견해로는,** (디오니소스) **근원적 일자가 드러낸 근원적 모순과 근원적 고통이다.** 정확히는 근원적 모순과 근원적 고통의 표상으로서의 개별화 원리이다(개별화의 원리는 원래가 아폴론적 개별화의 원리인 점을 상기하라). 근원적 고통과 근원적 모순을 가시화하려면-근원적 고통과 근원적 모순은 그리스비극에서 팩트이고 상수이다. 출발점이고 도착지이다-그리고 그것을 시인(是認)하고 정당화해서 넘어가려면, **구체적** 표상이 필요하다. 이를테면 프로메테우스 개별자 표상이고, 오이디푸스 개별자 표상, 아드메토스 개별자 표상이다. '많음 Vielheit'을 개별자로 표상시키는 것과 유비이다.

천장의 수많은 별들을 별자리들로 표상시키는 것과 유비이다: 별 하나가 사라지면 별자리 하나가 사라지고, 별자리 하나가 사라지면 하늘 한 칸이 사라지고, 하늘 한 칸이 사라지면 하늘 전반에 금이 간다. 몰락의 세계사—몰락의 자연사—'몰락의 우주사'의 시작은 별 하나의 몰락에서 시작된다, 별자리 하나의 몰락에서 시작된다. 표상 하나에서 시작된다. 누가 개별자로 표상되는가. 무대 전면 합창단 무대의 합창단원Choreute 개개인이고, 무엇보다 무대 후면의 드라마 주인공이고, 또한 관객 하나 하나가 (근원적 고통과 근원적 모순의) 표상이다.

표상은 말 그대로 표상(Vorstellung, 表象)으로서, 역시 칸트적 의미에서와 마찬가지로 현상[가상]이나 – 표상은 전체에 대한 표상이므로, 전체 자체가 아니므로, 실체가 아니라, 가상이나 – 그리스비극, 특히 광란의 주신찬가[디티람보스] 합창단!에 의한 것으로서, 가상으로서의 '그 개별자'를 더이상 말할 수 없게 된다. **광란의 주신찬가에 휩쓸린 개별자에서 개별자를 더 말할 수 없게 된다.** 개별자는 광란의 주신찬가 합창단 비극에 의해 파열된다. 개별자가 파열되고, 공간 시간 인과성인 개별화의 원리가 파열된다. 파열 중인 개별화의 원리는 더이상 가상으로서 개별화의 원리의 개별자가 아니다. 그는(혹은 관객은) 근원적 고통과 모순을 목도한다. 개별자는 합창단 비극에 의해 시인되고 정당화된다. 합창단 비극이 내는 불협화음이 근원적 모순과 근원적 고통 자체이다.

강조하면, 근원적 고통과 근원적 모순에 의해 개별화의 원리는 파열되어 근원적 고통과 근원적 모순에 합류한다. 디오니소스적 가상[합창단의 음악예술]에 의해, 정확히 말하면, 디오니소스적 파열음, 그 불협화음에 의해 (개별자는) 시인되고 정당화된다. 아폴론 무대의 오이디푸스 모순과 고통 및 프로메테우스 모순과 고통, 아드메토스의 고통과 모순은 시인되고 정당화된다. 관객들의 근원적 모순과 근원적 고통 또한 정당화된다.

오이디푸스, 프로메테우스, 아드메토스들은 비극의 아름다운 주인공으로서 시인되고 정당화되다가, 요컨대 아폴론적 미화에 의해 의해 시인되고 정당화되다가(인생은 살 만하다!), '디오니소스적 지혜'의 개입으로 아드메토스 모순과 고통이, 오이디푸스 모순과 고통이, 프로메테우스 모순과 고통이 시인되고 정당화된다.

파열 중인 것은 개별자라는 표상이지만, 시인되고 정당화되는 것은 개별자적 표상이지만, 진정 파열 중인 것은, 최종 파열되어 시인되고 정당화되는 것은 '그 표상'의 어머니(혹은 원관념)인 근원적 모순과 근원적 고통이다. 근원적 고통과 근원적 모순의 시인이고 정당화이다. 그리스비극의 (재)탄생이다. 니체 형이상학의 탄생이다. '세계 현존은 오로지 미적 현상[미적 표상]에 의해 정당화된다.'

[아폴론적 형상예술에 의한 개별자—개별화 원리의 시인(是認)과 정당화는 아름다움[미화(美化)]에 의한 정당화이고,[7] 디오니소스적 음악예술

---

7 물론 아폴론적 주인공 무대 내부적으로도 개별화 원리의 파열을 말해야 한다. 24장에서 명시적으로 드러나는 것으로서, 아폴론 무대의 주인공 개별자들은 '개별화의 원리' 그 자체로 시인되고 정당화되지만, '아름다운 주인공'(아폴론적 美化)에 의해 정당화되지만, '주인공의 파멸'[파국]로 이어지는 단계에서는 개별화의 원리 그 자체로 정당화되거나 '미화'에 의해 정당화되는 것으로 말할 수 없다. 파국으로 이어지기 전의 정당화는 한시적 정당화이다. 개별자는 개별화의 원리(혹은 공간-시간-인과성)에 의존해, 니체의 표현으로는 '미친 바다 위의 거룻배'에 앉아 간신히 지탱하고 있는 형국이었다.
미학적 관객의 기대대로 그러나 파국이 오고, 미학적 관객의 기대대로 무대 주인공은 파멸한다. 디오니소스적 지혜가 개입된 것으로서**(아폴론적 미화에도 디오니소스적 지혜가 개입했고, 아폴론 무대 주인공의 파멸에도 디오니소스적 지혜가 개입했다. 아폴론적 형상예술은 디오니소스적 지혜의 소산이다.)** 아폴로적 서사를 통한 주인공의 파멸, 개별화 원리의 파열이다. [오이디푸스, 프로메테우스 아드메토스는 비극의 아름다운 주인공으로서 시인되고 정당화되다가, 요컨대 아폴론적 미화에 의한 무대 주인공으로서 시인되고 정당화되다가 '디오니소스적 지혜'의 개입으로 오이디푸스 모순과 고통 및 프로메테우스-아드메토스 모순과 고통이 시인되고 정당화된다] 아폴론적 서사를 통한, 대파국을 통한 주인공의 파멸과 디오니소스 합창단에 의한 개별화 원리의 파열이 가리키는 것은 같다. 파멸의 정당화로서 같다. 24장의 말로 할 때 '추한 것과 부조화한 것'의 정당화로서 같다. 근원적 일자인 디오니소스(적 지혜)에 의한 것으로서 근원적 고통과 근원적 모순의 정당화로서 같다.
아폴론적 서사에 의한 대파국 자체가 파멸의 정당화이나, '대파국에 의한 파멸의 정당화'를 보증하는 것으로서, 파멸의 정당화의 정당화로서, 한 단계 위의 정

에 의한 개별화 원리[개별자]의 정당화는 불협화음[추함]에 의한 정당화이다. 불협화음이 근원적 고통!과 근원적 모순!으로서, 근원적 고통과 모순의 개별자를 파열시켜 근원적 고통과 근원적 모순을 정당화시킨다]

디오니소스의 불협화음이 불안으로서, 불안의 미적 가상으로서, 시인되고 정당화되는 것은 불안이다. 불안이 인생인 것으로 정당화된다. **미적 가상 ästhetischer Schein은 예술적 가상으로서, 별세계의 가상으로서, 공포와 경악의 자연사—인류사—세계사를 별세계(別世界)로써, 그러나 별세계가 아닌 것으로 해서 정당화시킨다. 예술에 구원이 있다고 할 때 구원은 예술적 가상—미적 가상에 의한 구원이다.**

'세계 현존은(혹은 삶은) 오로지 미적 현상에 의해 정당화된다'고 했을 때, 전제가 우선 개별화 원리의 정당화이다. 아폴론적 형상의 정당화로서, 아폴론적 미화에 의한 정당화이다. 다음 아폴론적 형상의 정당화이나 아폴론적 무대 주인공의 파멸에 의한 정당화이다. 파멸에 의한 파멸의 정당화이다. 아폴론적 미화에 의한 정당화는 아폴론적 서사가 말하는 것으로서, 즉 대파국이 운명인 것으로서, 파멸이 운명이다. 무대 주인공의 파멸이고, 그러므로 아폴론적 미화에 의한 정당화의 파멸이기도하다. 문제는 개별화 원리의 파멸이고 개별화 원리의 표상인 개별자(들), 무대 주인

당화이므로 신적(神的) 정당화와 유비인 것으로서, 디오니소스 합창단에 의한 정당화를 말한다. 디오니소스 합창단의 파열음이 내는 소리에 의한 개별화 원리의 파열을 강조하는 것이다. 이나 저나 개별자의 파멸이고, (개별자가 표상인) 개별화의 원리의 파열이다. 파멸과 파열은 진리로서 그 자체 구원이다. 파멸과 파열음이 이 세상의 파멸을 정당화시키고, 이 세상의 파열음을 정당화시킨다. 파멸로 귀착되지 않는 것이 없으므로 파멸이 진리이다. 진리는 반박 불가능이 특징이다. 신적 목소리가 반박 불가능이 특징인 것과 같다; 파멸과 파열음이 근원적 일자가 지시하는 근원적 고통과 근원적 모순이다. 파멸과 파열음이 정당화되는 것은 근원적 모순과 근원적 고통이 정당화되는 것이다. 이나 저나 구제 형이상학이다. 니체 형이상학의 탄생이다. '정당화 철학'의 탄생이다.

공의 파멸이다. 다음은 아폴론적 서사에 의한, 개별화 원리의 파멸, 개별화 원리의 표상인 주인공의 파멸과 지시하는 것이 같은 것으로서, 디오니소스적 음악 예술, 음악 합창단이 내는 파열음에 의한 개별화 원리의 파열–파멸이고, 개별화 원리의 표상인 무대 주인공의 파열–파멸이다. 역시 파멸에 의한 파멸의 정당화이다. '현존[삶]은 미적 가상에 의해 정당화된다.'

개별화의 원리를 칸트적 의미에서 말하지 않고, 혹은 시작하지 않고 (실레노스적 의미에서의) 개별화의 원리를 근원적 고통과 근원적 모순의 표상으로 볼 수 있다. '표상'으로서의 개별화의 원리 또한 가상으로서의 개별화의 원리이나, 가상으로서의 개별화의 원리라는 점에서 아폴론적 개별화의 원리와 유비이나, 이번 경우 별다른 것은 개별화의 원리의 파열을 아폴론적 개별화의 원리를 거치지 않고 바로 말하게 하는 점이다. 디오니소스적 파열음에 의한 개별화 원리의 파열을 바로 말하는 점이다. 개별화 원리는 근원적 모순과 근원적 고통의 표상이므로(표상 역시 '전체'를 대변할 수 있느나 전체 자체가 아니라는 점에서 가상이다.) 디오니소스적 합창단이 내는 파열음에 의해 개별화의 원리는 파열되고, 이제 표상[가상]이라는 개별화의 원리가 아닌, 전체 자체인, 전체 자체이므로 진리 자체인 근원적 모순과 근원적 고통이 모습을 드러낸다. 디오니소스 합창단이 내는 파열음에 의해 고통과 모순이 드러난 점에서 역시 미적 정당화를 말할 수 있다, 근원적 고통과 근원적 모순이 미적 현상에 의해 정당화된 것을 말할 수 있다.

아폴론 형상예술에 의한 정당화를 말하지 않고, 디오니소스적 음악예술만으로의 정당화도 가능하다. 디오니소스적 미적 가상[광란의 주신찬가–디티람보스]만으로의 정당화도 가능하다. 디오니소스적 '부조화', 그 '불협화음'만으로서도, 요컨대 디오니소스적 파열음만으로도 (근원적 고통과 근원적 모순의) 정당화가 가능하다. **파열음 자체가 근원적 고통이고 근**

원적 모순이다. 정당화되는 것은 근원적 고통이고 근원적 모순이다. '삶은 디오니소스적 미적 가상에 의해 정당화된다'라고 말할 수 있다. 이렇게 해석 가능한 것이 음악 형이상학 덕분이다. (쇼펜하우어의) '음악 형이상학'이 말하는 바이고, 이에 부응한 니체의 음악 형이상학이 말하는 바다.

크게 나누면 아폴론적 미적 가상[형상예술=미화(美化)]에 의한 정당화와 '디오니소스적 미적 가상[디티람보스]에 의한 근원적 모순 및 고통의 정당화'이나, 니체가 지속적으로 합창단 역할을 강조한 것을 감안할 때 ('비극은 비극적 합창으로부터 발생했으며, 비극은 근원적으로 합창이고 그 이외 아무것도 아니었다.' 『비극의 탄생』 7장, 48), '쇼펜하우어' 음악 형이상학을 강조한 것을 감안할 때(특히 『비극의 탄생』 16장에서의), 정당화의 힘이 디오니소스적 정당화에 쏠려 있는 것이 사실이다. 정당화를 디오니소스 음악 예술[합창단]에 의한 근원적 고통 및 모순의 정당화로 말할 수 있다.

다시, 두 가지 성격으로서 개별화의 원리를 말할 수 있다. 개별화의 원리는 두 가지 차원에서 가상을 발언한다. ① 선험적 제한조건에 의한 개별자[개물]이므로, 물자체가 아니므로, 가상이다. ② 전체적 '근원적 모순과 근원적 고통'의 표상이므로 (개별자는) 가상이다. [전체가 전부 등장하는 것이 불가능하므로, 즉 전체가 전부 등장하지 않으므로 가상이다] ①의 개별화 원리는 아폴론적 미적 가상, 즉 미화(美化)에 의해 정당화된다. ②의 개별화의 원리는 디오니소스적 미적 가상, 디오니소스적 파열음에 의해 정당화된다.

①과 ②를 합쳐서, 가상으로서의 개별화의 원리를 최종적으로 깨뜨리는 것으로서, 디오니소스적 파열음을 말해야 한다. 디오니소스적 파열음을 내는 것이 '최종적' 비극이다. 특히 『비극의 탄생』 16장 앞부분에서 니체는 앞선 논의들을 복기하면서 '디오니스적 파열'을 강조한다. 디오니소스적 파열이 그리스비극이다; '아폴론적 가상의 디오니소스적 가상화'를 못 말할 이유가 없다. 디오니소스적 가상화에 의한 구원, 디오니소스적

가상화에 의한 최종 구원을 못 말할 이유가 없다. 디오니소스적 파열음이 내는 소리가 최종적 구원이다. 근원적 일자를 느끼게 하고, 근원적 일자가 견인하는 것으로서 근원적 고통과 모순을 정당화시키는 것이 구원이다.

> 나는 그리스인들의 두 예술 신 디오니소스와 아폴론에서 […] 서로 다른 두 예술세계의 대표자들을 본다 […] 아폴론은 개별화의 원리를 아름답게 변용시키는 정령으로서 내 앞에 서 있다. 가상에서의 구제를 진정 달성하는 것은 아폴론 정령에 의해서이다. 이에 반해 디오니소스의 신비적 환호성에 의해 개별화의 속박은 파열되고, 존재의 어머니들에 이르는 길, 사물의 가장 안쪽 핵심에 이르는 길이 활짝 열린다.(Ⅲ-1, 99)

두 예술 신은 서로 다른 두 예술세계의 대표자들. 아폴론은 개별화의 원리의 표상으로서, 혹은 "개별화의 원리"를 "아름답게 변용시키는 정령 der verklärende Genius"으로 간주되었다. "가상에 의한 구제"를 1차적으로 아폴론에서 말한다("가상에서의 구제를 진정 달성하는 것은 아폴론 정령에 의해서이다"); 디오니소스에 의해 "개별화의 속박은 파열되고, 존재의 어머니들에 이르는 길"이, "사물의 가장 안쪽 핵심에 이르는 길"이, 즉 근원적 일자에의 통찰에 이르는 길이 열린다. 최종적 구제는 요컨대, 디오니소스에 의한 개별화 원리의 파열음에 의해서이다. '파열음 자체'가 구원이다. 파열음으로 근원적 모순 및 근원적 고통과 한 몸이 되는 것.

A를 A로 정당화하는 것은, 즉 근원적 모순과 고통을 디오니소스적 부조화=불협화음, 파열음으로 정당화하는 것은 이후의 '차라투스트라' 철학에서 반복된다. '신에 대한 사망 선고'는 '인간의 영원한 죽음'을 초래했다. 인간의 영원한 죽음을 니체=차라투스트라는 '자발적 몰락 의지'로 반응했다. 『차라투스트라』는 '기꺼이 몰락해주리라'가 표어이다. A를 A로 대응하는 니체 고유의 철학적 논리가 아닐 리 없다. 『비극의 탄생』은 니체

철학의 저수지이다.

7) 형이상학적 위로

마야의 베일, 개별화의 원리, 디티람보스 등을 포괄하는 것이 '형이상학적 위로'이다. 형이상학은 인생을 '넘어가게' 하는 방식에 대한 얘기이다.[8] 아티카비극이 형이상학적 위로 형식이다. 아티카비극의 하위범주들인 주신찬가—가무합창단, 마야의 베일, 개별화의 원리는 모두 형이상학적 위로 형식이다. '이 민족이 그렇게 아름답게 될 수 있기 위해 얼마나 많이 고통을 겪어야만 했겠는가!'가 또한 『비극의 탄생』의 주제문이다. 물론 민족은 그리스 민족이다.[9] '고통'을 니체는 1886년에 덧붙인 「자기비판의 시도」에 나오는 말로 설명하면 "현존Dasein의 가혹함, 현존의 두려움, 현존의 잔인함, 현존의 제(諸) 문제들"(Ⅲ-1, 6)이다.[10] 「자기비판의 시도」에 등장하고, 『비극의 탄생』 5章, 24章에도 등장하는 '이 세계의 현존이 오로지 미적 현상으로만 정당화된다'가 주제문 중의 주제문이다. '세계의

---

8 형이상학은 제일철학-존재론이다, 되풀이 강조하면, 이쪽에서 저쪽으로 넘어가는 것에 대한 얘기이다. 물론 칸트의 도덕 형이상학이 있고(물론 칸트에게는 신이념-영혼이념이 포함된 '초월적 변증론' 및 '초월적 방법론'이 있다.), 칸트(『윤리형이상학정초』)에서 하이데거(『칸트와 형이상학의 문제』)로 이어지는 철학적 인간학이 있다; 존재론과 다른 것으로, '무한infinity으로서 타자'를 존중하는 제1철학으로서 윤리학, '타자철학으로서 윤리학-형이상학(레비나스, 『전체성과 무한』)이 있다.

9 니체는 『비극의 탄생』 3장에서 "그리스의 민족적 지혜"(31)를 말했다. 실레노스의 지혜가 말하는 '고통을 느끼는 지혜'가 1차적 민족적 지혜이고, 올림포스 신들이 인간 삶을 정당화하게 하는 지혜가 2차적 민족적 지혜이다. 니체는 올림포스 신들의 세계를 "고문을 당하는 순교자가 그의 고통에 대해 갖는 황홀한 환영"(31)에 비유한다. '올림포스 신들의 세계가 인간의 삶을 정당화한다.'

10 윌리엄스 Raymond Williams가 『현대비극론』에서 '삶의 잔혹성'의 유비로서 "삶의 변덕성mutability"라는 말을 썼다(임순희 옮김, 까치글방, 1985, 23).

현존'[생로병사의 비극성—희로애락의 변덕성]을 '미적 현상'으로 대응한다. "실상으로서' 가상'을 가상으로 대응한다. '미적 현상의 가상'[마야의 베일]을 쓰고 있으면 생로병사의 잔혹성—희로애락의 변덕성이 의문시된다. '있느냐 없느냐?'가 그 자체 그대로 是認[정당화]된다. 간단히, 비극이 '도취'와 '꿈'이라는 '생리학적 증상 physiologisches Symptom'—"생리학적 현상"(22)으로써 비극적 세계를 확인시키고, 비극적 세계를 정당화하게 한다. 비극이 비극적 세계에 대한 비극적 대응이다. 생리학적 증상이 아폴론적 꿈 예술의 꿈이고, 디오니소스적 도취 예술의 도취이다.

16장

쇼펜하우어('개별화의 원리')와 칸트('경험적 실재')

["개별화의 원리principle of individuation"[1)]를 니체 편에서 말할 때 이는 우선 아폴론이 표상으로서 개체-개별자들로 하여금 실존의 잔혹성을 넘어가게 하는 형이상학적 형식에 관해서이다. '개별화의 원리'가 개별자의 근거로서 개별자를 설명하는 원리이다.[2)]]

니체에 의할 때, 개별화의 원리가 "고유한 상태로서, 세계의 가장 안쪽에 있는 근거와 하나가 된 상황"을 말한다. '세계의 가장 안쪽에 있는 근거'가 가리키는 것이-벌써 니체 고유의 관점주의로서-물자체나 이념이

---

1 개별화의 원리 das principium individuationis, Individuationsprinzip는 쇼펜하우어의『의지와 표상으로서의 세계』에 등장한다. 23장(章), 63章 등;『비극의 탄생』에 '꽤 많이' 등장한다(24, 29, 35, 129 등); 강조하면, 쇼펜하우어가 대응하는 개별화의 원리와 니체가 이해하고-대응하는 개별화의 원리가 다른 점이다. 개별화의 원리에 대해 상세한 것은 이 책「형상과 디오니소스」 참조

2 다르게 말할 수 있다: 개별화의 원리가 고전 형이상학의 주요 안건이다. 제1실체가 질료이고, 제2실체가 형상이면 질료가 개별화의 원리이다. 제1실체가 형상이고, 제2실체가 질료이면 형상이 개별화의 원리이다. 개별화의 원리의 다른 말이 에네르기아Energia 등이다. 개별화의 원리는 '역동성Dynamismus-정신(력)'을 포함한다; 쇼펜하우어가 스콜라철학에서 빌린 표현으로 말할 때, 개별화의 원리는 "개별존재의 존립 근거 Existenzgrund"이다.(『의지와 표상으로서의 세계』, 23章)

아니라, 가상에 관해서이다. 선험적 제한조건에 의한 것으로서 가상에 관해서이다. 개별화의 원리는 가상의 생산이다. 개별화의 원리는 가상의 현상주의이다. 강조하면 개별화 원리의 표상이 니체 용어로 '아폴론'이다. 개별자는 개별화의 원리에 의지하여 모두이면서 하나인 자, 하나이면서 모두인 자, 비교되지 않는 자가 된다, (가상이므로) 실존의 공포와 경악에서 벗어나 있는 자가 된다; 니체의 쇼펜하우어 인용은 거두절미한 인용이다. 위에서 인용한 단락 인용을 다시 인용한다.

> 미친 바다 위에, 사방으로 끝없이 펼쳐져 있고, 울부짖듯 산더미 같은 파도를 들었다 놨다 하는 미친 바다 위에, 거룻배를 탄 뱃사람 하나가 그 빈약한 탈것을 의지하며 앉아 있는 것처럼, 고통의 세계 한가운데에 개별자가 개별화의 원리를 믿고 의지하며 조용히 앉아 있다.(『비극의 탄생』 1장, 32; 쇼펜하우어 『의지와 표상으로서의 세계』 63章)

강조하면, 니체의 쇼펜하우어 인용은 조건부 인용이다. 니체 말로는 "중심에서 벗어난 의미"(1장, 24)로서 인용이다; 근대의 '개별화의 원리'는 칸트의 영향 아래에서 쇼펜하우어에 의해 제기된 것으로서, 인과율-공간-시간 등 소위 '이유율'에 관해서이고, 그 결과물로서 '제한된 현상'에 관한 것이다. 이유율[개별화의 원리]에 의해 제한된—특히 공간 시간에 의해 제한된—현상은 물자체가 아니다; 니체에게 현상은 미적 현상[미적 쾌락]을 포함한다. 미적 현상은 가상으로서, 아폴론(적 꿈 장면)과 같다. 아폴론, 혹은 아폴론적 꿈 장면이 개별화 원리의 표상이다. 꿈 장면이 마야의 베일을 덮어쓴 것과 같으므로 개별화의 원리와 마야의 베일이 같은 곳을 가리킨다. 중심내용은 가상이다. 있는 것인가 없는 것인가? 니체에게 마야의 베일과 마찬가지로 개별화의 원리는 형이상학적 위상을 갖는다.

[쇼펜하우어는 이유율[개별화의 원리]에서 독립한 이념을 상정했다. 이념은 오로지 예술(특히 음악예술)로 표상되는 것으로서 '이념의 예술(특히

음악예술)'을 상정했다. 이유율에서 독립한 이념은 물자체와 유비이다. 이념의 음악예술은 그러므로 물자체를 누설한다. 물자체는 칸트의 경우에서 알 수 없는 것이나, 쇼펜하우어의 경우에서 물자체는 음악예술로 표상되므로 '알 수 없는 것이 아니다']

쇼펜하우어는 『의지와 표상으로서의 세계』, 유명한 음악 형이상학의 章, 52章에서 음악을 다른 예술들과 구분한다. 음악이 "현상의 모사가 아니고, 혹여 의지의 적절한 모사가 아니고, 의지 자체의 직접적 모사이고, 따라서 모든 감각세계에 대해 초감각세계를, 모든 현상에 대해 물자체를 서술한다." '의지 자체의 직접적 모사'와 '물자체의 서술'을 동일시한다. 쇼펜하우어에게 의지 자체가 물자체이다. 쇼펜하우어에게 음악이 "그 객관성이 이념인 의지 자체의 모사"이다. 그 객관성이 이념인 의지 자체? 이념을 의지 자체의 객관성으로 말한 것. 이념은 이유율에서 독립된 것으로서 오로지 음악으로서만 표상된다. 강조하자. 의지 자체가 물자체이고—이념이 물자체이고—이념이 의지 자체의 객관성이다. **음악이 이념을 드러내고, 물자체를 드러내고, 의지 자체를 드러낸다. 물론 예술 일반에 관한 것으로서 예술 일반의 음악종속성을 말할 수 있다. 음악이 먼저 가고 다른 예술이 그 뒤를 따른다.**

쇼펜하우어가 주목하는 곳은 이유율에 의해 제한된 현상이 아닌, 이유율에서 독립한 이념[물자체]이다. 이념은 오로지 음악예술에 의해 시인(是認)된다. 음악예술은 (이유율에 의해) 매개되지 않은 물자체의 모사—의지 자체의 모사이다. 니체에서 현상이 **是認(시인)[정당화]되고, 쇼펜하우어에서 물자체가 是認[정당화]된다.** 요컨대 니체에게 '개별화 원리의 표상인 현상'은 가상으로서, 미적 현상으로 정당화[是認]된다. '개별화 원리의 표상인 현상'을 '개별화 원리의 표상인 현존=삶'으로 말하면 니체의 명제, '인생은 오로지 (가상으로서) 오로지 미적 현상으로만 정당화된다'가 된다.

쇼펜하우어의 두 번째가 있다. 쇼펜하우어에게 개별화의 원리, 혹은

'개별화 원리의 표상으로서 현상'의 첫째 출구(出口)가 이념이고, 예술이었다. 이유율로부터, 선험적 제한조건으로부터, 벗어난 이념이고, 물자체이고, 의지 자체이고, 물자체가 드러난 음악 예술이었다. '세계의 모든 현상의 본질적이고 변함없는 것'(『의지와 표상으로서의 세계』, 36章)을 표현하는 '예술'이었다. 둘째 출구가 금욕-체념으로서, 금욕-체념 등에 의해 개별화의 원리가 부인(否認)된다. 정확히 말하면 개별화의 원리를 넘어가려고 한다. 쇼펜하우어에게 개별화의 원리는, '거룻배'로 표상되는 개별화의 원리는 '일시적 착각'이다. '의지와 표상으로서의 세계'에서 의지가 맹목적 의지이고, 표상이 개별화의 원리이다. 의지가 디오니소스적 본체이고, 표상이 아폴론적 가상이다. 개별화의 원리가 마야의 베일과 같은 것으로서, 즉 착각, 속임수 같은 것으로서 파열이 운명이다.

쇼펜하우어에게 '거룻배로 표상되는 개별화의 원리'가 부정의 대상이고, '환영으로 표상되는 마야의 베일'이 부정의 대상이다. 쇼펜하우어에서 개별화의 원리와 마야의 베일은 종영이 운명으로서, 조기종영 되어야 할 것들이다. 이에 반해 니체는 (가상이 그 결과인) 개별화의 원리와 (가상이 그 결과인) 마야의 베일에서 형이상학적 드라마를 본다.

쇼펜하우어에게 개별화의 원리에 의한 현상은 사바세계로서 상극의 의지가 지배하는 곳이다. 개별화의 원리는 이제 음악 형이상학으로서 형이상학이라는 첫 번째 출구전략 말고, 두 번째 출구전략을 요청한다. '음악 예술'의 형이상학적 연출이 중지되었다. 두 번째 출구전략에서 예술이상학의 형이상학적 위상을 말할 수 없다.

쇼펜하우어에게 개별화의 원리는 일시적 착각으로서, 실제 세계는, 실상을 말할 때, 상극(相剋)의 의지, 곧 '만인의 만인에 대한 투쟁'이 지배하는 곳이다. 개별화의 원리, 그리고 마야의 베일은 파열이 운명이다. 개별화 원리의 결말이 "결핍-비참-비탄-고통-죽음"이다. "공통적인 전율이 갑자기 엄습하는바, 이것은 어떤 우연한 사건을 통해 개별화의 원리에서 혼미한 상태가 일어날 때이다 […] 현상의 인식형식에 있어서 갑자기 혼미한 상태에 빠진다 […] 인간은 순전한 현상이다. 다른 개체들과의 차별화, 이를테면 다른 개체들이 짊어진 고통으로부터 면피(免避)는, 현상의 형식으로서, 개별화의 원리에 근거한다 […] 이유율을 따르는 인식으로부터, 즉 개별화의 원리에 포획된 시선으로부터, 영원한 정의는 자취를 감춘다"(『의지와 표상으로서의 세계』, 63章); "이유율을 따르는 인식"은 영원한 그 인식 그대로가 아니다. "개별화의 원리에 포획된 시선"은 영원히 그 시선 그대로가 아니다. [파열이 운명이다] 개별화의 원리는 일시적 기만으로서, '현상의 형식'이지, '영원한 정의'의 형식이 아니다. [파열이 운명이다] 이제 주지하다시피 쇼펜하우어는 이웃사랑[동고], 단념, 금식으로 향한다. 요컨대 니체가 1886년에 붙인 『비극의 탄생』 '서문'에서 불교의 유비로서 '삶에 대한 의지의 단념'으로 명명한 곳으로 간다. 자기 삶에 대한 의지의 부인으로서 이웃사랑-단념-금식이 '기독교'와 무관하지 않다.

니체에게도 개별화의 원리가 아폴론으로 표상된다("사람들은 심지어 아폴론을 개별화 원리의 장려한 신상으로 부르고 싶어 한다"(1장, 24). 니체에 의할 때, "개별화의 원리의 神적 화신Vergöttlichung"(4장, 35)이 아폴론(적 꿈)이다. **니체는 개별화의 원리를 부수는 방식으로서, "예술적 현상"인 디오니소스적 "파열Zerreissung"(2장, 29)을 말한다. 개별화 원리의 파열을 말한다. 예술적 현상으로서 디오니소스적 파열이 디티람보스에 의한 것으로서, '신들림Besessenheit'이 말하는 바와 같다**; [니체에게도 개별화의 원리 또한 파열이 운명이다. "개별화 원리의 파열이 예술 현상이다."(29)] 개별화의 원리의 파열이 그렇다고 니체에게 쇼펜하우어가 말하는 "엄청난 '전율'" 만을 의미하지 않는다. '디오니소스'가 벌써 말하듯 '전율'은 "환희에 찬 열락"(1장, 24)을 동반한다. 다시, 개별화 원리는 디오니소스적 파열이 운명으로서 디오니소적 도취와 열락을 동반하는 파열이다. 아폴론적 (표상적-가상적) 개별화 원리는 (본질적-진리적) 디오니소스적 맹목 의지에 의한 파열이 운명이나 그 파열은 디오니소스적 도취Rausch와 열락Verzückung을 동반하는 파열이다.

의지의 직접적 발현인 음악에 의해 세계는 일순 잠잠해진다. 쇼펜하우어의 음악 형이상학이다. 니체에게 음악 형이상학을 말할 수 있더라도 음악은 미적 현상으로서 미적 가상이다. 아폴론적 미적 가상을 포함하는 디오니소스적 미적 가상이다. 명제, '현존[삶]은 오로지 미적 현상에 의해 정당화된다'가 말하는 바다. 구제 형이상학으로서 니체의 음악 형이상학이다. 디오니소스가 음악이고 디오니소스적 아폴론, 즉 무대 주인공의 동작 및 대사(억양 템포 리듬 멜로디)도 음악이다. 아폴론적 형상 예술을 말하나, 아폴론도 제한적 의미에서 음악이다.[환영 속에서의 호메로스의 언어가 음악이다]

쇼펜하우어와 니체의 음악 형이상학은 실체에 의한 정당화(쇼펜하우에게 이념이 실체이다. 음악예술로 표상되는 실체이다)와 가상에 의한 정당화의 차이이다; 니체가 칸트의 '물자체'('물 자체는 알 수 없다')에 호의적으로 반응한 것은 칸트 철학을 가상의 현상주의Phänomenalismus로 보았기 때문이다. 나중에 물론 니체의 칸트 지지는 철회됐다. 물자체(그리고 정언명령)에서 플라톤의 '이데아'를 감지(感知)했기 때문이고, 무엇보다도 기독교의 피안Jenseits을 감지했기 때문이다. 니체 철학은 본인이 그렇게 부른 것으로서 '전도된 플라톤주의'이고, 나아가 '전도된 칸트주의 Umgedrehter Kantianismus'(칸트가 현상에 對해 물자체를 의식적으로-의도적으로 강조하지 않았을지라도, 칸트에 의해 '물자체는 알 수 없음'이 강령화된 것을 부인할 수 없다)이다; 니체 철학은 가상으로서 현상에 대한 무한한 是認이다. 무한한 긍정이다. '이것 말고 무엇이 있겠는가?' 니체의 목소리이다. 『비극의 탄생』은 니체 철학의 발원지이고, 벌써 본류이다.

쇼펜하우어의 '삶에의 의지 부인'["삶의 부인에의 의지"(「자기비판의 시도」, 13)]은 『비극의 탄생』의 니체'와 전혀 다르고, 더욱이 죽음-악덕까지 거기에 포함되는 대지 긍정의 중기-후기 철학을 고려할 때 '니체'와 '쇼펜하우어'는 전혀 다르다. 쇼펜하우어의 삶에의 의지 부인은 기독교적 '삶에의 의지 부인'과 상호 유비이다. 쇼펜하우어가 동고(同苦)와 체념, '금욕'을 그 연장선에 둔 것은 니체의 예술관-철학관에 전혀 맞지 않는 것이다. 요컨대 『비극의 탄생』을 강하게 의식해서 말할 때 쇼펜하우어의 삶에의 의지 부인은 근원적 일자를 목도하게 하고, 근원적 고통과 근원적 모순을 시인하게 하는 디오니소스적 도취 예술과 '모순 관계'에 있다. —**『비극의 탄생』의 대주주 아폴론적 꿈 예술의 목적이 마야 베일의 무차별성이 말하는 것과 같은 구제 형이상학이지, 삶에의 의지의 부인—삶에의 의지의 단념이 아니라는 점이 강조되어야 한다. 삶을 가능하게 하고, 살 만한 가치가 있도록 하는 것과 '삶에의 의지의 부인'-단념 사이에는 엄청난 간극이 있다.**

1장에서 니체는 아폴론적 예술을 "삶을 가능하게 하고, 살 만한 가치가 있도록 하는 예술 일반과의 […] 상징적 유사물 das symbolische Analogon"이라고 정의했다. 짚어야 할 것은 쇼펜하우어가 '삶에의 의지 부인'에 빠지기 전, 이념의 표상으로서 음악 형이상학을 말할 때. 즉 의지의 직접적 발현으로서 음악을 규정할 때, 의지의 표상이 아닌 의지 자체의 모사로서 음악을 말할 때 이것이 디오니소스적 의지와의 상징적 유사물이지, 아폴론적 표상(혹은 개별화의 원리)과의 상징적 유사물은 아니라는 점이다.

쇼펜하우어가 그의 음악 형이상학에서 '잠시의 평정 상태'를 말하기는 하나, 말 그대로 잠시의 평정으로서 제한적 평정이었다. 음악 형이상학이 삶에의 의지 부인에 밀려난 것은 '잠시의 평정'에도 이유가 있다. 의지의 형이상학으로서 쇼펜하우어 철학을 고려할 때 쇼펜하우어의 음악 형이상학에서 더 많이 디오니소스적 의지와의 상징적 유사물을 말해야 한다. **니체가 "절도 있는 한정[限定, Begrenzung]", "광포한 격정으로부터의 자유", "지혜가 넘치는 평정Ruhe"(1장, 24)를 아폴론적 형상예술로 정의할 때 이**

것은 쇼펜하우어 음악 형이상학의 제한적 분유(分有)일 뿐이다.

니체는 칸트 용어인 '경험적 실재'를 말한다. 역시 칸트 용어로서 시간–공간–인과성을 말한다. 시간 공간 인과성이라는 선험적 제한조건에 규정된 현상적 존재가 경험적 실재이다. 니체가 경험적 실재를 "진정으로 존재하지 않는 것"이라고 했을 때 이것은 니체가 칸트의 『순수이성비판』의 파생적 격률, 우리는 '사물을 현상으로 파악할 수 있을 뿐이지 물자체는 알 수 없다'에 대한 정확한 숙지를 방증한다. 인용이다.

> 진정으로 존재하는 자, 근원적 일자는 영원히 고통 받는 자와 모순에 가득한 자로서, 자신의 지속적 구원을 위하여 매혹적 환영과 유쾌한 가상을 동시에 필요로 한다. **우리가 그 속에 갇혀 있고 우리가 그것으로 이루어져 있는 그 가상이라는 것을 우리는 진정으로 존재하지 않는 것, 즉 시간과 공간과 인과성 속에서의 지속적 생성, 다른 말로 하면 경험적 실재로 느껴야만 했다.** 우리가 한번 우리의 고유한 '실재'를 잠시 도외시하고 우리의 경험적 현존을 세계 일반의 현존처럼 매 순간 산출된 근원적 일자의 표상으로 파악하면, 우리에게 이제 꿈은 '가상의 가상'으로서, 가상에 대한 근원적 욕망의 한층 고차원적인 충족으로서 간주되어야 한다.(『비극의 탄생』 4장, 34–35) [강조는 필자]

니체는 "경험적 실재"를 영원히 고통받는 자와 모순에 가득한 "근원적 일자의 표상"으로 볼 것을 제안한다. 가상으로서의 경험적 실재가 근원적 고통과 근원적 모순에 시달리는 근원적 일자의 표상이 될 때, 고통과 모순에 의한 것으로써, 구원에 대한 요청이 발생하게 된다. [근원적 일자는 "매혹적 환영Vision과 유쾌한 가상Schein"을 필요로 한다. 경험적 실재는 가상으로서 가상의 가상인 '매혹적 환영'과 '즐거운 가상'을 요구할 줄 모른다. 고통과 모순을 목도 못 하는, 즉 '진정으로 존재하지 않는 것이기

때문이다]

니체는 시간-공간-인과성에 의한 경험적 실재를—다시 말하지만—"진정으로 존재하지 않는 것"이라고 명확히 했다. 1차적 가상이 경험적 실재이다; 근원적 일자의 고통과 모순이 구원을 요청하는데, 외견상 이것은 근원적 일자의 표상인, 1차적 가상인, "경험적 현존"[경험적 실재]에 의한 구원의 요청처럼 보인다. 니체는 가상의 가상에 의한 구원을 말하는데 앞의 가상이 진정으로 존재하지 않는 것인 경험적 현존에 관해서이고(그러나 진정으로 존재하는 것인 근원적 일자의 표상인 경험적 현존에 관해서이고), 뒤의 가상은 가상의 가상으로서, 2차적 가상으로서, (가상의 가상이므로) 보다 "고차원적인 충족"인 꿈에 관해서이다.

아폴론적 꿈(예술)은 경험적 실재[경험적 현존]가 요구하는 것처럼 보이지만 사실은 근원적 일자가 요구하는 것이다. 근원적 일자의 근원적 고통과 모순이 '매혹적 환영과 즐거운 가상'으로서의 꿈을 요구한다.

니체는 근원적 일자의 고통과 모순을 아폴론적 꿈 예술로 넘어가는 것에 관해 말했다. "가상의 가상Schein des Scheins"으로 넘어가는 것을 말했다. **가상으로서 경험적 실재를 말한 것이 주목되고, 근원적 일자가 매순간 만들어내는 경험적 실재를 말한 것이 주목되고(경험적 실재는 근원적 일자의 반영이다. 그 모순과 고통의 반영이다.** 라파엘의 ⟨(그리스도의) 변용⟩에서는 미친 소년과 그를 둘러싼 여러 힘들어하는 사람들이 근원적 일자 및 그 고통과 모순의 반영이다. 경험적 실재는 근원적 일자의 반영인 경험적 실재이면서 동시에 가상으로서의 경험적 실재이다), 모순과 고통의 반영인 가상으로서의 경험적 실재를 아폴론적 미적 가상으로 넘어가는 것을 말한 것이 주목된다. 정확히 말하면 ① 근원적 일자를 근원적 일자의 표상인 경험적 실재라는 가상을 통해 넘어가고자 한 것이 주목된다. ② 최종적으로 진정한 존재자인 근원적 일자의 (비극적) 표상인 경험적 실재라는 가상을 아폴론적 꿈 예술의 '꿈'이라는 가상의 가상을 통해 넘어가자고 한 것이 주목된다. 꿈은 경험적 실재의 꿈이므로 꿈은 가상의 가상이다. **정당화의 철학을 말할 수 있을 때 이것은 ① 근원적 일자의 미적 가상에 의한 거시적 정당화이고, 혹은 ② 근원적 일자의 표상인 경험적 실재가 가상이므로, 가상으로서의 경험적 실재에 대한, (가상의 가상인) 미적 가상에 의한 미시적 정당화이다.**

경험적 실재라는 가상을 꿈예술이라는 가상의 가상으로 넘어가는 것을 말할 때 경험적 실재만 넘어가는 것이 아니라. 경험적 실재라는 가상의 비극적 원인인 근원적 일자 또한 넘어가는 것이 된다. 경험적 실재가 꿈예술을 통해 정당화된다. 세계 현존은 오로지 미적 현상으로서만 정당화된다. '정당화되는 것은 그 이상이다.' 진정으로 존재하는 것인 근원적 일자, 그 고통과 모순의 정당화이다. 『비극의 탄생』의 주제문 중의 주제문 '현존[삶, 실존]은 오로지 미적 현상에 의해서만 정당화된다'의 본뜻을 말할 수 있게 됐다. '현존은 오로지 미적 현상인 아폴론적 꿈예술로 정당화된다.' 이것은 '현존은 오로지 미적 현상으로서만 정당화된다'와 차이가 없다. 다음과 같이 말해야 한다. 다음과 같이 말해야 니체의 심장부에 진입한다. '근원적 일자의 근원적 고통과 근원적 모순은 오로지 미적 현상에 의해 정당화된다. 디오니소스 미적 현상에 의해 정당화되고, 바로 위에서의 논의를 반영하면 무엇보다도 아폴론적 미적 현상, 아폴론적 꿈예술에 의해 정당화된다.' 가상의 가상에 의한 정당화를 말할 때, 여태까지 우리는 이것은 경험적 실재라는 가상을, '개별화의 원리'라는 가상을, 미적 현상이라는 가상에 의한 정당화까지로만 이해했다. 더 나가지 못한 것이 니체가 누차 강조했던 근원적 일자, 근원적 일자의 근원적 모순과 근원적 고통이 '가상이 아니라, 실상이라는 엄연한 현실'을 간과했기 때문이다.

생로병사는 가상이 아니다, 이렇게 말해야 한다. 고통은 가상이 아니다, 이렇게 말해야 한다. 잔혹성-잔인성-난폭성은 가상이 아니다, 이렇게 말해야 한다. 니체가 최종적으로 정당화하는 것은, 『비극의 탄생』에서 정당화의 철학을 중요하게 말할 수 있는 것은, 비극적 삶의 정당화이기 때문이다. 비극적 삶은 가상이 아니다. '올림포스 신들을 인간의 삶을 살게 하면서 인간의 삶을 정당화한다.' 인간의 삶은 비극 그 자체이다. 비극적 삶 자체이다. 엄연한 사실인 비극적 삶 자체를 돌파하기 위해 그리스인들은 올림포스라는 꿈의 영상, 꿈의 건축물을 만들었다.

위의 인용문이 철학사적으로 볼 때 의미 있는 것이 하나의 단락에서 "진정으로 존재하는 것 das Wahrhaft-Seiende"을 말하고 "진정으로 존재하지 않는 것 das Wahrhaft-Nichtseiende"을 말한 것이다. 간단히, 위에서 말한 것의 되풀이이다. 진정으로 존재하는 것은 근원적 일자이고, 그 고통과 모순이고, 진정으로 존재하지 않는 것은 근원적 일자의 표상인 경험적 실재—경험적 현존이다. 개별화의 원리이다.

니체 철학을 망치의 철학으로 말할 때, '전도(顚倒)주의'의 철학으로 말할 때, 그것은 여기에서도 '많이' 얘기할 수 있게 된다. 문제는 진정으로 존재하는 것에 관해서이다. 그동안 최고존재자로서 에이도스(플라톤)—형상(아리스토텔레스)—하나님(기독교)—일자(플로티노스)를 말해왔다. 진정으로 존재하는 것으로 신이념, 영혼이념, 피안이념, 도덕이념, 평등이념, 우주이념 등을 말해왔다. 진정으로 존재하는 것으로 회의하는 자아—생각하는 자아(데카르트)로 말했다. '중요한 것은 대상이 아니라, 대상을 쫓는 생각이다.' 중요한 것은 맹목적 의지이고, 여기에서 비롯된 상극에의 의지이다(쇼펜하우어). 양자역학에서의 '모든 것의 이론 Theory of Everything'도, 소위 통일장 이론도 진정으로 존재하는 것에 관해서였다. 니체는 이들을, 정도의 차이는 있지만, 간단히 내파시킨다. 진정으로 존재하는 것은 근원적 일자로서 근원적 모순과 고통이라고 말한다.

근원적 모순은 존재론적 부조리로서, 내 의사와 상관없이 던져진 것이고, 내 의사와 상관없이 던져질 것이라는 점이다. 고통은 실존(實存) 중의 실존(實存), 바로 그 통증에 관해서이다. 통증은 마음의 통증을 포함한다. 마음의 고통 또한 실상이다. 허구가 아니다. 마음의 통증을 내려놓기 위해 인류는 붓다를 탄생시켰고, 예수를 탄생시켰다. 통증은 해결되지 않는 것으로 해서 허구가 아니다. 가상이 아니다. 가상으로서의 통증을 말할 수 없다. 못 먹어서 죽는 사람, 병든 사람, 피 흘리는 사람은 허구가 아니다. 가상이 아니다. 실상 중의 실상이다.

17장
니체: 칸트 철학의 수용과 거부

1) 혁명으로서 칸트 철학

요컨대, 칸트의 혁명성이 인간이 '감각기관의 수용성과 지성의 자발성'[1)]에 따라 '물자체 Ding an sich'를 다만 현상으로서 이해할 수 있게 한 데 있다? 후반부와 전반부 어디에 방점을 찍어야 하나? 주지하다시피 경험주의와 합리주의를 종합한 칸트. 감각을 강조하는 경험주의 철학과 지성을 중시하는 합리주의 철학을 넘어, 칸트는 감각과 지성이 인간 인식의 두 가지 공명 조건으로 보았다. ["내용 없는 사고가 공허하고 개념 없는 직관이 맹목이다"(A51, B75)] 감각과 지성이 인간 인식의 두 가지 조건이라고 한 것이 칸트 철학의 첫 번째 혁명성이다.[2)] 고전 형이상학과 다른

---

1 "감성이 없을 때 아무런 대상이 주어지지 않을 것이고, 지성이 없을 때 아무런 대상이 思考(사고)되지 않을 것이다."(A51, B75)

2 본질 철학의 아포리즘, '질료가 형상을 갈망한다'(아리스토텔레스, 『자연학 Physika auscultatio』, A, 9; 192a 17–25)에서, 질료와 형상의 상호 공명 관계와 비동질적 유비이다. '질료형상주의'를 질료와 형상의 공명(共鳴) 관계로 보는 것이다. '이항(二項) 대립체계'를 말하나 이항 중 어느 한 쪽의 우위를 말하기 어렵다.

지점이 바로 여기에서 시작한다. 인식내용(dass)이 아니라, 인식방법(wie)을 문제 삼은 점이다. 확고부동한 인식 방법으로써 데카르트-라이프니츠 독단론과 '데이비드 흄의 회의론'의 양립을 지양시킨 점이다.

'초월적 대상으로서 물자체', 곧 '타자성으로서 물자체'를 설정한 것이 칸트 철학의 또 하나의 혁명성이다. '알 수 없는 물자체'에 대한 소문이 동시대인들의 마음을 요동치게 했다.[3] 칸트가 첫 번째 비판서 『순수이성비판』의 '초월적 감성론'-'초월적 분석론'에서 '초월적 변증론'으로 진행한 것이 이와 무관하지 않다. 칸트 철학에서 넓은 의미의 '초월'을 말할 때, 거꾸로 열거하면, 먼저 초월적 변증의 대상인 영혼-세계-신이 있고[4], 다음 초월적 감성론과 초월적 분석론의 '결과'인 '물자체'가 있다. 마지막으로, 따로 말하는 것으로, 초월적 변증론과 초월적 감성론-초월적 분석론, 모두에 관여하는 선천적 제한조건들인 공간-시간-인과율들이 있다.[5] 물자체가 알 수 없고, 영혼-세계-신이 증명 불가능하고, 선천적 제한조건이 증명의 대상이 아니라, 전제의 대상이다.

3 이른바 '칸트 위기 Kantkrise'로서, '절대적 인식의 불가능성'—'인식의 한계성'이 내용이다.

4 영혼-세계-신은 각각 심리학-우주론-신학의 대상이다; '초월적 변증론'에서 신 자체-세계 자체-영혼 자체를 이성이념이 대변할 수 있다는 종래의 형이상학적 인식낙관주의를 비판한다. 칸트는 여기에서 전통적인 모든 형이상학을 파괴하는 일에 집중한다(B392, A335 이하).

5 초월적 변증론에 공간-시간-인과성 중에서 특히 인과성이 관여한다. 신-증명에 그 동안 인과성이 선험적 전제로서 중요한 역할을 했기 때문이다. 공간-시간이라는 선험적 전제조건이 물론 초월적 변증론의 변증 대상인 '세계'와 무관하지 않다. 세계-공간-시간을 나란히 놓음으로써 칸트는 과학 형이상학의 토대를 마련한다.

2) 칸트 철학의 수용과 거부 ①

'비극 Tragödie의 목적이 '비극적 세계 인식'에서 '비극적'을 빼는 일이다.' '세계 현존[인생]'을 미적 현상으로서 정당화시키는 행위이다. 미적 현상은 가상이다. '세계 현존이 오로지 미적 현상으로만 정당화된다'는 '명제'는 우선 '세계 현존'이 가상이라는 점이다. '비극'이 세계 인식에 가상을 선물한다. 비극의 목적이 가상으로서의 세계 인식이다. '생로병사의 잔혹성'—'잔혹한 세계상'이 실재가 아니고 가상이라는 것은, 이 세계의 현존이 가상이라는 인식은, 논란의 여지가 있다. 현존으로 번역한 Dasein은 인간을 포함한다. 인간은 가상인가, 실재인가?

기독교 형이상학—불교 형이상학 등 종교 형이상학에 의하면, 종교 형이상학뿐 아니라, 소크라테스-플라톤 이래의 고전 형이상학에 의하면, 인간은 실재가 아니라 가상이다. 인간은 이데아의 그림자(플라톤 형이상학)이고, 인간이 목표로 삼아야 할 것은 피안-이데아(기독교 형이상학—플라톤 형이상학)이며, 인간은 좋은 곳으로 가기 위해 차안을 희생해야 하며—혹은 공덕을 쌓아야 하며(소크라테스-플라톤 형이상학, 기독교 형이상학, 불교 형이상학), 인간은 초월자에 의해 "예정조화 prästbilirte[n] Harmonie"(Ⅲ-1, 133)된 가장 좋은 세계에서 살아야 하며(라이프니츠 형이상학) 등등.

칸트에게도 이 세계는 가상이다. 선험적 제한에 의해 물자체를 현상으로만 인식할 수 있을 뿐이다. 니체가 "인간은 초극(超克)되어야 할 어떤 것이다."라고 말했을 때 이 또한 가상철학에 합류한 거 아닌가. '초인간이 금방 오는 것은 아니다. 원시인류가 여기까지 온 시간만큼의 시간이 소요될 것이다.'라는 단서를 달았다 하더라도("일찍이 그대들은 원숭이였고, 지금도 인간은 어떤 원숭이보다도 더 원숭이다.", 『차라투스트라』, Ⅵ-1, 8) 말이다.

니체(1844~1900)가 진화론(『종의 기원』, 1859)의 영향을 받은 것은 분명하다. 초인간까지의 인간은 과정적 존재인가? 인간이 가상이 아니라면 무엇이라는 말인가? 인간이 가상이라는 것—고전 형이상학 이래의 오랜, 형이상학의 내용이다. 니체가 플라톤-플로티노스-칸트-쇼펜하우어를 포함한 기존의 형이상학(적 부분)을 일체 부인한다. 니체가 기존의 형이상학-존재론과 다른 것은 가상을 넘어서는 '발판'을 마련하지 않은 점이다. 이데아라는 발판—내세라는 발판 등을 마련하지 않은 점이다. 니체는 물자체를 부인한다, 현상 그 자체를 是認(시인)하고 정당화한다. 가상을 가상으로써 是認시키고, 정당화시키는 것—이것이 니체의 형이상학이다. '장엄한 소박성'이다.

『비극의 탄생』(1872) 서문 「자기비판의 시도」(1886)에서 니체가 자신의 철학을 다음과 같이 명명했다.

> 도덕 자체를 현상세계 속에 끌어 앉히려는 철학, 아니, '현상들' 밑으로뿐만 아니라(관념 철학 용어 의미에서), 그것을 가상, 망상, 오류, 해석, 치장, 예술 등 '여러 속임수들' 아래 차원으로 끌어 앉히려고 감행하는 철학.(Ⅲ-1, 11-12)

이것은 (기독교 종교 일반에도 대립하지만) 현상과 물자체를 대립시킨, 『순수이성비판』 또한 염두에 둔 것이다. 칸트에 의한 결과로서 주지하다시피 현상과 물자체는 상호 분리적이다. 감각적 직관의 대상으로서 인식할 수 있는 현상을 말하고, 모든 경험 밖에 놓인 '경험 초월대상'으로서 물자체를 말한다.

칸트에 의할 때, 도덕은 선험적 제한조건과 같은 것으로서 '명령의 범주'에 있다. 관념 철학적 의미에서 "도덕"은 정언명령의 함의를 가진 것으로서, 따라서 불가침의 영역인 것으로서, 따라서 파악의 대상이 아닌 것으로서. 선험적 제한조건이 지시하는 것과 같다. 도덕은 세계 안의 범주가 아닌 세계 밖 범주에 있는 이념 같은 것이다. 기독교 형이상학이 말하는 바이고, 칸트의 도덕 형이상학이 말하는 바이다. 이것을 현상세계 안으로 끌어 앉히겠다는 것이다. 가상, 망상 등 "여러 속임수들" 차원으로 끌어 앉히겠다는 것이다.

첫째, 니체가 "도덕 자체"를, 의도적으로, 물자체의 영역이 아닌 "현상세계" 속에 두려는 것은, 아니 현상 밑으로 끌어내리겠다는 것은, 기독교 형이상학을 의식한 것으로 기독교 교의를 부정하는 태도이다. 니체는 바로 이어서, 자신의『비극의 탄생』을 지시하며,『비극의 탄생』본문에서 기독교에 대한 적대적 태도를 느껴볼 것을 권면한다(12).

> 아마도 이런 '반도덕적' 경향의 깊이는 이 책 전체에서 기독교가 취급되는 고려하는 듯한 태도, 즉 조심스럽고 적대적 침묵에서 가장 잘 파악될 수 있다. 기독교는 인류가 지금까지 경험해온 도덕적 주제의 아주 첨예한 구체화이다.(12)

『비극의 탄생』이 니체 철학의 저수지이다.「자기비판의 시도」를 포함할 때 이것은 두말할 나위도 없다. 둘째, 칸트의 물자체에 대한, 나아가 칸트의 이념으로서, 요청으로서의 '도덕행동=도덕이념'에 대한 비판이다. 니체는 '물자체'와 '요청된 도덕'에서 기독교적 심급 행위와 유사함을 간파했다[6];『유고 단편들. 1887 가을-1888. 3』에서 다음과 같이 말하는 니체.

---

6 칸트에 따를 때 도덕 '그 자체'가 파악 불가능한 것이다. [도덕은 이성이념에 의한 도덕이념이다](『순수이성비판』의 4부 격(格)인 '초월적 방법론' 2章 '이성의 규범' 참조);「자기비판의 시도」에서 첫째, 니체가 도덕을—의도적으로—물자체의 영역이 아닌 현상 속에 두겠다고 한 것은 기독교 형이상학을 의식한 것으로 기독교 교리를 부정하는 태세이다.『비극의 탄생』이 니체 철학의 저수지라는 것. 둘째, 칸트의 물자체에 대한, 나아가 칸트의 이념인 '도덕 행위'에 대(對)한, 비판이다.
니체는 (칸트의) '물자체'—'도덕 행위'에서 기독교적 심급(審級)과 유사한 점을

"본능"과 "도덕" 간의 싸움의 역사로서 그동안의 역사를 "비도덕성"의 역사라고 했다. 도덕에 대한 본능의 압도를 견인하는 것이 진정한 '힘에의 의지로서 도덕'이다.

> '소크라테스' 이후 유럽 역사의 '공통성' 은 '도덕적 가치들' 이 모든 다른 가치들에 대해 지배 견인하려는 시도이다: 결과, 도덕은 생활의 지도자나 재판관이어야 했을 뿐 아니라, 1. 인식의, 2. 예술들의, 3. 국가적 노력 및 사회적 노력의, 지도자나 재판관이어야 했다. 유일한 과제로서 '개선' , 그 외 모든 것이 이를 위한 '수단' 이다(또한 혼란–장애–위험: 따라서 이것들이 절멸될 때까지 투쟁하는…… […] (그럴 것이 '삶의 기본본능과 도덕 간의 싸움' 의 역사는 그 자체가 지금까지 지상에 있었던 것 중 가장 큰 비도덕성이기 때문이다…… (Ⅷ–2, 93)

3) 칸트 철학의 수용과 거부 ②

칸트는 현상의 세계와 실체의 세계를 구분했다. 후자가 물자체, 즉 '초월적 대상'의 세계일 때, 전자가 '현실적 대상'의 세계이다. 넓은 의미의 현상세계는 인간의 인식능력과 실체 세계의 국경에서 성립한다. 실체 세계가 인간의 감성을 움직이나, 실체 세계를 인간이 인지할 수 없다. 니체가 칸트 철학을 인정하는 것은 칸트에 의한 선천적 제한조건의 토출, 이로써 칸트가 물자체의 '인식 불가능성'을 말할 때이다('그럴 것이 진리란 존재하지 않기 때문이다.') 니체가 칸트 철학을 부정하는 것은, 특히 이후의 칸트

간파했다; 대략 1년쯤 후(後)인『유고 단편들. 1887년 가을–1888년 3월』에서 다음과 같이 뽑아내는 니체. "'소크라테스' 이후 유럽 역사의 '공통점'은 '도덕적 가치'에 모든 다른 가치들에 대한 지배권을 넘겨주려는 시도이다: 결과적으로 도덕은 삶의 지도자나 판관이어야 했었을 뿐 아니라, 1. 인식의, 2. 예술의, 3. 국가적이고 사회적 노력의, 지도자나 판관이어야 했던 것."(Ⅷ–2, 113)

수용자들에 의한 것으로서, '물자체 세계'의 인식 불가능성을 강조할 때이다. 비장하게, '우리 모두 물자체는 알 수 없고, 현상적으로만 알 수 있을 뿐이다', 토설할 때이다. 니체에게 문제는, 늘 그렇듯, 물자체의 세계가 아닌, 현상세계이다. 두 번째 인용이다.

> '물자체'가 의미를 거스른다. 내가 모든 관계들, 모든 '고유 성질들', 모든 '행위들'을 하나의 사물에서 빼놓는다 생각할 때, 그 사물은 남아나지 '않는다' : 물성Dingheit은 논리적 필요에 의해서 우리에 의해 날조된 것이다. 그러니까 표시나 이해의 목적으로 있는 것이지,—은 '아니다 [···] (Ⅷ-2, 93)

"물성"-"물자체"를, 즉 선험적 주관인식으로서, 감각의 수용성 및 오성의 자발성에서 제외시킨 것을, "논리적 필요에 의해" 만든, 즉 "날조된 것"으로 단죄한다. 사물은 "표시"의 목적-"이해의 목적"으로 있는 것이지 물성-물자체를 놓고 이렇다 저렇다 말할 수 있는 것이 아니다. 존재자로서 사물은 현상세계에 대한 인간의 지식-경험을 통해 (사후)事後에 추상화(抽象化)한 것이다. '물자체'는 없다. 현상 너머의 세계, 즉 물자체로서—물자체로써 초월적 세계를 얘기한 칸트의 모습에서 니체는 플라톤—아리스토텔레스—기독교 형이상학으로 이어지는 본질 철학—내세 철학의 흔적을 보았다. 니체는 주지하다시피 현상세계를 그대로 긍정한 철학자였다. '후설 현상학'의 시조로서 니체를 본다. 현상학의 모토 '사물 자체로! Zur Sache selbst!'는 말 그대로 사물 자체에 대한 관심이지, 칸트의미에 있어서 그 불가지(不可知)의 물자체가 아니다. 노에시스[의미작용]에 의한 노에마[의미]를 말할 때, '나'라는 것도 지향성의 결과로서 사후(事後)에 만들어진 것이다.

칸트의 물자체가 함의하는 것에 대해 니체가 처음 환호한 것은 "마야의 작품"을 실재 자리에, "단순한 현상"을 "사물의 가장 안쪽에 있는, 진실한, 본질 자리"에 두었기 때문이다. 현상에 의한 '본질 대체 가능성'을 보았기 때문이다(18장, 114). 니체는 '물자체를 다만 현상으로만 이해할 수 있을 뿐이다'라는 명제를 특유의 관점다원주의에 의해 간단히 내파시킨다. 칸트에 의할 때 인간은 모두 같은 안경을 쓰고 있으나, 선험적 제한조건에 똑같이 걸려있으나, 니체에 의할 때 이것은 동일성의 사유로서 보편자 철학의 횡포—기독교형이상학의 횡포와 같은 것이다.

물자체가 있는 것이 아니라, 선천적 제한조건에 관심 없는, 진리 부정이 텃밭인, 관점주의가 있을 뿐이다. 관점주의는 예를 들어 '가상으로서 예술'을 통해, 아폴론적 예술 충동—디오니소스적 예술 충동을 통해, 구체적으로 표상된다. 관점주의는 늘 삶을 넘어가는 방식으로서 관점주의이다. 형이상학적 관점주의이다. 니체 특유의 A를 A로 대응하는 방식을 말할 수 있다. '물자체의 인식 불가능성에 대(對)해 물자체를 부정하는 현상주의로서 응(應)하는 것이다. 물자체를 부정하는 '현상주의로서 관점주의'로 應하는 것이다. 신의 죽음에 對해 자발적 몰락 의지로 應하는 것이 A를 A로 대응하는 방식의 모범적 예이다.

4) 물자체로서 경험적 실재

칸트의 니체 영향은 인식론에 대해서이다. 더 정확히 말할 때, 공간-시간-인과성에 의해 조건 지워진 경험적 실재를 말할 때이다. '가상으로서 물자체'를 말할 때이다. 『비극의 탄생』「자기비판의 시도」에서 "현상들(관념적 술어의 의미에서)"을 말하고, 이어서 칸트의 도덕론을 비판적으로 개진한 것 것은 『순수이성비판』『윤리형이상학정초』『실천이성비판』에 대한 니체의 정확한 숙지를 방증한다. '칸트'에서 현상과 물자체는 상호대립적이다. 칸트는 감각직관 및 오성개념화에 의한, 인식가능한 '현상'을 말하고, [선험적 제한조건이 그 조건인] 모든 경험에서 제외된, 초월대상으로서 물자체를 말한다.

니체에게 문제는 대립적 '현상과 물자체'가 아니라, 공간-시간-인과율 등 선천적 제한조건 하(下)에 있는 물자체로서 현상이다. 물자체로서 현상인 가상이다. '경험적 실재'가 말하는 것이 바로 물자체로서 가상이다. 다음은『비극의 탄생』4장 인용이다.

> 이러한 가상으로서 우리 인간은 가상에 완전히 잡혀 있고, 가상으로 성립되는 바, 진정으로 존재하지 않는 것, 즉 시간 공간 인과성 속에서 지속적으로 생성되는 것으로서, 다른 말로 할 때, 경험적 실재로 느껴지게 될 수밖에 없다.(Ⅲ-1, 35)

"경험적 실재"는, 그것이 경험을 통해 주체에게 주어져 있는 한, 현상들-사물들의 객관적 효용 Gültigkeit이다. 칸트에게 경험적 실재가 그 이상인 것은 현상들-사물들이 실제적일 뿐 아니라. 또한 공간-시간이라는 직관형식들에 의해, 그리고 12가지 오성범주들에 의해 규정되는 점이다. 직관형식 및 오성범주는 모든 경험에서 제외된 것으로서 인식하는 인간에게 일종의 같은 색깔의 안경으로서 공통적으로 주어진 것이다. 칸트에게 인간은 가상으로서 (경험적) '실재'이다. 니체에게 경험적 실재는 실제적 실재가 아니더라도 물자체로서 경험적 실재이다. 경험적 실재는 '물자체로서 가상'이다. 인간은 가상이더라도 부인되는 가상이 아니라, 그것뿐이 없는 물자체로서 가상이다. 기독교에 대한 반대이고, 칸트주의자들에 대한 반대이다. '우리는 우리를 경험적 실재로 느낀다. 나날이 고투(苦鬪)한다.'

5) 가상이 정말 가상인가?

니체에게 주체를 공간–시간–인과성이 제한시킨 것으로 인한 현상적 삶은 가상이 아니고, 실상이다. '가상' 말고 또 뭐가 있다는 말인가? 가상이 물자체이다. 가상이 알파이고 오메가이다. **비극이 세계 인식에 가상을 선물한다. 비극의 우선적 목표가 우선 '가상으로서 세계' 인식이다. 니체가 가상의 가상을 말할 때 앞의 가상은 '제한적' 경험적 실재로서의 가상을 지시하고, 뒤의 가상은 미적 가상—미적 쾌락을 지시한다. 그러나 '가상을 가상으로서 정당화시킨다'는 것은 그 이상이다.**

강조하면, '생로병사(生老病死)의 잔혹성'—'희로애락(喜怒哀樂)의 변덕성'은 가상이 아니라, 실상이다. 물자체에서의 생로병사가 아니더라도, 물자체에서의 희로애락이 아니더라도, 물자체가 아닌, 현상적 존재자, 즉 "경험적 실재"에서의 생로병사이고—희로애락이라 하더라도 생로병사—희로애락은 실상이다. 현상적 존재자[경험적 실재] 말고 더 무엇이 있다는 말인가? 생로병사—희로애락이 가상이라는 말인가? 고통이 가상이라는 말인가? 피를 흘리고 죽어가는 것이 실상이 아니고 가상이라는 말인가?

'세계 현존'(=삶)이 가상이라는 인식은, 논란의 여지가 있었다. 근원적 일자, 즉 디오니소스—디오니소스적 인간—그리스인들에 의한 근원적 고통과 근원적 모순을 말할 때, 이들이 들여다본 삶의 잔혹성을 말할 때, 근원적 고통을 겪는 자, 근원적 모순을 목도한 자, 삶의 잔혹성–잔인성–난폭성을 들여다본 자에게 삶은 가상이 아니다. 삶의 모순과 삶의 고통은, 최악의 경악과 공포로서 가상이 아니고 실상이다.

달리 다시 말할 수 있다. 가상을 말할 때 그것은 근원적 일자의 표상으로서 경험적 실재에 관해서이다. 선험적 제한조건(혹은 이유율)인 공간–시간-인과성에 제한된, 물자체가 아닌, 현상으로서의 존재자에 관해서이다. 그렇더라도 '가상을 가상으로서 정당화시킨다'라고 말할 때, 이것을 정확히 옮기면 '고통과 모순을 겪는 (실상인), 근원적 일자의 표상으로서 경험적 실재를, 공간-시간-인과성에 제한된 가상으로서의 경험적 실재를, 미적 가상에 의해 정당화시킨다'가 된다. 그냥 경험적 실재가 아니라, 고통과 모순을 겪는 근원적 일자의 '표상'인 경험적 실재이다.

6) 니체의 오해?

데카르트의 사유 작용으로서 코기토[나는 생각한다, 그러므로 나는 존재한다]를 부정할 수 없으나, 칸트에게 '나'는 사유 작용의 결과로서 나가 아닌, 그의 형식논리학이 말하는 것처럼 '사유 작용으로서 나'이다. 사유 작용으로서의 나의 강조는 물자체의 인식 불가능성에 대한 중립적-객관적 자세에서도 나타난다. 칸트의 물자체에 대한 무관심을 말할 수 있다.

> 현상들이 사물들 그 자체를 표상으로 견인하지 않는다 […] 문제는 공간과 시간이 사물들 자체의 규정들Bestimmungen이 아니라, 현상들의 규정들인 점이다. **사물들 자체에 대해서 나는 아는 것이 없고, 알 필요가 없다.** 나에게 사물이 현상 이외에서 전혀 나타날 수 없는 것이기 때문이다.(A276-277, B333) [강조는 필자]

[공간과 시간이 사물을 규정하는 것이 아니라, '나'를 규정한다. 인간이 똑같이 녹색 안경을 쓰고 있다. 공간-시간이 주관형식인 이유이다] "공간과 시간"에 규정된 나는 이미 제한된 나로서 '사물들 자체'[물자체]와 무관하다. '사유 작용으로서 나'는 "사물들 자체"에 대한 "필요"를 느끼지 않는

다.[7] “사물이 현상 이외에서 전혀 나타날 수 없는 것”으로 말할 때, 현상세계에 대한 칸트의 ‘집착’을 읽는다.[8] ‘사유 작용으로서 나’가 현상세계에 고정되어 있는 것을 말할 때, 프리드리히 니체가 물자체를 ‘제2세계’의 유비로서, 즉 ‘고전 형이상학-기독교 형이상학’의 유비로서 일방으로 모는 것은 부당하다.[9] 『순수이성비판』에서 ‘사유 작용으로서 철학’[10]이 먼저이

---

7 ‘인식론으로서 칸트 철학’, 즉 ‘사유 작용의 철학’으로서 칸트 철학을 충분히 강조하였다. 물자체가 제기하는 ‘문제’를 부차적으로 보았다.

8 칸트가 주관주의 철학을 했고 동시에 현상주의 철학을 했다; 칸트의 존재론을 ‘현상존재론’으로 부르는 이유가 된다; 칸트의 존재론은 존재가 사유[작용]에 의해 담보되는 점에서, ‘사유하는 존재’가 그 표상인 파르메니데스 이래의 ‘사유존재론’의 큰 줄기에 합류한다.

9 코에스터스 Paul-Heinz Koesters의 에세이 「프리드리히 니체는 同苦를 경멸했고 초인간을 요청했다」(1982)에 의할 때, 니체가 칸트의 3 비판서 중 직접 읽은 비판서는 『판단력비판』이다. 『순수이성비판』과 『실천이성비판』은 소위 2차 문헌을 참고했다; 칸트가 쇼펜하우어 철학에 절대적 영향을 끼쳤다. 쇼펜하우어의 박사학위논문 『충족이유율의 4가지 근거에 대하여』(1813)와 『의지와 표상으로서의 세계』(1818), 특히 앞부분은 칸트의 절대적 자장권에 있다. 니체가 젊은 날 숙독한 『의지와 표상으로서의 세계』가 니체의 칸트 이해에 첫 이정표 역할을 했다; 칸트의 직접적 영향을 말할 때 그것은 피히테-셸링-헤겔-쇼펜하우어에 대해서이다.

10 ‘사유 작용으로서 철학’은 넓은 의미에서 사유와 존재를 ‘동일한 것 to auto’으로 말한 파르메니데스(‘존재는 사유로서 담보된다’)와 사유와 존재를 ‘동일한 것 das Selbe’의 場에서 상호 공속의 관계로 놓인 것으로 본 하이데거(「동일성의 명제」, 『동일성과 차이』, Pfullingen 1957, 8-9) 사이에 놓인다. 그 사이에 헤겔 또한 놓인다. 간과해서 안 될 것이 칸트에서 ‘나’는 파르메니데스-데카르트-후설-하이데거로 이어지는 **‘사유 작용의 결과로서 나’보다, ‘사유 작용으로서 나’로 존재하는 점이다.** “사유하는 나, 혹은 그 혹은 그것(사물)을 통해 사유들의 초월적 주체가 X로서 표상되는데 이 초월적 주체는 오로지 술부들인 사유들을 통해 인식된다. 초월적 주체 단독으로는 결코 최소한도의 개념조차 가질 수 없다. […] 그럴 것이 그 표상들로부터만 ‘나는 그를 통해 어떤 것을 사유한[했]다’ 말할 수 있기 때문이다 […] 나는 사유하는 존재자에 관해, 외적 경험을 통해서가 아니라, 순전히 자기의식을 통해서 최소한도의 표상을 가질 수 있다.”(B404-405, A346-347); 인용문은 ‘초월적 변증론’의 앞부분이다. 초월적 주체가 지칭하는 것이 사실 영혼이나, 이념들 일반에 적용시켜도 무방하다. 중요한 것은 사유를 “나=그=그것’으로 표상되는 존재’와 동일시하는 점이다. ‘사유하는 나’가 말하는 것이 그것이다; 사유하는 나가 말하는 것이 ‘사유=나’라는 등식보다 ‘사유

고, '물자체로서 철학'이 나중이다]

작용으로서 나'를 말한 것으로 보는 것이 더 낫다. 사유 작용을 통해 초월적 주체 및 '존재자' 일반이 '표상'되고, '최소한도의 개념'이나마 갖는 점을 말하기 때문이다. 인용 후반의 '순전한 자기의식'은 사유 작용의 다른 말이다. 사유 작용이 적어도 '초월적 주체 및 존재자 일반'의 그 '존재'는 아니더라도 그에 대한 표상=X, 혹은 개념을 보증한다; 사유하는 나에 의해 사물 일반이 '표상'을 얻는 것으로 해서, '존재'를 얻는 것이 아닌 것으로 해서, '독단'의 혐의에서 벗어난다. [칸트에서 '사유하는 나'가 아니라, 사유 작용을 말할 때, 그리고 그것이 인식 방법에 관한 것일 때, 독단을 말할 수 없다] 데카르트의 '나는 사유[사고]한다'가 '나-그-그것'의 존재를 보증한다. 칸트에 의할 때, 코기토-명제가 "현존Dasein에 대한 지각을 함유할 수 있다."(B405, A347)

18장
합창의 형이상학

1) 실러의 합창론

3,000년 전쯤부터라고 한다. 청동기 시대라고 한다. 디오니소스 제례가 최초의 의도적 해방운동이 아니었을까. 산녘 들녘을 춤추며 노래하며 디오니소스를 쫓아다니는 반신(半神)-반동물의 사티로스들, 사티로스에 섞여있는 암컷들—디티람보스 '광란의 주신찬가'가 성적 광란으로서, 성적 엑스터시의 화신인 암컷이 사티로스들을 산 채로 삼킨다. '구멍' 속에 묻히지 않을 것이 없다. 광란의 주신찬가에 생-로-병-사의 잔혹성이 묻힌다. 희-로-애-락의 변덕성이 묻힌다. 생로병사의 잔혹성 및 희로애락의 변덕성으로부터의 해방운동—디오니소스 제례. 생로병사의 잔혹성을 건너가게 하는 디오니소스 제례에 최초의 형이상학이라는 면류관을 못 씌워줄 이유가 없다.[1]

---

1 『비극의 탄생』 2장에서 니체는 "디오니소스적 야만인"과 "디오니소스적 그리스인"(27)을 구분한다. 원시적 야만인과 형이상학적 그리스인을 말할 수 있으니, 상호 교집합으로서 '디오니소스'를 부인할 수 없다. 청동기 시대의 야만인들에 의한 카니발리즘, '디오니소스 제례'에 형이상학이 없다고 할 수 없다. '모든' 제례는 형이상학적이다. 애니미즘의 형이상학이 있고, 다신교 및 일신교의 형이

형이상학은 유한성에서 무한성을 얘기한다. '사막을 건너는 법'—'우주를 건너는 법'–실존을 건너는 법을 얘기한다. '탈존Ek–sistenz'를 얘기한다.[2] 디오니소스 제례와 아이스킬로스–소포클레스–에우리피데스로 대변되는 그리스비극의 차이는 무대 유무(有無)의 차이이다. 디오니소스 제례에 무대가 없고, 그리스 아티카비극에 무대가 있다. 무대의 有無는 저자의 有無, 배우의 有無, 관객의 有無를 포함한다. 디오니소스 제례와 아티카비극의 차이를 메우는 게 아티카비극 무대에 포진한 가무합창단이다. 가무합창단은 광란의 주신찬가 디티람보스의 재현으로서 포식성이 특징이다. 이들이 '저자'를 삼키고, 배우를 삼키고, 관객을 삼킨다.[3]

가무합창단은 "신들의 당당한 걸음소리"(실러, 「'비극에서의 합창의 사용에 대하여」 Ⅱ, 821), "질주하는 열광의 말발굽 소리"(니체, 『반시대적 고찰』, Ⅲ–1, 178)와 같다. 디티람보스에 묻히지 않을 것이 없다. 생로병사의 잔혹성을 '꿀꺽' 삼킨다. '합창'에 대한 서술로서 실러가 그의 비극 『메시나의 신부 Die Braut von Messina』(1803) 앞에 둔 서문 「비극에서의 합창의 사용에 대하여」를 능가할 것이 없다. 특히 다음과 같은 부분, 편의상 번호를 붙였다.

> 합창은 그 자체 개인이 아니라 하나의 보편적 개념이다. 이 개념은 그러나 감각적인 거대한 양(量)–다중이다.
>
> ① 이 감각적인 거대한 量–다중은 그 충만한 현존으로 관객의 의식을 강력히 뒤흔든다.

상학이 있다.

2 형이상학은 탈존이 시작이다. Ek-sistenz는 하이데거의 조어이다. Existenz = existence는 ex-sistere가 기원이다. 존재자 바깥에 있는 것으로서 바깥에서 존재자를 보는 것이다. 대타적 존재와 대자적 존재로서 '실존(實存)'의 바탕이다.

3 합창단이 삼키는 것은 주체–객체 Subjekt–Objekt의 '구분'이다. 주체를 삼키고, 객체를 삼킨다.

② 합창은 줄거리의 협소한 테두리를 벗어난다.
③ 지나간 것과 다가올 것을 넘어서고,
④ 먼 시간들과 먼 민족들을 넘어서고,
⑤ 인간적인 것 전반을 넘어선다.(같은 곳, Ⅱ, 821)

① 합창은 "양(量)"으로서 "그 충만한 현존으로" 질(質)적 "의식"을 압도한다. "자연의 무서운 진지함"(니체, Ⅲ-1, 121)을 압도한다. 이른바 量의 형이상학이다. 1915년의 아인슈타인의 자연과학 형이상학[질량 형이상학]이고, 1928년의 벤야민의 성좌 형이상학이다. (성좌 형이상학이『독일 비애극의 원천』「인식비판적 서문」 중(中) 「개념 속에서 분할과 확산」-「성좌로서 이념」-「이념으로서 말」에서 화려하게 개진됐다. 벤야민 같은 곳, 213-218); 합창은 많음으로서의 별과 마찬가지로 '많음으로서의 합창단'으로서, "감각적인 거대한 量-다중"으로서, 그 자체 "하나의 보편적 개념"(실러, 같은 곳)이다.

많음으로서의 별이 몰락의 인간사—몰락의 자연사—몰락의 세계사—몰락의 우주사를 정당화시킨다. 많음Vielheit으로서 별들이, 그리고 극대(極大)로서의 천체들이 이구동성 말하는 것이 몰락의 보편성이다. 별들도 몰락하는구나("관객의 의식을 강력히 뒤흔든다."). 별들의 몰락이 인간의 몰락을 정당화시킨다. 합창단이, 많음으로서의 합창단이 말하는 것이 보편적 악(惡)이다. 죽음으로 표상되는 보편적 고통에 관해서이다. 합창단이 생로병사의 잔혹성을 불협화음으로 시인시킨다. 불협화음이라는 '미적 가상'으로 시인시킨다. [인생은 오로지 미적 현상에 의해서만 정당화된다]

② 그리스비극에서 줄거리는 부차적이다. 디오니소스 합창에서-아폴론 주인공 무대와 협업이 있더라도-도취 예술 그 자체가 강조되고, 아폴론 주인공 무대에서-호메로스 언어에 의한 '서사'가 있더라도, 꿈 예술-'환영 예술'이 강조된다. 디오니소스적 합창에 의해 아폴론적 꿈 예술[형

상예술]이 '아폴론적 환영'으로 강화되는 것을 말할 수 있다(혹은 시간적 꿈예술이 공간적 환영예술로 바뀐다).

니체가 『비극의 탄생』에서 아이스킬로스 비극—소포클레스 비극을 에우리피데스 연극과 비교하는 기준이 합창과 '대사(臺詞)'이다. 에우리피데스에 와서 디오니소스[사티로스] 합창은 명맥을 유지하는 수준으로, 신화적 비극은 아폴론 무대에서 "주인공의 대사"(Ⅲ-1, 71)로 축소된다. 문제는 합창이다. 그리스 전성기 비극에서 합창이 알파와 오메가였다. 에우리피데스는 서막을 따로 두어 서막에서 줄거리를 누출하여 관극자들이 줄거리에 집중하지 않고, 주인공의 대사(혹은 변론술)에 집중하게 했다.[4)]

---

4 『비극의 탄생』 11장 이후 (그리스-)비극의 몰락에 대한 '니체 서사'가 화려하게 전개된다. 비극의 몰락은 디오니소스 합창단의 몰락을 먼저 포함하고, 신화의 몰락으로서 아폴론적 무대의 몰락을 그다음 포함한다. 합창단 몰락, 그리고 비극적 신화[아폴론적 무대]의 순차적 몰락으로 (그리스-)비극의 몰락은 완성되었다. 니체에 의할 때 둘 다 모두 소크라테스주의가 원인이었다.
변증술[문답술, 산파술]과 논리적 도식주의가 모토인 "'미학적 소크라테스주의' aesthetische[r] Sokratismus"(11장, 81, 83)에 의해, 변증술의 강조로 인해, 디오니소스적 음악 예술은 거부되었다. 마찬가지 이유로 『비극의 탄생』 23장에서 니체는 아폴론적 신화[이야기]가 거부되는 것을 말한다. 소크라테스-알렉산드리아 문화의 전가의 보도 '인과율 Causalität'로 인해 신화 역시 부정되었다. 인과율에 의할 때 기적과 이적(異蹟)이 풍성한 '신화 이야기'는 이적(利敵)이었다.
합창단 비극의 몰락이 먼저이고, 무대 비극의 몰락이 그다음이나, 합창단의 몰락에 '비극적 신화의 몰락'이 잠재태로 이미 존재해온 것을 말해야 한다. 디오니소스적 합창단의 몰락이 실제 비극의 몰락인 것을 말해야 한다. 합창단의 몰락은 (디오니소스 합창단 효과에 의해 강화된) 아폴론적 무대의 '환영'의 약화를 포함하고, 따라서 디오니소스에 의해 강화된 '아폴론 무대 형이상학'의 퇴조를 '벌써' 포함한다.
"비극의 몰락은 동시에 신화의 몰락이었다."(23장, 143): (디오니소스적 합창단) 비극의 몰락은 동시에 아폴론적 신화의 몰락이었다. [23장은 니체 고유의 신화관이 전개된 곳이다. 23장이 이른바 '신화의 장(章)'이다. 니체는 신화의 몰락과 함께 동시에 신화의 재탄생을 말한다.
루터에 의한 것으로서 '민족 고유 언어에 의한 교회 합창'의 등장은 가히 혁명적이었다. 이미 니체는 19장에서 그리고 바흐, 베토벤, 바그너로 이어지는 독일 음악과 칸트, 쇼펜하우어로 이어지는 독일 철학의 일치, "독일 음악과 독일 일치"(124)를 말했었다. 행복한 일치였다. 니체는 18장에서 소크라테스—알렉산

③ 합창은 선형적 시간대를 내파시킨다. '지금 여기'에 현재와 미래를 절대적으로 지시한다. 무아지경의 황홀경에 시간이 흐를 리 없다. ['합창의 시간은 '황홀경[무아지경]에 의한 정지로서, 합창단에 시간이 없다]

④ "먼 시간들과 먼 민족들을 넘어서고"는 과거의 시간과 미래의 시간을 포함하는 것을 말하고, 과거의 민족들과 미래의 민족들을 포함하는 것을 말한다.[5] 실러가 합창에 과거와 미래를 포함하는 '영원성'을 부여한 것

드리아 문화가 진리 탐구 및 '학문'의 전가의 보도로 내세운 '인과율'이, 즉 비극 파괴의 '원흉', 인과율이 칸트와 쇼펜하우어에 의해 더 이상 '진리'의 도구가 될 수 없게 된 점을 소상히 지적한다.
인과율은 주지하다시피 선험적 제한 조건으로서, 물자체를, "사물의 본질에 대한 진정한 인식"(18장, 114)을, 제한적으로 말하게 하는, 본질을 말할 수 없게 하는 범주 형식이다. '물자체를 알 수 없다'가 야기한 '칸트 위기'는 니체에게는 거꾸로 니체의 비극 형이상학의 든든한 우군이었다. 니체에게 관건은 '형이상학적 위로'의 예술이다. '진리라는 것은 존재하지 않는다.'
니체는 "독일 신화의 재탄생"(143)을 무엇보다 음악극 〈트리스탄과 이졸데〉, 〈로엔그린〉 '지크프리트'로 대변되는 리하르트 바그너에 기대했다. 음악극 musikalische Drama은 (디오니소스적) 음악Musik과 아폴론적 드라마Drama의 합(合)으로, 그리스비극에 상응하는 용어이다.
니체는 '오페라의 장'이기도 한 19장에서 오페라를 비극 정신과 무관한 것으로서 평가 절하했다. 비극은 영원한 진리를 말하고, 오페라는 '개인'의 "욕망과 인식"을 말한다(116). 니체는 무대조stilo rappresentativo와 서창Recitativ으로 대변되는 당대의 오페라를 경원시했다.
주목되는 것은 그의 『독일 비애극의 원천』에서 니체의 『비극의 탄생』을 비판했던 벤야민이 니체의 오페라 비판에 동의한 점이다. 벤야민이 「바로크와 표현주의」 장(章)에서 '드라마적 서창'을 얘기한 것은 말 그대로 '작시법'을 강조하기 위해서였다. 벤야민은 『독일 비애극의 원천』 3부 '알레고리와 비애극' 「오페라」 章에서 서창과 라프레젠타티보rappresentativo에 대해 매우 적대적 태도를 보인다. 벤야민은, 니체의 견해에 동조하는 식으로, 매우 이례적으로, 니체의 『비극의 탄생』 19장을 길게 인용한다.
오페라의 "지성적verständesmässig 말의 수사학과 음의 수사학"(Ⅲ-1, 119)으로 대변되는, 나중에 서창으로 굳어지는, 라프레젠타티보를 비애극Trauerspiel으로부터, 비애극의 "영혼"인 비애-슬픔을 빼앗는 것으로 부정(否定)했다. 사실 서창만 두고 볼 때 이것은 '표현주의'와 적대적으로 대립한다. 니체에 의해 '서사적 낭독과 서정적 낭독의 혼합'으로 명명된 서창은, 이를테면, 파토스의 부재로 해서 표현주의와 대립하고 '니체 글쓰기'와 대립한다.

5 "그러나 이러한 시간을 넘어선 물결 속에 이제 국가는 예술과 마찬가지로 몸을

은 니체와 마찬가지로 합창을 "형이상학적 행위"(『비극의 탄생』, 「자기비판적 서문」, 11)로 이해한 것이다.

⑤ "인간적인 것 전반을 넘어선다"고 한 것은 희로애락 전반을 넘어선다고 한 것이다. 생-로-병-사의 잔혹성 전반을 넘어선다고 한 것이다. 강조하면 합창은 순간에 영원의 지위를 부여한다; 순간을 영원 속으로 구제하는 것이다. 혹은 순간을 영원으로 구제하는 것이다. 동일한 것이 영원히 회귀하더라도 매번 처음부터 끝까지, 최초부터 최후까지, 완주해주리라. 매번 생-로-병-사를 똑같이 완주해주리라. '매번 희-로-애-락을 똑같이 경험해주리라.' 합창은 실스마리아가 니체에게 '합창'으로 들려준 말과 같다.

2) 합창의 형이상학 ①

쇼펜하우어가 '세계는 나의 표상이다'로 『의지와 표상으로서의 세계』를 시작했다. 이 말을 니체의 경우로 바꾸면 '디오니소스 합창단이 니체 철학의 표상이다'가 되지 않을까. 디오니소스적 함성 말이다. 니체 철학이 주체에 대한 사망 선고이고, 플라톤 이래의 형이상학을 그 안에 포함하는, 기독교 철학에 대한 사망 선고이다. 유일신에 대한 사망 선고가 '인

담근다. 이것은 시간을 넘어선 물결 속에서 현재의 (무거운) 짐과 욕심에서 벗어나 쉴 만한 것을 찾아내기 위해서이다. 한 민족의 존재감을 말할 수 있는 것은, 인간 또한 마찬가지로서, 자신의 체험에 영원의 스탬프를 찍을 수 있는 때이다. 그럴 것이 그럼으로써 민족과 인간은 세속에서 벗어나서 시간의 상대성에 관한, 즉 인생의 진정하고도 형이상학적 의미에 관한 자신의 내면의 무의식적 확신을 보여주게 되기 때문이다"(Ⅲ-1, 143-144); '합창'의 의미가 '탈세속화'이다. **합창이 인생을 중지하게 해서, 거리를 두게 해서, 잠깐이나마(언제까지 이어질지 모르나) 인생에 형이상학적 의미를 부여한다. 추상이 아닌 직접적 '자기 성찰 Selbst-Betrachtung', 직접적 '탈맥락화'이다.**

간'에 대한 사망 선고를 포함한다. 神(신)의 죽음은 인간의 영원한 죽음을 포함한다. [신에 대한 사망 선고가 초래한 인간의 영원한 죽음에 넓은 의미의 주체 부정이 포함된다] 약(弱)-니힐리즘과 강-니힐리즘이 말하는 바다.

'강(强)-니힐리즘'은 신의 죽음이 '인간의 영원한 죽음'인 것에 대한 인정이고, 이러한 '절대 무nihil'의 상황에서 '비자연적 방법'에 의한, 그리고 '관점주의'에 의한 구원을 요청한다. 형이상학적 위로의 예술철학을 요청하고, 형이상학적 위로의 '차라투스트라 철학'을 요청했다. **신중심주의에서 인간중심주의로의 교체? 새로운 도그마이다. '믿을 만한 신'의 죽음은 또한 신에 의해 보증되었던 '믿을 만한' 인간의 죽음이다.**

니체 철학은 주체에 대한 확실한 부정이다. 합창단에는 전통적 의미의 주체가 없다. "세계가 '어떻게wie' 있느냐가 아니라, 세계가 있는 '것dass'이 미스터리das Mystische이다."(6.44)—비트겐슈타인이 『논리철학논고』에서 침묵해야 하는데 침묵하지 못하고 말한 것 중 한 마디. '왜 차라리 무가 아닌가?' 물은 라이프니츠의 새 버전이다. 세계를 객관화시키는 존재가 없는데 이 세계가 존재한다고 할 수 있을까. 인류에 의해서 이 세계의 존재가 是認(시인)되는 것이 아닌가.

'지구 역사를 뒤로 돌려서 시간을 다시 흐르게 했을 때 현생인류가 나올 확률은 제로에 가깝다.'(스티븐 제이 굴드); 문제는 그러나 진화생물학이 말하는 우연 선택(혹은 친족 선택이나 집단 선택)이 아니다. 스티븐 제이 굴드가 궁극적으로 말한 것 중의 하나가 본인이 그렇게 의식하지 않았겠지만, '우연이 필연이 된 것'에 관해서이다. 필연이 우연에 의해 관철된 것에 관해서이다.

그렇더라도 화폭 위에 그려진 전사(戰士)가 화폭(-위의 전쟁)을 설명할 수 없다(Ⅲ-1, 5장, 43). 인간은 화폭을 설명할 수 없다. 궁극적 진리에 도달할 수 없다. 궁극적 진리에 도달할 수 없는 것과 궁극적 진리란 존재하지

않는 것은 같은 말이다; 인간중심주의의 부정과 궁극적 진리에 대한 도달 불가능성은 같은 말이다. 우주에 도대체 인간이 무슨 상관인가. '몽테뉴가 적포도주를 마셨든 백포도주를 마셨든 무슨 상관인가.'(니체)

3) 합창의 형이상학 ②—개별화의 종말

문제는 늘 아폴론이고 늘 디오니소스이다. 특히 아폴론과 디오니소스의 관계, 디오니소스와 아폴론의 관계에 관해서이다. 합창단과 무대 주인공과의 관계에 관해서이다. 요컨대 문제는 아폴론으로서 무대 주인공[비극적 주인공]인 무대 배우이다. 무대 주인공과 '디오니소스', 무대 주인공과 '사티로스 합창단'이다.

니체는『비극의 탄생』10장에서 호메로스 서사시의 인물들과 마찬가지로 무대 개인[무대 주인공]이 개별자의 "규정성Bestimmtheit" 및 개별자의 "명료성Deutlichkeit"으로 나타나는 것이, 요컨대 '개별화 원리'의 화신으로 나타나는 것이 "꿈의 해석자 아폴론적 작용"에 의한 것이라는 점을 분명히 한다. 아울러, 무대 주인공은 그러나 神(신), "개별화의 고통을 스스로 경험하는 神", "미스터리"의 "고통받는 디오니소스"라는 점을 분명히 한다.

> [···] 그러나 저 주인공은 미스터리의, 고통받는 디오니소스이며 저 개별화의 고통을 스스로 경험하는 神이다.(Ⅲ-1, 68)

개별화의 원리와 "개별자[개별화]의 고통 Leiden der Individuation"을 구별할 필요가 있다. 개별화의 원리 자체는 규정성과 명료성이 말하는바, 칸트 용어로는 물자체가 아닌 '현상Erscheinung'에 관해서이고, 플라톤의 용어로는 이데아가 아닌, 이데아의 불완전한 모방에 관해서이다. 혹은 참된 실재에 대한 '지식 episteme, noesis'에 반(反)하는 '개물(個物)'에 대한 감각적 인식aisthesis, 혹은 독단doxa에 관해서이다. 물론 물자체가 아닌 현상이라고 해서 현상에 불완전성에 의한 것으로서 '슬픔(혹은 고통)'이 꼭 있는 것은 아니다. 이데아가 아닌 독사라고 해서 독사에 비극성(불완전성에 의한 슬픔, 혹은 고통)이 '꼭' 있는 것은 아니다.

개별자의 고통은, 개별화 원리와 구분되는 것으로, 온전히 디오니소스적 작용이다. "개별화의 상황을 모든 고통의 원천이자 근원"(68)으로 말할 때 이것은 디오니소스가 그렇게 느끼고 그렇게 말하는 것이다. 물론 '(디오니소스적) 개별화 상황'의 종말이 있다. '개별화의 고통'[개별화 상황]을 말할 때도 디오니소스적 작용에 의해서이고, 개별화 상황의 종말을 말할 때도 디오니소스적 작용에 의한 것이다. [니체는『비극의 탄생』전반에서 여러 번 "디오니소스적 지혜"(7장, 51; 10장, 69; 22장, 137 등등)를 말한다. 이와 비슷한 "디오니소스적 능력"(24장, 149), 혹은 디오니소스적 '개념'을 말한다. 디오니소스적 지혜가 디오니소스 작용이다]

'개별화 상태의 종말', 즉 "개별화의 종말 Ende der Individuation"(68)이 먼저 거행되는 곳이, 디오니소스 작용이, 그러므로 그리므로 디오니소스 작용이 먼저 작용하는 곳이, 광란의 주신찬가, 그 디티람보스 합창단이다. 디오니소스 합창단이다. 그 (거대한) '양(量)으로서의 합창단', '많음으로서의 합창단'이다. 量(양)으로서의 합창단[많음Vielheit으로서의 합창단]에 의해 개별화 상태는 중지된다. '개인'은 중지된다.

니체는 '아폴론적' 개별화의 원리를 강조하고, 아폴론적 개별화 원리의 종말을 강조한다. 아폴론과 디오니소스가 정적(靜的)으로 상호 분리된 상태로 있는 것이 아니라(사실 이것은 불가능하다. 이것은 그리스비극 대본만 읽어도 안다), 동적인 '관계망' 속에 있는 것을 강조하기 위해서이다. **디오니소스 합창단이 무대 인물[무대 배우]들을 덮어쓸 때 이것은 우선 아폴론적 개별화 원리의 종말에 관해서이다.** 디오니소스 합창단이 덮어쓴 무대 배우들에서 아폴론적 개별화의 원리를 주장하기가 곤란하다. 거대한 디오니소스[사티로스] 합창단의 물결에 휩쓸린 무대 배우들을 상상하라.

물론 '미적 가상으로서 디오니소스 합창단'에 의한 것으로서, 아폴론적 무대 배우들의 '(미적 가상으로서) 개별화의 원리'의 강화를 말할 수 있다. 『비극의 탄생』 8장에서 확인한 대로 사티로스 합창단에 의한 아폴론적 꿈 예술의 강화, 말 그대로 '꿈'의 강화 말이다. 꿈이 환영과 다를 바 없으므로 사실 환영의 강화 말이다. 용어를 달리해, 꿈의 강화나 환영의 강화가 아닌, 아폴론적 형상예술[꿈 예술]에서 '아폴론적-디오니소스적' 환영예술로의 변화를 말할 수 있다.

아폴론적 '환영예술'을 두 가지로 나누어 말한다. 첫째, 꿈 예술이 강화된 것으로, 다름 아닌 '마야의 베일'이 강화된 것으로 보는 것이다. 액면 그대로 꿈의 강화로서의 환영이다. 꿈 예술의 강화로서 환영예술이다. 물론 디오니소스 작용에 의한 강화이다. '개별화의 원리'는 보존되면서 강화된다. 꿈의 개별화 원리가 환영Vision의 개별화 원리가 된다. 둘째, 디오니소스 신의 등장이다. 디오니소스 근원적 일자의 등장이다.

개별화 원리의 종말(혹은 파열)은 디오니소스 신의 직접적 등장에 의한 것이다. 디오니소스적 '신의 등장'에 의한 것이므로 디오니소스적 구원[디오니소스에 의한 구원]이다. 디오니소스 근원적 일자에 의한 것으로서, 근원적 모순과 근원적 고통의 목도(目睹)이고, 그러므로 근원적 모순과 근원적 고통의 정당화[시인(是認)]이다. 정당화가 근원적 고통과 근원적 모순으로부터의 구원이다. 모순의 정당화—고통의 정당화가 구원이다. [그리스비극의 목적이 근원적 모순과 근원적 고통의 미적 정당화에 의한 근원적 모순 및 근원적 고통으로부터의 구원이다]

(디오니소스 합창의 투영에 의한 것인) 아폴론적 환영 예술과 (흔히 디오니소스적 도취 예술과 대조해서 말하는) 아폴론적 꿈 예술을 완전히 서로 분리해

서 말할 수 있다. 이른바 정적(靜的) 이해이다. 『비극의 탄생』의 수용사를 볼 때 '많은 경우'가 아폴론과 디오니소스에 대한 상호 분리적 접근이다.[6] 정적 이해, 혹은 단순한 규범적 이해 말이다. 아폴론적 꿈 예술이 먼저 가고, 디오니소스적 환영(幻影)예술이 그 뒤를 따른다? 뒤집어 말해도 상관없다. [아폴론적 환영예술(아폴론적 꿈 예술이 변하여 아폴론적 환영예술이 되었다)이 궁극적으로 근원적 일자인 디오니소스에 의한 근원적 모순과 고통의 정당화라는 점을 강조한다]

아폴론적 꿈 예술이 첫째, 서사적 주인공에 의한 서사적 긴장에 관해서이다. 아폴론적 무대 주인공이 인간의 삶을 살면서 인간의 삶을 정당화시킨다. 아폴론적 꿈 예술이 둘째, 꿈 장면에 주목하는 것으로서 분별 불가능성에 관해서이다. 꿈인가 생시인가? 있는 것인가 없는 것인가?에 관해서이다. 요컨대 니체에 의해 강조되는 것으로서 '마야의 베일' 효과에 관해서이다. 다르게 말해보자. 아폴론적 꿈 예술은 아폴론적 미적 가상에 관해서이다. 공간-시간-인과성에 제약된 상태에 대한 명명인, 즉 가상에 대한 명명인 '개별화 원리'가 말하는 미적 가상에 관해서이다. '있는 것인가 없는 것인가?' '꿈인가 생시인가?' 등이 말하는 무차별성에 관해서이다.

니체는 개별화의 종말에서 "심오한 염세주의적 세계관의 모든 구성 요소"를 말하고, 결정적으로 "비극의 비밀스런 가르침"을 말한다. 비극의 비밀스런 가르침을 다음과 같이 요약한다.

> **모든 존재하는 것이 하나라는 기본 인식. 개별화는 악의 근원이고, 예술은 개별화의 속박을 파괴할 수 있는 기쁜 희망일 것이다. 예술은 다시 재건될 하나에 대한 예감이다.**(10장, 69) [강조는 필자]

6 Wolfgang Ullrich, Was war Kunst? Frankfurt 2015 참조.

모든 것이 "하나라는 기본 인식"을 저해하는 것이 "악의 근원"으로서 "개별화"라고 하였다. 이에 반해 "예술"이 "개별화의 속박을 파괴할 수 있는 기쁜 희망"이고, "다시 재건될 하나에 대한 예감"이라고 하였다. 이것은 '인생[세계 현존]은 오로지 미적 현상에 의해 정당화된다'는『비극의 탄생』 테제를 결정적으로 '해석'한다. 미적 현상이 예술이니까 말이다. "도대체 인간이 비자연적 방법을 써서 자연에 저항해서 승리하지 않는 것 말고, 인간이 자연으로 하여금 그 비밀을 털어놓도록 강요할 방법이 달리 있겠는가?!"(Ⅲ-1, 63)의 '비자연적 방법'을 결정적으로 요약한다. '비자연적 방법'이 예술이다.

디오니소스 神에 의한(혹은 그리스인에 의한) '개별화라는 악'에 대한 통찰이 있었고, 디오니소스 예술—아폴론 예술, 즉 그리스비극에 의해 개별화의 악은 파괴가 운명이다. 니체에 의할 때, 그리스인의 명랑성과 소박성이 그 개별화라는 '악의 파괴'의 결실이다. 그리스인의 명랑성과 소박성은 그냥 얻어진 것이 아니다. 루소, 실러, 헤겔, 마르크스들은 그냥 얻어졌다고 생각한 것으로 보인다. 이후의 프로이트와 하이데거도 '그들'의 소박성과 명랑성에 대해서 궁금해했다. 하이데거는 그리스를 한 번 더 찾아갔다……. **개별화의 종말이 그리스인의 소박성과 명랑성의 원인이다. 물론 '합창단 비극'[예술]이라는 비자연적 방법이 결정적이다.**

[개별화의 고통을 예술과의 연대로 넘어간다. 합창단과의 연대로 넘어간다. 비극 무대 배우들과의 연대로 넘어간다. 무엇보다 비극의 형이상학은 합창의 형이상학이다. 이것은 계속 강조되어야 한다] 니체는 호메로스 아폴론적 서사와 비극 작가로서 '디오니소스적 예술가'를 분명히 구분한다. "디오니소스적 진리"를 말한다.

거칠고 날것의 자연의 철학이 그 진리의 표정을 숨기지 못하고 춤추며 지나가는 호메로스 세계의 신화를 바라본다. 호메로스적 신화는 이 여신의 섬광처럼 빛나는 눈에서 창백해지고 몸을 떤다. 결국 디오니소스적 예술가의 강력한 주먹이 호메로스 세계의 신화에게 새로운 신을 섬길 것을 강요한다. 디오니소스적 진리는 신화의 전체 영역을 '자신'을 표현하는 상징으로 접수한다.(69)

"거칠고 날것의 자연의 철학"이 디오니소스에 관해서이다. 실존의 잔혹성 및 잔인성에 관해서이다. "디오니소스적 예술가의 강력한 주먹", 혹은 그 진리의 "여신"에 "호메로스 신화"는, 아폴론적 호메로스 서사시는, '추풍낙엽'이다. 문제는 "디오니소스적 예술가"이고, "디오니소스적 진리"이다.

디오니소스적 진리의 표상이 '음악의 힘'이다. 니체가 계속 강조한다: 디오니소스적 진리는 "음악의 헤라클레스적 힘"(69)이다. 디오니소스 진리—'디오니소스적 상황'이 다름 아닌 디오니소스 음악 자체이다.

어떤 힘, 프로메테우스를 독수리로부터 해방시키고, 신화를 디오니소스적 지혜의 시녀로 변형시킨 힘이 어떤 힘이었을까? 음악의 헤라클레스적 힘이다. 이 힘은 비극 속에서 최고의 현상으로 발현되고, 이 힘은 신화를 새롭고 아주 심원한 의미로 해석할 줄 아는 힘이다. 우리가 이것을 이미 음악의 아주 강력한 능력으로서 특수화시켰었다.(Ⅲ-1, 69-70)

"음악의 아주 강력한 능력"이 쇼펜하우어의 음악 형이상학 및 거기에 동의하는 니체 자신의 (특별한, 디오니소스적) 음악 형이상학에 관해서이다. 음악에서 '비극적 신화'는 추풍낙엽이다. "신화를 디오니소스적 지혜의 시녀로 변형시킨 힘"을 말할 때 이것이 '음악'이다. 음악은 '의지의 직접적 발현'(쇼펜하우어-니체)이고, 다른 매체들과 달리 직접적 대상을 가지지 않는 것으로서(쇼펜하우어-니체), 요컨대 근원적 일자Ur-Eins로서, 근원적 고통과 근원적 모순의 반영이다. "디오니소스적 지혜"로서 '가공할만한 진리'에 관한 것이고, 또한 '그 진리'의 극복에 관한 것이다. **[음악은 합창단의 음악이다. 사티로스 합창단의 음악이다. 비극의 형이상학을 말할 때 그것은 '많이' 합창단의 형이상학에 관해서이다. '비극은 오로지 합창이고 합창 이외 아무것도 아니다']**

4) '살아 있는 성벽'으로서의 합창단

육체와 육체의 합체가 '육체에 의한 육체에 대한 영향'을 의미하지 않는다. '합창단 자체가 관객 자체라는 것'이 아폴론 무대에 의한 합창단에 대한 직접적 영향(이것이 슐레겔이 합창단을 '이상적 관객'이라고 하는 근거였다)을 말하지 않는다. 물론 아폴론 무대에 의한 관객에 대한 직접적 영향, 육체에 의한 육체의 (직접적) 영향을 말하지 않는다. 마찬가지다. 합창단 무대에 의한 관객에 대한 영향, 육체에 의한 육체에 대한 영향을 말하지 않는다. 아폴론적 꿈 예술이 말하는 것이 꿈이라는 생리학적 영향을 포함한다. 디오니소스적 도취 예술이라는 것이 도취라는 생리학적 영향을 포함한다. 육체와 육체의 합체는 미적 영향에 의한 것으로서 말 그대로 일체감[하나]에 관해서이다.

육체의 (직접적) 영향이 아닌, 미적 영향이 강조되어야 한다. 꿈 예술과 도취 예술로서 꿈 예술과 도취 예술이라는 예술의 영향이 강조되어야 한다. 미적 영향이 강조되어야 한다. 이것의 전제가 실러의 용어로 '합창단이라는 성벽'이다. 이른바 성벽 상징이다. 실러가 합창단을 '살아 있는 성벽 lebendige Mauer'이라고 했을 때 이것은 무대를 하나의 미적 유기체 공간으로, 자연주의가 아닌, 하나의 인위적 미적 공간으로 보는 것이다.

그리스비극은 디오니소스 제례에서부터 기원하는 것으로 그 자체 하나의 예술작품이다. 관객, 아폴론 무대 배우, 디오니소스 무대 합창단, 예술가 모두가 하나인 하나의 미적 예술작품이었다. 하나의 만들어진 예술작품이었다.

무대 합창단이 예술작품일 때, 무대 주인공이 예술작품일 때 '인생은 오로지 미적 현상에 의해서만 정당화된다'는 명제가 온전히 전달된다. '인생은 미적 현상으로서만 정당화된다'는 것은 '인생은 예술로서만 정당화된다'는 뜻이다. 디오니소스적 미적 현상으로서만 인생은 정당화된다. 아폴론적 미적 현상으로만 인생은 정당화된다. '일상'이 인생의 생로병사를 정당화하지 못한다. 일상의 판박이 예술인 '자연주의'가 인생의 생-로-병-사를 정당화하지 못한다.

올림포스가 가공의 예술작품으로서, 올림포스의 신(神)들이 인생을 정당화한다. 그들의 고통이 인생의 고통을 정당화한다. 아폴론 무대 주인공의 인생이, 그들의 고통과 파멸이, 인생의 고통과 파멸을 정당화한다. 디오니소스 합창단의 불협화음이 인생의 고통을, 즉 불협화음의 고통이 인생의 고통을 정당화한다. 무대 예술 전체가, 즉 아폴론과 디오니소스로 표상되는 무대들이 미적 현상으로서, 아폴론적 꿈 예술로서 인생을 정당화하고, 디오니소스 도취 예술로서 인생을 정당화한다.

예술은 '만든 것'이라는 함의를 우선 갖는다. 합창단과 합창단 무대는 만든 것이다. 배우들도 마찬가지다. 배우들의 무대도 배우와 함께 구성된 것이다. '오로지 미적 현상만이 인생을 정당화한다.'

슐레겔이 합창단을 배우 무대에 대(對)한 것으로서, 합창단을 이상적 관객이라고 했을 때 이것은 니체에 의해 반박된다. 전거(典據)가 실러의 '살아 있는 장벽'으로서 합창단 무대이고, 더 큰 전거가 무대 예술 전체—아폴론 무대와 디오니소스 오케스트라 무대를 포함하는—하나의 미적 무대이고, 하나의 예술이고, 그때서야 비로소 니체 고유의, 그리스인 고유의 형이상학이 정당화(?)된다. 그리스인들이, 자연이 우리에게 아무것도 해주지 않고 손 놓고 있을 때, 그럼에도 불구하고 그들의 존재론적 난경을 돌파하고자 했을 때, 할 수 있는 일이란 그들에 의한 것으로서 말 그대로 '비자연적 방법'을 통한 '난경'의 극복이었다. 난경으로서의 생-로-병-사의 극복이었다.

비자연적 방법에 의한 '극복'에 포함된 것이 올림포스 신화이고, 올림포스 신들이고, 호메로스 서사시이고, 무엇보다 비극 예술이다. '비극적 신화'가 아폴론 무대에 대한 이름이다. 비극 예술이 아폴론적 꿈 예술을 포함하고, 디오니소스적 도취 예술을 포함한다. 꿈 예술을 만드는 것이 일차적으로 주인공이고, 도취 예술을 만드는 것이 합창단이다. 합창단의 불협화음이 인생의 불협화음을 정당화한다. 배우 무대의 듣도 보도 못한 꿈 장면이 인생을 살 만하게 한다. 아폴론적 배우 무대의 '주인공의 고통'이 인생의 고통을 정당화한다. 호메로스의 등장인물들[-신들이] 인생을 정당화한다. 올림포스 신들이 인간의 삶을 살면서, 인간의 삶을 정당화한다.

문제는 니체에 의한 것으로서, 슐레겔의 '배우 무대에 대(對)한 이상적 관객으로서 합창단 역할'에 대한 거부이고, 실러의 살아 있는 장벽으로서의 합창단 역할에 대한 옹호이다. '살아 있는 성벽'으로서의 합창단이 자연주의에 대한 거부이고, 이것은 미적 현상—미적 감동—미적 쾌락에 대한 옹호로서 니체의 그리스비극에 대한 해석과 정확하게 합치한다.

슐레겔의 논지(論旨), 즉 배우 무대에 대한 이상적 관객으로서 합창단이라는 논지를 따를 때, 이것은 미(학)적 영향이 아닌, 경험적-직접적 영향이 된다. 경험적-직접적 영향이 자연주의적 영향으로서, 이것은 미적 영향에 대한 위반이고, 따라서 아폴론적 꿈 예술에 대한 위반이고, 디오니소스적 도취 예술에 대한 위반이다.

아폴론적 꿈 예술을 말할 때 이것은 우선 관객에 대해서이고, 마찬가지로 디오니소스적 도취 예술을 말할 때 이것 또한 관객에 대해서이다. 꿈과 도취가 생리학적 증상으로서 육체와 관계한다. 무대와 관객이 생리학적 '꿈'으로써 연결되고, 디오니소스 무대와 관객이 생리학적 '도취'로써 연결된다. 강조하면, 아폴론적 꿈 예술이 미적 형이상학적 예술이 되면서, 동시에 육체와 육체의 합체가 되는 까닭이다. 디오니소스적 도취 예술이 미적 형이상학 예술이 되면서, 동시에 육체와 육체의 합체가 되는 까닭이다. 다음 인용문들은 위의 서술들에 대한 보증이다.

> (실러는) **합창단을 살아 있는 성벽으로 고찰했다. 비극이 자기를 현실 세계로부터 순전하게 차단하고, 자기의 이상적 토대 및 자기의 시적 자유를 보전하기 위해, 자기 주변에 설치한 성곽이 합창단이었다.**(Ⅲ-1, 7장, 50) [강조는 필자]

> 합창단의 도입은 모든 예술의 자연주의에 대(對)해 공개적으로 명예롭게 선전포고를 하는 결정적 조치이다.(50-51)

> 물론, 원시 비극의 합창단으로서 그리스의 사티로스 합창단이 소요하곤 했던 곳은, 실러의 옳은 통찰에 의할 때, '이상적ideal' 땅이다. 소멸이 운명인 자들이 소요하는 궤도보다 훨씬 높은 곳에 위치한 땅이다. 그리스인은 이 합창단을 위해 가공의 자연 상태로서 공중 무대를 만들고, 그 위에 가공의 자연 존재를 세웠다. 비극이 이러한 토대 위에서 성장했고, 그래서 처음부터 현실의 꼼꼼한 모사에서 벗어날 수 있었다.(51)

열쇠어가 "살아 있는 성벽", "시적 자유", "예술의 자연주의"에 대한 반대, "가공의 자연 상태" 등이다. 특히 실러가 합창단을 '살아 있는 성벽'으로 규정한 점이다. 문제는 비극의 원시적 형태로서 "원시 비극의 합창단"의 비자연적 성격이다. 합창단은 비자연적 '성벽' 안에 존재했고, "가공의 자연 상태로서 공중무대"에 있는 "가공의 자연 존재"였다. 비극의 원시적 형태인 '디오니소스 제례'가 비자연적 방법을 써서 만든 가공의 예술작품이었다. 계속 강조되어야 한다. 디오니소스 제례가 가공의 예술작품이고, '사티로스 합창단 Satyrchor'이 가공의 예술작품이고, 마찬가지로 합창단 비극이 가공의 예술작품이다.[7]

문제는 미학이고, 미적 현상이다. 인간이 비자연적인 방법을 써서 자연에 저항해서 승리하지 않는 것 말고, 인간이 자연으로 하여금 그 비밀을 털어놓도록 강요할 방법이 달리 있는가?; '성벽'이라는 말이 강조되어야 한다. 현실과의 절연, 그러니까 예술의 자연주의와의 절연, 그러니까 미적 자유가 실현되는 가상으로서의 공간인 그리스비극, 그 '그리스비극의 성벽으로서 합창단'이 강조되어야 한다. 예술의 자연주의에 대한 단호한 배격으로서, 합창단의 성벽 역할이 강조되어야 한다.[8]

---

7 '살아 있는 성벽' '시적 자유', '예술의 자연주의'에 대한 반대, '가공의 자연 상태', '가공의 예술작품으로서 사티로스 합창단', 이런 것들이 『비극의 탄생』 시대의 니체를 '예술을 위한 예술'을 대변하는 유미주의자로 단정하게 한다. 단면만 보고 하는 말이다. '가공의 예술작품'은 넓은 의미의 목적문학이다. (사회적 구원의 그 목적문학은 아닌 것으로서) 형이상학적 위로—형이상학적 구제를 목적으로 한다; 여러 가지 구원을 말할 수 있으나 구원의 우선 순위는 말할 수 없다. 정치적 구원—국가적 구원—종교적 구원을 말할 수 있을 때, 예술에 의한 구원 또한 말할 수 있다. '비자연적 방법'에 의한 구원, 즉 '미적 가상'을 만들어 잔혹한 세계상을 돌파해가는 방법 말이다.

8 19세기 말, 니체의 활동 시기 대두한 역사적 자연주의의 '자연'은 루소적 원초적 자연의 예술을 가리키는 것이 아니라, 현실을 미적 중개 없이 그대로 복사하는 문학예술을 지시한다. 18세기 말 실러가 배격해야 할 것으로 말한 '예술의 자연주의'와 무관하지 않다. 19세기 말 실제 자연주의 운동에서—홀즈 Arno Holz에 의한 것으로서—'예술=자연-X'이라는 공식이 자연주의를 많이 설명한다. 홀츠는 X를 최소화해서 예술=자연(혹은 현실)이 될 것을 요청했다. X는 주관성 및 생산조건(이를테면 언어의 한계) 등으로 '예술=현실'을 방해하는 요소들에 관해서이다; 19세기 말 자연주의 문학은 산업화 시대의 문학으로서, 사회주변부 인생들, 타락한 노동자, 창부, 알코올중독자 등이 주요 등장인물이었다. 주요 작품들로 하웁트만 Gerhart Hauptmann의 희곡들, 『해뜨기 전』, 『직조공들』, 프랑스의 에밀 졸라 소설들, 『나나』 『목로주점』 『제르미날』 등이 있다.

자연주의 문학은 당대 우파 및 좌파로부터 비슷한 이유로 해서 비난을 받았다. '추하고 역겨운 것의 묘사' 일변도라는 점에서, 혹은 내일의 희망 Hoffnung auf morgen[승리하는 프롤레타리아]이 아닌 오늘의 비참함 Elend von heute[타락한 프롤테타리아]을 보여주었다고 해서 비난을 받았다; 물론 자연주의문학에서 '현대문학의 시작'이라는 역사적 의의를 밝혀야 한다. 자연주의에서—셰익스피어 및 괴테의 등장인물과 다른—'신분제한조항'의 완전한 해체가 이루어졌다; 형식으로서의 자연주의(실증주의 과학 시대의 자연주의), 그리고 내용으로서의 자연주의(산업화 시대의 자연주의)를 따로 말하게 한 것 또한 주목된다.

19장
나가며: 『비극의 탄생』에 대한 12가지 노트

'비극적 신화'는 오로지 디오니소스적 지혜가 아폴론적 예술 수단을 통해 형상화된 것으로 이해되어야 한다. 비극적 신화는 현상 세계를 그 경계까지 몰고 간다. 그 (극한) 경계에서 현상 세계는 자기 자신을 부정(否定)하고, (다시금) 진정하고 유일한 실재의 품속으로 도망가려고 한다.(Ⅲ-1, 22장, 137)

여기에서의 논의는 아폴론과 디오니소스를 다시 논의의 중심에 두려는 의도이다. 아폴론과 디오니소스가 중요하고, 아폴론과 디오니소스의 '관계'가 중요하다. 츠메가치 Victor Žmegač를 비롯한 여러 연구자들이 니체의 ('무목적적' 순수) 미학이 구체화된 『비극의 탄생』 24장에 주목했다(Dieter Borchmeyer-Victor Žmegač, Moderne Literatur in Grundbegriffen, Framkfurt/M, 1987). 문제는 아폴론과 디오니소스의 관계가 『비극의 탄생』 초판본(1872)의 이해에 절대적이라는 점이다. 필자는 무목적적 순수 미학보다 정당화의 형이상학, 정당화의 철학에 초점을 맞췄다. 아폴론의 '예술가 형이상학'으로서 정당화의 철학, 디오니소스의 '예술가 형이상학'으로서 정당화의 철학이다.

우리는 앞에서[이 책 7장] 24장에서의 1차적 아폴론 무대와 2차적 아폴론 무대를 토대로, 거꾸로 올라가 8장에서의 디오니소스가 아폴론 무대에 투사한 환영의 두 가지 의미를 살폈고, 이의 연장에서 21장과 22장에 나타난 아폴론과 디오니소스의 변증법적 관계를 살폈고, 그 결과 '개체의 파괴 및 개체의 근원적 일자와의 합일'을, 무대 전면의 디오니소스 합창단 오케스트라석에서와 마찬가지로 무대 후면의 아폴론 무대에서 벌어지는 일들로서 말할 수 있었다. [무대 앞뒷면이 모두 '개체의 파괴 및 개체의 근원적 일자와의 합일'에 관해서이다. 근원적 일자 디오니소스가 통찰한 근원적 모순과 근원적 고통에 관해서이다]

투쟁하는 아름다운 주인공이 주는 1차적 아폴론적 미화[美化, 변용(變容), Verklärung] 효과보다, 몰락하는 주인공으로서 '추한 것과 부조화한 것의 주인공'이, 즉 인생의 추한 것과 부조화한 것을 정당화시키는 2차적 아폴론적 효과가, 보다 '진중하고 설득력 있는' 형이상학적 효과를 생산해 낸다. [니체에서 '형이상학적 위로'와 '형이상학적 구제'는 같은 말이다]

아폴론 무대를 디오니소스의 광포한 언어(노래-댄스-악기[1])가 덮어써, 아폴론 무대를 사티로스 합창단이 덮어써, 아폴론 무대가 디오니소스(의 언어)로 얘기하는 것이다. 아폴론 무대를 디오니소스 근원적 일자가 통찰한 근원적 모순과 근원적 고통이 덮어써 아폴론 무대가 '디오니소스'로 얘기하는 것이다. 그렇더라도 아폴론 무대(주인공)에서 울려 나오는 디오니소스 언어들은 사실 호메로스의 언어이다. 아폴론이 디오니소스(의 언어)로 말하는 것이 맞다.—디오니소스가 아폴론의 언어로 말하는 것이 맞다. 문제는 아폴론의 무대에서 디오니소스의 '언어'가 있고, 아폴론의 언어가 있는 점, 둘의 언어가 공존하는 점이다.

1 14~18개 현이 있는 '키타라'라는 현악기이다. 디오니소스극장 아티카비극 합창단이 피리Flöte와 함께 사용했다.

이하의 논의는 이상의 논의를 토대로, 특히 24장에서의 주제문 '디오니소스적인 것은 고통에서 느낀 자신의 근원적 쾌락과 함께 음악과 비극적 신화의 공통의 탄생지이다'를 중심으로 『비극의 탄생』의 아폴론과 디오니소스의 '어려운' 관계를 서술하려는 직/간접적 시도이다. 음악은 디오니소스적 합창단으로 표상되고, '비극적 신화'는 신화를 내용으로 하는 비극 무대로서 아폴론적 주인공으로 표상된다.

['디오니소스적인 것은 고통에서 느낀 자신의 근원적 쾌락과 함께 음악과 비극적 신화의 공통의 탄생지이다.' 이 문장에 많은 정보가 담겨 있고, 따라서 이 문장이 많은 것을 이야기하게 한다] 이외 『비극의 탄생』(1872) 전반에서 빼놓을 수 없는 1886년의 서문 「자기비판의 시도」가 상세하게 언급될 것이다. 마무리는 '(아폴론적) 신화와 (디오니소스적) 음악'이다.

1) 근원적 고통과 근원적 모순에 대한 통찰

"디오니소스적인 것"으로서 '고통'을 말했다.(고통이 그리스비극의 근원이다. 그리스비극의 근원이므로, 그리스비극을 모체로 하는 니체 '비극론'의 근원이다.) 문제는 고통이다. 생로병사의 고통이다. 희로애락(喜怒哀樂)의 고통이다. 고통은 디오니소스적 지혜에 의한 것으로서, 곧 '디오니소스 근원적 일자'의 통찰에 의한 것으로서 따라서—니체의 언어로—'근원적 고통과 근원적 모순'으로 정의된다.[2] 모순은 '부조리'를 발언한다. 삶과 죽음의 모순

2 다음은 근원적 일자 및 근원적 고통—근원적 모순에 대한 니체의 말이다. "서정시인Lyriker은 우선 디오니소스 예술가로서 근원적 일자와 함께, 근원적 일자의 고통과 모순과 함께, 전적으로 하나가 된 존재이다. (예술가는) 근원적 일자의 모상을 음악으로 생산한다 […]"(Ⅲ-1, 39-40)—디오니소스와 아폴론을 각각 1차적 현상과 2차적 현상으로 나눌 때 1차적 현상에 관해서이다. 현상은 '미적 가상'이다. '인생은 오로지 미적 현상에 의해 정당화된다.'

이 삶과 죽음의 부조리(不條理)이다. 삶과 죽음의 병렬이 조리에 맞지 않는다),

2) 쾌락으로서의 '진리=세계고'

둘째, 역시 '디오니소스적 고통'에 의한 "쾌락"을 말했다. 세계고(世界苦, Weltschmerz)를 세계고로 드러내는 것이 미학적 청중에게 쾌감을 준다. 세계고[3]는 진리에 육박한다. 진리는 반박 불가능성이 특징이다,

3) 디오니소스 합창단

고통과 쾌락이, 무엇보다 고통이 디오니소스적 '음악' 합창단을 탄생시켰다—원시 '디오니소스 제례'를 탄생시켰다,

사티로스 합창단은 원시 비극에서 디오니소스의 시종들, 숲 속의 디오니소스를 쫓아다니는 반인반수 사티로스들, 그리고 그들을 쫓아다니는 인간 여성들을 말한다. [성적(性的)인 '폭발적 방종 Kränkung'이 있었다] 원

근원적 모순 Urwiderpruch과 근원적 고통 Urschmerz이 가상의 근원적 쾌락 Urlust과 함께 (아폴론적) 무대에서 "꿈의 장면"으로 육화되는 것을 말할 수 있다. 니체는 5장에서 "예술가는 그의 주관성을 이미 디오니소스 과정에서 포기했다"(40)고 말한다.

3 '세계고'는 장 파울(Jean Paul)의 용어로 알려져 있다. 여기에서는 니체의 『초기작품집』 Jugendschriften in 5 Bänden, Berlin u. München 1994, Bd. 2, 104으로부터이다. 니체의 어린 시절부터의 이런 현실관내지 존재론이 역설적으로 디오니소스적 무신논적 상황, 사라투스트라적 무신론적 상황에 기여했다. 세계고(世界苦)가 니체 고유의 '정당화의 철학'이 발생한 지점이고, 초인간 사상 및 영원회귀 사상이 발생한 지점이다. 니체가 아버지를 목사로 두었고, 어머니를 목사의 딸로 두었더라도 말이다.

시 디오니소스 제례에서 이들 원시 합창단을 규범적으로 말하면 그리스비극의 원천으로서 그리스비극 자체에 대해 말하는 것이 된다. 합창단이며 동시에 관객인 사티로스 합창단의 강조, '예술의 자연주의'에 대한 단호한 반대, 문화–문명에 대한 반대, "'살아 있는 성벽 lebendige Mauer"(50)으로서 합창단'(실러)[4]의 수용 등이 원시 합창단에 기원들 둔 그리스비극을 말하게 한다.

물론 '자연'의 비밀을 꿰뚫어본 자 '사티로스=그리스인'이 강조되어야 한다. '자연'은 생로병사에 관심이 없다. 무관심성으로 표상되는 자연이 그들로 하여금 산과 들로 뛰어다니게 했고, 디오니소스 제례를 만들게 했고, 종국에는 '그리스비극'을 자극했다. 그리스비극에서도 합창단은 '관객과 사티로스', '사티로스와 관객'이 동일시된 '이상적 관객 idealische Zuschauer'을 포함하고, 그리스비극 작가를 포함하고, 그리스인 일반을 포함한다. 소박하고 명랑한 그리스 일반인의 '탄생'을 포함한다.

사티로스 합창단은 '슐레겔'과 다른 의미에서[5] 이상적 관객이다. 관객

---

4 실러가 주지하다시피 「비극에서의 합창의 사용에 관하여」에서 고유의 합창론을 폈다. 합창단 오케스트라를 (심)미적 자유에 의한 보장으로 살아 있는 거대한 성벽으로 간주했다.

5 슐레겔[A. W. Schlegel, 1767~1845, 『드라마 예술과 문학』(1808)의 5강 '비극의 합창론'에서 합창단을 '이상적 관객'으로 특성화했다. 이상적 관객으로서의 합창단을 말할 때 이것은 합창단 오케스트라를 아폴론 주인공 무대에 대한 이상적 관객으로 보는 것에 관해서이다. 합창단이 아폴론적 드라마의 이상적 관객들이라는 말이다. 이것은 니체–실러 등에 의해서 부정된다. 합창단은 배우이고 관객이고, 요컨대 배우와 관객을 둘러싼 거대한 성벽이다. 좁은 의미의 합창단 성벽은 오케스트라 합창단 무대와 주인공 무대를 둘러싸서 무대의 (심)미적 자유를 보장하는 역할을 한다. 그 자연주의가 아닌 것이다. 발생학적으로 보면 이것은 더욱 분명하다.
원시 디오니소스 제례(그리고 이것을 계승한 그리스비극)에서 사티로스 합창단과 관객, 시인의 구분이 없었다. 전체가 하나의 미적 자유가 구현된 거대한 예술이었다. 일상으로부터 통째로 격리된 예술 공간이 '디오니소스 제례'였다. 슐레겔이 이상적 관객으로서의 사티로스 합창단을 말할 때 디오니소스 제례 예술품의 가장 중요한 '하나이고 전부'인 예술 요소가 단지 관극자로 제외하고 한정

과 사티로스가 한몸인 '그' 들녘 산녘의 사티로스 합창단이다. 합창단은 살아 있는 성벽으로서, '디오니소스 제례[그리스비극]'가 그 자체 구현되는 곳을 만드는, 예술의 자유-미적 자유가 그 자체 구현된 곳을 만드는, 심미적 자유의 '보루'이다. 사티로스 합창단의, 예술의 자연주의에 대한 단호한 반대로서 그 역할을 계속 강조해야 한다.

『비극의 탄생』 8장에서 압도적인 것 중의 하나가 합창단을 "디오니소스적으로 흥분한 전체 대중의 상징"(58)이라고 한 것이고, "'자연'의 최고의 표현으로서 디오니소스적 표현"(59)이라고 한 것이다. 주목되는 것이 '자연의 최고의 표현'으로서의 합창단이다. 표현 중의 표현이 합창단이라고 한 것. 표현Ausdruck, expression이란 묘사-서술 등과 다른 것으로서, 알 수 없는 것을, 혹은 물을 수 없는 것을 드러내고, 그에 대해 대답하려는 시도이기 때문이다. 내면의 예술을 시작하게 한 그 바로크 시대의 표현(주의), 그 슈트름운트드랑 시대의 표현(주의), 20세기 1차 세계대전 전후의 그 비명의 '역사적 표현(주의)' 등과 유비적이다.

예술 중의 예술이 합창단이라고 한 것과 같다, 니체는『비극의 탄생』 22장에서, "최고의 예술로서 비극"(138)을 말했지만, 8장의 니체의 언어로는 최고의 예술은 합창단이다.

물론 비극의 축소판으로서 합창을 말해야 한다.『음악 정신으로부터 비극의 탄생』이라는 초판본 제목을 상기할 필요가 있다. 음악 예술[디오니소스적 도취 예술]을 최고의 예술이라고 한 것을 부인할 수 없지만, 합창단 음악을 많이 포함한 그 종합예술작품으로서 비극을 최고의 예술이

시킨 것이 된다. 실러는 사티로스 합창단이 거기에 포함한 예술 '공간'을 강조한다. 사티로스 합창단이 '성벽'이다. 요컨대 실러와 니체에 의할 때 합창단[오케스트라] 무대는 '주인공 무대=드라마'의 관객이 아니라, 그런 의미에서 이상적 관객이 아니라, 넓은 의미의 '극장' 자체로서, 디오니소스 제례 및 여기에서 발전한 그리스비극의 미적 자유를 보장하는 거대한 성벽이다. 그 안에 사티로스 관객 배우 작가 신들이 있는 자립적 예술 공간이다.

라고 한 것을 말해야 한다. 합창단은 "함께 고통을 겪는 자"에 관해서이고, "세계의 심장에서 나온 진리를 고지하는 자"이다. "자연처럼 열광적 상태에서 신탁과 지혜의 말"을 전한다. "자연의 강력한 충동의 모사"로서 합창단은 "자연의 상징"이다. 합창단은 "지혜와 예술의 선포자"이다(59). 사티로스 합창단이 그리스인이다.

> (합창단은) 자연의 모사이고, 자연의 강력한 충동의 모사이다. 그렇다, 합창단은 자연의 상징인 동시에 자연의 지혜 및 예술의 고지자이다. 음악가와 詩人(시인), 무용가와 예언자를 모두 합한 한 사람이다.(Ⅲ-1, 59)

"음악가와 詩人, 무용가와 예언자를 모두 합한 한 사람"이 사티로스—디오니소스 합창단을 요약한다.

4) 고통의 소산, 올림포스

마찬가지로 고통과 쾌락이 올림포스 산(山)을 탄생시켰다. 신화(이야기)를 탄생시켰다.

5) 그리스비극의 탄생과 몰락

신화가 '비극적 신화', 곧 아폴론적 비극 무대를 탄생시켰다. (거꾸로) 아폴론적 비극 무대가 '신화의 생성'을 자극했다. [디오니소스 합창단과 '비극적 신화'(신화가 내용인 비극)의 합(合)이 '그리스비극'이다. 아이스킬로스 비극의 탄생이고, 소포클레스 비극의 탄생이다] 탄생과 몰락은 상호 배리 관계이나, 부조리로서 모순 관계이나, 부조리가 진리로서 그 모습을 드러낸다. 모순이 진리이다. 몰락이 진리이다. '모든 것은 움직이고, 움직이는 모든 것은 사라지고, 사라지는 것은 사라지지 않는다.' 그리스비극이 탄생했고, 곧 그리스비극의 몰락이 왔다.

6) 소크라테스주의

소크라테스의 변증술에 의해, '말씀'이 강조되고 '음악'이 부정됨으로써, **먼저 디오니소스 합창단 무대가 몰락했고,** 소크라테스-알렉산드리아 문화의 학문 만능주의에 의해, 논리적 도식주의로서 인과율이 강조되고, 신화[올림포스 신화, 독일 신화]에 일반적으로 나타나는 '기적(奇蹟)'이 부인됨으로써, **다음 아폴론적 주인공 무대가 몰락했다.** 신화의 몰락과 음악의 몰락은 고통을 진리로 정당화함으로써 '(미적) 쾌락'을 선사한 그리스비극, 즉 인생을 살 만하고 견딜 만하게 해준 '그' (그리스) 비극의 완전한 몰락이었다. 『비극의 탄생』에서 가장 중요한 상수 중의 하나인 '소크라테스'를 다시 얘기할 필요가 있다.

(1) 소크라테스주의의 탄생

『비극의 탄생』에서 소크라테스는 매우 중요한 위치를 차지한다. 비극의 몰락이 소크라테스주의 때문이라고 본다. 니체는 『이 사람을 보라』에서 『비극의 탄생』의 의미에 대해 두 가지를 얘기했는데 '디오니소스적인 것의 발견'과 '소크라테스주의의 발견'이었다. 학문이 소크라테스에서 출발한다. 니체는 소크라테스의 등장에 의한 소크라테스주의의 등장을 "말 그대로 세계사의 전환점과 소용돌이"로 간주한다. 소크라테스는 "이론적[학문적] 낙관주의자의 원형"이다. 소크라테스는 학문[이론]으로서 세계의 본질을 설명할 수 있다고 봤다–저잣거리에서 '너 자신의 무지를 알라' 고 속삭인다–부정의 문답술, 부정의 변증술로 진리에 도달하려고 했다. 소크라테스는 "지식와 인식에 만병통치약의 힘을 부여하고 […] 현상의 세계 전부를 포괄하고자" 했다(96–97). '현상의 세계 전부를 정당화하고 했다.'

소크라테스의 '이론적 낙관주의', '학문의 낙관주의'가 형이상학이다. 니체의 "예술가–형이상학"(11)을 빗대어 말하면 '학자–형이상학'이다. 자신의 이성적 사유 및 오성적 사유에 의한 궁극적 지식, '이데아에 대한 지식'–에피스테메를 확신하고 스스로 죽음을 자청한 소크라테스가 '학자비극Gelehrtentragödie'(혹은 학자 종교 Gelehrtenreligion의 원형이다. 소크라테스가 에피스테메에 의해 천상으로 구제될 수 있다고 생각했다.

신학, 의학, 법학, 천문학 등 모든 학문에 통달했지만 파우스트가 '이 세계의 가장 안쪽을 붙든 것이 무엇인지.' 알기 위해 그의 영혼을 담보 잡혔다는 점에서 – 스스로 죽음을 자청했다는 점에서–『파우스트』1부가 넓은 의미에서의 학자비극이다. 파우스트의 구원을 자신에 의한 구원이 아닌, 천상의 목소리에 의한 구원이라고 해도 파우스트와 소크라테스라는 '두 괴물'의 인식 차이가 있다. 소크라테스가 '자기 자신에 의한 구원—에피스테메에 의한 구원'을 보여주었고, 파우스트가 에피스테메에 의한 구원의 불가능성을 인식하고, '그 이상의 것'을 타진했다. 어찌 에피스테메에 의한 구원이 있겠는가. 에피스테메에 의한 구원이 있다면 아이스테시스, 혹은 예술에 의한 구원이 있지 않겠는가.

소크라테스의 죽음이 이성적 · 이론적 죽음이다. 죽음에 대한 공포를 이성적 논리가 압도한다. ①죽음에 대해 아무 것도 모르는데 내가 어찌 죽음을 무서워하며 죽음을 마다하겠느냐. ②나는 그동안 정화된 삶을—정욕, 지배욕, 소유욕에서 벗어난 삶을—살았으니, 나는 내가 열망하던 '영혼의 세계–이데아의 세계'에 들어갈 수 있으니, 어찌 죽음을 무서워하며 죽음을 마다하겠느냐.[6] 니체가 소크라테스의 이런 죽음을 '학문의 운명을 상기시키는 "紋章(문장, Wappenbild)"'(95)이라고 표현하였다. 학문이 존재를 이해하게 하고 존재를 是認(시인)시켜주기 때문이다. 학문이 존재를 이해하게 하고 존재를 시인(是認)시킨다? 예술이 존재를 이해하게 하고 존재를 是認(시인)시키는 것이 아니고?

(2) 소크라테스–플라톤의 예술론

소크라테스주의로 표상되는 '학문'이, "오성", "의식(적)", "지식의 변증법", "논리적 도식주의", "이론(적 인간)" "인과성", "개념, 판단, 추론의 메커니즘"(Ⅲ–1, 77–97) 등을 포함한다. 이 항목들은 소크라테스의 예술관에 그대로 반영된다. 니체는 겔레르트Gellert의 다음과 같은 시구를 인용하며 소크라테스의 예술관을, '미학적 소크라테스주의'를, 비판한다.

> 너는 내게서 볼 거다, 그것이 어디에 쓰이는지,
> 오성이 충분하지 못한 사람에게
> 진리를 하나의 비유를 통해 말하는 거.(Ⅲ–1, 14장, 88)

---

6 ①과 ②가 상호 모순이나 '완전한 죽음'의 범례들이다. 죽음을 자청하는 자세는 니체 용어를 빌면 '몰락에의 의지'다. ①과 ②, 특히 ②의 소크라테스[플라톤]와 니체가 다른 것은 제2세계에 대한 인정 여부이다. 니체는 제2세계를 확고하게 부인하였다. 여기에서 초래된 '비극적 인식'의 형이상학적 수순이 몰락에의 의지이다. 제2세계는 철학–문학에서 매우 폭넓게 적용된다.

제1세계가 현실이 표상으로서 현상–리얼리즘–차안(此岸) 등을 지시하고, 제2세계가 말 그대로 현실과 동떨어진 세계로서, 혹은 현실 세계에 대한 극복으로서 이데아–이상주의(낭만주의 및 고전주의)–피안(彼岸)을 지시한다. 니체가 망치로 내리친 곳은 제2세계이다. 니체 철학은 제1세계에 대한 무한하고도 전면적 긍정이다. 최고 존재자와 일반 존재자의 이원론적 구조로서의, 이른바 이항대립으로 나누고 한쪽에 우위를 부여하는 보편자 철학을 부인했다. 보편자 철학—동일자 철학의 붕괴를 말할 때 니체를 맨앞에 두어야 하는 이유이다.

플라톤의 문학예술관과, 그러므로 소크라테스의 문학예술관과, 정확히 일치하는 내용이다. 문학예술이 이솝우화와 같은 것으로 "오성이 충분하지 못한 사람에게/ 진리를 하나의 비유를 통해 말하는 거"이다. 소크라테스-플라톤이 문학예술에 유용성 · 교훈성 · 교육성 · 도구성을 요구하였다. 문학예술이 이데아에 대한 지식[진리]를 말하는 것이고, '이상국가'에 도달하는 수단이다.

니체의 예술관은, 거꾸로, '진리를 말하지 않는 거'이다. 니체에게 '진리'는 관점주의-평가주의이다. 비극이 형이상학이다. 비극은 [현상]가상에 [현상]가상으로 대응한다, **비극은 미적 가상[미적 현상]으로서, 인생에서의 고통이라는 이름의 끝 모르는 열차는 오로지 '미적 가상으로서 예술'에 의해서만 정당화된다.**

고통이 니체 예술 형이상학의, 정당화의 철학이 견인차이다. 정당화는 고통의 정당화이다. 고통은 예술을 통해 진리[근원적 일자가 통찰한 근원적 고통 및 근원적 모순]로서 정당화되고, 진리로서 수용된다. 진리는 반박의 대상이 아니다. 잔혹한 실존을 '통과'하는 것이 예술이라고 하니, 도구로서의 예술을 말할 수도 있겠다. 사티로스 합창단은 '질주하는 광란의 말발굽소리'로서 잔혹한 실존을 넘어가게 한다. 사티로스 합창단의 투영으로서 아폴론 무대는 '실재'가 고통이라고 자인하기에 이른다. (3) 모토를 말하자, "인간이 비자연적인 방법을 써서 자연에 저항해서 승리하지 않는 것 말고, 인간이 자연으로 하여금 그 비밀을 털어놓도록 강요할 방법이 달리 없다!". '비자연적인 방법'이 아티카비극이다.

소크라테스주의의 위의 항목들, 오성, 의식, 지식의 변증법, 논리적 도식주의, 이론(적 인간) 인과성, 개념- 판단-추론의 메커니즘들에 의해 "그리스비극의 죽음"(Ⅲ-1, 71)이 왔다. 그리스예술의 부정을 예고했다. 한 사람의 소크라테스에 의해, 호메로스, 핀다로스, 아이스킬로스, 피디아스, 페리클레스, 피티아와 디오니소스의 부정(86)이 이루어졌다. 그리스비극이 "디오니소스적인 것과 소크라테스적인 것의 새로운 대립"으로 멸망했다(79). 그리스비극의 죽음—"미학적 소크라테스주의의 시인(詩人)"(83) 에우리피데스—'희극의 탄생'이었다.

꿈으로 표상되는 '아폴론적인 것'이 변질되었고, 도취로 표상되는 '디오니소스적인 것'이 축소되었다. 아폴론적인 것의 변질은 "서사적 긴장"(81)이 아닌, 무대 주인공 자체에 있다. 주인공은 "미덕과 지식"을 변증법적으로 논술하는 자, "신앙과 도덕"을 변증법적으로 논술하는 자이다(90). 이제, "시민적 범박성Mittelmässigkeit"(73)이 힘을 얻는다. "비극과 비극적인 것 일반의 근원"인, "비극의 디오니소스적 기반"인, "합창단의 멸절"은 비극의 전멸을 의미했다(91). 비극은 '디오니소스적인 것 자체'이기 때문이다.

소크라테스주의의 득세가 에우리피데스를 흔들고, 에우리피데스가 합창단을 흔들었다. 합창단의 운명(運命)은 합창단의 운명(殞命)이었다. 에우리피데스에 의해, 소크라테스주의에 의해, 합창단이 殞命하였다. 아폴론적인 경향은 '논리적 도식주의'로 변질되었고, 디오니소스적인 것은 주인공의 "자연주의적 격정"(90)으로 변질되었다. 학문이 비극을 쫓아냈다. 학문이 비극을 쫓아냈다?

니체가 소크라테스로 표상되는 학문의 낙관주의—"낙천주의적 인식"(98)를 강경하게 비판한다. 학문이 진리 탐구 과정이지 '진리 그 자체'가 될 수 없다. 학자가 원의 중심에서 무수히 많은 반지름 중 하나를 따라 원주 Peripherie des Kreises에 도착하지만 그가 도착한 원주는 반지름의 수만큼 많은 점 중의 하나일 뿐이다. 학자가 원주 위를 한 바퀴 돌아보지만, 다시 제자리라는 것을 안다. 유명한 '원주의 비유'이다. 학문의 "한계점 Grenzpunkte"에서 학문이 만나는 것이 예술이다.

학문이 한계에서 예술을 만난다. 예술이 도약을 특징으로 한다—예술이 한계를 모른다. 예술이 무한성 · 영원성을 특징으로 한다. 학문이 실존적 난경들을 해결하지 못한다, 인식의 비극성—"비극적 인식"(97)을 해결하지 못한다. 예술이 비극적 세계 인식의 "피난처와 치료제"의 역할을 할 수 있다. 비극적 세계 인식의 내용이 '생 로 병 사의 잔혹성'이다. 세계는 잔혹한 세계상의 표상이다. 중요한 것은 '비극적 세계 인식'이라는 말이다. 비극적 인식 자체로서의 고통이다.

고통으로서 비극적 세계 인식이 니체 철학의 단초-토대이다. **니체 미학 및 철학에서 추의 미학을 말할 때 그것은 고통이다. 고통 예찬이다. 역설로서 고통 예찬이, 그 추의 미학이, 니체 '예술가-형이상학'을 말하게 했다. 니체 철학을 정당화의 철학으로 말하게 했다. 고통이 『비극의 탄생』의 그 화려한 정당화의 철학을 '소산'으로 알렸다.** 고통이 『차라투스트라』의 그 화려한 관점주의들을 소산으로 알렸다.

학문이 그 한계점에서 예술을 필요로 한다. 이 세계의 현존이 소크라테스주의로 표상되는 학문으로 시인(是認)되는 것이 아니라, 이 세계의 현존이 미적 현상에 의해 是認된다. 니체의 가상 예술론은 형이상학적이다. 니체 형이상학이 『비극의 탄생』에서 거의 모든 모습을 드러냈다. 니체 예술론은 잔혹한 실존으로부터의 형이상학적 구제(救濟)이다. 『비극의 탄생』에서 이것은 아폴론적인 것과 디오니소스적인 것을 기반으로 수행된다. 이후, 니체 철학에서 전개되는 본질 철학—'주체 철학'의 해체, 기독교 형이상학 비판, 대지 철학, 몰락 의지, 초인간, 영원회귀, 권력의지 등은 니체에 의한 '비극적 세계 인식'의 결과로서 서로 다르게 나타난 표상들이다.

7) 칸트와 쇼펜하우어

칸트에서 쇼펜하우어로 이어지는 철학의 탄생에 관해서이다. 칸트의 '미적 태도'에 의한 '미의 미학'의 탄생이다(『판단력비판』). **니체가 "순수 무관심의 직관 reine interesselose Anschauen"(혹은 '순수 탈이해관계의 직관' 5장, 39)을 말했을 때 이것은 『판단력비판』에 관해서이다. 순수, 무관심, 직관[관조]은 칸트 미학의 열쇠어들이다.**

그리고 쇼펜하우어의 '미적 태도'에 의한 음악 형이상학의 탄생(『의지와 표상으로서의 세계』)에 관해서이고, 무엇보다 칸트의 『순수이성비판』(1781, 1787)의 탄생에 관해서이다; 니체에 의할 때, 칸트의 인과율[인과성]과 소크라테스주의의 인과율[인과성]은 서로 다른 곳을 바라본다. 소크라테스에게 인과율은 진리를 드러내는 전가의 보도로 간주되었으나, 칸트(또한 쇼펜하우어)의 독일 철학에서 인과율은 공간-시간과 함께 선험적 제한조건(혹은 충족이유율)의 일부로서, 역설적으로 들리겠지만, 물자체(=진리)를 인식하지 못하게 하는 데 기여(?)한다. 인식의 한계를 지시한다. 공간-시간-인과율 등이 벗겨진 상태의 인식이 물자체일 텐데 공간 시간 인과성들이 벗겨진 그 물자체는 상상의 대상에서 벗어난다.

[인과성은 소크라테스주의에 의할 때 진리에 도달할 수 있게 하는 인과성이고, 칸트에 의할 때 진리에 도달할 수 없게 하는 인과성이다] 우리는 공간-시간-인과성에 의해 제한적으로 '사물'을 인식할 수 있을 뿐이다. 인과성에 제한된 사물을 '진리'라고 할 수 없다. 칸트 인식론에 의해 소크라테스적 인과성의 '신화'는 무너졌다. 칸트 '인식론'은 칸트 철학의 금자탑이다. 칸트의 인식론으로 공간-시간이라는 선험적 직관 형식에 대한 관심이 일깨워졌고, 인과성이라는 선험적 범주 형식에 대한 관심이 일깨워졌다.

인식은 '감각'의 수용성과 '지성Verstand'의 자발성에 의한 인식이었다.

이것만으로도 『순수이성비판』에서 코페르니쿠스적 전환을 말할 수 있다. 칸트에게 '코페르니쿠스적 전환'은 역설적 표현이다. 코페르니쿠스는 자기 자신을 움직여 세계를 관찰하게 했으나(태양 중심적 시스템), '칸트 철학'은 인식 대상으로부터의 인식이 아닌, 인식 주체로부터의 인식에서 출발했기 때문이다(지구 중심적 시스템). 유물론적 철학을 말할 수 없고, 관념론적 철학을 말해야 한다.

칸트가 의도하지 않았을지라도, '물자체는 알 수 없다'는 명제는 칸트 철학을 (이후의 일이지만) 포스트모던 철학으로 해석하게 하는 근거가 된다. **칸트의 인식론을 통해, 특히 선험적 제한조건인 인과율을 통해 소크라테스주의를 물리친, 물러서서 말할 때, 소크라테스주의를 물리치려는 니체의 '노력' 또한 높이 평가되어야 한다.** 소크라테스의 논리적 도식주의에 맞서는 니체의 예술 형이상학을 높이 평가해야 한다. 인과율 부정은 소크라테스주의에 대한 반박이고, 무엇보다도 '소크라테스주의'에 의해 붕괴된 비극에 대한 반작용이다. 붕괴된 비극에 대한 반작용으로서 '비극의 재탄생'을 요청했다.

'현상만 알 수 있지 물자체[진리]는 알 수 없다.' 이른바 당대 및 후세 사람들이 부른 '칸트 위기 Kanrkrise'이다. 칸트는 현상론의 철학을 했다. 쇼펜하우어의 음악 형이상학에 의해 '의지의 직접적 모사', '세계 그 자체', '물자체=이념=의지=진리'로서 음악이 새롭게 규정되었다. **[음악의 '물자체=진리'로서, 간주될 때 음악이 말하는 것 또한 반박 불가능성이다. 음악 형이상학이 아닐 리 없다.** 올림포스의 신(神)들과 진리는 상호 유비이다. 신(神)과 진리는 유비이다. 신은 진리 그 자체로서 신의 말과 행동은 반박 불가능이 특징이다. 『비극의 탄생』의 격률 중의 하나 '올림포스 신(들)이 인간의 삶을 정당화한다'라고 할 때 이것은 올림포스 신들의 생-로-병-사, 혹은 그들의 폭력성과 변덕성이 인간의 생-로-병-사, 인간의 폭력성과 희로애락을 정당화하는 것에 관해서이다] 계속 말해야 하고 강조해야 하는 것은 고통이다. 올림포스 신들의 고통이 인간의 고통을 정당화환다. **비극의 주인공, 프로메테우스-오레스테스-오이디푸스-아드메토스의 고통이 인간의 고통을 정당화한다.**

음악 형이상학의 성립은 그리스비극의 알파요 오메가인 '디오니소스'에 대한 정당화이다. '디오니소스'는, 1883~1885년의 '차라투스트라 철학'으로 이어지는, 몰락을 몰락으로 정당화하는 철학적 '태도'이다. 철학적 태도를 말하기 이전에 '니체 철학사'에서 디오니소스 철학의 탄생을 『비극의 탄생』에서 먼저 말해야 한다; 그리스비극의 재탄생은 철학과 음악의 (행복한) 일치에 의한 것으로 말할 수 있다. 니체는 바흐-베토벤-바그너로 이어지는 음악적 계보와 칸트-쇼펜하우어의 철학적 계보를 명시적으로 밝히며, 또한 명시적으로 '음악과 철학의 일치'를 말한다. 그리스비극을 잇는 '비극의 재탄생'으로서, 독일 비극의 조건을 마련한 셈이다

소크라테스의 논리적 도식주의, 곧 인과율 만능주의에 의한 진리의 강조(혹은 '학자 종교'로서 '세계 존재' 전부를 밝혀내려는 진리에의 의지)가 디오니소스 비극적 음악의 파괴 및 아폴론 비극적 신화 무대의 파괴로 이어졌으나, 니체의 발견(?)으로서, 칸트 철학의 선험적 제한 조건이 말하는 '거'로서, 인과율은 진리에 도달하는 전가의 보고가 아닌, 오히려 물자체=진리에 도달하는 것을 제한하는 것으로 간주되었다. 아폴론적 신화 무대에서의 소크라테스주의에 의한 '기적(奇蹟) 부인' 또한 부인되었다. 바흐-베토벤, 특히 바그너로 이어지는 독일 음악이 비극의 재탄생에 대한 기대를 충족시켰다.

8) 비극의 재탄생

루터의 종교개혁으로 "독일 음악의 미래 양식"이 울려 퍼졌다. 루터의

종교개혁은 우선 "루터의 합창 Choral Luther's"으로 가시화되었다. "최초의 디오니소스적 유혹의 소리"로 가시화되었다.[7]

---

7 루터의 종교개혁(1517, 비텐베르크 교회 현관)은 라틴 성경의 독일어 성경으로의 번역을 포함한다. 독일어로의 합창을 포함한다. 니체는 23장에서 "독일 종교개혁의 합창 Choral"이라고 했다. '합창'에는 두 가지 뜻이 담겼다. 하나는 종교개혁의 '역사적' 의미를 강조했다(중세를 가시적으로 종식시킨 인물로 콜럼버스, 루터, 코페르니쿠스를 들 수 있다). 또 하나는 말 그대로 종교개혁에 의한 것으로 '독일어[모국어]로 된 교회 합창'이 울려 퍼진 것을 지시한다. '루터의 합창'에 두 가지 뜻이 다 담겨 있다. '최초의 디오니소스적 유혹의 소리'도 강조되어야 한다('디오니소스'인 것은 '민족'의 근원과 관계하기 때문이다).
"우리는 독일 음악을 그들 덕분에 얻었고, '독일 신화의 부활'도 그들에게 감사해야 할 것이다!"(23장, 143)라고 했을 때 '그들'은 종교개혁에 응한 "디오니소스적 열광자"들이었다; 모국어로의 성경 번역으로 해서 성경이 더이상 성직자나 귀족의 전유물이 아닌 게 된다. 개인들의 성경이 된다; 모국어로의 성경 번역의 의미는 그 이상이다. 각국에서의 모국어로의 성경 번역은 자연히 모국어에 대한 관심으로 이어졌고, 독일에서는 "독일 정신"에 대한 관심, '독일 정신'의 반영인 '신화'에 대한 관심으로 이어졌다(145).
니체는 『비극의 탄생』 후반부, 특히 니체 고유의 신화-론(論)이 펼쳐지는 '신화의 장(章)' 23장에서 알렉산드리아 문화—'로마 문화' 만연에 의해 신화가 몰락하게 되었다고 하면서, 신화의 몰락과 함께 (그리스) 비극이 완전히 몰락한 것을 말한다("비극의 몰락은 동시에 신화의 몰락이었다", 143); 동시에 '루터'가 그 시작인 '독일 정신'의 발견을 말하고, 신화의 부활에 대한 강력한 기대를 표명한다. '그동안'을 니체는 그리스 말기와 똑같은 "과잉의 지식", "발견의 행복", "거대한 세속화", "타인의 것에 대한 탐욕스러운 돌진", "경박한 현재의 숭배", "둔감한 마취상태로의 전화" 등 모든 것이 "지금 시간 Jetztzeit"의 "무상한 모습 sub specie saeculi"(144–145)에 집착하고 있는 시대로 정의했다. "영원의 모습 sub specie aeterni"(143)으로 상징되는 신화를 포기한 대가가—니체의 다소 감상적 어투에 의하면—"고향을 상실한 정처 없는 방랑"(144)으로 요약된다(문헌학자가 아닌, 서정적 수사학자로서의 니체의 모습!).
독일 정신은 말할 것도 없고('독일 정신'이라는 어휘가 먼저 등장한 곳이 『비극의 탄생』 19장, 그리고 20장이다), 신화의 부활에 대한 강력한 기대가 표명된 이후, 니체는 민족성Volkscharakter'(142), "독일 본질"(142, 145) "모든 독일적 사물의 되돌림", "독일인"(145), "민족"(144), 국가(143–144), "국가와 예술"(144)이라는 말을 쏟아낸다. 루터에 의한—라틴어 성경이 아닌 것으로서—독일어 성경–'독일어' 합창은 말 그대로 독일 음악의 '미래'가 되었다. 강조하면, '루터'의 의미는 종교개혁에 한정되지 않았다. 신화의 탄생, 민족 신화의 부활 또한 의미한다. 그리스비극에 힘을 얻은 음악 드라마의 '탄생'을 의미한다. 루터에 의한 '독일어 합창곡'은 "독일 음악의 미래 양식"(143)으로서 그리스비극의 재탄생을 의 독일 고유의 음악이 탄생했다. 루터의 종교개혁은 "독일 신화의 재탄생"(Ⅲ-1, 143)으로 이어졌다. 바흐와 베토벤, 그리고 당대의 바그너로 이어지는 새로운 정신에 기반한 음악 및 음악 드라마의 탄생으로 이어졌다. 바그너는 「베토벤(론)」을 썼고, 주지하다시피 니체와 마찬가지로 쇼펜하우어의 음악 형이상학에 절대적 영향을 받았다.

『비극의 탄생』 16장, 쇼펜하우어의 '음악 형이상학의 장(章)'에서 바그너의 「베토벤(론)」에 대해 니체는 다음과 같이 요약했다. "음악은 모든 조형예술과는 아주 다른 미학원리를 갖는다. 결코 아름다움의 범주에 따라 측정되어서는 안 될 것이다." 음악은 조형예술과 아주 다르다. 니체는 음악에 조형예술에나 어울리는 "아름다운 형상들에 대한 만족 Gefallen[s] an schönen Formen"(100)을 요구해서는 안 된다고 부연한다. 음악은 그 반대로서, 드러내기 불편한, 그러나 드러남으로써 '쾌'-'만족' 및 '권력의지'를 발생시키는 그 근원적 고통과 근원적 모순을 포함한다. **근원적 모순과 근원적 고통의 해소가 아니다. 근원적 고통과 근원적 모순이 '살아갈' 힘을 준다. 근원적 고통과 근원적 모순은 재산(財産)과 같다. 절망이 때로 재산 행사를 하듯 근원적 모순과 근원적 고통이 재산 행사를 한다. '나는 근원적 고통과 근원적 모순이다.' 이것을 깨닫게 하는 것이 합창단비극이고, 이것이 힘을 준다면 멋진 형이상학에 관해서이다.**

요컨대, 일곱째(7)와 여덟째(8)가 말하는 것이 독일 철학에 의한 것으로서, (인과율에서 놓여난) 신화의 부활이었고, 음악의 부활이었다. 바그너로 표상되는 '음악적 비극'의 탄생이었고, 따라서 '그리스비극의 재탄생'이었

비한다. 음악 드라마의 다른 말이 "음악적 비극 musikalische Tragodie"(21장, 134, 22장, 136, 138)이다. 음악적 비극의 다른 말이 디오니소스적 비극이다. '디오니소스 음악'이 주인공인 그리스비극, 그 그리스비극의 '독일 버전'이 음악적 비극이다. 음악적 비극과 디오니소스적 비극이 상호 유비인 셈이다.

다. '독일 음악과 독일 철학의 일치'로 인한 "비극의 재탄생"(125)이었다. 니체의 기대이고 믿음이다.

9) 서문 「자기비판의 시도」에 관하여 ①

1872년 『비극의 탄생』 이후의 니체의 행로는 어떻게 되는가? 물론 비극의 행방으로서 '행로'이다. 니체에 의한 '비극의 (재)탄생'은 계속되는가? 이에 대한 우리의 관심이 없을 수 없다. 이 점에서 「자기비판의 시도」가 매우 중요하다. 1886년 니체는 『비극의 탄생』 재판본에서 「리하르트 바그너에 바치는 서문」을 빼고 새로운 서문 「자기비판의 시도」를 넣는다. 14년 후 어떻게 변했는가? 니체의 새로운 비극에 대한 기대와 믿음은? 『비극의 탄생』의 새로운 서문 「자기비판의 시도」가 이에 대한 대답이 될 수 있다. 미리 말하면, 「자기비판의 시도」에서 새로운 비극, 즉 그리스비극의 재탄생에 대한 명시적 언급은 없었다. 그리스비극의 재탄생에 대한 기대는 사라졌다? 주지하다시피 니체는 바그너의 〈트리스탄과 이졸데 Tristan und Isolde〉(1865)를 『비극의 탄생』 21장과 22장에서 언급했고, 〈로엔그린 Lohengrin〉(1850)을 22장 말미에서 언급했고, 〈니벨룽의 반지 Der Ring des Nibelungen〉(1869~1876)의 '지그프리트Siegfried'를 24장에서 언급했다.

니체가 바그너를 통해 '음악 드라마 Musikdrama'[음악적 비극]의 재탄생을 기대한 것은 사실로서 사실이다. 그러나 『비극의 탄생』이 출간되고 10년 후 올려진 바그너 음악극(혹은 낭만주의 오페라) 〈파르치팔 Parzival〉(1882)에서 니체는 바그너에 대한 기대를 '완전히' 접었다. 바그너 생전(1813~1883)에 바그너에 대한 기대를 접었고, 바그너와 결별한 셈이다. 문제는 '바그너'에 대한 기대를 접은 것이 곧 그리스비극 재탄생에 대한 기대를 접은 것인가? 하는 질문에 관해서이다. 상식적 차원에서 볼 때 물론 '바그너'에 대한 기대를 접으면서 니체에 의한 '비극의 재탄생'에 대한 기대 또한 한풀 꺾인 것을 말할 수 있다.[8] 니체 철학에 대한 포괄적 접근이 중요하다. 그리스비극의 탄생과 몰락 자체가 니체 형이상학의 탄생을 함의하고, 물론 그리고 비극의 '재탄생'의 기대가 니체 형이상학의 '재건축'을 포함한다.

---

8 분명하게 얘기하면, 1886년의 니체는 독일 정신에 대한 기대를 접은 니체이고, 독일 음악에 대한 기대를 접은 니체이다. 보불전쟁(1870~1871) 및 독일 통일(1871) 이후 "제국 건설이라는 구실" 아래 전개된 "범용화로의 이행", "민주주의로의 이행", "근대적 이념들"로의 이행과 니체가 1872년『비극의 탄생』에서 기대한 독일 정신 사이에는 깊은 심연이 놓여 있었다. 주시하다시피 니체는 "독일 정신의 거세"(『반시대적 고찰』, Ⅲ-1, 156)까지 말했다. 다음은 이어지는 1886년「자기비판의 시도」에서의 (니체의) 말이다. "사실 그동안 나는 이러한 '독일적 본질'에 대해 아무런 희망도 갖지 않고, 일말의 미련 없이 사유하게 되었다. 뼛속 깊이 낭만주의적이며 모든 예술형식 중 가장 비그리스적인 지금의 '독일 음악'에 대해서도 동일하다."(Ⅲ-1, 14)
주지하다시피 민주주의 비판—사회주의 비판—기독교 비판이『차라투스트라』의 주요 내용 중의 하나였다. 권력의지의 하향화, 혹은 "강의 염세주의 Pessimismus der Stärke"(Ⅲ-1, 6)가 아닌 약의 염세주의로 설명된다. 낭만주의는 니체에게 모순의 낭만주의였다. 전기(前期) 낭만주의가 '근원적' 독일 정신에 관심을 가질 때 낭만주의는 긍정의 대상이었고, 니체가—"낭만주의의 통상적 피날레"(15)라고 비꼬아 부른—후기낭만주의가 '제2의 세계'의 구체화로서 기독교에 관심을 가질 때 낭만주의는 부정의 대상이었다. 새로운 독일 정신에 의한 비극의 재탄생은 사실상 부인되었다고 보아야 한다. 당대의 독일 음악에 의한 '음악적 비극'의 재탄생은 사실상 부인되었다.
이미 니체는『비극의 탄생』19장 '오페라 장'에서 "소크라테스적 문화"의 반영인 당대의 "'오페라 문화'"(116)를 비판했었다. "오페라의 목가적 경향"(120), 사설과 음악이 교차하는 '무대조' 음악, 서정과 서사의 혼합(아리아)인 '서창'에 대해 신랄하게 비판했다(116-118). 더불어 물론 바그너의 음악적 비극 〈트리스탄과 이졸데〉, 〈로엔그린〉, 〈니벨룽의 반지〉에 대한 기대를 직접적으로 표시했더라도 말이다; 니체가「자기비판의 시도」에서 강조한 것 하나를 꼽을 때 그것은 본질적으로 "삶을 옹호하는 본능"을 가진 니체 자신의 화신으로서, 즉 "반기독교적" 성향의, 아니 "반기독교인" 자체로서 "디오니소스적인 것"(13)을 말할 수 있다.

10) 서문「자기비판의 시도」에 관하여 ②

「자기비판의 시도」는 매우 중요하다. 『비극의 탄생』과 '비극의 탄생'을 위해서도 중요하고, 이미 성숙기에 들어선 니체 철학이 반영된 점에서, 니체 철학 자체를 점검하는 차원에서도 중요하다. 「자기비판의 시도」에서 주요 뉴스는 불교로부터 '삶의 의지에 대한 부인'과 '체념'(14)을 수용한 쇼펜하우어에 대한 비판, "삶에 대한 부인의 의지"의 구체화로서 기독교를 수용한 '낭만주의'에 대한 비판, 마찬가지로 '기독교'를 반복한 바그너에 대한 비판이다.[9] '비극의 재탄생'의 조건으로 1872년의 『비극의 탄생』 본

---

9 니체는 『비극의 탄생』 5장-6장에서 서정시인 아르킬로코스를 언급한 바 있다. 아르킬로코스 서정시를 이전의 호메로스의 서사시, 그리고 이후의 그리스비극과 나란히 놓고, 이 모두에서 주관성이 아닌 객관성의 승전가가 토출되었다고 했다. 니체는 헤겔이 그의 『미학 강의』에서 피력한 저 유명한 장르 '구분'을 비판했다. 객관성으로서의 서사시, 주관성으로서의 서정시, 그리고 이들에 대한 '지양Aufhebung'으로서, 변증법적 종합으로서, '극시'로 나눈 것을 비난했다(이를테면 다음과 같은 말:-**"서정시인Lyriker의 '자아'는 존재의 심연으로부터 울려 나온다. 최근 미학자들이 의미화한 서정시인의 '주관성'은 망상이다." Ⅲ-1, 40). '최근 미학자들'이 헤겔을 겨냥한다. '존재의 심연'이 말하는 것이 주관이 아닌 객관으로서의 심연이다. 존재의 심연은 개인이 겪는 것이 아닌, 모든 이가 겪는 것이기 때문이다. 문제가 모든 이가 겪는 객관적 보편성이다. "주관성"이 아니다. 주관이 아닌 객관의 반영으로서의 예술, 보편(성)의 반영으로서의 예술을 말할 때 이것이 니체의 예술관과 합치한다.** 니체는 3장-4장에 이어, 호메로스 서사시에 대한 논의에 이어, 아르킬로코스 서정시에 대해 논의하면서 에우리로코스 서정시에서 또한 '음악으로서의 서정시'를 강조했다.
니체가 "최고의 예술"(22장, 138)로서 비극을 언급했을 때 이것은 비극에 '음악 형이상학'이 반영되었기 때문이다. '디오니소스적인 것'을 말할 때 이것은 디오니소스적 도취 예술로서 합창단 음악에 관해서이다. 간단히 음악에 관해서이다. 아르킬로코스의 서정시가 고전 문헌학자 니체의 주의를 끈 것은 서정시의 '음악' 때문이다. 아르킬로코스의 서정시가 음악 형이상학에 합류하는 것으로 보았기 때문이다. '아르킬로코스'에서 디오니소스적 음악 형이상학을 못 말할 이유가 없다. 합창단의 불협화음이 '인간 실존'의 불협화음을 정당화시키는 것처럼 아르킬로코스의 음악 서정시가 인간의 삶을 정당화시킨다. 문제는 낭만주의이다. 니체는 아르킬로코스를 언급하면서, 낭만주의의 민요집인 『소년의 마

문에서 말한 독일적 본질, 즉 '철학과 음악의 행복한 일치'를 스스로 부인한 것이 주요 뉴스를 요약한다. 니체의 「자기비판의 시도」의 주요 뉴스들이 말 그대로 '자기비판'이다.

자기비판이 아닌 자기 옹호를 말할 때 이것은 '반기독교적 가르침과 평가'를 고안해낸 니체를 말할 때이다. 요컨대 "문헌학자 및 언어 전문가"로서, "반기독교인의 적확한 이름"으로 '디오니소스적인 것'을 발견한 니체를 말할 때이다. 디오니소스를 발견하고, 그리스 신의 이름으로 디오니소스에 최초로 '세례'를 준 자, 니체 본인을 말할 때이다(Ⅲ-1, 13).

「자기비판의 시도」의 의의가 기독교에 대(對)한 "디오니소스적 강력한 의문 부호"(14)이다. 『비극의 탄생』에서의 디오니소스는 "삶이 삶을 대해 느끼는 구역질과 염증(厭症)"(12)이 아닌, "삶을 옹호하는 본능으로서의 니체의 본능"(Ⅲ-1, 「자기비판의 시도」 13)의 발호였다. (디오니소스는) 삶을 긍정하는 "디오니소스적"기원을 갖는 음악 자체였다(14). 「자기비판의 시도」의 상당 부분을—『즐거운 학문』, 『차라투스트라』, 『선악을 넘어서』(1886) 등을

적 Des Knaben Wunderhorn, 1806~1808)』을 언급했다. 『소년의 마적』은 아르님 Achim von Arnim과 브렌타노 Clemens Brentano의 것으로서 독일 낭만주의의 불멸의 금자탑인 그림 형제의 『그림 동화집』에 방불한다.

[「자기비판의 시도」에서 낭만주의 비판이 나타났다. 니체와 바그너와의 바그너 생전과 사후의 사상적 결별은 니체의 낭만주의 비판과 상호 유비적이다. 바그너와의 '결별'과 낭만주의 '비판'의 공통 원인이 '기독교'이다. 바그너의 〈파르치팔〉에서 기독교가 반영되었기 때문이고, 낭만주의에서 또한, 특히 후기낭만주의에서 기독교로의 경도, 기독교가 반영되었기 때문이다]

[기독교 유일신에 대한 사망 선고가 명시적으로, 처음 명시적으로 나타난 『즐거운 학문』이 1882년 출간, 이어 신에 대한 사망 선고로 시작해서, 신에 대한 사망 선고에 기반하는 니체 고유의 철학이 화려하게 펼쳐진 『차라투스트라』가 1883~1885년 출간, 새로운 서문 「자기비판의 시도」가 들어간 『비극의 탄생』이 1886년 출간. —「자기비판의 시도」에서 낭만주의 비판이 이루어졌고, '차라투스트라=디오니소스' 공식을 처음 예측하게 했다. 니체가 차라투스트라가 디오니소스이고, 디오니소스가 차라투스트라인 것을 공식적으로 강조한 곳이 1888년 『이 사람을 보라 Ecce homo』에서였다]

이미 통과한 니체가—기독교 비판에 상당 부분 할애한 것은 불문가지, 당연한 일이었다.

(니체는) 기독교를 삶을 "갈망할 만한 가치가 없는 것으로서, 그 자체 무가치한 것으로서"(13) 말한다. 요컨대 "차안(此岸)을 더 심하게 중상(中傷)하기 위해 고안된 피안(彼岸)", 즉 거차취피(去此取彼)가 기독교의 제1특성이다. 또한 주목을 끈 발언이 기독교를 "'몰락에의 의지'의 모든 가능한 형식 중(中) 가장 위험한 형식이고, 가장 섬뜩한 형태"(12)라고 말한 점이다. 기독교의 '몰락에의 의지'에는 대지에 대한 전면적 긍정이 없다. 대지에 대한 부정으로서 몰락에의 의지이다. 니체 당대의 불교 수용에서도 불교 또한 '대지에 전면적 긍정'이 없기는 마찬가지였다. 거기에 몰락에의 의지가 포함된 '대지에 대한 전면적 긍정'이 없었던 것으로 기독교와 불교의 공통점을 말할 수 있다.

니체의 디오니소스 철학에는 거기에 대지에 대한 전면적 긍정이 포함된 몰락에의 의지가 있다. 몰락은 보편적 진리로서 몰락이 정당화의 대상이라고 할 때 이것은 『비극의 탄생』의 테마 중의 '테마'이다. 디오니소스 철학의 연장으로서 차라투스트라 철학을 말할 때, 차라투스트라는 디오니소스로서, 차라투스트라 철학 역시 삶에 대한 전면적 긍정을 포함한 (자발적) 몰락 의지의 철학이다. 초인간 사상과 영원회귀 사상이 대지에 대한 전면적 긍정이 '거기에 포함된' 자발적 몰락에의 의지를 발언한다.

「자기비판의 시도」에서 "삶 자체에 대한 적대감 및 삶 자체에 대한 혐오, 원한, 복수심"이라고 할 때도 역시 기독교에 대해서이다. 삶은 "가상"이고 "착각"이고 "오류"이고 "허무"이고 "종말"이라고 했을 때 이 또한 기독교에 대(對)한 것으로서, 요컨대 니체의 기독교 도덕에 대한 통렬한 비판이다.[10] 「자기비판의 시도」의 중요한 뉴스가 기독교의 "정동Affekte에

---

10 「자기비판의 시도」에서 니체가 "[…] 그러나 이 신은 전혀 주저하지 않는 비도덕

대한 저주" 및 "아름다움과 감성에 대한 공포"(12)에 대한 반대 명제로서, 기독교적 '형이상학적 위로'와 다른 차원의, 그러나 형이상학적 위로를 말해야 하는 "예술가–형이상학 Artisten–Metaphysik"(Ⅲ-1, 7, 11, 15)이—『비극의 탄생』의 정당화의 미학 및 '정당화의 철학'의 연장에서 — 의도적으로 토설된 점이다.

니체 철학은『비극의 탄생』에서부터 (삶에 대한) 정당화의 철학이었다. 이를 벗어난 적이 없었다. 니체는 또한 1872년의『비극의 탄생』5장, 24장에서 강조된,『비극의 탄생』의 주제문 중의 주제문 "세계 현존은(혹은 인생은) 오로지 미적 현상에 의해 '정당화된다'"(11)를 1886년의 새로운 서문「자기비판의 시도」에서 다시 인용했다. 주지하다시피 니체의 예술관 및 예술 형이상학을 이 문장만큼 잘 요약하는 것은 없다.

주제문에서의 '미적 현상'이, 1872년의『비극의 탄생』전반(全般)에 의할 때, 디오니소스 미적 현상[가상]을 포함하고, 또한 아폴론적 미적 현상[가상]을 포함하는 점을 감안해야 한다. 즉 '비극'의 주요 조건이 디오니소스뿐만 아니라, 동시에 아폴론이어야만 하는 점을 감안해야 한다.[11] 디오니소스적 미적 정당화는 이른바 디오니소스 불협화음에 의한 인간 실존의 잔혹성–잔인성–난폭성에 대한 정당화이고(추의 미학에 의한 '추' 일반의 정당화이고, 고통 일반의 정당화이고), 아폴론적 미적 정당화는 아폴론 무대 주인공의 파멸

적 예술가–신 Künstler–Gott이다. 그는 건설과 파괴에서, 선과 악에서, 한결같이 쾌락과 독재를 행사하려 드는 신이다"(11)고 했을 때 "신"은 '디오니소스'를 요약하고, 조로아스터의 차라투스트라를 지시한다. '차라투스트라는 선에서도 대범할 뿐 아니라 악에서도 대범하다.'

11 니체가『비극의 탄생』에서 분석한 그리스비극의 주요 조건은 아폴론적 미적 현상에 의한 실존의 정당화이고, 디오니소스적 미적 현상에 의한 실존의 정당화이다. 미리 강조하면, '세계 현존은 오로지 미적 현상에 의해 정당화되어야 한다'고 할 때 1872년『비극의 탄생』의 미적 현상에는 분명 디오니소스적 미적 현상과 함께 아폴론적 미적 현상이 포함되었고, 응당 디오니소스적 미적 현상에 의한 '실존'의 정당화와 함께 아폴론 미적 현상에 의한 실존의 정당화가 포함되어 있었다.

에 의한 '인간 실존'의 파멸의 정당화이다. 역시 (아폴론) 주인공 무대의 '추한 것과 부조화한 것'이 인간 실존의 추한 것과 부조화한 것을 정당화라는 점에서 추의 미학에 의한 추와 '고통' 일반에 의한 정당화이다.

아폴론 무대의 다른 말이 '비극적 신화'라고 할 때, 신화를 내용으로 하는 비극 무대라고 할 때, 아폴론적 정당화를 '신화'[12)]에 의한 인간 실존의 정당화라고 할 수 있다. 올림포스 신들에 의한 인간 실존의 정당화라고 할 수 있다. 호메로스의 『일리아스』, 『오디세이아』 서사시에도 물론 반영된, 그 '멜로디' '올림포스 신들이 인간의 삶을 살면서 인간의 삶을 정당화시킨다'를 여기에서 다시 반복해서(아니면 『비극의 탄생』의 그 '비극'을 고려할 때 여기 아폴론적 비극에서 우선적으로!) 말할 수 있다. '신들이 잔혹성과 변덕성의 삶을 살면서 인간의 잔혹성과 변덕성의 삶을 정당화한다.'

---

12 『비극의 탄생』에서 니체는 신화에 대해 명료하게 정의했다. **신화는 소크라테스-알렉산드리아 문화의 그 학문들의 추상성과 달리 구체성을 특징으로 한다. 추상성에 구원이 없고 구체성에 구원이 있는 것으로 말한다. 이것을 달리 말하면 학문의 추상성에 구원이 없고, 예술이 그 구체성으로 해서 예술에 구원이 있는 것으로 말할 수 있다. 니체의 예술관-문학관이라고 할 수 있다. 음악이 그 구체성으로 해서 구원의 형이상학이 될 수 있고, 문학 역시 그 구체성으로 해서 구원의 형이상학이 될 기회가 생긴다.**

구체적 음표 및 선율이 구원과 관계하고, '신화'에서 그렇듯 구체적 이미지가 구원에 관계한다. 구체성을 말할 때 이 구체성에는 인과율을 뛰어넘는 것을 포함한다. 논리적 도식주의를 뛰어넘는 것으로서 '기적' 및 이적(異蹟)을 포함한다. '신들의 행위가 인간의 삶을 정당화시킨다'고 할 때 신들과 '신들의 삶'이 벌써 인과율과 논리적 도식주의를 넘어선다. 구체적인 신들의 모습과 신들의 행동이 인간 삶을 정당화시킨다. 추상적인 신들의 삶이 인간의 삶을 정당화시킬 리 없다. (악이 세목에 깃드는 것처럼) 신(神)은 세목에 깃든다. 구원은 세목에 깃든다.

『비극의 탄생』에서 '음악 형이상학'의 장(章)은 16장이다. '신화의 장(章)'은 23장이다. 17장의 다음과 같은 말도 참조할 것: "[…] 신화는 무한성 안을 응시하는 보편성과 진리의 유일한 범례로서 (자신을) 직관적으로[anschaulich, 구체적으로] 느껴주기를 원한다. 진정으로 디오니소스적 음악은 우리에게 그러한 세계의지에 대한 보편적 거울로서 나타난다. 이 거울에 부서지는 저 직관적[구체적] 사건은 즉각적으로 우리의 감정에게 영원한 진리의 모상으로 확장된다."(108)

아폴론적 정당화 고유의 정당화로서, 파멸하기 이전의 '아름다운 주인공'에 의한 정당화가 아니라, 파멸한 이후의 '아름다운 정당화'를 말할 수 있다. 니체가 『비극의 탄생』 4장에서 라파엘의 〈(그리스도의) 변용〉을 예로 들면서 아름다움에 구원이 있는 것을 말할 때 이는 그림 하단(下端)의 디오니소스 근원적 고통, 그 고통에서 벗어나는 새로운 가상 세계에 관해서이다. '실레노스의 가공할 만한 지혜의 현시'와 아폴론적 아름다운 세계의 공존을 말할 수 있으나 방점은 아폴론적 '아름다움에 의한 구원'에 찍힌다. 그렇더라도 니체는 "아폴론은 우리에게 숭고한 몸짓으로 고통의 세계 전체가 우리에게 얼마나 필요불가결한지를 보여준다"라는 말을 잊지 않는다. 고통의 세계가 말 그대로 근원적 일자로서 거기에서 개인은 자신을 "구원하는 환상"으로 내몰리게 된다. 이러한 "개별화의 원리(의 신격화 Vergöttlichung)"가 "근원적 일자의 영원한 목표"이다(35-36).

〈(그리스도의) 변용 Transfiguration〉의 변용(變容, Verklärung)을, 추의 미학에서 미의 미학의 변화로 말할 수 있다. 디오니소스적 1차적 미적 가상에 이어지는 아폴론적 2차적 미적 가상[가상의 가상 Schein des Scheins, 변용]에 의한 것으로서, 역시 미학적 청중의 '미적 태도'에 의한 구원이다. 니체는 『비극의 탄생』 마지막 25장에서도 디오니소스와 아폴론의 '엄격한 상호 균형'을 말하면서 아폴론을 미의 미학의 구체화로서 아폴론의 '아름다움에 의한 구원'으로서의 역할을 강조했다. 미의 미학에서 형이상학적 구원이 있는 점을 강조했다. **아폴론적 '파멸'(아폴론적 비극 무대에서의 주인공의 파멸)에 의한 인생의 정당화가 있고, 아폴론적 '아름다움'에 의한 인생의 정당화가 있다.** "불협화음의 인간화"가 없다면, 즉 '아름다움'이 없다면, "도대체 인생이란 무엇이란 말인가?"(151) 『비극의 탄생』 25장에서의 니체의 영탄이다.

11) 서문「자기비판의 시도」에 관하여 ③

「자기비판의 시도」에서 그러나 니체는 '세계 현존은(혹은 인생은) 오로지 미적 현상에 의해 정당화되어야 한다'고 하면서 니체는 정작 '아폴론'에 대해서 한마디도 하지 않았다. 이 명제를 1872년에 이어 다시 꺼낸 것을 일반적 의미의 그의 예술관을 드러내려고 한 것으로 볼 수 있다. 학문에 구원이 없고 예술에 구원이 있다, 이것을 강조한 것으로 볼 수 있다. 이러한 '해석'을 보증하는 것이 "학문을 예술가의 광학(Optik, 관점)에서 보고, 예술을 삶의 광학으로 본다"(Ⅲ-1, 8)라는 유명한 구절이다. 물론「자기비판의 시도」에서이다. 학문은 예술에 포섭되어야 하고(학문에 구원이 없다), 예술은 삶에 포섭되어야 한다(예술이 삶에 포섭될 때 예술은 삶에게 구원이다). 예술 형이상학이 강조되었다.

『비극의 탄생』에서 그리스비극 몰락의 순서를 말할 때 '먼저' 무대 전면의 디오니소스 오케스트라의 몰락이고, '다음' 무대 후면의 아폴론 주인공 무대의 몰락이다. '아폴론 주인공 무대'의 다른 명명이 '비극에서의 신화', 곧 비극적 신화이다. 디오니소스 합창단의 몰락이 먼저 가고, 신화 이야기의 몰락이 그 뒤를 따랐다. 음악 오케스트라석의 몰락이든, 신화 이야기의 몰락이든 원인과 근인(近因)은 소크라테스주의—알렉산드리아 문화였다. 소크라테스의 변증술이 음악을 쫓아냈고, '아폴론 무대'를 어느 정도 보존했으나, 즉 에우리피데스의 주인공 무대에서 '시민적 범용성'의 '중도적 범용(汎用)'이 강조되었으나, 소크라테스-알렉산드리아 문화의 논리적 인과율은 급기야 아폴론적 신화[비극적 신화]마저 부정하기에 이르렀다. 과학적 학문의 잣대로 볼 때 비극적 신화는 '이적(異蹟)의 온상'으로서 부정의 대상이었다. 그리스비극의 몰락은 소크라테스주의에 의해 완성되었다.

비극의 몰락의 한 축을 담당(?)했던 아폴론이 「자기비판의 시도」에서 니체에 의해 부정된 것을 말할 수 있다. 물론 '신화'를 니체가 부정했다고 말할 수 없다. 신화 이야기는 미적 현상 내지 미적 가상의 절대적 표상인 점에서 니체에게 부정의 대상이 될 수 없다. 「자기비판의 시도」에서 아폴론적 무대를 외면하고, 디오니소스적 상황을 강조한 것을 말할 수 있다. 사실 『비극의 탄생』의 결론부에서 아폴론과 디오니소스의 "형제 동맹"(Ⅲ-1, 21장, 136; 22장, 137; 24장. 146)을 말하고, 영원한 정의의 원칙에 따른 아폴론과 디오니소스의 "엄격한 상호 균형"(25장, 151)를 말했더라도 니체의 관심은 음악이었다. 디오니소스 음악이었다.

초판본의 제목이 『음악으로부터의 비극의 탄생』이었다. 니체가 7장에서 "'비극은 비극적 합창으로부터 발생했다.' 원천적으로 비극은 오로지 합창이었고, 합창 이외 아무것도 아니었다"(48)라고 강조했고, 21장 말미에서도 아폴론에 대한 디오니소스의 "우위"(135)를 명시적으로 밝힌 점을 볼 때 '질서의 신' 아폴론의 퇴출은 이미 예고되었다(?). 반면 '무질서의 신', 니체 철학 중기 이후의 용어로 말할 때 강-염세주의[강-니힐리즘]의 표상인 '디오니소스'는 그 위상이 더 강화된 것으로 말할 수 있다.

니체 철학이 니힐리즘의 '절정'이라고 할 때, 이른바 대지의 철학으로서 긍정의 철학의 절정이라고 할 때, 디오니소스는 1883~1885년의 '차라투스트라 철학'의 적절하고도 모범적 예였다. '명정(酩酊)의 신' 디오니소스의 무신론적 상황과 선악을 넘어선 '신' 차라투스트라의 무신론적 상황의 행복한(?) 일치를 말할 수 있다. 1888년 『이 사람을 보라』에서 '비극의 탄생'을 가리키며 니체가 "첨예한 의미에서의 니힐리즘이 지배하고, 디오니소스 상징 속에서 이것이 극단적으로 긍정되는 것"을 말했을 때 여기서 '디오니소스 상징'은 이미 차라투스트라 철학을 지시한다. "디오니소스 철학에 있어서의 결정적인 것으로 소멸Vergehen과 절멸Vernichten에 대한 긍정"을 말했을 때 이미 디오니소스는 '차라투스트라 유형'이었다. 니체는『비극의 탄생』에서 부분 부분적으로 "차라투스트라 '문체'"가 선취된 것을 말하고, "본래적 차라투스트라-시선", "권력의지", 그리고 "영원한 회귀의 이론", 곧 영원회귀 사상을 구체적으로 적시한다.『이 사람을 보라』에서 니체는 "이 저작에는 모든 것이 이미 고지되어 있다"고 말하기까지에 이른다(Ⅵ-3, 311-313).[13]

니체의 예술관, 예술가-형이상학의 반영으로서 '인생은 오로지 미적 현상에 의해 정당화된다'를 니체가 1886년 다시 강조했을 때, 이것을 '디오니소스적 상황'에 국한시켜야 한다. 그가 1886년 예술가-형이상학으로써 예술 형이상학을 다시 강조한 것은 물론 그의 예술관(혹은 '구제 형이상학'으로서 예술)이 철저하게 반영된 것이기도 하지만, 1886년이 이미 '무신론적 상황'이 선고된 저작들(『즐거운 학문』,『차라투스트라』,『선악을 넘어』) 이후인 점을 감안할 때, 즉 기독교적 유일신의 사망이 선고된 이후인 점을 감안할 때, 그리고 이에 대한 파생적 요청으로서 니체 고유의 형이상학이 정립된 것을 감안할 때[14] 여기에서 강조된 것은 '예술 형이상학' 자체이기도 하지만, 물러서서 말할 때『비극의 탄생』에서 '아주' 화려하게 개진된 예술 형이상학을 떠올리게 하기도 하지만, 니체가 넓은 의미의, 그러

---

13 『이 사람을 보라』에서 니체는 "두 가지 결정적 '새로움'"으로『비극의 탄생』의 "'디오니소스' 현상" 및 "소크라테스주의 이해"를 꼽았다. 소크라테스주의를 "본능에 대립하는 이성주의"로 요약했다. "기독교에 대립하는 적대적인 깊은 침묵"(Ⅵ-3, 308)이 흐르고 있다고 한 것도 인상적이다.

14 여기에서 니체 고유의 형이상학은 물론 플라톤 형이상학의 그 이데아라는 발판이 없는, 플라톤 철학의 기독교적 해석이라고 볼 수 있는 기독교 형이상학에서의 그 피안이라는 발판이 없는,『차라투스트라』에서 강령적으로 개진된 철학적 구제 형이상학을 말한다. 니체의 구제 형이상학은 발판 없는 철학적 형이상학이다.『비극의 탄생』에서도 화려한 예술 형이상학이 토로되었지만, 여기에서는 예술이라는 발판, 특히 비극이라는 발판에 의한 구제 형이상학으로서 예술 형이상학이었다.『차라투스트라』의 초인간 사상 및 영원회귀 사상의 그 '권력의지의 형이상학'(혹은 용기의 형이상학)은 '발판'이 없는 것을 특징으로 한다. 마르크스주의를 구제 형이상학이라고 말할 때 이것은 '프롤레타리아 해방'이라는 발판에 의한 구제 형이상학이다.

나 자신의 고유한 형이상학(의 탄생)을 강조한 것으로 볼 수 있다. 물론 구제 형이상학이다. 사실로서의 형이상학적 위로의 예술이든[15], (에우리피데스 드라마를 비판할 때의) 역설적 의미에서의 "형이상학적 위로"의 예술이든(17장, 110; 18장, 115), 니체의 예술관은 형이상학적 예술로서 예술-형이상학이다.

[니체는 구제 형이상학의 끈을 한 번도 놓은 적이 없다. 구제 형이상학은 존재에 대한 진지한 질문을 포함한다. 니체에 의해 진정한 의미의 존재론이 개시된 것을 말해야 한다. 존재론을 '존재-신-론'과 존재론으로 나눈 하이데거에 동의한다(Heidegger, Die Onto-Theo-Logische Verfassung der Metaphysik, in: Identität und Differenz, Pfullingen 1957(1978: 6. Aufl.), 38-42). 플라톤 형이상학 이래, 기독교 형이상학 이래 존재론은 한 번도 말 그대로의 의미에서 존재론인 적이 없었다. 최고 존재자와 일반 존재자를 나누고 최고 존재자에 방점을 찍는, 그리고 그 최고 존재자에 의해 구원을 말하는 식의 '존재-신-론'이었다. 니체에 의해 처음으로 진정한 의미의 존재론이 개시된 것은 아무리 강조해도 지나치지 않는다. 신들에 대한 사망선고, '신들의 황혼'이 니체의 브랜드 아니었던가]

1872년의『비극의 탄생』을 통해 예술 형이상학을 강조하고, 그리고 1886년「자기비판의 시도」에서 '예술가-형이상학'이라는 새로운 용어를

15 7장에서 니체는 진정한 비극으로서 "막강한 통일 감정"에 의해 우리를 해방시켜 주는 "형이상학적 위로"의 예술을 말한다. 사티로스 합창단 앞에서 자신이 사라지는 느낌을 갖는 형이상학적 위로의 예술을 말한다. '형이상학적 위로의 예술은 자기로부터의 해방이고, 궁극적으로 자기로부터의 제거이다.' 자기 해방과 자기 제거가 불멸의 환희감을 준다. "이러한 합창단에 의해, 몹시 섬세하고 몹시 강력한 고뇌를 느낄 줄 아는 유일한 민족, 그 심원한 그리스인은 스스로를 위로했다. 그리스인은 예리한 눈빛으로 소위 세계사의 무시무시한 파멸 충동 및 자연의 잔혹성 한가운데를 꿰뚫어 보았다.(Ⅲ-1, 52); '자연의 잔혹성 Grausamkeit der Natur'이 '올림포스'라는, 그리스비극이라는, 자연현상의 '보충물'을 만들게 했다.

사용해 예술에 의한 구제 형이상학을 여전히 유효한 것으로 알렸을 때, 니체는 이미 스스로 예술가-형이상학을 포함한 니체 고유의 '형이상학'을 실현했다고 생각한 것으로 보인다. 차라투스트라 철학 이후 니체 고유의 일반적 구제 형이상학을 심화, 정립시킨 것은 사실로서 사실이다.

『비극의 탄생』(1872)에서의 아폴론과 디오니소스로 표상되는 두 예술가신, 그리고 아폴론적 꿈 예술과 디오니소스적 도취 예술로 표상되는 상호 대립적이기도 하고 상호 보완적이기도 한 두 예술 요소[16]의 핵심은 예술이라는 발판을 통해 구원을 모색하는 구제 형이상학이라는 점이다; 예술이라는 발판을 통한 구제 형이상학이라고 해도 여기에서의 구제 방식과 이후의 『차라투스트라』에서 개진된 철학적 구제 형이상학의 구제 방식에서 '근본적 차이'를 말할 수 없다. 오히려 근본적 유사성을 말해야 한다.

이미 '차라투스트라'를 통과한 「자기비판의 시도」의 주요 관심이 구제 형이상학 자체에 있다고 보는 것이다. 예술 형이상학에 의한 구원 방식과 철학적 형이상학에 의한 구원 방식의 공통분모가 '형이상학'이라고 하더라도 전통적 의미의 형이상학과 전혀 다른 '구제 형이상학'이다. '차라투스트라'로 표상되는 철학적 형이상학의 주요 내용은 '자발적 몰락(에의)

---

16 23장에서 아폴론과 디오니소스의 관계를 니체는 다음과 같이 말한다. "그리스인들로부터 우리는 지금까지 우리의 미적 인식을 정화하기 위해 저 두 신의 형상을 빌려왔다. 이 신들 각각은 독자적 예술 영역을 지배하고 있으며, 두 신이 상호 접촉하고 상호 고양시킨다는 사실을 우리는 그리스비극을 통해 알게 되었다. 우리는 원초적 두 예술 충동의 기이한 분열로 인해 그리스비극의 멸망이 초래되었다고 생각하지 않을 수 없다." 둘이 특화된 예술 영역이나, 둘이 서로 접촉했고, 둘이 서로를 고양시켰다는 일반적 견해를 피력했다. '두 예술 충동의 기이한 분열'에 의해 그리스비극의 멸망이 초래되었다고 한 것 또한 주목된다. '소크라테스'의 논리적 도식주의에 의한 것으로서 디오니소스적 음악 오케스트라의 '축소 및 배제'가 먼저 오고, 소크라테스-알렉산드리아 문화의 논리적 인과율에 의한 것으로서, 즉 신화에서의 기적(奇蹟, Wunder) 부인(否認)에 의한 것으로서 아폴론적 비극적 신화의 멸절이 그 뒤를 따른 것을 말한다. 말 그대로 '기이한' 분열이다.

의지'이다. 신에 대한 사망 선고에 대(對)한 것으로서, 신의 죽음이 인간의 영원한 죽음을 초래한 것에 대(對)한 것으로서, 죽음을 정당화하는 방식의 철학이다. 죽음을 죽음으로 받아치는 철학 형식이다. 죽음을 포함하는 대지에 대한 전면적 긍정의 철학 형식이다. 생로병사-희로애락에 대한 전면적 긍정의 철학 형식이다. 또 한 번 와도, 영원히 되풀이되어도, 똑같이 살아주리라, '똑같이 몰락해주리라'고 할 때 이것은 영원회귀 사상과 초인간 사상의 핵심에 관해서이다.

디오니소스와 아폴론으로 표상되는 예술적 형이상학의 구제 방식에서도 유사한 구제 방식으로서의 구제 형이상학을 말할 수 있다. 디오니소스 합창단이 뿜어내는 '불협화음'을 불협화음에 대한 대응 방식으로 보는 것이다. 창작미학적 차원에서도 그렇고, 수용미학적 차원에서도 그렇다. (근원적 일자로서) 디오니소스는 근원적 고통을 통찰한 자로서, 근원적 고통을 가공할 양(量)의 불협화음에 의해 정당화시킨다. 디오니소스는 '근원적 고통으로 가자!', '근원적 모순과 마주하자!'고 한다. 『차라투스트라』에서의 (이를테면 신의 죽음이라는) 절대적 니힐리즘 상황에서 '강-니힐리즘에 의한 대응 방식'과 다르지 않다. 미(학)적 청중 또한 불협화음에서, 그 고통에서 쾌락을 느낀다. 물론 미적 쾌락이고 가상으로서의 쾌락이지만 여기에서의 쾌락 또한 구제 형이상학을 발언한다.

아폴론적 무대에서도 근원적 고통을 목도하는 사태가 벌어진다. 미(학)적 관객은 아름다운 주인공의 모습에서 한편으로 인생을 살 만한 것으로 안도하지만, **진정한 미학적 관객은 아름다움이 인생의 주제가 아니라는 것을 안다. 비통-고통, 파멸이 인생의 주제라는 것을 알고 있는 미학적 관객은 아름다운 주인공에서 '벌써' 파멸을 기대한다. 파멸이 주제인 인생이므로 파멸을 기대한다. 역시 정당화의 철학이다. 물론 파멸을 정당화하는 철학이다.** '디오니소스'와 다를 바 없고, '차라투스트라'와 다를 바 없는 정당화의 철학이다. 강조하면 『비극의 탄생』의 중요한 의의는 니체 형

이상학의 탄생에 있다. 니체 형이상학으로서 '정당화의 철학'의 탄생에 있다.[17]

니체는 24장에서 이것을 아폴론적 주인공 무대에서 "추한 것과 부조화한 것"(147)의 등장으로 알렸다. '추한 것과 부조화한 것'을 아폴론 구제 형이상학의 주요 항목으로 알린다. 니체는 오이디푸스(소포클레스)의 파멸에서 쾌락을 느끼는 미학적 관객을 말한다. 프로메테우스(아이스킬로스)의 파멸에서 미적 쾌락을 느끼는 미학적 관객을 말한다. 9장에서 니체는 이런 오이디푸스를, 이런 프로메테우스를, 오이디푸스의 진리에의 의지라고[18], 프로메테우스의 '진리에의 의지'("'정의'를 향한 아이스킬로스의 심원한 경도", 64)라고 해석한다. **진리에의 의지에는 두 가지가 포함되어 있다. 진리를 밝히려는 의지가 하나이고, 진리의 내용이 파멸인 점이 또 하나이다. 파멸에의 의지이다. '정당화의 철학'의 탄생이다. 파멸을 정당화하는 철학의 탄생이다.**[19]

---

17 아폴론적 고통의 무대가 쾌락을 선사하는 것은 디오니소스 합창단[음악적 불협화음] 무대가 근원적 고통의 반영인 것으로서 쾌락을 선사하는 것과 같다. [아폴론과 디오니소스의 '형제 동맹'을 말하게 하는 근거 중의 하나가 두 예술 신이 똑같이 고통으로서의 쾌락, 쾌락으로서의 고통을 말하게 하는 점이다. 니체는 물론 '디오니소스적 지혜'(혹은 디오니소스적 능력)을 계속 강조한다]

18 주지하다시피 오이디푸스의 '진리에의 의지'에 의해 "신비스러운 삼위일체"(62)가 낱낱이 파헤쳐졌다. '법질서의 붕괴', '도덕 세계 붕괴'로써 현존[인생]의 정당화이나, 그 이전 오이디푸스의 '진리에의 의지'의 정당화를 말해야 한다.

19 이 점에서 니체가 『비극의 탄생』 9장의 결론부에서 "개념의 정식"으로 공식화한 "현존하는 것은 모두 정당하며 부당하다. 두 가지 면에서 똑같이 정당화된다. Alles Vorhandene ist gerecht und ungerecht und in beidem gleichberechtigt"(67)는 시사하는 바가 매우 크다. 니체는 괴테의 말을 덧붙인다. "이것이 세계이다. 이것이 하나의 세계라고 하는 것이다. Das ist eine Welt! Das heisst eine Welt!—" (Goethe, Faust Ⅰ, Vers 409); 정당화의 철학의 극치이다. **모든 것이 정당하다. 정당하지 않은 것이 없다. 부당한 것과 정당한 것이 동등한 권리로서 (상호) 정당화된다고 한 것이 그것 아닌가?** "두 가지 면"이라고 한 것은 문맥상 '경계와 정의의 신 아폴론'과 '위반과 파괴의 신' 디오니소스를 지칭한다. 아폴론과 디오니소스는 하나의 세계이다. '고통은 부당하다. 고통은 그러나 진리로서 정당하다.'

니체가 『비극의 탄생』에서 모색한 구제 형이상학으로서의 '예술 형이상학'은 『즐거운 학문』과 『차라투스트라』를 거치면서 철학적 형이상학으로 이동한다. 물론 같은 구제 형이상학으로서의 철학적 형이상학이다. 예술 형이상학에서 철학 형이상학에 도달한—그렇다고 예술과 철학에서 한쪽의 우위를 말하려는 것은 아니다—니체에게 여전히 문제는 형이상학이었고, 구제 형이상학이었다. 1886년의 '예술가-형이상학'에는 예술 형이상학으로서의 구제 형이상학과 '차라투스트라'를 거친 니체의 철학적 형이상학으로서의 구제 형이상학이 포함된다. 예술 형이상학을 말할 때 물론 정당화의 철학을 강조해야 한다. **차라투스트라-철학에서도 물론 정당화의 철학을 말해야 한다. 정당화는 '같은' 파멸의 정당화이다. '같은' 몰락의 정당화이다. 니체 철학 일반을 말할 때 정당화의 철학을 말하게 되는 이유이다.** 여기에서 중요한 역할은—정당화의 철학에서 중요한 역할을 말할 때, 『비극의 탄생』이 먼저다.

『비극의 탄생』의 주제문 중의 주제문 '인생[세계 현존]은 오로지 미적 현상에 의해서만 정당화된다'고 할 때 이것이 위에서 언급한 (미적-예술적) 디오니소스 정당화에 관해서이고, 마찬가지로 (미적-예술적) 아폴론적 정당화에 관해서이다. 파멸의 정당화에 관해서이다. 정당화를 말할 때 『비극의 탄생』에서 물론 빼놓을 수 없는 것이 '(올림포스) 신들이 인간의 삶을 살면서 인간의 삶을 정당화시킨다'이다. 신들이 추악하고 부조화한 삶을 살면서, 생로병사-희로애락의 삶을 살면서, 인생의 추악하고 부조화한 삶을 정당화시킨다. 생로병사-희로애락의 삶을 정당화시킨다. '정당화의 올림포스'의 탄생이고, '정당화의 호메로스 서사시'(일리아스-오디세이아)의 탄생이고, 정당화의 비극적 신화[아폴론적 비극 무대]의 탄생이다. '정당화의 천하'의 탄생이다. 『비극의 탄생』 곳곳에서 언급된 '형이상학적 위로'의 철학으로서 구제 형이상학의 탄생이다.

물론 정당화의 철학 이전에 정당화의 '미학'의 탄생을 말할 수 있다. 물론 내용은 같다. 정당화의 미학 또한 형이상학적 구제를 내용으로 하고, 정당화의 철학 또한 형이상학적 구제를 내용으로 한다. 이후의 차라투스트라 철학이 '같은 정당화'의 철학을 말할 때, 정당화의 미학이 정당화의 철학에 자연스럽게 '합류'한다. 여기서 강조해야 할 것은 사실 철학과 미학의 문제가 아니다. 첫째 내용이 (구제)형이상학이라는 점에서 '같다'는 점이다. 둘째, 정당화의 철학인 '차라투스트라 철학' 이전에 먼저 『비극의 탄생』에서 정당화의 철학이 시동을 걸었다는 점이다. 시동 차원이 아니라, 니체 본인 스스로가 예술의 형이상학을 강조한, 그러므로 구제 형이상학의 함의를 지닌, '형이상학적 정당화'가 결론인, '인생[세계 현존]은 오로지 미적 현상에 의해서만 정당화된다'는 명제를 『비극의 탄생』에 이어 「자기비판의 시도」에서도 강조한 점이다. 정당화는 구제 형이상학적 정당화이다. 『비극의 탄생』은 니체 철학의 저수지이다. 「비극의 탄생』은 니체 미학의 정수가 담겼지만, 또한 니체 철학의 저수지이다.

시학과 미학의 차이는 크게 보아 '작시술'과 근원적 질문의 차이이다. 문학이란 무엇인가? 장르란 무엇인가? 비극의 목표와 비극의 목적은 무엇인가. 목표와 목적은 어떻게 다른가? 미학적 질문들이지만, 근본적 질문이란 점에서 철학적 질문과 다를 게 없다. 철학자들이 미학에 관심을 두는 것은 미학 또한 근원적 질문을 내용으로 하고 있기 때문이다. 칸트 미학, 헤겔 미학, 쇼펜하우어 미학, 니체 미학에서 철학적 질문으로서의 미학적 질문을 말해야 한다.

정당화의 미학과 정당화의 철학, 이것이 무슨 상관이란 말인가? 『반시대적 고찰』(1873~1874)에서 "스칼리체르Scaliger"의 말이라고 하고, 니체가 인용한 "몽테뉴가 적포도주를 마셨든 백포도주를 마셨든 무슨 상관이란 말인가!"(Ⅲ-1, 175)와 같다. 「저자란 무엇인가?」에서의 말미에서—원래 『고도를 기다리며』에서의 사무엘 베케트의 말이지만—푸코의 말을 빌면 '도대체 누가 썼든 그것이 무슨 상관이란 말인가?'와 유비적이다. 정당화의 미학(혹은 정당화의 예술)이든 정당화의 철학이든 내용이 구제 형이상학이다. 『비극의 탄생』에서 니체 형이상학의 탄생을 말한다. 니체 철학의 저수지로서 『비극의 탄생』을 말한다.

니체는 『비극의 탄생』 새로운 서문 「자기비판의 시도」에서 디오니소스를 차라투스트라로서, 즉 디오니소스를 강조했다, 여기서 디오니소스는 비극의 미학을 말하기 위해서가 아니라, 『차라투스트라』에서의 무신론적 상황과 같은 무신론적 상황을 강조하기 위해서였다, 이에 대한 증거가 위에서도 논의된 「자기비판의 시도」에서의 장황한 기독교 비판이다. 또한 「자기비판의 시도」를 『차라투스트라』 마지막 4부의 「보다 높은 인간에 관하여」에서의 인용으로 끝낸 점이다. 『차라투스트라』 인용으로 「자기비판의 시도」를 끝내기 바로 직전 니체가 "'차라투스트라'라고 불리는 디오니소스라는 괴물의 말로 말한다면" 하고 토를 단 점이다. 『차라투스트라』에서의 인용은 다음과 같다. 자신의 책 『차라투스트라』 4부 「보다 높은 인간에 관하여」 장(章)에서의 니체의 직접 인용이다.

> 그대들 가슴을 들어 올려라, 내 형제들이여, 높게, 더 높게! 그리고 다리도 잊지 마라! 그대들 다리도 들어 올려라, 그대들 훌륭한 춤추는 자들이여, 그대들이 물구나무를 서면 더 좋겠다!
>
> 웃는 자의 이 왕관, 장미 다발로 엮은 왕관. 나 스스로 이 왕관을 내 머리에 올려놓고, 그리고 나 스스로가 내 웃음을 신성하다고 말했다. 그렇게 할 만큼 강한 자를 나는 아직 어느 누구도 찾지 못했다.
>
> 차라투스트라 춤추는 자, 차라투스트라 가벼운 자, 날개로 신호하는 자. 모든 새들에게 신호하는, 날아오를 준비가 끝난 자, 지복(至福)이 가득한 가벼운 자.
>
> 차라투스트라 예언자, 차라투스트라 진정 웃을 줄 아는 자, 초초해 하지 않는 자, 절대적 존재 아닌 자, 높이 뛰는 것과 옆으로 뛰는 것을 사랑하는 자, 나 스스로 이 왕관을 내 머리에 올렸다!

> 웃는 자의 왕관, 장미 다발로 엮은 왕관, 그대 내 형제들이여, 나는 이 왕관을 그대들에게 던진다! 웃음을 나는 신성하다고 말했다. 그대들 높은 인간들이여, 나에게서 '배우라' —웃는 것을!(Ⅲ-1, 16)

여기서 열쇠어는 "춤추는 자"이고 "웃는 자"이다. "웃는 자의 왕관"이다. 그리고 "강한 자"이고, "가벼운 자"이다. "나에게서 '배우라'—웃는 것을!"이다. "초초해 하지 않는 자"이다" '차라투스트라'의 말이다: "신들이 만약 존재한다면 내가 신이 아니라는 걸 어떻게 참아낸다는 말인가! 그러므로 신들은 존재하지 않는다."(Ⅵ-1, 106)[20] '신들'이라는 복수형은 그동안 서양의 모든 형이상학의 '최고 존재자'를 지시한다. 플라톤의 이데아, 플로티노스의 일자, 기독교의 여호아 율법 등등. 니체는『차라투스트라』에서 플라톤과 기독교 형이상학으로 이어지는, 칸트의 정언명령과 쇼펜하우어의 약의 염세주의로 이어지는 모든 형이상학적 전통을 부인했고, 모든 형이상학을 파괴했다.

모든 형이상학적 전통의 파괴가 말하는 것이—그 결론으로서—말 그대로 무신론적 상황이다. 철저 니힐리즘이다.

물론 니체는 '약의 니힐리즘 Nihilismus der Schwäche'이 아닌, 강의 니힐리즘을 전달했다. 강의 니힐리즘이 웃는 자, 가벼운 자의 니힐리즘이고, 약의 니힐리즘이 웃지 않는 자 무거운 자의 니힐리즘이다. 강의 니힐리즘이『차라투스트라』의 '맨 처음' 그 머리말에서 토설한 '자발적 몰락 의지'가 그 표상인 니힐리즘이다. '자발적 몰락'이 긍정되었다면, 긍정되지 못할 것이 없다. 자발적 몰락을 포함한 '대지'의 모든 것이 긍정된다. '자발적 몰락'이 포함된 전면적 긍정의 철학이 니체 철학이라고 할 때 이 또한 정당화의 철학이 아닐 리 없다.

---

20 F. Nietzsche, Also sprach Zarathustra. Mit einem Nachwort von A. Baeumler, Stuttgart 1969, 91.

[신은 믿을 만한 신이다. '믿을 만한 신이 죽었어도 살 만하고 견딜 만하다'] 구제 형이상학으로서 정당화의 철학이 아닐 리 없다. 형이상학의 재탄생을 말할 수 있다. 이데아라는 발판이 없는, 피안이라는 발판이 없는, '자생적' 형이상학의 탄생을 말할 수 있다. 자발적 몰락 의지는 '완전한 죽음'을 포함한다. 두려움 없는 죽음이므로 형이상학적 구제를 포함한다. '나는 기꺼이 몰락해주리라. ich gehe gern unter'가 니체 형이상학의 표어이다. 『비극의 탄생』에 이어 니체 형이상학의 재탄생이다.

[조로아스터의 차라투스트라도 무신론적 상황을 표상하고, 올림포스의 디오니소스도 '무신론적 상황'을 표상한다. 디오니소스 근원적 일자에 의한 근원적 모순과 근원적 고통에 대한 통찰이 근원적 모순과 근원적 모순을 진리로서 정당화한다. 진리는 반박 불가능성이 특징이다. 근원적 고통과 근원적 모순은 진리로서 반박 불가능성이 특징이다. 근원적 고통과 근원적 모순은 정당하다. 생-로-병-사는 정당하다. 신 없는 세계의 근원적 고통과 근원적 모순은 정당하다. 신이 진리로서 반박 불가능성을 주장했고, 이제 신에 대한 사망 선고가 진리로서 반박 불가능성을 주장한다. 근원적 고통과 근원적 모순은 정당하다. 생-로-병-사는 정당하다]

12) 신화와 음악

[『비극의 탄생』의 큰 물줄기 중의 하나로서 소크라테스주의, 미학적 소크라테스주의, 소크라테스적 낙천주의에 의한 비극의 몰락을 얘기해야 한다. 물론 『비극의 탄생』에서 '비극의 탄생'은 역사철학적 의미를 갖는다. 먼저 디오니소스 원시 제례에 의한 '비극'의 탄생이고, 이후 전성기 그리스비극의 탄생에 관해서이고, 전성기 그리스비극의 아폴론적 미학과 디오니소스적 미학의 탄생에 관해서이고, 이후 '소크라테스'에 의한 비극

의 몰락에 관해서이고, 음악적 디오니소스와 신화적 아폴론의 몰락에 관해서이고, 결론은 디오니소스와 아폴론의 '형제 동맹'의 연장선에서, 즉 그리스 정신의 부활로서의 독일 정신의 부활에 관해서이다. 바흐, 베토벤에서 바그너로 이어지는, 그리스 음악 정신의 부활의 표징인 독일 음악 정신의 부활에 관해서이고. 또한 칸트와 쇼펜하우어로 대변되는 독일 철학의 뒷받침에 의한 (결국은 바그너로 대변되는) 독일 음악극의 탄생에 관해서이다]

다음은 24장 말미에서의 인용이다. 긴 인용이다.『비극의 탄생』전반을 이해하는 매우 중요한 단초를 제공한다.『비극의 탄생』의 요약이라고도 할 수 있다. 인용문은 우선 신화(혹은 비극적 신화)와 음악의 불가분적 관계에 대해 말한다.

> [···] 한 민족의 디오니소스적 능력을 정확하게 평가하기 위해서는 그 민족의 음악에 관해서뿐만 아니라, 그 능력의 두 번째 증거로서 그 민족의 비극적 신화에 관해서도 반드시 생각해보아야 한다. 음악과 신화 사이에 아주 밀접한 친족 관계가 존재하는 그 이유로 해서 어느 하나의 퇴화와 열화(劣化)가 다른 것의 위축과 연결될 거라고 추측하는 것은 당연하다. 이 경우 대체로 신화의 약화가 디오니소스적 능력의 쇠약으로 드러나게 된다. 독일 본질의 전개 상황을 일별하면 이 두 가지에 관해서는 의심의 여지가 없다. 신화 없는 우리 현존[삶]의 추상적 성격과 마찬가지가 된 오페라 예술에서, 개념이 이끄는 삶과 다름없는 그런 오락거리로 전락한 오페라 예술에서, 소크라테스적 낙천주의의 저 비예술적이고 동시에 삶을 고갈시키는 본성이 우리에게 폭로되었기 때문이다. 그럼에도 불구하고 그러나 독일 정신의 조짐이, 즉 아주 건강하고 깊이 있는, 그리고 디오니소스적 힘을 상실하지 않은 채로, 마치 잠에 깊이 빠져있는 기사처럼, 도달할 수 없는 심연(深淵)에서 안식하면서 꿈꾸고 있다는 (독일

정신의) 조짐이 우리에게 위로를 준다. 이 심연으로부터 디오니소스 노래가 우리에게 뿜어나와, 이 독일 기사가 지금까지도 자신의 태고적 디오니소스적 신화를 복되고 진지한 환상 속에서 꿈꾸고 있다는 사실을 우리에게 이해시킨다 […] 어느 누구도 독일 정신이 그의 신화적 고향을 영원히 상실했다고 믿지 않을 것이다. 독일 정신은 고향에 관해 설명하는 새들의 노랫소리를 분명히 알아듣게 될 것이다. 아주 오랫동안 긴 잠을 자고 나서, 어느 청명한 날 아침 독일 정신은 자기가 깨어난 것을 발견하게 될 것이다. 그러면 그는 용을 죽이고, 간악한 난쟁이들을 없애고, 브륀힐데를 잠에서 깨울 것이다.—보탄의 창조차 그의 길을 막을 수 없다!(Ⅲ−1, 24장, 149−150)

니체는 "민족의 음악"과 "민족의 비극적 신화"의 '밀접한 관계'(혹은 동일한 원천 관계)를 강조한다. (여기서 비극적 신화는 아폴론적 신화, 올림포스 신화, 프랑스 신화 및 독일 신화 등 '신화 자체'이다.) 음악과 신화 사이의 "친족 관계"—상보 관계를 강조한다. 하나의 "퇴화 Entartung"−"열화(劣化, Depravation)"가 다른 것의 "위축"으로 이어진다. 신화의 '약화'가 디오니소스적 능력의 쇠약Abschwächung'으로 이어진다. 주목되는 것 중의 하나가 본래적으로 음악을 표상하는 것이나, 넓은 의미에서 음악과 신화, 신화와 음악을 연결하는 "디오니소스적 능력"이라는 표현이 등장한 점이다. 앞 장들에서는 "디오니소스적 지혜 dionysische Weisheit"(9장, 63; 10장, 69; 특히 19장, 124)로 불려졌었다.

인용문 중반에서 니체는 신화의 쇠락이 디오니소스 능력의 약화로서 "오락거리" 수준인 '오페라'의 부흥(혹은 "전락")으로 이어졌다고 말한다.[21]

---

21 니체는 오페라를, 오페라라는 용어 자체를, 라프레젠타티보(stilo−rapresentativo, 무대조), 즉 감정과 표현력이 풍부한 15−17세기 이탈리아에서 성행한 양식, 그리고 서창(敍唱, Recitativ)과 동일시한다(『비극의 탄생』 19장에서 니체는 음악 비극에서 퇴화한 '무대조'와 서창 두 양식을 언급했었다). '오락거리로 타락한 예술'이 오페라였다. 이에 반해 니체는 당대의 바그너 '음악'을 '음악 드라마'로 불

이것은『비극의 탄생』23장에서 니체가 ①민족적 정체성을 신화로 정의한 것, ②신화의 소멸을 말한 것, ③신화의 몰락과 함께 비극의 몰락이 완성된 것을 되풀이한 것이다.

인용문에 그래서 특히 주목되는 것이 "소크라테스적 낙천주의"가 신화를 부정(否定)한 것으로 해서 "현존[삶]"이 "추상적 성격"이 되고, 그리고 디오니소스적 음악을 부정한 것으로 해서 "삶"이 "개념"화된 것으로 말한 점이다.[22] 거꾸로 말하면 (소크라테스주의에 의한) 삶의 추상화가 신화를 파괴한 것이 되고, (소크라테스주의에 의한) 삶의 개념화가 디오니소스 음악을 파괴한 것이 된다. 그 한가운데에 '오페라'가 있다.

['비극의 몰락'이『비극의 탄생』의 큰 물줄기 중의 하나이다. 소크라테스적 낙천주의가 삶을 추상화시키고 삶을 개념화시킴으로써 비극적 신화와 비극적 '디오니소스 음악'을 파괴했다.『비극의 탄생』11장, 12장, 13장, 그리고 이후에서도 비극에서 디오니소스적 음악을 파괴한 소크라테스주의의 변증술, 즉 모든 것을 개념화시키는 문답술-산파술을 니체는 지속적으로 강조했다. 23장에서, 비극에서 비극적 신화를, 곧 아폴론적 무대를 파괴한 소크라테스주의의 논리적 도식주의를 언급했다. 요컨대 소크라테스-알렉산드리아 문화가 논리적 도식주의 및 인과율에 의해 신화의 특징적 양상인 '기적(奇蹟)'을 부정했고, 따라서 신화 일반을 부정한 것을 알렸다. 추상화의 힘과 구체화의 힘은 양립할 수 없다. 이것은 학문과 예술을 상호 구별하는 시금석으로 시사하는 바가 적지 않다. **과학은 (데이터를 기초로 해서) 추상화를 힘으로 말하고, 따라서 추상화가 과학의 존재론이고, 이에 반해 예술은 (세목을 기초로 해서) '구체화'를 힘으로 말하**

렸다.

22 **(개념화의 승리 및) 추상화의 승리가 구체화의 상실을 말한다. 학문의 승리와 예술의 쇠퇴를 말한다. 예술, 특히 '신화 이야기'는 삶을 구체적으로 말한다. 삶을 구체적으로 이끌어 삶을 구원하게 한다.**

고, 따라서 구체화가 예술의 존재론이다. 신화에 나타난 '상상력의 구체적 표상'이 '예술(의 존재론)'의 시작이다; 변증술의 강조에 의한 것으로서 디오니소스적 음악의 파괴가 먼저 왔고, 역시 변증술과 무관하지 않은 것으로서 (비극적) 신화의 '파괴'가 그 뒤를 따랐다. 음악과 신화의 파괴로 비극의 몰락은 완성되었다. 강조하면, 『비극의 탄생』의 큰 물줄기 중의 하나가 소크라테스주의, 미학적 소크라테스주의, 그리고 소크라테스-알렉산드리아 문화의 낙천주의에 의한 비극의 몰락을 얘기해야 한다. **넓은 의미의 계몽주의 비판을 얘기해야 한다]**

인용문에서 "비극적 신화"는 아폴론적 신화 무대에서의 신화 이야기이다. 여기서는 일반적 의미에서의 민족 신화를 지시한다. '신화' 그 자체를 발언한다. 디오니소스적 능력이 '새로운 비극'[바그너의 음악 비극] 창조의 원동력이 된 것 또한 강조되어야 한다. 디오니소스적 능력은 넓은 의미에서 (아폴론적) 신화의 능력을 포함하고, 음악의 능력을 포함한다. 좁은 의미에서 음악의 능력을 지시한다. 니체는 이것이 바흐-베토벤으로부터 이어진 것으로, 당대의 바그너에서 현재 진행형인 것으로 본다. 인용문에서 "독일 기사"가 "독일 정신"(독일 신화 및 독일 음악, 독일 철학)의 화신으로서 바그너를 지시한다. 더구나 인용문 끝에 바그너의 음악극 〈니벨룽의 반지〉에 대한 니체의 풀이가 있었다. 니체는 바그너의 음악극 〈니벨룽의 반지〉의 '지크프리트'를 구체적으로, 그리고 인상적으로 적시했다.

니체는 분명 '새로운' 비극의 탄생이 바그너의 음악극에서 구현되었고, 구현될 것이라고 생각하고 있었다. 『비극의 탄생』 초판본 제목이 『음악의 정신으로부터 비극의 탄생』이었고, 여기에 「리하르트 바그너에 바치는 서문」이 있었다.[23]

23 1886년 니체는 1872년 초판본의 「리하르트 바그너에 바치는 서문」을 빼고 '디오니소스=차라투스트라'가 강조된, 서양철학 및 서양문학 일반, 특히 쇼펜하우어 비판, 낭만주의 비판 및 기독교에 대한 비판이 노골화된, 새로운 서문 「자기

인용문을 다시 보자: 인용 후반부 니체에 의해 사용된 "독일 정신", "디오니소스적 힘", "디오니소스 노래", "디오니소스적 신화"는 새로운 비극의 힘이 디오니소스 음악에서 출발한 것을 강조한 것이다. 24장에서도 예외 없이 (아폴론에 대한) 디오니소스의 우위가 강조되었다. 24장은 '디오니소스'로 마무리되었다.

그렇더라도 (아폴론적) 신화의 재탄생이, 여기에서는 독일 신화의 재탄생이, '디오니소스' 전반적 능력의 강화로 이어지는 점을 부인할 수 없다. 니체는 '신화적 고향'으로의 복귀를 말한다. "어느 누구도 독일 정신이 그의 신화적 고향을 영원히 상실했다고 믿지 않을 것이다"라고 말한다. "아주 오랫동안 긴 잠을 자고 나서, 어느 청명한 날 아침 독일 정신은 자기가 깨어난 것을 발견하게 될 것이다"라고 말한다. "독일 정신은 용을 죽이고, 간악한 난쟁이들을 없애고, 브륀힐데 Brünhilde를 잠에서 깨울 것이다.— 보탄 Wotan의 창조차 그의 길을 막을 수 없다!"라고 말한다. 분명 (아폴론적) 신화에 대한 강조이다.

'브륀힐데', '용', '난쟁이', 보탄 등이 구체적으로 〈니벨룽의 반지〉의 '지크프리트'를 적시한다. 독일 정신이 '깨어나고', 브륀힐데가 '깨어나고', 이것은 신화의 재탄생에 대한 은유이다. 용, 난쟁이, 보탄 등은 신화를 억압한 그동안의 소크라테스-알렉산드리아 문화 등에 대한 은유이다. 소크라테스-알렉산드리아 문화를 제압하는 것은 비극의 몰락을 초래한 범인을 제압하는 것에 관해서이다. 니체의 '비극의 (재)탄생'에 대한 낙관적 태도가 드러났다. 물론 '니벨룽' 신화가 바그너의 음악극 〈니벨룽의 반지〉에 의해 부활한 점을 강조해야 한다.

비판의 시도」을 넣었다. 바그너와의 결별은 이미 바그너 생존 시에 이루어졌다. 그의 음악극 〈파르치팔〉에서 바그너가 기독교로의 경도가 나타났기 때문이다. 1876년 재판본 제목은 『비극의 탄생, 혹은 그리스 문명과 염세주의』였다. 그리스 문명이 Griechenthum의 역어(譯語)이다.

신화와 음악은 상호 긴밀한 관계이다. 일반적 디오니소스적 능력[디오니소스적 지혜]를 말할 때 그것은 신화와 음악을 포괄한다. '디오니소스적 능력'의 부활의 증거가 바그너 음악극이다. 오락거리로 타락한 '오페라'가 아니다. 바그너의 음악극 〈니벨룽의 반지〉 탄생에 대한 니체 은유가 절묘하다. 그리스비극의 재탄생에 대한 니체의 간절한 기대의 반영이다.

강조하자. 24장의 결론은 '신화의 부활'이다. 아폴론에 대한 새로운 정의가 내려졌다. '2차적 아폴론'은 디오니소스 자체와 함께 파멸에 관해서이다. 파멸에 의한 파멸의 정당화의 철학이다. 『비극의 탄생』 24장은 니체 철학이 정당화의 철학이라는 것을 다시 확인한다. '인생은 오로지 미적 현상에 의해서만 정당화된다'는 『비극의 탄생』 주제문을 다시 확인시킨다.

그리고 결론은 신화의 부활에 '의한' 디오니소스 음악의 부활이다. 물론 신화의 부활 역시 디오니소스 능력, 곧 디오니소스 지혜 때문이다. 니체는 신화와 음악의 관계를 '긴밀한 친족 관계'로 말했다. 신화의 부활과 함께 디오니소스 음악 자체의 부활이다. 바그너 음악극으로서 디오니소스 음악 자체의 부활, 디오니소스 음악의 재탄생이다. 물론 24장의 결론으로(『비극의 탄생』의 결론으로) 아폴론과 디오니소스를 포함하는 '넓은 의미의' 비극의 재탄생을 말할 수 있다.

24장을 다시 강조할 때, 혼란스러운(?) 용어 '비극적 신화'를 니체 스스로 확실하게 한 점이다. 비극적 신화는 아폴론적 서사 줄거리, 아폴론적 무대 주인공에 관해서이다. 사실 이것이 『비극의 탄생』 전반(全般)에 나타나는 비극적 신화의 본래적 의미이다. 신화를 내용으로 하는 비극에 대한 명명이 '비극적 신화'이다. 다음은 24장 끝부분이다.

내 친구들, 디오니소스 음악을 믿는 그대들이여, 그대들 또한 비극이 무엇을 의미하는지 알고 있다. 비극 속에서, 우리는 음악으로부터 다시 태어나, 비극적 신화를 갖는다.—그리고 비극적 신화 속에서 그대들은 모든 것을 희망해도 좋으며, 가장 고통스러운 것을 잊어도 좋을 것이다! 우리 모두에게 정령 가장 고통스러운 것은 독일의 수호신이 집과 고향으로부터 소외되어 간악한 난쟁이들에게 사역했던 저 오랜 굴욕이다.(Ⅲ-1, 150)

인용 중후반부가 '신화="비극적 신화"'의 형이상학에 관해서이다. "독일의 수호신Genius"이 아폴론적 수호신을 지시한다. 비극적 신화가 인간에게 "희망"을 선사하고. "고통"을 잠재우게 하는 것을 분명하게 알린다. 신화의 형이상학이 아닐 리 없다. '올림포스'가 선사한 '유명한' 형이상학, '올림포스의 신들이 인간의 삶을 살면서 인간의 삶을 정당화시킨다'를 상기해도 된다. [신들이 희로애락(喜怒哀樂)-애오욕(愛惡慾)의 삶을 살면서 인간의 '희-로-애-락-애-오-욕'의 삶을 정당화시킨다]

주목되는 말이 "난쟁이들에게 사역했던 저 오랜 굴욕"이다. 난쟁이는 〈니벨룽의 반지〉의 그 난쟁이를 지시한다. '난쟁이'에서 이후의 니체 철학의 키워드들인 권력의지와 원한감정이 오버랩되는 것을 부인할 수 없다.

간악한 난쟁이들에 의한 억압과 사역, 그리고 굴욕이 『도덕의 계보』의 용어로 말하면 '노예(도덕)'의 '군주(도덕)'에 대한 원한감정과 무관하지 않은 것으로 보인다. 원한감정과 권력의지는 동전의 양면이다. 노예들이 믿는 것은 신(神) 앞에서의 평등이고, 그러므로 노예들은 이를 수용하지 않는 '군주'에게 원한감정을 갖는다. 문제가 '신 앞에서 피조물의 평등'이다. 노예는 이에 아랑곳하지 않는 군주에 원한감정을 품는다. 군주의 자리를 빼앗고, 그 자리를 점유하려고 한다. 이것이 노예들의 원한감정과 노예들의 권력의지의 전말(顚末)이다.[24]

24 『차라투스트라』의 「환영과 수수께끼에 관하여」 장에 등장하는 "난쟁이"는 다른

『비극의 탄생』 이후의 니체 철학을 고려할 때, 노예들의 형이상학은 다신교[올림포스]에 의한 예술 형이상학과 무관한 것으로 보인다. 『차라투스트라』에서 분명히 드러나듯 일신교로 표상되는 기독교적 형이상학과 밀접한 관련이 있다. 『차라투스트라』의 첫 번째 장(章) 「세 가지 변화에 관하여」를 상기할 때 정신의 '낙타로의 변화'가 노예들의 형이상학에 관해서이다. '수고하고 무거운 짐'을 진 낙타의 형이상학과 노예들의 형이상학은 같은 곳을 가리킨다. 그들을 '쉬게 하고 푸른 초장에 누이는' 것이 기독교 형이상학으로서 같다. 물론 『비극의 탄생』 곳곳에서도 평등을 표상시키는 '노예'에 대한 니체의 부정적인 생각을 읽을 수 있다. 24장에서도 나타났고, 『비극의 탄생』 곳곳에서 나타난다.

난쟁이이다. 『차라투스트라』의 난쟁이는 차라투스트라와 '영원회귀'와 대화하는 고난도의 난쟁이이다. 난쟁이의 말이다: "모든 직선은 속인다 [⋯] 모든 진리는 굽어 있다. 시간 자체가 하나의 원(환)이다."(Ⅵ-1, 196)

찾아보기

ㄱ

ㅂ

ㅅ

ㅇ

ㅈ

박찬일 朴贊一

1956년 강원도 횡성에서 출생. 연세대학교 독문학과 및 같은 대학 대학원을 졸업하고(문학박사), 독일 카셀대학에서 박사후과정을 마쳤다.

학술서로『독일 대도시시(詩) 연구』『브레히트 시의 이해』『멜랑콜리커들』『시대정신과 인문비평』 등이, 평론집으로『해석은 발명이다』『사랑, 혹은 에로티즘』 등이, 번역서로『삶의 한가운데』『검은 토요일에 부르는 노래』『서정시를 쓰기 힘든 시대』 등이 있다.

시집으로는『화장실에서 욕하는 자들』『나비를 보는 고통』『나는 푸른 트럭을 탔다』『모자나무』『하느님과 함께 고릴라와 함께 삼손과 데릴라와 함께 나타샤와 함께』『인류』『「북극점」 수정본』『중앙SUNDAY—서울 1』『아버지 형이상학』 등이 있다.

주요 논문으로는「유물론적 변증 철학—'플라톤'에 대한 가정적 접근」「하이데거-마법사에 대한 소문—소문대로 말하는 몇 개의 에끄리뛰르」「단자로서 태양들—'많음'으로서 성좌들—벤야민의『독일 비애극의 원천』」「17세기 바로크 비애극과 20세기 '역사적 표현주의'—벤야민의『독일 비애극의 원천』」「관점주의: 니체의 칸트비판[전도(顚倒)된 칸트주의]」「신의 죽음을 보증하는 방식—'전도된 니체주의'」「벤야민[『독일비애극의 원천』]의 니체[『비극의 탄생』] 비판」「'자발적 몰락의지': 초인간 및 권력의지들—『차라투스트라』를 중심으로 A」「'진정한' 존재론의 개시로서 니체 철학—『차라투스트라』를 중심으로 B」「니체의 비극론[『비극의 탄생』]과 아리스토텔레스의 비극론[『시학』]」「서양과 동양—神으로부터 독립[—완전한 죽음]—『논어』와『도덕경』」「(바로크) 비애극과 비극의 차이 1」「전도(顚倒)된 기독교주의—초인간사상 A」「양자물리학의 요구—본질철학과 주체철학의 재구성」「몰락하는 시대의 예술—브레히트의『가정기도서』」「양자역학—보편자 철학의 부인」「초인간 사상을 넘어 영원회귀 사상으로」「육화된 의식—비반성적 의식—메를로퐁티(Maurice Merleau-Ponty, 1908-1961),『지각의 현상학』(1945)」「리좀, 제2의 계몽운동」「칸트의 '순수이성비판'의 열쇠어들 너머」「'확장된 예술개념'에 관하여—'보이스의 패러독스'」「예술의 종말?」 등 다수가 있다.

박인환문학상, 유심작품상, 이상시문학상 등을 수상했다. 현재 추계예술대학교 문예창작과 교수이다.

정당화의 철학
니체 『비극의 탄생』

초판 1쇄 인쇄 · 2022년 2월 25일
초판 1쇄 발행 · 2022년 2월 28일

지은이 · 박찬일
펴낸이 · 한봉숙
펴낸곳 · 푸른사상사

주간 · 맹문재 | 편집 · 지순이 | 교정 · 김수란, 노현정 | 마케팅 · 한정규
등록 · 1999년 7월 8일 제2-2876호
주소 · 경기도 파주시 회동길 337-16 푸른사상사
대표전화 · 031) 955-9111(2) | 팩시밀리 · 031) 955-9114
이메일 · prun21c@hanmail.net
홈페이지 · http://www.prun21c.com

ISBN 979-11-308-1899-3 93100

값 35,000원

본 연구는 2020학년도 추계예술대학교 특별연구비 지원에 의한 것입니다.